HISTOIRE
ANCIENNE ET MODERNE
D'ABBEVILLE
ET
DE SON ARRONDISSEMENT,
PAR F.-C. LOUANDRE.

> Nos provinces, nos villes, tout ce que chacun de nous comprend dans ses affections sous le nom de patrie, devrait nous être représenté à chaque siècle de son existence.
> AUG. THIERRY, *Lettres sur l'Histoire de France.*

Ire. LIVRAISON.

ABBEVILLE,
IMPRIMERIE DE A. BOULANGER.

1834.

HISTOIRE
D'ABBEVILLE
ET
DE SON ARRONDISSEMENT.

HISTOIRE

ANCIENNE ET MODERNE

D'ABBEVILLE

ET

DE SON ARRONDISSEMENT,

PAR F.-C. LOUANDRE.

> Nos provinces, nos villes, tout ce que chacun de nous comprend dans ses affections sous le nom de patrie, devrait nous être représenté à chaque siècle de son existence.
> AUG. THIERRY, *Lettres sur l'Histoire de France.*

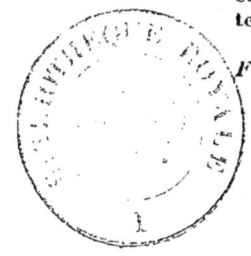

ABBEVILLE,

IMPRIMERIE DE A. BOULANGER.

1834.

AVANT-PROPOS.

Encouragé par l'indulgence avec laquelle le public a bien voulu accueillir mon premier ouvrage, je viens lui soumettre aujourd'hui le résultat de mes recherches sur l'ancien comté de Ponthieu et sur sa capitale. C'est peut-être de ma part un acte de témérité; mais personne ne paraissait disposé à s'occuper de ce travail ingrat; et, à cette époque où un immense besoin de savoir fermente dans toutes les classes de la société, où les études historiques ont pris un nouvel essor, où les annales de tant de villes moins importantes sont soumises aux plus sévères investigations, on s'étonnait avec raison qu'une contrée si riche en souvenirs n'eût point encore été explorée. Les ouvrages du P. Ignace [1] et *l'Histoire du comté de Ponthieu,* si vides de faits, ne pouvaient satisfaire le lecteur le moins exigeant. Chaque jour d'ailleurs emporte quelques débris du passé: monumens, archives, tout s'écroule, tombe en poussière; l'œuvre de destruction marche à grands pas, et il était urgent de recueillir des traditions, qui dans quelques années peut-être auront entièrement disparu.

Si malgré mes soins consciencieux et de constantes études, il existe encore des lacunes dans le travail que je publie; si je n'ai soulevé qu'en partie le voile épais qui couvre les premiers siècles de nos annales; c'est que le temps n'a laissé parvenir jusqu'à nous qu'un petit nombre de

---

[1] Voici les titres de ces ouvrages, qu'on ne trouve plus depuis long-temps dans le commerce : 1°. *Histoire ecclésiastique de la ville d'Abbeville et de l'Archidiaconé de Ponthieu*, 1646, in-4°. 2°. *Histoire Généalogique des comtes de Ponthieu et mayeurs d'Abbeville*, 1657, in-f°.

faits, et que le flambeau de l'histoire ne jette souvent qu'un jour bien faible sur la profonde nuit de ces âges barbares.

Pour dissiper la confusion qui règne sur la chronologie des comtes de Ponthieu, j'ai consulté l'histoire manuscrite que Ducange a laissée de ces feudataires si peu connus, et qui jouèrent cependant un si grand rôle. Le nom de ce savant célèbre offre une imposante garantie, et malgré son extrême aridité, son travail m'a été fort utile, car on y trouve une justesse de critique et une exactitude qu'on chercherait vainement dans les autres chroniques: véritable chaos où tout est jeté, mêlé et confondu sans règle; où l'on ne trouve que des récits sans intérêt, et la plupart du temps étrangers au Ponthieu. Quant à moi je n'ai saisi que les faits qui se rattachent directement à l'histoire de cette province, et dont le souvenir m'a paru digne d'être conservé.

Je n'énumérerai point ici les nombreux

écrits relatifs à l'histoire nationale que j'ai consultés pour rédiger ce livre. On les trouvera cités dans le cours de l'ouvrage, car je me suis fait un devoir constant d'indiquer les sources où j'ai puisé. Il en est cependant auxquels j'ai trop d'obligations pour ne pas les mentionner d'une manière spéciale. Je veux parler des *Chroniques* publiées par MM. Guizot et Buchon, et des *Vies des grands capitaines français du moyen âge*, par M. Alex. Mazas, ancien officier d'état-major, qui s'est particulièrement attaché à consulter des manuscrits et qui en a découvert de très-précieux, notamment celui que l'on conserve depuis plus de trois siècles dans la maison de Tramecourt. L'auteur des grands capitaines a visité Crécy, et a écrit sur les lieux mêmes une relation de la bataille, dans laquelle on reconnaît à la fois le militaire habile et l'écrivain distingué, et qui m'a mis à même de jeter plus d'intérêt sur le tableau d'un événement si mémorable.

AVANT-PROPOS.

Je saisis avec empressement l'occasion que m'offre cet avant-propos pour témoigner ma gratitude aux personnes qui ont bien voulu m'aider dans ce travail, en me communiquant divers mémoires ou manuscrits intéressans. M. de Bommy, qui, depuis longues années, s'est occupé de recueillir une foule de pièces sur l'histoire locale, m'en a confié plusieurs où j'ai puisé des renseignemens curieux. Notre savant compatriote, M. Félix Cordier, a bien voulu mettre aussi à ma disposition un manuscrit qui m'a fourni le moyen de révéler un grand nombre de faits inconnus jusqu'alors. Ce manuscrit a été composé vers l'année 1740, par M. Formentin, avocat, à Abbeville [1]. C'était un homme de science qui compulsa laborieusement

---

[1] L'auteur se proposait de le faire imprimer sous ce titre : *Histoire des anciens comtes de Ponthieu*, in-f°., et le fit annoncer dans le journal de Verdun, cahier d'avril 1747 ; mais cette publication ayant été désavouée, *la Bibliothèque Historique de France* dit que l'ouvrage de Formentin est chimérique.

les archives des villes et des monastères du Ponthieu ; mais quoiqu'il ait peu discuté les faits, qu'il les ait exposés sèchement, sans goût et sans méthode, il mérite cependant la reconnaissance des Abbevillois, car son travail contient plusieurs notions très-importantes sur l'histoire politique du pays, et malgré ses défauts, il laisse à une grande distance les autres investigateurs de nos annales.

Les détails de mœurs, qui forment dans cet ouvrage une partie entièrement neuve, ont été tirés des Archives municipales, mine féconde que personne encore n'avait exploitée. Les comptes des Argentiers où les dépenses de chaque jour et les motifs de cette dépense sont exactement consignés ; les registres aux délibérations de l'Échevinage et le *Livre Rouge* ou recueil des arrêts rendus par la municipalité, m'ont fourni de précieux matériaux à l'aide desquels j'ai essayé de rendre au passé quelques-uns des traits de sa physionomie si pittoresque et si naïve.

Je ne me dissimule pas les imperfections de l'ouvrage que j'offre à mes compatriotes; mais je réclame leur indulgence en faveur du motif qui me l'a fait entreprendre. J'ai pensé qu'il pourrait servir à répandre ici le goût des sciences historiques, à mettre les hommes laborieux sur la voie des recherches et des découvertes, à soutenir le patriotisme, à populariser la connaissance du passé, et à faire mieux apprécier notre époque.

HISTOIRE
ANCIENNE ET MODERNE
D'ABBEVILLE
ET
DE SON ARRONDISSEMENT.

CHAPITRE Ier.

Coup-d'œil géologique.

On ne saurait douter que le lieu qu'occupe Abbeville n'ait fait autrefois partie d'un golfe immense. L'étude des couches successives du sol prouve avec la dernière évidence que la mer y a séjourné à une époque de beaucoup antérieure aux temps historiques les plus reculés. Au-dessous d'un banc de terre végétale de deux pieds environ d'épaisseur, on trouve dans la vallée divers lits de tourbe de six à trente pieds de profondeur.

Le lit supérieur est formé de roseaux que le temps n'a pas encore décomposés; le second, d'un brun plus foncé, renferme une grande quantité de bois et repose sur une couche de gravier et de sable de rivière. Au-dessous de ce lit de transport et de sédiment existe un banc de cailloux ou silex roulés, semblables à ceux dont le rivage des mers est couvert [1].

On trouve dans la tourbe, à une profondeur plus ou moins considérable, des ossemens de mammifères dont les espèces existent encore, à l'exception d'une seule, l'urus des anciens.

Nous transcrivons ici la liste de ces mammifères que notre compatriote, M. Baillon, correspondant-pensionné du Muséum d'histoire naturelle de Paris, a bien voulu nous communiquer :

1. Le sanglier. 2. Le cheval. 3. Le cerf ordinaire. On trouve des ossemens de cette espèce qui ont appartenu à des individus plus grands que ceux qui existent aujourd'hui en France, et de la taille du grand cerf du Canada. 4. Le chevreuil. 5. L'urus des anciens, Cuvier, tom. IV. 6. L'aurochs, Cuv., ibid. 7. Le bœuf ordinaire. 8. Le castor. 9. Le loup. 10. Le chien. 11. Le renard.

[1] *Dissertation sur la tourbe de Picardie, par* Bellery, 1754.

On a aussi trouvé des ossemens de deux espèces d'oiseaux :

1. Une aile de grue, *ardea grus*, Linnée.
2. Un tarse de cigogne, *ardea ciconia*, Lin.

En creusant le canal de transit dans les jardins de Saint-Jean-des-Prés, on a découvert, dans une couche de sable et de gravier, sous un banc de tourbe, une vertèbre d'un grand cétacé. On a trouvé également sur le bord du canal, près du pont de Sur-Somme, un *radius* de baleine franche, Lacep., *balœna mysticetus*, Lin. Il était à six ou sept pieds de profondeur, dans une couche de sable mêlée de coquilles brisées de bucarde sourdon, *cardium edule*, Lin.; il a été recueilli par M. Fouache, ingénieur du canal, et fait maintenant partie des collections de M. Baillon.

Dans la grande rue de la Pointe, sur le bord de la Somme, on a découvert, à sept ou huit pieds environ au-dessous du sol, un banc de coquilles brisées de bucarde sourdon, de trois à quatre pieds d'épaisseur, et semblable à celui qui existe aujourd'hui au cap Hornu près Saint-Valery. Immédiatement au-dessous, il existe encore un banc de ce même *cardium;* mais là, les coquilles sont entières, et les deux valves encore adhérentes, le ligament n'ayant pas été détruit.

Il est évident que c'est là que ces mollusques ont vécu, que c'est là qu'ils sont morts; et comme ils ne peuvent exister que dans l'eau salée, cette circonstance prouve que les eaux de la mer couvraient chaque jour cette place comme elles couvrent aujourd'hui les bancs de sable qui existent entre Saint-Valery et le Crotoy.

Les couches supérieures de la craie forment la constitution géologique des plaines de l'arrondissement d'Abbeville et des collines qui bordent la vallée de la Somme. Au bas de ces collines, s'étend un terrain d'alluvion d'eau douce, composé de sable et d'argile, mêlé de particules de craie. Ce terrain, formant un banc de quinze à vingt pieds d'épaisseur, repose sur un lit de silex anguleux, et renferme les ossemens des animaux suivans, dont les espèces n'existent plus.

1. L'éléphant fossile, Cuv., ou mammouth des Russes, *elephas primigenius*, BLUMENBACH.

2. Le rhinocéros à narines cloisonnées, Cuv. Un individu de cette espèce de l'ancien monde a été trouvé entier dans les sablonnières de Menchecourt. Une grande partie du squelette et la tête entière, avec ses vingt-huit dents, ont été envoyées au Muséum d'histoire naturelle de Paris par M. Baillon, en 1826.

3. Le cheval fossile, Cuv., espèce plus petite que le cheval ordinaire.

4. Le daim d'Abbeville, Cuv.

5. Le cerf fossile, Cuv., semblable au cerf ordinaire, mais plus grand.

6. Le chevreuil fossile, Cuv.

7. Le bœuf fossile, Cuv., *vol.* iv, *pag.* 163, espèce beaucoup plus grande que le bœuf actuel.

8. L'ours à front bombé, Cuv.; *ursus spelæus*, Blum.

9. Le loup ou chien fossile, Cuv., *vol.* iv, *pl.* 37, *fig.* 2, 3 et 4.

10. Un grand felis voisin du tigre royal, Cuv., *vol.* iv, *pag.* 456. Il n'a encore été trouvé qu'une dent canine de cette espèce.

On trouve aussi dans le même terrain des coquilles terrestres et fluviatiles fossiles, semblables à celles qui vivent encore sur la surface du sol. L'*helix arbustorum* de Linnée, est l'espèce qui s'y rencontre le plus abondamment, tandis qu'à l'époque actuelle cette même espèce y est une des moins communes. Aucun corps marin ne s'y trouve. Ces objets ont été recueillis par M. Baillon, et envoyés par lui au Muséum d'histoire naturelle de Paris, ainsi que des ossemens de l'*elephas primigenius*, du cheval fossile, etc., qu'il a découverts dans la sablonnière située sur le penchant occidental de la vallée en avant du bois de Saint-Riquier. Ce naturaliste, à qui nous devons les détails qu'on vient de lire, pense que de semblables ossemens doivent se trouver dans toutes les vallées où il a existé autrefois un cours d'eau.

CHAPITRE II.

Époque romaine. — Antiquités.

On se demande en vain quels furent les peuples qui habitèrent primitivement le territoire d'Abbeville. L'histoire se tait et sur leur origine et sur leur nom. Sanson croit reconnaître en eux les *Britanni*, qui abordèrent les premiers en Angleterre, et s'y multiplièrent au point de donner leur nom à l'île entière. Sanson prétend aussi qu'Abbeville est l'antique *Britannia*, le chef-lieu de leur nation, dont Scipion demanda des nouvelles aux députés de Marseille; mais cette opinion n'a pas été admise.

On a dit aussi que le comté de Ponthieu appartenait au territoire des Morins; mais cette assertion est dénuée de fondement. Notre savant compatriote, M. Morel de Campennelle, dans une dissertation sur le *Portus itius* [1], dissertation pleine de

[1] Voyez *Nouvelles annales des voyages, par Eyriès.* (Septembre 1831.)

curieuses recherches, invoque le témoignage de Ptolémée, qui distingue positivement les *Morini* des *Ambiani* (dont la capitale était Amiens), et le témoignage de Pline qui, descendant du nord au sud en partant de l'Escaut, nomme d'abord les *Menapii,* puis les *Morini* et les *Oromansaci,* qui touchent au *Pagus Gessoriacus*, ensuite les *Britanni* [1], les *Ambiani* et les *Bellovaci*. D'Anville, dans sa notice de l'ancienne Gaule, distingue également les *Ambiani* des *Morini*, et il les sépare par le cours de l'Authie. Les savans éditeurs de la *Bibliothèque classique latine,* dans l'Index géographique des Commentaires de César, se prononcent formellement pour la même opinion. Les *Ambiani* habitaient, disent-ils, cette partie de la Picardie que l'on appelle aujourd'hui le département de la Somme, et occupaient, avec les *Atrébates* et les *Bellovaques*, la subdivision de la Gaule Belgique que l'on désignait sous le nom de *Belgium* [2]. Nous ferons remarquer aussi que les diocèses doivent être considérés, sauf quelques exceptions très-rares,

---

[1] Si le texte de Pline n'a pas été altéré, c'est sur les rives de la Canche et de l'Authie qu'on devrait placer les *Britanni*. (Voy. Lemaire, *Classiques latins*, Pline, liv. IV, tom. 2, 1re. partie, pag. 364, notes.)

[2] Voyez Lemaire, *Classiques latins*, tom. 33, pag. 182.

comme représentant parfaitement les anciennes cités de la Gaule [1]. Il faut donc placer le pays que nous habitons dans la cité des *Ambiani*, représentée par l'ancien diocèse d'Amiens.

Une ordonnance rendue en 835, et par laquelle Louis-le-Débonnaire fait un nouveau partage de l'empire entre ses enfans, cède à Pépin, roi d'Aquitaine, l'Amiénois et le Ponthieu jusqu'à la mer (*Ambiensis et Pontium usque in mare*); et à Louis, roi de Bavière, le Boulonnais et Quentovic; et comme la Canche formait et forme encore la limite du Boulonnais, le Ponthieu s'étendait donc jusqu'à cette rivière [2]. (Bouquet. *Recueil des Historiens des Gaules et de la France*, tom. 6, pag. 413-14.)

Adrien de Valois, au mot *Augusta* (le village d'Aouste près la ville d'Eu), cite un passage de

---

[1] *Essai sur le système des divisions territoriales de la Gaule, depuis l'âge romain*, etc., par M. Guérard.

[2] M. Morel de Campennelle, qui place le *Portus itius* entre la Canche et l'Authie, pense que le nom de Ponthieu est la traduction de *Pontus itius;* mot à mot *Pont itieu* et par contraction Ponthieu. L'orthographe du nom du port varie dans les divers manuscrits de César; on y lit *iccius*, *icius* et *itius*. Cette dernière leçon est probablement la bonne, puisque Strabon, qui paraît avoir tout emprunté de César dans cette partie de sa géographie, écrit Ιτιον. L'orthographe des mots Authie et Ponthieu n'est pas toujours fixe, on les trouve écrits tantôt avec, tantôt sans h. L'explication de M. de Campenuelle nous a paru très-remarquable.

la vie de saint Sauve, évêque d'Amiens, où il est question d'*Augusta villa Ambianorum in pago Vinemaco posita*, que Théodoric, roi des Francs, donne à saint Sauve.

Ces *Ambiani*, dont César admirait le courage, prirent part au dernier effort tenté par les Gaulois pour secouer le joug romain ; mais la cause de la liberté fut perdue, et César, pour prévenir de nouvelles révoltes, s'établit dans le *Belgium* avec trois légions. Depuis la conquête de Jules-César jusqu'à l'invasion des Francs, le Ponthieu resta sous la domination des empereurs. Antonin, Marc-Aurèle, Constantin, Gratien, Valentinien et plusieurs autres Césars, résidèrent quelque temps à Amiens. On trouve à Liercourt, sur les monts de Caubert, sur le plateau de Gouy et à Saint-Valery, de vastes camps retranchés destinés sans doute à défendre les rives de la Somme contre les attaques des Belges septentrionaux, et à protéger les transports des vivres et des munitions que les Romains effectuaient généralement par la voie des rivières. L'histoire de ces remparts antiques sur lesquels nous ne possédons aucune donnée certaine, exigerait de longues recherches et des travaux coûteux. Nous ne sommes point assez versé dans ce genre d'études pour émettre notre opinion sur chacun d'eux ; bornons-nous à les signaler.

Nous citerons d'abord le camp situé sur la côte de Liercourt, comme le plus remarquable par son étendue et sa conservation, la force de son assiette et l'élévation de ses vastes remparts. Il comprend quarante-six hectares vingt centiares, près de cent quatre-vingt-deux arpens romains, et a dû renfermer quatre légions à la fois avec la cavalerie, l'infanterie légère et les équipages. Le camp prétorien, marqué par une enceinte circulaire de trente mètres en tous sens, est placé dans le bois de Duncq. Des fouilles y ont fait découvrir des fragmens d'armures et une médaille de Marc-Aurèle. M. d'Allonville, qui en a fait la plus exacte description [1], pense qu'il doit être attribué à Jules-César, et qu'il a servi à contenir l'armée que ce grand homme conduisit contre les Bellovaques et leurs alliés dans la huitième et dernière campagne de la guerre des Gaules.

Le retranchement de dix pieds de hauteur environ qui existe encore sur les monts de Caubert, et qui a échappé aux recherches de M. d'Allonville, est coupé par une ouverture appelée vulgairement *Cren de porte* et désignée sous ce nom dans un acte de 1283, qui a pour objet les bornes de la banlieue d'Abbeville.

[1] *Dissertation sur les camps romains du département de la Somme*, 1828, in-4°.

Le camp que le retranchement divise en deux sections occupe une vaste étendue. Il est placé, comme la majeure partie des camps romains, à la pointe d'un angle que forment deux vallées entre elles, l'une sèche et l'autre garnie d'eau. L'étendue de la section qui touche au faubourg de Rouvroy est de cent vingt-sept arpens. Il n'est pas aussi facile de déterminer celle de la seconde section vers Caubert, parce qu'elle a subi des altérations que la première ne pouvait éprouver [1]. Ajoutons comme une chose digne de remarque, et comme un autre témoignage de la présence des troupes romaines sur ce point culminant, qu'il y avait jadis, à l'extrémité du faubourg de Rouvroy, à cinquante marches du rideau du camp, une ancienne porte [2] appelée *Porte de Rome*, et que le nom de ce monument s'est conservé sur les lieux jusqu'à nos jours. Le pont qui en était voisin se nomme encore *Pont de Rome*.

Le vaste rempart de terre situé sur le plateau de Gouy, près du chemin qui conduit à Cahon et sur la lisière du bois, dit le *Grand Bois* par les gens du pays, a mille pas environ de longueur en ligne droite et une élévation de cinq à six

---

[1] *Note manuscrite* de feu M. Traullé.

[2] Voir le *plan figuré d'Abbeville*, par Robert Cordier, 1653.

pieds. Il dominait la vallée de Somme, vis-à-vis le gué de Laviers, et n'est pas mentionné par M. d'Allonville.

L'établissement romain, situé près de Saint-Valery, dont ce savant ne parle pas non plus, et que M. Ravin, docteur médecin à Saint-Valery, a si bien exploré, s'étend depuis la falaise du cap Hornu jusqu'à la ferme de Rossigny. Il dominait aussi la Somme, et formait une espèce de presqu'île fortifiée par des marais et des falaises. Un lieu de sépulture indique que ce poste militaire fut long-temps occupé par les Romains [1]. En effet, c'est au cap Hornu et dans le port du Crotoy qu'ils avaient formé leur principal arsenal sous la direction d'un préfet maritime. *Præfectus classis Samaricæ seu Sambricæ in Hornensi et Quartensi loco* [2]; et M. d'Allonville croit que c'est dans la Somme que César fit entrer la nombreuse flotille avec laquelle il avait fait sa seconde expédition dans la Grande-Bretagne.

[1] Le mémoire qui a pour objet la description de ce camp est déposé dans les archives de la *Société d'Émulation d'Abbeville*. M. Ravin l'a accompagné de plans fort exacts et de dessins représentant divers vases trouvés dans les nombreuses sépultures découvertes à droite de l'enceinte et non loin de la *Ferté*.

[2] *Notitia imperii*, pag. 176.

L'arrondissement d'Abbeville, le plus riche du département sous le rapport des antiquités, est traversé de l'est au nord par une ancienne voie, dite *Chaussée Brunehault*, qui passe par Noyelles-en-Chaussée, Donqueur, Estrées-lès-Crécy, Estruval, Ponches et Dourier. On a tout lieu de croire qu'elle fesait partie d'une route romaine qui allait de Lyon à Boulogne-sur-Mer en passant par Amiens, et qui, d'après le témoignage de Strabon, fut construite par ordre d'Auguste en continuation de l'une de celles qui, de Rome, conduisaient dans les Gaules [1]. Plusieurs autres chemins antiques traversent nos campagnes, s'effacent sur quelques points, et reparaissent ailleurs; mais personne ne les a jusqu'alors explorés.

L'innombrable quantité de débris antiques découverts dans nos campagnes, et le patois même du peuple, où se retrouve encore aujourd'hui une foule de mots d'une physionomie toute latine [2], attestent le long séjour des troupes romaines dans la contrée que nous habitons. De nombreux fragmens de poteries et de tuiles à rebords couvrent pour ainsi dire notre sol.

---

[1] *Mémoires de la Soc. roy. des Antiquaires de France*, tom. IV.
[2] Voyez *Mém. de la Soc. roy. d'Émulation d'Abbeville*, année 1833, pag. 118.

Chaque jour, la charrue ramène à sa surface des médailles romaines en grand et petit bronze, en argent et même en or; des vases en terre rouge, grise ou noire; des armes, des tombeaux. Des figurines, des ex-voto, de magnifiques amphores, un groupe en bronze d'une admirable éxécution, représentant le combat d'Hercule et d'Antée, ont été trouvés dans les tourbières de la Somme. Le comte de Caylus a fait graver dans son recueil d'antiquités (*tom.* v, *pl.* cxi) un buste de Cybèle, de six pouces de hauteur environ, trouvé à Tours en Vimeu. « Ce buste, dit le savant archéologue, est le plus beau et le mieux dessiné que j'aie vu de fabrique romaine..... L'air de tête ne peut être plus agréable ni les cheveux mieux traités. La coiffure indique de quelle façon les tours flanquaient et défendaient autrefois les murailles et les portes. »

Quelques objets antiques ont été aussi découverts dans l'intérieur d'Abbeville. Ce sont: 1°. des médailles carthaginoises et un grand nombre de médailles de Postume trouvées sur l'emplacement de l'ancienne porte Comtesse, dans un vase de terre, au milieu d'un mur extrêmement épais, près duquel on découvrit des restes de vieilles tours profondément enterrées; 2°. des sarcophages ou cercueils de pierre déterrés au quinzième siècle dans la place Saint-Pierre, mais on ignore ce qu'ils contenaient ; 3°. des médailles de Claude, de Trajan, de Commode, de Caracalla, de Constantin, de Constance et du Bas Empire; 4°. des constructions antiques, deux vases de terre en forme de lampes sépulcrales, et des pierres sur lesquelles se trouvaient sculptés divers attributs constatant l'existence d'un monument expiatoire à l'entrée du *Lillier* ; 5°. un vase trouvé dans une cave au *Guindal*, à plusieurs pieds au-dessous du sol. Un savant archéologue, M. Féret, de Dieppe, a jugé, d'après la pâte de ce vase, qu'il est du temps des Antonins, et d'après sa forme, qu'il a dû servir dans un therme; mais tous ces précieux morceaux sont perdus pour nous, et jusqu'à ce jour une impardonnable incurie les a laissé disperser [1]. Le curage de la Somme a fait connaître que son lit contient, dans l'intérieur d'Abbeville, une certaine quantité de fragmens de poteries romaines.

Un assez grand nombre de monumens celtiques destinés aux sépultures recommandent aussi notre arrondissement aux recherches des antiquaires. Ces monumens, en forme de petites montagnes circulaires nommées *tombelles*, ont dû

---

[1] Le beau vase trouvé dans le Guindal a été seul conservé; il est aujourd'hui dans le cabinet de M. de Bommy.

nécessairement disparaître par l'effet de la culture. Cependant on en connaît encore plusieurs, notamment trois près de Port, une autre dans ce village, trois entre Noyelles et Philibeaucourt, une entre Bonnelle et Pontoile; plusieurs dans le bois de Vron, dans la forêt de Cantâtre, dans les bois de Vironchaux; beaucoup dans la forêt de Crécy, etc. Ces buttes, évidemment de mains d'hommes, sont généralement regardées comme les tombeaux de chefs militaires ou d'autres personnages de marque. M. de Caylus a recueilli dans celle de Vron deux vases qu'il a fait graver dans son recueil d'antiquités, tom. IV. Celles de Port, fouillées par M. Traullé [1], vers la fin du dernier siècle, contenaient des urnes et des boites de bois pleines d'ossemens brûlés d'hommes, de femmes, d'enfans et de chevaux. A côté de chaque urne un silex taillé en arme offensive et semblable à ceux qu'on retrouve disséminés sur la surface du sol. Un silex plus curieux que les autres représentait un petit sceptre surmonté d'une tête de coq, oiseau consacré à Mars. L'une de ces tombes porte encore le nom de *Martimont* ou Mont de Mars. Celle qui existait à Drucat et qui fut fouillée quelque temps après, contenait

---

[1] Voyez sa *Notice sur les tombes de l'arrondissement d'Abbeville*, 1823, in-8°. de 8 pages.

aussi des cendres d'individus brûlés. Ces cendres n'étaient ni dans des urnes ni dans des boîtes ; mais placées sur des lits de silex plats, le tout couvert d'écorces d'arbres bien reconnaissables, et accompagnées de petits silex taillés en pointes de flèches. Aucun de ces monumens n'a présenté de métaux.

Les invasions des Barbares ont effacé de notre sol les autres constructions.

CHAPITRE III.

428. — 814.

Dans les premières années du cinquième siècle, des hordes de Barbares sorties de la Germanie vinrent fondre sur l'empire romain et s'en partagèrent les lambeaux. Clodion, l'un des chefs de ces hordes, étendit sa domination depuis Cambrai jusqu'à la Somme, et vint se fixer à Amiens où il mourut. Mérovée, Childéric lui succédèrent ; mais le flambeau de l'histoire ne jette qu'un jour bien faible et bien douteux sur tous ces conquérans. Un d'eux, Ragnacaire, établit à Cambrai le siége d'un nouveau royaume qui s'étendait aussi jusqu'à la Somme. Clovis, voulant devenir seul maître de la Gaule, forma le projet de s'emparer de ses états, le défit dans une bataille et le tua d'un coup de hache. Ce fut, dit-on, sous la domination de Ragnacaire qu'on vit s'élever la ville de Centule [1] avec ses hautes murailles garnies de cent tours.

Turribus à centum, Centula nomen habet. [2]

Après la mort de Clovis ses fils divisèrent entre eux la France. Clotaire eut en partage le royaume de Soissons, et l'on prétend qu'il investit Alchaire, fils du roi de Cambrai assassiné par Clovis, du gouvernement du *pagus Ponticus*, qu'on appela depuis le comté de Ponthieu [3]. Alchaire s'intitula *Dux Franciæ maritimæ seu Ponticæ;* fixa le siége de son gouvernement à Centule, et y établit un palais.

Aymeric, comte de Boulogne, qui avait épousé

---

[1] Aujourd'hui Saint-Riquier.
[2] De ses cent tours elle a nom Centule.
[3] Quelques auteurs le désignent sous le nom de *Pontes, Pontium*. Au douzième siècle Robert Wace l'appelle *Pontif*.
> Some part *Pontif* è Vimou
> Et Vimou dune tresque Ou
> (*Roman de Rou*, — Vers 11,497.)

la veuve de Ragnacaire, possédait à la même époque, s'il faut en croire quelques chroniques, une autre partie du Ponthieu, et résidait à Port, lieu considérable alors, comme le rapporte encore la tradition.

On trouve dans la vie de saint Josse [1] le nom d'un autre duc, Haymon, qui résidait à Maïoc près du Crotoy [2]. Ce duc y reçut saint Josse dans son château, le chargea de desservir sa chapelle, et lui fit construire, en 625, près de Montreuil-sur-Mer, un monastère qui depuis porta son nom. Les chroniques mentionnent ensuite Drochtric et Walbert ou Gaubert, fils d'un maire du palais de Théodoric, roi de Bourgogne. Walbert, qui était aussi comte de Saint-Pol et d'Arques, près Saint-Omer, possédait dans le Ponthieu et jusqu'aux portes de Calais des domaines immenses; mais il s'en dépouilla pour enrichir les moines et les églises, se retira lui-même dans un cloître et fut canonisé.

Un autre duc ou comte de Ponthieu gouvernait cette province en même temps qu'Haymon et Walbert. Les chroniqueurs le nomment Sigefroi, et disent qu'il était frère d'Erchenoald, maire

---

[1] Bouquet. *Recueil des hist. des Gaules et de la France*, tom. III, pages 520 et 539.

[2] Maïoc n'est plus aujourd'hui qu'un hameau.

du palais de Clovis II. « Pour accorder ces contrariétés, dit Ducange [1], quelques-uns établissent deux contrées qui portaient le nom de Ponthieu, l'une tirant vers la mer, et l'autre vers Amiens et Doullens, et disent qu'Haymon et Walbert étaient seigneurs de la première et Sigefroi de la seconde. »

Mais quittons ces comtes et leur ténébreuse histoire ; tout ce qui les concerne est incertain, et le savant écrivain que nous venons de citer l'avoue lui-même. Les noms de leurs successeurs, pendant plus d'un siècle, ne sont pas même connus, et l'on ne doit pas s'en étonner ; car sous la première race, ces comtes n'étaient que de simples officiers amovibles à la volonté du prince, et la contrée qu'ils administraient restait soumise à l'autorité royale, qui en disposait à son gré.

Les rois Mérovingiens possédaient à Crécy un palais où Childebert tint une assemblée pour l'adjudication de deux métairies [2] situées dans le comté de *Talou* [3], contrée qui s'étendait depuis la Bresle jusqu'au territoire d'Arques. Il existe

---

[1] Histoire manuscrite des comtes de Ponthieu.

[2] Bouquet, lieu cité, tom. II, p. 450. III, p. 305. IV, p. 683.

[3] *Talaucium*, d'où provient le nom de Talance, qui fut donné au pont sur lequel il fallait passer pour aller d'Abbeville dans cette partie de la Normandie.

encore à Crécy de vastes fondations que l'on croit être les derniers vestiges de cette maison royale, dans laquelle le farouche Ébrouin, le tyran de la Neustrie, fit égorger Leudesius, maire du palais de Théodoric, qu'il avait autrefois couronné, et dont il voulait prendre le sceptre [1].

Le culte de l'Évangile, que saint Firmin avait déjà sans doute propagé dans le Ponthieu, ne paraît y avoir été solidement établi que par les travaux apostoliques de saint Firmin-le-Confesseur, troisième évêque d'Amiens; de saint Germain-l'Écossais, qui vint aussi prêcher la foi sur nos bords, et y recevoir la couronne du martyre, l'an 480; de saint Honoré, huitième évêque du diocèse, et de saint Loup, évêque de Sens, qui avait été exilé à Ancenne sur la Bresle. Saint Furcy, saint Mauguille, saint Blimont, saint Colomban et saint Milfort parcoururent également le Ponthieu pour y répandre le dogme et la morale. Jaloux d'achever cette grande œuvre de prosélytisme, saint Valery fonda, en 611, un monastère sur les terres incultes de *Leuconaus* [2], qui lui avaient été cédées par Clotaire II. En 625, saint Riquier

---

[1] Voy. Fredegaire, p. 233, dans la *Collect. des Mémoires relat. à l'Hist. de France,* publiée par M. Guizot.

[2] Aujourd'hui Saint-Valery.

fonda encore une autre abbaye qui ne tarda pas à se peupler aussi de nombreux disciples [1].

Les hommes du Nord, qui depuis longues années, portaient le ravage sur les plages de la Somme, cessèrent de s'y montrer quand la Gaule appauvrie, dévastée et replongée dans une barbarie profonde, n'offrit plus d'aliment à leur avide cupidité. Mais lorsque le puissant génie de Charlemagne eût ramené les richesses et l'abondance, les pirates reparurent. Ce prince, pour s'opposer à leurs ravages, conféra le gouvernement militaire des côtes nord-ouest de son Empire, depuis l'Escaut jusqu'à la Seine, à l'un de ses plus braves paladins, à son gendre Angilbert, comte-abbé de Saint-Riquier, c'est-à-dire défenseur de ce monastère; car il existait alors dans chaque abbaye un ou plusieurs officiers, qui commandaient dans les combats les vassaux des moines, défendaient leurs terres contre les entreprises des seigneurs, et les protégeaient contre les brigands. Ces officiers, qui portaient le titre d'abbés, et dans la suite ceux d'*avoués*, de *défenseurs*, étaient choisis parmi les feudataires les plus illustres, et quelquefois parmi les religieux eux-mêmes.

[1] Voy. sur Saint-Riquier, la *Biographie d'Abbeville*, pag. 286.

« Si l'on s'étonne, dit Hariulfe [1] en parlant de l'un de ces abbés-comtes, comment il a pu être gouverneur et moine, nous dirons qu'en ce temps-là, la féroce nation danoise envahissait souvent les frontières de la France. Le Vimeu, le Ponthieu et les petites provinces de ce genre n'avaient que des forteresses peu nombreuses, de faibles moyens de défense, et quelquefois même ni les unes ni les autres. Et comme ces Barbares enragés, plus enragés que des chiens, causaient mille ravages, les rois de France et les grands du royaume jugèrent qu'il était convenable de charger l'abbé de Saint-Riquier du soin de s'opposer à leurs dévastations, parce que sa puissance était grande et sa noblesse illustre. Voilà pourquoi les abbés de nos monastères, ajoute Hariulfe, étaient abbés et comtes, observaient nos règles, et sous l'aile de Dieu même combattaient dans les armées. »

Angilbert [2] seconda dignement les vues de Charlemagne. Il arrêta les ravages des pirates, et ralluma le flambeau des lumières dans le Ponthieu en fondant à Saint-Riquier une école célèbre et une riche bibliothèque dont Hariulfe

---

[1] *Chronicon Centulense*, d'Achery, *Spicilegium*, tom II.
[2] Voyez *Biog. d'Abber.*, pag. 14.

nous a conservé le catalogue [1]. Par ses soins, on vit s'élever dans la même ville trois basiliques, où la sculpture déployait ses richesses, l'architecture lombarde sa magnificence [2]. Il envoya à Rome de nombreux chariots pour y chercher du marbre et des colonnes, en décora ces édifices, y plaça des statues, des bas-reliefs, des mosaïques et quantité d'autels resplendissans d'or. Il n'y eut point de pierreries, point de métaux précieux, point d'objets rares en France ou en Italie qu'il ne recherchât pour ajouter à la magnificence de cet établissement religieux, l'un des plus riches et des plus vénérés de l'empire.

Cependant les hommes du Nord, attirés sans doute par les richesses immenses qui se trouvaient réunies dans le monastère de Saint-Riquier, ne tardèrent point à se présenter audacieusement sur les rives de la Somme. Charlemagne, indigné de leurs ravages, partit de son palais d'Aix, l'an

[1] On voit dans ce catalogue des exemplaires de Cicéron, d'Homère, de Virgile, de Pline le jeune et de Suétone. On y trouve des livres de droit et de médecine; les œuvres de Priscien et d'Ælius Donat; la Cosmographie d'Ethicus; les Fables d'Avienus; la Consolation de la philosophie, de Boëce; l'Histoire des Francs, de Grégoire de Tours; un grand nombre de SS. Pères, etc., etc.

[2] M. d'Aligre, abbé commendataire de Saint-Riquier, a fait graver, d'après un ancien manuscrit, une vue du monastère bâti par Angilbert. On la trouve dans les *Acta SS. Ord. S. Bened.*, tom. v, pag. 106.

800, au milieu du mois de mars, et se rendit à Saint-Riquier. Il y solennisa les fêtes de Pâques, donna des ordres pour la défense de la Somme; puis visita l'embouchure de cette rivière et fit placer des postes militaires le long de la côte. Mais on ignore combien de temps il séjourna dans le Ponthieu et s'il y fit réellement plusieurs voyages, comme certains documens le prétendent.

Angilbert, abandonnant les vanités du siècle pour se consacrer à Dieu, se fit religieux à Saint-Riquier, et descendit au tombeau le 18 février 814.

Nithard, son fils, lui succéda, et fut chargé comme lui de défendre les rivages de l'empire entre la Seine et l'Escaut. Nithard servit fidèlement Louis-le-Débonnaire, et après sa mort demeura constamment attaché à son fils, Charles-le-Chauve. Il combattit plus d'une fois pour sa cause, se signala particulièrement sur le champ de bataille de Fontenay, et mit tout en œuvre pour faire cesser la guerre civile entre Charles, Lothaire et Louis-le-Germanique; mais ses efforts furent impuissans, et, dégoûté du monde, il prit l'habit de moine à Saint-Riquier. On ne sait de la vie de Nithard[1] que ce qu'il en raconte lui-même dans

---

[1] Voy. son article dans la *Biog. d'Abber.*, pag. 255.

son *Histoire des dissensions des fils de Louis-le-Débonnaire;* les traditions du pays rapportent qu'il fut tué en 858 ou 859 en repoussant une invasion des Barbares sur les côtes du Ponthieu. « Au milieu du onzième siècle, dit M. Guizot [1], Gervin, abbé de Saint-Riquier, fit faire des fouilles sous le portique de cette abbaye, dans l'espoir de découvrir le corps d'Angilbert. Ses recherches furent infructueuses, mais il retrouva le corps de Nithard qu'on reconnut, dit le chroniqueur Hariulfe, à la blessure qu'il avait reçue à la tête dans le combat où il fut tué par les Normands. Dom Rivet affirme hardiment que Nithard ne pouvait être abbé ni moine, puisqu'il avait péri les armes à la main. Cet argument est atténué par plus d'un exemple, et il ne serait point impossible que Nithard, abbé de Saint-Riquier, se fût ressouvenu, dans l'occasion, qu'il avait jadis, sur ce même rivage, repoussé, en qualité de comte, les invasions des Normands. »

---

[1] *Collect. des Mémoires rel. à l'Hist. de France,* tom. III, pag. 143.

CHAPITRE IV.

814 — 860.

Tandis que Nithard prenait une part active aux événemens dont il nous a transmis l'histoire, un moine, nommé Héric, avait été chargé par Louis-le-Débonnaire du gouvernement intérieur de l'abbaye de Saint-Riquier. C'est à ce moine que l'on doit le dénombrement des biens immenses que possédaient à cette époque (831) les religieux de Centule. Les fragmens de ce précieux travail, consignés dans Hariulfe et dans Mabillon [1], nous apprennent d'une manière précise ce que c'était qu'une ville de France au neuvième siècle; et pour faire connaître les richesses et les droits de l'abbaye de Saint-Riquier, nous transcrivons ici l'extrait qu'en a donné M. de Châteaubriand dans ses études historiques.

« Dans la ville de Saint-Riquier, propriété des moines, il y avait deux mille cinq cents

---

[1] *Annales Ord. S. Benedict*, tom. II, pag. 333.

manses [1] de séculiers; chaque manse, payait douze deniers, trois setiers de froment, d'avoine et de fèves, quatre poulets et trente œufs. Quatre moulins devaient six cents muids de grain mêlé, huit porcs et douze vaches. Le marché, chaque semaine, fournissait quarante sous d'or, et le péage vingt sous d'or. Treize fours produisaient chacun par an, dix sous d'or, trois cents pains et trente gâteaux dans le temps des litanies. La cure de Saint-Michel donnait un revenu de cinq cents sous d'or, distribués en aumônes par les frères de l'abbaye. Le casuel des enterremens des pauvres et des étrangers était évalué, année courante, à cent sous d'or, également distribués en aumônes. L'abbé partageait chaque jour aux mendians cinq sous d'or; il nourrissait trois cents pauvres, cent cinquante veuves et soixante clercs. Les mariages rapportaient annuellement vingt livres d'argent pesant, et le jugement des procès soixante-huit livres.

» La rue des Marchands (dans la ville de Saint-Riquier) devait à l'abbaye, chaque année, une pièce de tapisserie de la valeur de cent sous d'or, et la rue des Ouvriers en fer, tout le ferre-

---

[1] La manse était un fonds de terre dont un Colon se pouvait nourrir avec sa famille et payer le cens au propriétaire.

(CHATEAUBRIAND.)

ment nécessaire à l'abbaye; la rue des Fabricans de boucliers était chargée de fournir les couvertures de livres; elle reliait ces livres et les cousait, ce qu'on estimait trente sous d'or. La rue des Selliers procurait des selles à l'abbé et aux frères; la rue des Boulangers délivrait cent pains hebdomadaires; la rue des Écuyers était exempte de toute charge; la rue des Cordonniers munissait de souliers les valets et les cuisiniers de l'abbaye; la rue des Bouchers était taxée, chaque année, à quinze setiers de graisse; la rue des Foulons confectionnait les sommiers de laine pour les moines, et la rue des Pelletiers les peaux qui leur étaient nécessaires; la rue des Vignerons donnait par semaine seize setiers de vin et un d'huile; la rue des Cabaretiers trente setiers de cervoise (bière) par jour. La rue des Cent dix *milites* (chevaliers) devait entretenir pour chacun d'eux un cheval, un bouclier, une épée, une lance et les autres armes. »

« La chapelle des nobles octroyait chaque année douze livres d'encens et de parfum; les quatre chapelles du commun peuple (*populi vulgaris*) payaient cent livres de cire et trois d'encens. Les oblations présentées au sépulcre de Saint-Riquier valaient par semaine deux cents marcs ou trois cents livres d'argent. »

« Suit le bordereau des vases d'or et d'argent des trois églises de Saint-Riquier, et le catalogue des livres de la bibliothèque. Vient la liste des villages de Saint-Riquier au nombre de vingt : Buniacus (Buigny l'abbé), Drusiacus (Drugy), Novavilla (Neuville), Gaspannæ (Gapenne), Guibrantium (Yvrench), Haidulphicurtis (Eaucourt-Bussu), Vales (Vaux), Curticella (Courcelles), Buxudis (Bussu), Nialla (Noyelles), Civinocurtis, Crux, Bagardas, Maris, Langradus, Alteia, Rochonis-Mons, Sidrunis, Concilio, Ingoaldicurtis [1].

» Dans ces villages se trouvaient quelques vassaux de Saint-Riquier, qui possédaient des terres à titre de bénéfices militaires. On voit de plus treize autres villages sans mélange de fief ; et ces villages, dit la notice, sont moins des villages que des villes et des cités.

» Le dénombrement des églises, des villes, villages et terres dépendants de Saint-Riquier présente les noms de cent chevaliers attachés au monastère, lesquels chevaliers composent à l'abbé, aux fêtes de Noël, de Pâques et de la Pentecôte, une cour presque royale. En résumé, le monastère possédait la ville de Saint-Ri-

[1] Lieux dont on ignore aujourd'hui le nom et la position.

quier [1], treize autres villes, trente villages, un nombre infini de métairies, ce qui produisait un revenu immense. Les offrandes en argent faites au tombeau de saint Riquier, s'élevaient seules par an à quinze mille six cents livres de poids, près de deux millions numériques de la monnaie d'aujourd'hui. » (*Études historiques*, tom. 3.)

Les détails suivants que nous avons empruntés aux Annales de l'ordre de Saint-Benoit achèveront de peindre la grandeur de cette abbaye et la magnificence qu'elle déployait dans les cérémonies religieuses. Lors des *grandes litanies*, les processions des *sept églises voisines de Saint-Riquier* se réunissaient devant celle du monastère et s'arrêtaient sur le parvis pour y prier devant la *Sainte Nativité*. Pendant ce temps, les hommes se plaçaient au nord, et les femmes au midi, et tout le monde restait en oraison jusqu'à ce que les moines sortissent de leur couvent. On les voyait bientôt s'avancer sept par sept, car s'ils avaient été deux par deux ou trois par trois, disent les chroniques, ils auraient couvert l'espace d'un mille. Cette foule de moines était précédée de clercs portant des vases d'eau bénite,

---

[1] En 814 la population de cette ville s'élevait à 14,000 âmes.

des croix, des vases d'encens ; de prêtres portant des reliques ; de diacres, de sous-diacres, d'acolytes, d'exorcistes, de lecteurs, de bedeaux, tous au nombre de sept. Venaient ensuite par sept encore le reste des moines, et sept enfans portant des torches ; les gentilshommes et les grandes dames ; les sept croix *des églises du dehors ;* les enfans de l'école du monastère ; les jeunes filles habiles à chanter ; *les hommes et les femmes honorables de l'église;* puis les vieillards et les infirmes, rangés par sept comme tous les autres assistans, et marchant à pied ; mais ceux qui ne pouvaient suivre étaient à cheval. On s'avançait ainsi dans la voie publique en chantant les trois symboles de Constantinople, de saint Athanase et des apôtres ; puis l'oraison dominicale et les litanies française, italienne et romaine. A ces litanies succédait le *Te Deum* et on chantait ensuite la messe. « Je crains, dit Mabillon en rapportant ces détails, d'être accusé de petitesse ; mais ils m'ont paru si extraordinaires, que les lecteurs justes me pardonneront, je l'espère. (*Annales Ord. S. Benedicti,* t. II, pag. 332.)

Héric eut pour successeur Hélisachar, chancelier de France, qui se déclara contre Louis-le-Débonnaire, et mourut en 837. Hariulfe mentionne après lui Ricbodon, petit-fils de Charlemagne, qui périt dans une bataille livrée auprès de Toulouse entre l'armée de Charles-le-Chauve et celle de Pépin d'Aquitaine, le 7 juin 844, et dans laquelle Ragnacaire, évêque d'Amiens, fut fait prisonnier. Vient ensuite l'abbé Louis, cousin germain de Charles-le-Chauve; mais on a peine à distinguer le moine ou le comte dans cette chronologie confuse d'abbés environnés d'une cour qui rivalisait de luxe avec celle des rois, et qui portaient indistinctement le casque ou la mître.

À cette époque, les enfans de Louis-le-Débonnaire, armés contre leur père, se disputaient l'empire. Leurs fatales divisions favorisèrent les entreprises des Normands. Le 6 décembre 842, ils surprirent le port de Quentovic, l'un des plus fréquentés du nord de la Gaule, et dans lequel on s'embarquait pour l'Angleterre. C'était pendant la tenue d'une foire considérable : ils enlevèrent un immense butin, et se retirèrent après avoir massacré une partie des habitans et des étrangers que le commerce y avait attirés. Quentovic, situé sur les bords de la Canche, était déjà connu sous la première race[1] par son importance

---

[1] Quentovic avait un hôtel de monnaie. On a de ces monnaies sur

et ses richesses. Il existait encore en 854, mais il est probable que sa destruction fut opérée peu de temps après.

Enhardis par la faible résistance que les Français dégénérés osaient à peine leur opposer, les Barbares reparurent, en 844, dans le Ponthieu, et y portèrent de nouveau l'incendie et la mort.

Rodolphe, frère de l'impératrice Judith, succéda à l'abbé Louis et se distingua par des actions d'éclat; mais la chronique ne nous en fait connaître aucune. Nous y voyons seulement que lorsque ce prince eut cessé de vivre, on transporta son corps avec la plus grande pompe dans tous les lieux soumis à sa domination. Rodolphe eut pour successeur Helgaud, que le savant Ducange croit fils de Nithard. Ce nouvel abbé-comte essaya en vain d'arrêter les hommes du nord qui, sous la conduite d'un chef nommé Weland, pénétrèrent jusqu'à Amiens, pillèrent cette ville et le monastère de Saint-Valery, et vinrent s'établir ensuite dans une île de la Basse-Somme. Charles-le-Chauve, qui n'osait pas les combattre, sollicita le secours de leur chef pour le délivrer d'une autre bande cantonnée sur la Seine;

lesquelles on voit un vaisseau; d'autres portent le monogramme de Charles-le-Chauve avec ces mots : *Gratia Dei rex*. Au revers la croix et la légende *Cuentavici*.

Weland n'y consentit qu'en exigeant du faible monarque trois mille livres d'argent (225,000 francs de notre monnaie). Charles promit tout ce que le pirate exigea de lui : ne trouvant aucune ressource dans son domaine, il eut recours aux exactions les plus cruelles pour se procurer cette somme. On taxa les églises, on imposa tous les propriétaires, tous les marchands ; on enleva tous les effets et les meubles de ceux qui ne payaient pas [1] ; encore ne put-il réunir la somme convenue au temps fixé. Durant cet intervalle, Weland tenta une expédition en Angleterre qui n'eut pas de succès ; mais une autre troupe se joignit à lui dans la traversée, et il revint avec une flotte de deux cents navires. Cependant, à raison du retard qu'il avait éprouvé, il exigea non plus trois mille, mais cinq mille livres d'argent et des vivres en abondance. Lorsque Charles eut rempli les engagemens pris envers les Barbares, ils quittèrent la Somme avec leur flotte, et se montrèrent fidèles au traité en allant attaquer leurs compatriotes cantonnés dans l'île d'Oissel, à deux lieues de Rouen.

L'abbaye de Port, bâtie près du tombeau de saint Honoré, peu de temps après la mort de cet

---

[1] *Annales de saint Bertin*, année 860.

évêque, et consacrée par le séjour qu'y fit sainte Austreberthe, n'échappa point à la rapacité des audacieux brigands du nord, qui trouvaient dans le pillage des cloîtres une source de richesses immenses. Mais moins heureuse que les autres communautés du voisinage, elle ne se releva point de ses ruines.

Helgaud mourut vers l'an 864, après avoir dressé pour les peuples soumis à son pouvoir des coutumes ou réglemens généraux qu'on observait encore deux cents ans plus tard. Les chroniqueurs lui attribuent la fondation de Montreuil.

Abbeville se trouvant mentionné pour la première fois dans le cours du siècle dont nous retraçons l'histoire, nous croyons devoir, avant de pousser plus loin, parler ici de son origine.

CHAPITRE V.

Origine d'Abbeville.

Le père Ignace [1] prétend qu'à la première apparition des Romains, les habitans de nos contrées se réfugièrent dans une île formée par la

[1] *Hist. Ecclés. d'Abbeville*, pag. 3.

Somme sur l'emplacement actuel d'Abbeville, et que cette île devint pour eux un lieu de défense fortifié par la nature et par des palissades, un *oppidum*, dans lequel ils construisirent des huttes, et qu'on appela *refuge*. Le même auteur ajoute que l'île et sa forteresse de bois capitulèrent bientôt, et que ce lieu fut désigné plus tard sous le nom de *Cloye*, parce que les habitans, à la suite d'une inondation de la mer, ne purent y rentrer qu'en couvrant de terre des claies d'osier. Ces assertions ne sont appuyées d'aucun monument anthentique; mais la première est vraisemblable et devait être mentionnée; car la plupart des villes ont commencé ainsi, et le savant Dulaure assigne à Paris la même origine. « Cette opinion, dit-il, est solidement établie par des autorités irrécusables que j'ai réunies dans une dissertation imprimée dans le tom. II des *Mémoires de la Société royale des Antiquaires de France*. » L'opinion la plus généralement adoptée, celle qui a pour elle une tradition constante et suivie, c'est qu'il existait primitivement dans l'île dont nous venons de parler, un lieu de retraite fortifié à l'instar de celui de Paris dans l'île de Notre-Dame. La rue Saint-Vulfran, située au centre de cette île, a porté jusqu'au seizième siècle le nom de *Cauchie du Castel*. L'église de

Notre-Dame-du-Chastel, qui était située sur le même terrain, et la grande rue de ce nom rappellent encore l'existence de cette forteresse. Vander-Haër, savant écrivain à qui l'on doit un ouvrage fort estimé qui a pour titre : *Les Châtelains de Lille, leur ancien état, office et famille*, etc., 1611, in-4°., prouve que presque toutes les villes doivent leur origine à des forteresses de cette espèce, autour desquelles les indigènes venaient bâtir leurs demeures et chercher un abri contre les attaques de leurs ennemis. Les antiquités trouvées dans l'intérieur d'Abbeville attestent qu'il y existait des habitations pendant la période romaine ; mais si ces habitations avaient formé une ville de quelque valeur, l'histoire n'eût pas manqué de la mentionner. Il est probable que les premiers Barbares dévastèrent et détruisirent tous les établissemens romains et gallo-romains de la contrée.

Le premier document où le nom d'Abbeville se trouve cité est la chronique de Saint-Riquier, par Hariulfe, qui le met au nombre des domaines que possédait ce monastère en 831 [1]. La déno-

---

[1] « Sunt villæ in dominicaturâ sancti ejusdem, absque ullâ admixtione beneficii, vel alterius potestatis, Pontias, Altisgnico, Tulino, Durcaptum, *Abbatis-Villa*, Forestemonasterium, Majoch, Sanctus Medardus, Alliacus, Longavilla, Altvillaris, Rebellis-Mons,

mination latine *Abbatis Villa*, Ville de l'Abbé, appuie cette assertion [1], et prouve en outre qu'Abbeville est une cité du moyen âge. On sait d'ailleurs que cette terminaison en *ville* indique en général des métairies (*villæ*) dépendantes jadis de monastères ou seigneuries, et qui se sont affranchies peu à peu [2]. Mais Abbeville appartenait-il à un abbé-moine ou à un de ces abbés-comtes dont nous avons déjà parlé? Nous ne saurions le décider.

Malgré l'assertion d'Hariulfe, on a prétendu qu'Abbeville ne fut jamais soumis aux religieux de Saint-Riquier. On a objecté qu'ils y auraient laissé des traces de leur domination; que non-

---

Valerias. Istæ tam villæ quam oppida, vel, ut ita dicam, civitates habebantur, quippe quibus nulla vis injustitiæ inferebantur. »
(*Chronicon Centuleuse*, lib. III, cap. III.)

Il est impossible de combler le vide qui existe dans nos annales jusqu'au moment où la chronique de Saint-Riquier vient nous parler d'Abbeville. Cependant on a lieu de croire qu'à l'exemple des Romains qui fortifièrent les embouchures des fleuves lors des expéditions des Saxons dans les Gaules, Angilbert aura fait élever à Abbeville un château dans la crainte que la baie de Somme n'offrît aux Barbares du Nord un lieu de débarquement sûr et commode. Le nom d'Abbeville ne détruit pas cette conjecture, puisqu'Angilbert était tout à la fois chef militaire et supérieur d'une abbaye.

[1] Le village d'*Abbeville-Saint-Lucien*, près de Beauvais, fut ainsi nommé parce qu'il appartenait à l'abbé de Saint-Lucien.

[2] Vitet. *Histoire des anciennes villes de France*, Dieppe, tom. II, pag. 375.

seulement ils ne jouissaient d'aucun droit seigneurial dans l'île où les premières limites d'Abbeville furent enclavées; mais qu'ils ne prélevaient pas même la moindre censive dans l'étendue des autres quartiers. On a remarqué aussi que les comtes de Ponthieu, dans le treizième siècle, ne tenaient pas leur fief des moines, mais du Roi de France. Les manuscrits présentent ces circonstances comme décisives ; mais il nous semble qu'après un pareil laps de temps, après une si longue suite d'invasions et de ravages, les droits du monastère ont pu se trouver anéantis. Hariulfe d'ailleurs nous apprendra plus tard que Hugues Capet prit Abbeville aux moines de Saint-Riquier, et qu'il y établit Hugues, son gendre, en qualité de gouverneur militaire. Il est encore un fait qui vient à l'appui de l'assertion d'Hariulfe, c'est que l'an 844, l'abbé Louis fit transporter les reliques de Saint-Riquier dans la forteresse d'Abbeville pour les soustraire à la rapacité des Normands. Quels que soient du reste les différens systêmes que l'on ait formés sur le nom et sur l'origine de la capitale du Ponthieu, et sur ses premiers possesseurs, nous ne les rapporterons pas ici, car le champ des conjectures est trop vaste pour qu'il ne soit pas facile de s'y égarer. Il nous paraît plus raisonnable de s'en rapporter au seul auteur qui puisse fournir quelques lumières à cet égard; mais si l'on rejette son témoignage, qu'on renonce à nous parler d'Abbeville à sa naissance ; il n'y a plus que ténèbres au-delà du onzième siècle.

CHAPITRE VI.

860 — 981.

Jusqu'à la fin de la seconde race, les comtes n'avaient été que de simples officiers amovibles, chargés d'administrer au nom du souverain. Un capitulaire du parlement de Quierzi déclara vers ce temps l'hérédité de leurs charges. Dès lors on les vit se changer en véritables princes indépendans, et ajouter à leur nom de baptême, le seul qui les eut distingués jusqu'alors, le nom de la province ou de la ville qui leur appartenait.

Nous pensons qu'Herluin, fils d'Helgaud, descendant de Charlemagne, fut le premier comte héréditaire de Montreuil et de Ponthieu; mais ses actions n'occupent aucune place dans l'histoire.

Son fils Helgaud II essaya en vain d'arrêter les Barbares ; il fut vaincu dans une bataille sanglante qu'il leur livra sur les bords de la Canche. Pendant cette dernière invasion, les hommes du nord étaient guidés par un français, Isambard, seigneur de la Ferté-les-Saint-Riquier, parent d'Helgaud et de Louis III, roi de France. Obligé de s'exiler par suite de ses querelles avec ce prince, et animé du désir de se venger, il s'adressa à Garamond, roi des Normands, qui parcourait alors les mers, et l'appela sur les rivages de sa patrie. Garamond débarqua à Wimereux (881) sous la conduite du traître, brûla Boulogne, et vint ensuite passer la Somme à Laviers [1], où se trouvait alors le principal gué de cette rivière, et livra aux flammes le Vimeu, Saint-Valery et Saint-Riquier dont les riches abbayes furent entièrement détruites.

Au premier bruit de ces désastres, Louis III confie le siége de Vienne, qui le retenait alors, à Carloman son frère, et vient camper, pour défendre ses possessions envahies, entre Saucourt et Fressenneville [2]. Lorsque les Francs et les Barbares se trouvèrent en présence, Louis entonna

---

[1] *Apud Latverum.*

[2] Les Français étaient placés pendant l'action au village de Franleu, dont le nom latin est *Francorum locus*.

un cantique auquel ses soldats répondirent par ce cri : *Seigneur, ayez pitié de nous!* Kirie eleison. La bataille s'engagea bientôt : elle fut opiniâtre, sanglante et long-temps indécise. La cavalerie de Garamond essaya vainement de percer le flanc des Français et de les rompre; elle éprouva la plus vive résistance. Isambard et Garamond périrent, dit-on, dans la mêlée, des propres mains de Louis, qui remporta sur eux une éclatante victoire [1]. Les monumens

[1] Suivant une autre version, les moines de Saint-Riquier profitèrent de l'absence d'Isambard, leur avoué, pour s'emparer de ses domaines; et, à son retour, ils refusèrent de lui ouvrir les portes de son château. Isambard se vengea bientôt de cette perfidie en venant avec Garamond mettre le siége devant leur monastère fortifié de tours et de murailles crénelées comme toutes les autres abbayes de ce temps. Après l'avoir réduit en cendres, et massacré tous les religieux, il attaqua le château de la Ferté, et c'est là qu'il aurait été tué, ainsi que le roi Normand, de la main de Louis, qui s'était empressé de venir au secours des moines avec une formidable armée. La tradition rapporte qu'Isambard fut enterré près de ce lieu, derrière le bois, où l'on voit encore aujourd'hui, en effet, un tertre que la culture efface chaque jour, et qu'on appelle *tombe d'Isambard*.

Le lieutenant d'Isambard, irrité de sa perte, ajoutent les mêmes chroniques, rallia les assiégeans, excita leur rage; et, malgré la plus vive résistance, parvint à reprendre le château. Afin de perpétuer le souvenir de la conduite des moines, il exigea que l'un d'eux se rendît, chaque année, la corde au cou et une torche à la main sur le pont-levis du château, pour y jurer, au nom de ses confrères, qu'ils ne troubleraient point les cendres d'Isambard. Cette humiliante cérémonie, qui subsista jusqu'en contemporains disent que plus de neuf mille cavaliers ennemis mordirent la poussière, et que les Barbares se retirèrent en désordre dans la ville d'Eu, où les Français achevèrent leur défaite. D'autres chroniques prétendent que les Normands revinrent à la charge pendant la nuit et que l'armée française fut obligée de quitter le champ de bataille. Il est certain que cette victoire, rendue presqu'inutile par la retraite précipitée de Louis, ne délivra que pour peu de temps la France des invasions des Scandinaves. « Cependant soit enthousiasme, soit flatterie, dit Depping, dans son *Histoire des Invasions Maritimes des Normands*, la bataille du Vimeu fut célébrée en France comme une grande victoire du roi; elle inspira les poètes; on chantait encore leurs vers [1] à l'époque où fut écrite la

1762, avait lieu la veille de la fête de Saint-Riquier, époque à laquelle on nommait dans cette ville un maire dont les fonctions ne duraient que trois jours. Ce maire se transportait sur le pont du château pour y prêter le serment que sa charge exigeait, et recevait ensuite celui des moines.

[1] Un chant teutonique où l'on exalte le triomphe et le courage de Louis est la seule pièce qui nous soit parvenue. Long-temps ensevelie dans la poussière du cloître de Saint-Amand, elle y fut découverte par Mabillon, qui l'a fait imprimer comme un monument précieux de l'histoire et de la littérature de ces temps barbares : Voici la traduction exacte de cette pièce :

« J'ai connu un roi qui s'appelle Monseigneur Louis, serviteur zélé du Dieu qui l'a comblé de ses faveurs.

chronique de Saint-Riquier, c'est-à-dire deux siècles après la journée du Vimeu. »

Il était encore enfant lorsqu'il perdit son père, ce qui fut pour lui un coup fatal : mais Dieu le prit sous sa puissante protection et dirigea ses pas dans ce monde.

Il lui donna des soldats valeureux, des comtes illustres, un trône dans le pays de France; puisse-t-il en jouir long-temps!

Le roi Louis a loyalement et sans fraude partagé ses trésors avec son frère Carloman.

Lorsqu'il eut terminé ce partage, Dieu voulut l'éprouver afin de savoir combien de temps il pourrait résister aux assauts du malheur.

Il permit que des soldats infidèles vinssent tomber sur ses états, et l'on vit le peuple des Francs se soumettre au joug de ces hordes barbares.

. . . .

Le Roi était frappé de stupeur, son royaume était dans la consternation; car la colère du Christ s'appesantissait sur lui.

Mais enfin Dieu, qui eut connaissance de tant de désastres, se laissa fléchir, et il parla en ces termes à monseigneur Louis :

Louis, mon bon roi, porte secours à mon peuple que les Normands ont si durement opprimé.

Alors Louis lui répondit: Mon Dieu j'obéirai à tes ordres; et dussé-je périr, ta sainte volonté sera faite.

Alors il demanda à Dieu le pardon de ses fautes, arbora son pavillon sur ses vaisseaux et dirigea vers la France une expédition contre les Normands[1].

Et en attendant l'heure de la vengeance, il rendit grâces au ciel et s'écria : Seigneur, marche avec nous, car depuis long-temps nous implorons ton aide!

[1] *Tunc cepit is Dei veniam,*
Sustulit vexillum classicum,
Expeditionem fecit in Franciam
Adversùs Nortmannos.

Louis III survécut peu de temps à sa victoire. Carloman son frère craignant que les Barbares

Et ensuite il dit, en s'adressant à ses soldats : Frères d'armes, vous tous qui partagez mes périls, que votre ame soit ferme et forte!

C'est Dieu qui m'a envoyé parmi vous pour recueillir vos avis et vous conduire à la bataille. Puisse ce Dieu nous être favorable!

Je n'épargnerai point mon sang pour vous faire libres; mais il faut que tous ceux qui sont fidèles à Dieu me suivent avec confiance.

C'est la volonté suprême du Christ qui règle la durée de nos jours; c'est lui qui garde nos os, qui défend notre tombe.

Celui qui fera joyeusement la volonté de Dieu, sortira sans blessures de la bataille, et je le récompenserai.

Celui qui mourra dans le combat sera récompensé dans sa famille. Il dit, et saisit son écu et sa lance, et pressa les pas de son cheval.

Car en vérité, il était fermement résolu à punir ses ennemis d'une manière terrible, et il n'était plus séparé des Normands que par un faible intervalle.

Dieu soit loué, disait-il; car il se voyait au comble de ses vœux; et s'avançant audacieusement en avant de son armée, il entonna un cantique à haute voix.

Et tous chantaient avec lui Kirie Eleison : et quand le cantique fut terminé, la bataille commença.

Le sang monta aux joues des Francs qui bondissaient de colère. Chaque soldat prit largement sa part de vengeance, mais aucun n'égala Louis.

Il était né leste et brave; il renversa l'un et perça l'autre.

Il versa à un grand nombre de ses ennemis une amère boisson, et beaucoup sortirent de la vie.

Bénie soit la sagesse de Dieu! Louis remporta la victoire; il faut dire des actions de grâces à tous les Saints!

Louis fut un roi heureux. Quoique sa couronne ait été lourde, il l'a portée dignement. O Seigneur! nous t'en supplions, conserve-le dans sa majesté. »

Recueil des Hist. des Gaules et de la France, tom. ix, p. 99.

ne recommençassent leurs incursions sur les bords de la Somme, vint établir son camp à l'opposite de Laviers, dans le village appelé en latin *Melnacum*. L'abbé Lebœuf [1] ne pense pas qu'on puisse appliquer ce nom à aucun autre village du Vimeu qu'à celui de Miannai, lequel occupe précisément cette position. Un diplôme de l'église d'Orléans [2] nous apprend que Carloman y résidait dès le mois d'août 883. Mais la présence de ce prince ni celle de son armée ne purent opposer une digue aux ravages des Normands. Une partie s'avança jusqu'à Laviers par terre à la fin d'octobre; tandis que d'autres bandes armées entraient dans la Somme avec leurs barques. L'armée française n'osa point les combattre et s'enfuit honteusement jusqu'au delà de l'Oise. Les Barbares, encouragés par la lâcheté de leurs ennemis, vinrent se retrancher dans Amiens qu'ils entourèrent de fortifications et y établirent leur quartier général. L'annaliste de Saint-Waast peint avec les couleurs les plus sombres les excès qu'ils commirent. « Dans leurs courses multipliées, ils ne cessaient, dit-il, de brûler les églises du Seigneur et de livrer à la

---

[1] *Mém. de l'Acad. roy. des Inscriptions et Belles-Lettres*, tom. 40.

[2] *Recueil des Hist. des Gaules et de la France*, tom. IX, pag. 431.

captivité la plus dure le peuple de Jésus-Christ [1]. »
Carloman, trahi, abandonné, contraint de céder
à la force, envoya un Danois converti et fidèle
à la France pour traiter avec les Païens. La né-
gociation offrit d'abord quelques difficultés ;
enfin ils promirent de quitter la France pour
douze ans, moyennant un tribut de douze mille
livres d'argent fin. Lorsque cette somme fut
payée, ils brûlèrent leur camp et se portèrent sur
Boulogne pour s'y embarquer.

En 890, une nouvelle troupe de Scandinaves,
sous la conduite d'Hastings, remonta la Somme
et se posta près d'Amiens. Les Français vinrent
les attaquer ; mais ils furent repoussés. Pendant
que ces événemens se passaient, Helgaud II
gouvernait toujours le Ponthieu. En 925, il se
ligua avec Herbert, comte de Vermandois, et
Raoul, roi de France, contre le fameux Rollon,
duc de Normandie. L'année suivante, les Barbares
ayant envahi l'Artois, il marcha contre eux avec

---

[1] On trouve sur différens points de l'arrondissement d'Abbeville, et notamment à Hiermont, Donqueur, Yvrench, Gapennes, Bellancourt, Gouy, etc., de vastes carrières qui paraissent avoir été creusées pour servir de refuge dans ces temps de péril, car les parois sont encore noircies par la fumée des lampes et des foyers que leurs habitans y allumèrent. Quelques personnes pensent que ces souterrains peuvent avoir servi de silos ; mais leur aspect ne laisse aucun doute sur la destination que nous venons de leur attribuer.

ses deux alliés, et périt dans cette expédition.

Herluin II, son fils aîné, lui succéda. On le voit s'unir, tantôt avec Louis d'Outremer contre Hugues-le-Grand et Herbert, comte de Vermandois, et tantôt combattre ce même Louis d'Outremer. Les chroniques rapportent, que pendant son règne, un clerc, qui gouvernait le monastère de Saint-Valery, alla trouver un jour le comte de Flandre, Arnoul-le-Vieux, et proposa de lui livrer les reliques du fondateur de son monastère. Jaloux de s'emparer d'un dépôt si précieux, le comte de Flandre se mit en marche; et, guidé par le traître, il arriva secrètement jusqu'aux portes de Saint-Valery, l'emporta d'assaut et massacra les habitants. Il se dirigea ensuite sur Saint-Riquier, saccagea cette place, enleva les reliques de son saint protecteur, et les fit transporter avec le corps de saint Valery dans l'intérieur de ses états. Irrité d'un pareil affront, Herluin implora l'assistance de Guillaume-Longue-Épée, duc de Normandie, dont il était beau-frère. Le duc résolut aussitôt de venir à son secours, entra dans le Ponthieu et en chassa l'ennemi. Le comte de Flandre, contraint de céder à la force, et méditant une lâche vengeance, témoigna au duc de Normandie le désir d'avoir une entrevue avec lui pour traiter de la paix. Le 17 décembre

942, les deux princes se rendirent dans une petite île de la Somme près de Picquigny. Ils y arrivèrent en bateau, laissant le gros de leurs soldats, Guillaume sur la gauche, Arnoul sur la droite de la rivière. Les conditions de la paix furent bientôt arrêtées, et Guillaume s'en retournait déjà dans son camp, lorsqu'Arnoul le rappela dans l'île, sous prétexte de régler un article important. Le duc de Normandie, ne soupçonnant aucune trahison, revient sans crainte sur ses pas ; aussitôt quatre assassins se précipitent sur lui, et l'égorgent à la vue de plusieurs seigneurs normands trop éloignés pour le secourir.

Les liens du sang et la reconnaissance faisaient un devoir sacré à Herluin de protéger le fils de Guillaume [1], et de défendre ses droits; mais bien loin de là, le perfide comte de Ponthieu unit ses armes à celles de Louis d'Outremer, qui voulait réunir la Normandie à ses domaines, et dépouilla le jeune prince de ses états. Mais il ne tarda pas à recevoir le prix de son odieuse conduite. Haigrold, roi de Dannemarck, débarqua sur les côtes de France avec une flotte nombreuse, dans l'intention de secourir le fils de Guillaume-Longue-Épée. Louis d'Outremer et Herluin s'avancèrent

---

[1] Depuis Richard-Sans-Peur.

contre lui, et le rencontrèrent avec son armée dans les environs de Lisieux, sur les bords de la Dive. Avant d'engager le combat, on voulut essayer la voie des négociations; tandis qu'on parlementait, quelques soldats danois aperçurent Herluin dans le cortége du Roi de France. Indignés de son ingratitude et de sa trahison envers le fils de Guillaume, de ce même Guillaume qui l'avait si vaillamment défendu contre le puissant comte de Flandre, ils se précipitèrent sur lui, le massacrèrent à l'instant même, et aussitôt l'armée danoise s'ébranla tout entière. Lambert, frère d'Herluin, et dix-huit autres comtes français furent tués avec une partie de leurs vassaux; et ce ne fut qu'à grand'peine que Louis d'Outremer parvint à s'échapper. Le lieu de cette scène se nomme encore le *Gué d'Herluin*.

Roger ou Rotgaire, son fils, prit après lui les rênes du gouvernement du Ponthieu. Sa vie, comme celle de son père, se passa tout entière en sanglans débats. Assiégé dans Montreuil par Louis d'Outremer et le comte de Flandre, il triompha une première fois de leurs efforts, grâce à la protection de Hugues-le-Grand, son seigneur suzerain; mais réduit bientôt à ses propres forces, il perdit ses états. Hugues-le-Grand se repentit de l'avoir abandonné et le remit en possession de ses domaines ; mais il ne tarda pas à l'abandonner encore ; et, Roger, attaqué de nouveau par le comte de Flandre, le plus remuant de ses ennemis, s'enferma dans Amiens [1], qu'il défendit avec vigueur. Cette fois encore Hugues-le-Grand vint à son secours, et lui donna le moyen de reprendre une partie de ses états, à l'exception toutefois du territoire d'Amiens. On ignore l'époque de sa mort.

Dans la longue et profonde nuit de ces temps barbares, l'histoire n'est qu'un mélange confus de lâches traités, d'assassinats, de trahisons, d'envahissemens et de malheurs publics. Passons vîte, et ne saisissons, au milieu de tant de désordres, de faits obscurs et compliqués, que les traits principaux de ces sanglantes querelles dont le détail fatigue.

Guillaume Ier., qu'on doit considérer comme fils de Roger, quoique l'histoire ne le dise pas, se ligua avec Lothaire, roi de France, et porta la guerre dans la Flandre. Il s'empara successivement de Boulogne, d'Arras, Douai, Guines, etc. Cette dernière ville était devenue la conquête d'un chef danois, trop faible pour soutenir la

---

[1] Louis d'Outremer avait donné le château d'Amiens à Herluin son père. (Voir Duscyel, *Histoire d'Amiens*, tom. 1er., pag. 112 et suiv.)

lutte ; mais il implora le secours du roi de Dannemarck, qui lui envoya des troupes, et Guillaume fut contraint de se retirer. On prétend qu'il laissa quatre fils : Hilduin, comte de Ponthieu ; Arnoul, comte de Boulogne; Hugues, comte de Saint-Pol. Le quatrième, Orland, fut investi, dit-on, de la seigneurie d'Ardres. Dépouillé de ce fief par les Danois, on assure qu'il devint ensuite seigneur de Saint-Valery; mais ces données ne sont pas certaines. La mobilité des partages qui se faisaient alors entre les descendans des comtes; leurs continuels efforts pour se ravir réciproquement des provinces qu'ils occupaient un moment pour les perdre presque aussitôt ; tout concourt à détruire toute clarté, toute unité et tout moyen de déterminer les limites géographiques de leurs fiefs.

Hilduin ou Haudouin unit ses armes à celles d'Arnoul, comte de Boulogne, son frère; fit un traité d'alliance avec le chef danois qui possédait le territoire de Guine, et courut ravager la Flandre. Il se joignit ensuite à Hugues Capet, et pénétra avec lui dans cette province, afin de réintégrer dans leurs églises les corps de saint Valery et de saint Riquier que le comte de Flandre avait enlevés, comme on l'a vu précédemment.

Saint Valery lui-même, disait-on, avait engagé Hugues Capet à tenter cette expédition. Hugues venait de s'abandonner au sommeil, rapportent les chroniques [1], lorsqu'un fantôme lui apparut. — « Qui êtes-vous, s'écrie le duc effrayé de cette apparition, je ne vous connais point? » — « Je suis l'abbé Valery, dit le fantôme. Avant de mourir je demeurais sur le bord de la mer. Il y a bien long-temps que je suis descendu dans la tombe. Mes os et ceux de saint Riquier ont été ravis à leur patrie, et maintenant ils sont captifs sur une terre étrangère. Mais les temps sont arrivés; ils doivent rentrer dans les lieux mêmes où nous avons vécu. Le peuple qui nous a été confié se réjouira de notre retour, car il est désolé de notre absence. Quand vous m'aurez déposé dans mon église, vous en chasserez les clercs qui la profanent, et vous y placerez un plus digne troupeau. Hâtez-vous, car je vous prédis que vous deviendrez roi, et que votre race portera la couronne pendant sept générations [2].

[1] *Acta SS. ord. Benedic.*, sæc. v, pag. 547.

[2] Ce nombre de sept générations, en langage mystique, signifie l'étendue des siècles. C'est ce que Hugues Capet ignorait sans doute, puisque Mézerai et plusieurs autres auteurs nous apprennent que depuis le jour de son couronnement, il ne voulut jamais porter la couronne dans la ferme croyance qu'en renonçant à la poser lui-

Pour vous convaincre que je dis la vérité, allez jusqu'à Montreuil; vous savez que cette ville est au pouvoir du comte de Flandre; eh! bien, présentez-vous devant ses murs, et je vous promets que vous y entrerez sans perdre un seul de vos soldats. » — Le héros obéit à la voix du saint, et la prédiction s'accomplit. Maître de Montreuil, il envoya un message au comte de Flandre pour réclamer les reliques. Le comte les lui refusa d'abord; mais le duc entra dans ses états à la tête d'une armée nombreuse. Au bruit de son arrivée, le comte de Flandre s'abandonne au désespoir, verse des larmes et crie : Malheur à moi! malheur à moi, qui vais perdre les corps de deux grands saints! et il envoya des députés supplier le duc de s'arrêter, de ne commettre aucun dégât. Les députés déclarèrent que le dépôt sacré serait rendu, et Hugues Capet suspendit sa marche. Le comte, fidèle à sa promesse, vint apporter lui-même les saintes reliques au prince français, qui s'agenouilla devant elles, pleura de joie, et rendit grâces à Dieu avec tous

même sur sa tête, il prolongerait d'un degré le règne de ses descendans.—Les chroniques de Centule rapportent que Hugues Capet s'étant endormi dans une grotte voisine de l'abbaye de Saint-Riquier, le célèbre fondateur de ce monastère lui apparut, comme saint Valery, et lui prédit aussi que la royauté se perpétuerait éternellement dans sa famille.

ses soldats de l'heureux succès de son entreprise. Les Flamands s'en allèrent consternés, tandis que Hugues Capet, pieds nus, suivi d'une foule immense, chantant des hymnes au Seigneur, portait sur ses épaules la châsse de saint Valery. Il arriva ainsi sur les bords de la Somme, du côté de Noyelles. On allait traverser le gué, lorsqu'on vit la mer accourir, et submerger la grève. « Arrêtez, s'écrie-t-on, arrêtez, car les flots vont vous engloutir? alors Burkardt, comte de Melun et vicomte de Paris, et Orland, vicomte du Vimeu [1] et frère d'Hildouin, dirent l'un à l'autre : Nous allons voir si en effet nous avons le corps de saint Valery ; et prenant aussitôt la châsse, ils marchèrent vers le fleuve. Au même instant, la mer s'arrête, ouvre un large passage et le laisse à sec. Les habitans des côtes, ceux d'Amiens, du Ponthieu, du Vimeu et de la Normandie qui s'étaient joints aux bataillons de Hugues Capet, traversèrent heureusement la Somme en rendant grâces à Dieu de leur avoir enfin rendu leurs protecteurs célestes. On fit une halte à la Ferté, et peu après, le duc s'écria: Allons, et replaçons

---

[1] Les comtes de Vimeu faisaient leur résidence à Saint-Valery. On ne connait ni l'époque de la réunion de leur domaine au comté de Ponthieu, ni ses anciennes limites, ni l'étymologie des noms de *Vitnau* et de *Vimou* que les chroniques lui donnent.

comme il convient l'élu de Dieu dans son église. Le lendemain, 3 juin 981, il mit sur ses épaules le corps de saint Riquier, et vint le déposer, tête et pieds nus, dans le monastère que ce saint homme avait fondé.

CHAPITRE VII.

990 — 1101.

Hugues Ier., fils et successeur d'Haudouin, soutint les prétentions de Hugues Capet à la couronne, les favorisa par ses armes, et reçut le prix de son dévoûment à la cause de ce prince en obtenant la main de Giselle, sa troisième fille.

On a vu plus haut que le moine Hariulfe désigne Abbeville comme un domaine de l'abbaye de Saint-Riquier. Il ajoute ailleurs que Hugues Capet, craignant de nouvelles irruptions de Barbares, enleva cette ville aux moines, et y fit construire un château à la garde duquel il préposa Hugues, comte de Montreuil, son gendre. Personne n'ignore en effet la prévoyante vigilance du nouveau roi pour préserver la France des maux qui l'avaient affligée; et cette circonstance appuie l'assertion d'Hariulfe que quelques manuscrits révoquent en doute [1]. Hugues Capet, d'ailleurs, en retenant Abbeville, ne s'en montra pas moins, selon son habitude, le bienfaiteur des moines, puisqu'il les remit en possession des biens qu'il avait hérités des avoués de Saint-Riquier, ses aïeux, et qu'il reconstruisit leur monastère, ruiné par les Normands. On a vu que ces avoués étaient de puissans seigneurs chargés de protéger les abbayes contre les entreprises des brigands; mais la plupart, brigands eux-mêmes, avaient rendu cette fonction héréditaire dans leur famille, et s'étaient approprié les terres qu'ils devaient défendre.

Hariulfe, en parlant des localités que les rois enlevèrent aux moines de Saint-Riquier, dit que ces rois en firent des châteaux en les entou-

---

[1] L'annaliste de Saint-Riquier mentionne différentes fois cette spoliation, et ne déguise pas son mécontement contre les usurpateurs:

Hugo verò primo Dux, postea rex, eo tempore quo propter Barbarorum carendos incursus Abbatis Villam nobis auferens castrum effecit, cique Hugonem præposuit militem.... quia videlicet ipsius ducis filiam nomine Gelam uxorem duxerat. Lib. IV, cap. XII. *Quo primum igitur tempore Pontiva patriola munitionibus castrorum aucta est, ablatis monasterio Centulo tribus oppidis, Abbatis Villá, Sancto Medardo et Incrâ.* Lib. IV, cap. XXI. — *Reges Francorum circà hæc tempora nobis magna abstulerunt prædia.* Lib. III, cap. XXVII.

rant de murailles et de fossés [1]. Abbeville fut donc clos de murs par Hugues Capet, vers 990 ; mais quelle était alors son importance? on l'ignore. Toutefois, il est probable qu'il ne formait encore qu'une assez chétive bourgade ; car on sait que toutes les villes, au dixième siècle, pillées et incendiées par les Barbares, étaient tombées en ruines et presqu'entièrement dépeuplées.

Abbeville, muni de remparts, et depuis ce temps devenu la résidence des comtes qui, jusque là, séjournaient à Montreuil, vit bientôt augmenter sa population, multiplier ses demeures, et ne tarda pas à prendre rang parmi les cités importantes.

L'histoire ne dit pas combien de temps le gendre de Hugues Capet gouverna le Ponthieu et à quelle époque il mourut ; nous savons seulement qu'il laissa deux fils : Enguerand qui lui succéda, et Gui, abbé de Forêt-Montier.

Peu de temps après son avénement, Enguerand fut attaqué par Baudouin, comte de Boulogne, mais il le repoussa chaudement, le poursuivit au-delà de la Canche, et s'empara de ses domaines. Baudouin ayant été tué dans cette

[1] .....*Fossatis ambientes, et muris circumdantes castella effecerunt*. Lib. III, cap. XXVII.

expédition, Enguerand épousa sa veuve [1], et par une générosité bien rare à cette époque, remit son fils en possession du comté de Boulogne. Une agression nouvelle fut bientôt pour lui l'occasion d'une nouvelle victoire. Robert-le-Libéral, duc de Normandie, lui déclara la guerre et envoya dans le Ponthieu trois mille hommes aux ordres de Gislebert, comte de Brionne; mais Enguerand marcha contre eux, et les tailla en pièces aux environs de Gamaches. Il vivait encore en 1045, et laissa trois fils: Hugues, qui lui succéda; Foulques, abbé de Forêt-Montier, qui fut excommunié pour avoir tramé le projet de s'emparer de vive force de l'abbaye de Saint-Riquier; et Gui, évêque d'Amiens, à qui l'on doit un poème en vers latins sur la conquête de l'Angleterre par les Normands.

L'histoire ne nous a rien transmis sur les actions de Hugues II, sinon qu'il enrichit différens monastères, et qu'il mourut en 1052, peu de temps

---

[1] Enguerand, s'il faut en croire Hariulfe, ne portait avant ce mariage que le simple titre d'avoué de Saint-Riquier, et ce ne serait que postérieurement qu'il aurait pris la qualification de comte de Ponthieu; mais on ne peut admettre cette assertion. Enguerand possédait le Ponthieu comme fils de Hugues Ier., qui tenait lui-même ses droits d'Haudouin son père. Il n'est pas permis de croire que le gendre et le petit-fils du roi de France n'aient eu que le simple titre d'avoués de Saint-Riquier, comme l'avance Hariulfe.

après son avénement. Il laissa deux fils : Enguerand II et Gui Ier., et une fille qui épousa Guillaume de Talou, comte d'Arques.

Enguerand II soutint la révolte de Guillaume de Talou contre Guillaume-le-Conquérant. Il entraîna Henri Ier., roi de France, dans son parti, et ayant réuni ses troupes à celles de ce prince, il s'avança pour délivrer son beau-frère assiégé dans la forteresse d'Arques par le duc de Normandie. Les soldats de Guillaume-le-Conquérant, avertis de son approche, dressèrent une embuscade sur le chemin qu'il devait suivre. Enguerand marchait à l'avant-garde sans précaution et sans défiance ; attaqué à l'improviste, il périt au milieu de la mêlée, et ses soldats furent taillés en pièces. Henri Ier. lui-même fut obligé de chercher son salut dans la fuite.

Gui Ier., connétable de l'armée française et comte de l'Amiénois, frère et successeur d'Enguerand, combattait auprès de lui à la journée d'Arques, et résolut de venger sa mort. En 1054, il forma une ligue nouvelle contre Guillaume-le-Conquérant, unit ses forces à celles du roi et de quelques autres seigneurs, et pénétra dans la Normandie, saccageant tout sur son passage; mais surpris par les soldats de Guillaume, à quelques lieues de Neufchâtel, à Mortemer-sur-Eaulne, il vit disperser ou tailler en pièces ses troupes et celles de ses alliés. Ce fut en vain que quelques nobles, braves comme lui, opposèrent la plus vigoureuse résistance, il fut fait prisonnier, retenu pendant deux ans par son vainqueur, et ne recouvra sa liberté qu'en s'obligeant à lui faire hommage, et à combattre sous ses ordres, avec cent chevaliers, chaque fois qu'il en serait requis. A peine était-il rentré dans ses états que le prince Harold, depuis roi d'Angleterre, qui s'était embarqué pour la Normandie avec une suite nombreuse, fut jeté par une violente tempête sur les côtes du Ponthieu. Bien que la guerre n'existât point alors entre la France et les Anglo-Saxons, Gui fit saisir Harold dans la rade du Hourdel où son navire était échoué, le jeta dans une tour dont les restes subsistent encore à Saint-Valery, et qu'on désigne sous le nom de *Tour d'Harold,* et le fit ensuite mettre aux fers dans le redoutable château de Beaurain-sur-Canche [1];

[1] Cet épisode de la vie d'Harold est retracé dans les *Monumens de la monarchie française* de Montfaucon, d'après le fameux ouvrage à l'aiguille que l'on appelle la *tapisserie de Bayeux* ou tapisserie de la reine Mathilde. On y voit le comte avec des gens armés s'avancer pour saisir Harold et sa troupe. Le prince anglais descend sur une chaloupe et se dirige vers Gui ; une chlamyde couvre sa tunique, et son nom se lit au-dessus de sa tête.

Dans le second cadre, Harold est descendu à terre et saisi par car dans ces temps de barbarie, une affreuse coutume, qu'on appelait droit de *Lagan*, donnait aux seigneurs du littoral le droit de saisir les vaisseaux qu'un naufrage jetait à la côte, ainsi que les navigateurs étrangers que leur

deux hommes. Le comte de Ponthieu, vêtu fort simplement, est à cheval et tend la main. « Je ne sais, dit Montfaucon, à quel usage peut être une espèce de corne renversée, qui pend de la selle du cheval la pointe en bas. » Gui est suivi de quatre cavaliers armés chacun d'un bouclier, d'une lance et d'une épée.

Sur le troisième cadre, Gui, à cheval, revêtu de sa chlamyde et l'oiseau sur le poing, conduit son prisonnier dans le château de Beaurain. Harold est derrière lui, et porte aussi son oiseau ; mais tourné de l'autre côté, et hors d'état de prendre son essor ; ce qui indique qu'Harold est également captif. Quatre hommes à cheval, avec la lance sur l'épaule, marchent à sa suite.

Le quatrième tableau représente Gui en conférence avec Harold, dans le château de Beaurain. Gui est assis sur une espèce de trône dont le marche-pied est de forme assez singulière. Il est couvert de son manteau et tient la pointe de son épée en l'air. Harold paraît devant lui, debout, et en posture de suppliant, la chlamyde attachée à l'épaule droite, et tenant aussi son épée ; mais la pointe en bas.

Sur le cinquième tableau paraissent les députés que le duc de Normandie vient d'envoyer pour réclamer la liberté d'Harold. Gui, revêtu de sa cotte de mailles et de sa chlamyde, est debout devant eux, la main droite sur le flanc ; il tient de l'autre une hache d'armes. Les députés sont armés de piques et d'épées ; un valet tient leurs chevaux par la bride : c'est un nain dont la tête dépasse à peine les genoux des envoyés. — La tapisserie de la reine Mathilde existe encore dans une des salles de l'Hôtel-de-Ville de Bayeux. Les armes, les costumes et les usages du temps y sont représentés avec la plus extrême fidélité. (Voy. *Montfaucon*, tom. 1er., pag. **376** et suiv.).

mauvaise fortune amenait sans sauf-conduit sur leurs domaines, et même de les livrer à la torture pour en tirer une plus forte rançon.

Harold, grâce à la médiation de Guillaume-le-Conquérant, fut rendu peu de temps après à la liberté, retourna en Angleterre, et, à la mort d'Édouard, se fit proclamer roi. Mais le duc Guillaume, à qui Édouard avait promis sa couronne, déçu dans ses ambitieuses espérances par l'avénement d'Harold, résolut de le chasser du trône, et prépara une expédition contre l'Angleterre. Il réclama l'assistance des comtes d'Anjou, de Ponthieu, de Boulogne, etc.; promit à chacun d'eux de riches domaines dans le pays qu'il allait conquérir, rassembla des troupes, fit préparer une flotte à l'embouchure de la Dive, et fila bientôt le long de la côte jusqu'au port de Saint-Valery-sur-Somme, qu'il avait jugé le plus propre à ses desseins, et dont le seigneur était son proche parent.

Suivant la chronique de Normandie, neuf cents *grands nefs* ou grands navires se trouvèrent bientôt réunis dans ce port, sans compter *li menu vaisselins* ou petits vaisseaux, dont la quantité était immense. Robert Wace, Guillaume de Poitiers et Guillaume de Jumièges parlent de trois mille; mais on ne sait rien de précis à cet égard. Le nombre des combattans n'est guère plus certain. L'armée entière, en y joignant les équipages des bâtimens de transport, s'élevait, suivant la chronique, à quarante mille hommes, et selon l'histoire de Normandie à cinquante mille : d'autres en comptent soixante mille, parmi lesquels vingt-cinq mille hommes de troupes auxiliaires, non compris les ouvriers, les matelots et les domestiques.

L'opiniâtreté des vents du nord qui retenaient les Normands au rivage, et les tempêtes qui fracassèrent dans le port même plusieurs vaisseaux, et firent périr les hommes qui les montaient, jetèrent le découragement parmi les troupes : elles commencèrent à croire que le ciel se déclarait contre leur audacieuse expédition. Les plus faibles abandonnaient déjà leurs étendards, d'autres se mutinaient, lorsque le duc, profondément « affligé de l'incommodité du temps qui le retardoit, dit la chronique, rencontra là un saint homme qui lui dit : Sire, requérez monseigneur saint Valery de bon cœur, et il vous subviendra au besoin. Lors le duc ordonna que l'on fit une procession avec les reliques du saint, dont il fit apporter le corps hors de l'abbaye, et le fit exposer à la vue de toute l'armée sur un drap d'or, et commanda que chacun fit sa prière: bientôt le corps fut couvert d'argent, tant y eut d'oblations faites par les princes et seigneurs qui là étoient. »

Pendant la nuit, les vents changèrent, et le lendemain, jour de saint Michel, 29 septembre 1066, la flotte entière mit à la voile. Le vaisseau de Guillaume marchait en tête. Il y avait fait placer un fanal pour rallier la flotte et la bannière envoyée par le Pape. Ses voiles étaient de diverses couleurs, et on y avait peint en plusieurs endroits trois lions, enseigne de Normandie. On voyait une croix sur son pavillon, et à la proue un enfant de bronze portant un arc tendu, et menaçant les rivages d'Angleterre avec la flèche prête à partir. La flotte, poussée par un bon vent, fut bientôt hors de vue, et elle aborda heureusement dans le comté de Sussex, qui fait face à l'embouchure de la Canche.

La chronique de Normandie nous apprend que Guillaume avait été retenu un mois à Saint-Valery par les vents contraires, et que, pendant ce temps, il fit faire par son secrétaire le recensement de tous ses soldats, et consulta son astrologue, qui lui prédit une traversée heureuse. L'étroite amitié qui unissait Guillaume et Bernard, seigneur de Saint-Valery, contribua puissamment au succès et à la rapidité de l'expédition;

car il aurait fallu à cette époque, où Dieppe n'existait pas encore, aller chercher fort loin sur la côte de Normandie, un port assez vaste et assez sûr pour servir de rendez-vous à toute la flotte normande. Gui de Ponthieu ne fut pas moins utile au duc Guillaume, en amassant des vivres pour sa flotte, et en les envoyant à Saint-Valery sur tous les bâtimens qui remplissaient alors le port d'Abbeville [1]. Après avoir ainsi pourvu aux besoins de l'expédition, il alla joindre le duc de Normandie, et combattit sous ses drapeaux à la fameuse bataille d'Hastings [2]. Il fit ensuite la guerre en Flandre avec Philippe Ier., roi de France, et reçut de ce prince l'odieuse mission de plonger dans un cachot la princesse Berthe, qu'il avait répudiée pour épouser Bertrade. Renfermée à Montreuil-sur-Mer, dans une tour qui subsiste encore dans la citadelle, et qui porte son nom, la reine infortunée y mourut de chagrin et de misère vers 1095.

Plusieurs documens disent que le territoire d'Abbeville devint, en 1096, le rendez-vous des

---

[1] M. S. de Formentin.

[2] Bernard de Saint-Valery servait aussi dans l'armée normande, et il paraît qu'une branche de sa famille s'établit en Angleterre. Voy. notes du *Roman de Rou*, publié par M. Pluquet, tom. II, page 272.

troupes que le duc de Normandie, les comtes de Flandre et de Boulogne devaient fournir pour la conquête de la Terre-Sainte. Godefroy de Bouillon lui-même se rendit dans la capitale du Ponthieu, où Gui le reçut avec magnificence, ainsi que les autres seigneurs; mais il ne put les suivre à cause de ses infirmités. C'est pour perpétuer, dit-on, le souvenir de leur séjour, qu'on érigea l'église du Saint-Sépulcre, sur le lieu même où ces illustres et pieux guerriers avaient planté leurs pavillons.

Une lettre de Gui, adressée à l'évêque d'Arras, et dont l'original se trouve à la bibliothèque du roi, nous apprend qu'il arma chevalier, à Abbeville, le jour de la Pentecôte, l'an 1100, l'héritier de la couronne de France, le célèbre Louis-le-Gros [1]. La même année il fonda l'abbaye de Saint-Pierre [2], et sur la fin de sa vie, se montra d'une constante libéralité envers les moines, que dans les premières années de sa puissance, il avait été loin de protéger; ce qu'il avoue lui-même dans un acte ainsi conçu : « Après avoir été long-temps atteint d'une maladie grave, et m'être vu près de mourir, je ressentis de cruelles angoisses et de profondes terreurs; car ma conscience me reprochait d'énormes crimes. Je fis

---

[1] Baluze. *Mélanges*, liv. 3.
[2] Voy. *Établissemens religieux*, à la fin de l'ouvrage.

venir l'abbé de Saint-Riquier, et je le priai de toute mon ame, ainsi que ses moines, de me pardonner mes torts abominables, et de ne point répudier ma malheureuse ame, à cause des immenses dommages que j'ai constamment faits aux vassaux et aux propriétés de l'église du bienheureux Riquier, notre père et notre patron à tous. Il me fut répondu que j'obtiendrais mon pardon si je cessais de m'abandonner au crime. Ces saintes paroles m'ont rassuré, et j'ai remis et entièrement restitué tout ce que j'avais injustement et méchamment ravi. Je l'ai remis, je le confirme et je le déclare en prenant pour garans mes amis et mes hommes les plus fidèles; et périsse par le glaive de l'anathême celui de mes héritiers qui prétendrait rentrer en possession de ce que je restitue, et renouveler ainsi toutes mes iniquités [1] ! »

Malgré ses torts envers les moines, Gui s'était fait chérir de ses sujets en réformant plusieurs abus que la puissance oppressive de ses prédécesseurs avaient introduits dans le Ponthieu. Il mourut le 13 octobre 1101, laissant de la comtesse Ade, sa femme, un fils, qu'il s'était associé dans le gouvernement de ses terres, et qui

---

[1] *Gallia christiana*, tom. X, pag. 299.

mourut avant lui ; et une fille, nommée Agnès, qui porta le Ponthieu dans la maison d'Alençon de la race Montgommeri.

CHAPITRE VIII.

1101 — 1184.

Agnès, la fille de Gui, en épousant Robert, surnommé Talvas ou le Diable, comte de Bellesme et d'Alençon, lui avait apporté en dot le comté de Ponthieu. Jamais tyran plus farouche n'avait régné sur nos contrées. Talvas, doué d'une force prodigieuse et de talens militaires d'un ordre supérieur, sacrifia tout à l'ambition qui le dévorait. Les monumens de l'époque peignent sous les couleurs les plus noires son humeur inquiète et sauvage. « Le carnage, dit un contemporain, était un mets délicieux pour son ame ; il ne se souciait nullement de la rançon de ses prisonniers ; il aimait mieux les tourmenter et les faire mourir. On ne parlait que de lui en tous lieux et sa barbarie était passée en proverbe. » La fougue et l'audace de Talvas le poussèrent sans cesse dans les expéditions les plus hasardeuses. Il alla attaquer Henri Ier., roi d'Angleterre, qu'il égalait presqu'en puissance, jusqu'au sein même de ses états ; mais forcé de capituler sous les murs de Schwrerburry, il revint en France, marcha contre le duc de Normandie, les comtes d'Evreux et de Mortagne, qui avaient envahi ses terres, les rencontra près de Seez et tailla leur armée en pièces. Il se réconcilia ensuite avec eux, se battit de nouveau contre le comte de Mortagne, et bientôt après, en 1105, s'avança à la tête des seigneurs normands contre Henri, roi d'Angleterre, qui avait envahi la Normandie. Talvas fut vaincu à Tinchebrai par le prince Anglais, et malgré sa défaite, il se préparait à recommencer la lutte, lorsque Henri, qui le craignait, se vit contraint de le ménager, et conclut avec lui un traité qui lui garantissait la libre possession de ses domaines. Talvas, dont l'humeur belliqueuse s'accommodait mal de la paix, recommença bientôt les hostilités et contre ses voisins [1] et contre Henri lui-même. La guerre devenait de jour en jour plus acharnée, quand Louis-le-Gros, lassé de tant de désordres, envoya Talvas au roi

---

[1] On voit encore près de Mamers des retranchemens de plus de quatre lieues d'étendue qu'il a fait creuser dans une de ses expéditions, et qui sont appelés par les gens du pays *fossés de Robert-le-Diable*.

d'Angleterre pour négocier la paix. Mais le prince anglais refusa de reconnaître en lui les franchises d'un ambassadeur, le fit arrêter le 4 novembre 1112, et l'accusa de haute trahison devant les pairs de son royaume. Talvas fut condamné par eux à une prison perpétuelle, et termina dans la captivité sa coupable existence.

La cruauté de Talvas ne s'était point démentie à l'égard de sa femme, Agnès de Ponthieu. Après l'avoir long-temps retenue captive dans un cachot de son château de Bellesme, il tenta de l'empoisonner ; mais secourue à temps, elle ne succomba point, et s'échappant à l'aide d'un serviteur fidèle, elle se retira d'abord chez la comtesse de Chartres, puis à Abbeville, où elle finit ses jours, en 1120, dans une maison située près de la porte Comtesse, et qui appartint depuis aux Templiers.

Les historiens qui parlent de Robert, de ses forfaits et de ses batailles, ne nous disent point ce que devint le Ponthieu pendant son absence. Nous savons seulement qu'il ratifia la charte de l'abbaye de Saint-Pierre ; car à cette époque de servitude et d'abrutissement les largesses faites aux églises et les exploits des nobles semblaient seuls mériter les regards de la postérité. Le peuple était compté pour rien ; on ne s'occupait ni de lui ni de ses malheurs.

Talvas expiait encore ses forfaits dans les fers, quand son fils Guillaume II, qu'il avait eu de son mariage avec Agnès, prit les rênes du gouvernement du Ponthieu. Guillaume, non moins belliqueux que son père, soutint comme lui des guerres longues et sanglantes; mais ses exploits appartiennent beaucoup moins à l'histoire du Ponthieu qu'à celle d'Alençon. Les comtes du Perche et de Mortagne, de Blois et d'Anjou, furent tour à tour ses adversaires ou ses alliés. Mais de ses nombreux ennemis, Henri Ier., roi d'Angleterre, se montra constamment le plus implacable. Guillaume, dépouillé plusieurs fois par ce prince d'une partie de ses états, parvint à les reconquérir à la pointe de l'épée, et la Normandie fut presque toujours le théâtre de ses sanglans débats.

Digne successeur de Robert-le-Diable, Guillaume chercha sans cesse à assouvir son insatiable cupidité par les exactions les plus révoltantes. Son administration fut plus oppressive encore que celle de son père, et on lui donna le nom de Cruel, qu'il n'avait que trop bien mérité. Pressé par les terreurs de sa conscience, il crut se réconcilier avec le ciel en fondant l'abbaye de Valloires, en 1137, celle de Saint-Josse-au-Bois, surnommée de Dommartin, en 1159, ainsi que deux autres en Normandie [1]. Il se croisa ensuite avec Louis VII dans l'assemblée de Vézelay, alla combattre en Terre-Sainte, revint dans sa patrie après deux ans d'absence, et mourut le 29 juin 1171. Il laissa quatre enfans d'Hélène de Bourgogne, sa femme; Gui de Ponthieu, Jean d'Alençon et deux filles.

Pendant les longues guerres que Guillaume eut à soutenir en Normandie, plusieurs seigneurs du Ponthieu et des contrées voisines, brigands en sous-ordre, qui passaient leur vie à batailler, ravagèrent fréquemment les environs d'Abbeville. En 1131, Hugues de Camp-d'Avesnes, comte de Saint-Pol, vint investir Saint-Riquier où s'étaient réfugiés les seigneurs d'Auxi et de Beaurain-sur-Canche, ses ennemis, qu'il avait battus en diverses rencontres. Saint-Riquier, quoique l'une des places les mieux fortifiées du royaume, fut emportée d'assaut le 28 juillet. Le feu grégeois dévora la ville et l'abbaye, et plus de 2500 personnes périrent. Ceux que ce feu terrible et le fer du vainqueur n'avaient pas atteints se réfugièrent à Abbeville. L'abbé de Saint-Riquier, échappé au désastre comme par miracle, porta plainte au concile de Reims con-

---

[1] Les abbayes de Saint-André, au diocèse de Seez, et de Perseigne en Sonnois, où il fut inhumé.

tre Camp-d'Avesnes; mais celui-ci, bravant les foudres de l'église, ne continua pas moins de ravager le Ponthieu. Louis-le-Gros se disposait à le punir de ses fureurs, lorsqu'il prévint l'orage en implorant le pardon du pape, qui lui enjoignit de fonder un monastère. Il se soumit à la pénitence, et fit construire l'abbaye de Cercamps, qu'il dota de 12,000 arpens de terre, mais il ne put désarmer le ciel; car il fut condamné, disent les chroniques, à visiter long-temps les lieux qu'il avait désolés. On le voyait pendant la nuit, chargé de chaînes et transformé en loup, parcourir les rues en poussant d'affreux hurlemens; et c'est, dit-on, ce redoutable fantôme, qu'à une époque récente encore, on désignait à Abbeville sous le nom de *bête Canteraine*.

Gui II fut chargé de l'administration du Ponthieu pendant que Guillaume son père guerroyait en Normandie. Gui, pour soutenir la cause de Guillaume, prit les armes contre Étienne, comte de Boulogne, et porta le ravage sur ses domaines. Étienne, de son côté, rassembla des forces et marcha contre Montreuil, où il entra sans éprouver aucune résistance; mais Gui reparut bientôt devant cette place, la prit d'assaut, égorgea tous les habitans, sans distinction d'âge ni de sexe, et réduisit la ville en cendres, pour la punir d'avoir ouvert ses portes à son ennemi. Sa bravoure chevaleresque et le zèle religieux du temps l'entraînèrent ensuite à la conquête de la Terre-Sainte sous les drapeaux de Louis-le-Jeune. Guillaume de Tyr, qui le cite [1] comme un homme illustré par ses exploits militaires, nous apprend qu'il mourut à Éphèse (1147), où le roi des Français séjournait pour donner quelque repos à son armée, et qu'il fut enseveli avec honneur dans l'église de cette ville.

Jean, son fils, l'avait suivi en Orient ainsi que sa fille, et s'il fallait en croire Malbrancq et d'autres, cette fille, d'une rare beauté, tombée aux mains des infidèles, aurait orné le sérail du chef des Aïoubites d'Égypte, et donné le jour à l'un des plus illustres musulmans, le grand Saladin, sultan d'Égypte et de Syrie.

Jean de Ponthieu revint de la Palestine sur le vaisseau qui ramena Louis-le-Jeune. A peine avait-il pris possession des domaines de son père, qu'il eut à soutenir une guerre sanglante contre le comte de Boulogne. Vainqueur dans cette première lutte, il ne tarda point à se quereller de nouveau avec Bernard, seigneur de Saint-Valery, qui, maître des châteaux de Domart et de Ber-

---

[1] *Hist. des Croisades,* liv. XVI.

naville, faisait de fréquentes excursions sur ses terres, et les livrait au pillage. Les deux seigneurs se battaient avec acharnement, lorsque Louis VII les appela devant lui pour les réconcilier, mais il ne put y parvenir ; et voulant cependant mettre un terme aux maux que ces querelles faisaient peser sur le peuple, il ordonna que l'affaire se déciderait par le duel. L'abbé de Corbie, dont les droits de haute justice s'étendaient sur les terres du sire de Saint-Valery, appela les combattans dans le préau de son monastère. Les deux rivaux refusant de se mesurer, présentèrent deux champions pour vider leur querelle ; et la lice allait s'ouvrir quand on parvint à concilier leurs différends par un traité. Mais ce traité ne ramena le calme que pour peu de temps. Henri II, roi d'Angleterre, qui faisait une guerre sanglante à Louis VII, dont Jean de Ponthieu avait embrassé le parti, vint, peu de temps après, brûler quarante villages dans le Vimeu. Jean, pour se venger de cette invasion, pénétra à son tour dans la Normandie, dont le roi d'Angleterre était maître, s'empara du château d'Arques, d'Aumale, de Neufchâtel, et dévasta le pays.

En 1190, Jean se joignit aux chefs de la troisième croisade, qui s'étaient rassemblés à Abbeville pour y tenir conseil [1], marcha avec eux contre les infidèles, et périt au siége de Saint-Jean-d'Acre avec l'élite de ses barons et de ses vassaux.

Jean de Ponthieu avait été marié trois fois. Beatrix de Saint-Pol, sa dernière femme, lui donna seule des enfans: Guillaume, qui lui succéda ; Philippe, qui mourut au berceau ; Marguerite, qu'il maria avec Enguerand de Picquigny, et Adèle, qui épousa Thomas de Saint-Valery [2].

[1] On y remarquait les envoyés des rois de Jérusalem et d'Angleterre, le duc de Bourgogne, les comtes de Flandre, de Champagne, de Blois, de Nevers, de Sancerre, etc. Ce fut là qu'on discuta le projet des fameuses ordonnances que les rois de France et d'Angleterre ne tardèrent pas à promulguer pour assurer le succès de l'expédition.

[2] Ce fut cette jeune et belle princesse que des brigands outragèrent, et que Jean fit précipiter dans les flots, croyant effacer ainsi l'affront fait à son sang. Ce trait de Barbarie n'est pas sans exemple dans l'histoire. Gerberge, sœur de Bernard, duc de Septimanie, fut ainsi précipitée dans la Saône, par Clotaire, roi d'Italie. Quoiqu'il en soit de cette aventure, plusieurs auteurs s'en sont utilement emparés : De la Place a donné, sous le nom d'*Adèle de Ponthieu*, une tragédie en cinq actes qui fut représentée sur le Théâtre-Français, le 28 avril 1757. De Saint-Marc en a tiré le sujet d'une tragédie-lyrique, aussi en cinq actes, qui eut le plus grand succès en 1772. Le commandeur de Vignacourt a publié, sous le même titre, une *Nouvelle*, imprimée en 1723. On a encore un roman sur le même sujet par Mme. de Gomès ; M. de Pongerville a aussi raconté cette aventure dans le *Journal des Voyages et Navigations modernes*, avec tout le charme de son talent ; enfin M. Mondelot, notre compatriote, a publié sur *Adèle*, en 1834, un poème en six chants et en vers libres.

La fondation de l'Hôtel-Dieu et l'affranchissement de la commune d'Abbeville consacrent dans nos annales la mémoire de Jean. Nous allons faire connaître combien cet affranchissement fut profitable aux Abbevillois.

CHAPITRE IX.

Affranchissement de la commune d'Abbeville.

Dans le cours du douzième siècle, le peuple, écrasé par la féodalité, sentit le besoin de s'unir contre ses oppresseurs, et de leur demander des garanties. Tous ceux qui n'étaient ni nobles ni prêtres, et qui, jusqu'alors, n'avaient entièrement dépendu que du caprice des seigneurs, réclamèrent la jouissance de leur liberté et de leurs droits civils, et l'obtinrent soit par la force, soit à prix d'argent. Un contrat fut alors passé entre celui qui avait été maître absolu, et ceux qui ne voulaient plus être esclaves [1]. Ce con-

---

[1] Aucun roturier ne pouvait auparavant changer de domicile ni de profession, ni se marier, ni tester, ni rien acquérir sans l'agrément de son maître.

trat, qui plaçait chaque citoyen sous la sauvegarde de tous, s'appela charte de commune. La charte autorisa les *Communiers*, c'est-à-dire les bourgeois, à choisir parmi eux un certain nombre de magistrats qui reçurent une grande partie du pouvoir que les seigneurs exerçaient auparavant. Ces magistrats, sous les noms de mayeurs, jurés, échevins, furent chargés de délibérer sur les affaires de la commune, de juger, de punir, de lever des taxes et de veiller à la sûreté générale. Ce fut le 9 juin 1184 que Jean, comte de Ponthieu, octroya la charte de commune aux habitans d'Abbeville ou plutôt qu'il leur ratifia les libertés et priviléges que Guillaume Talvas, son aïeul, leur avait déjà vendus en 1130. Abbeville ne fut pas plutôt organisé en corps politique que les habitans s'empressèrent de le protéger par un mur d'enceinte garni de tours et de fossés remplis d'eau. Cette ville devint dès lors une petite république dont la puissance s'éleva en proportion de l'affaiblissement de l'autorité des comtes. Quelques chevaliers ou gentilshommes trop faibles pour résister aux attaques des seigneurs voisins, abandonnèrent leurs domaines et vinrent s'y réfugier. L'association de ces hommes accoutumés à la guerre, accrut la force de la commune. On ne les admit toutefois qu'à de bonnes conditions et avec les précautions convenables ; car les nobles étaient le plus souvent exclus du pacte communal, qui s'était fait contre eux, et pour se garantir de leur oppression ; ce qui est exprimé d'une manière formelle dans le passage suivant de la charte d'Abbeville : *Cùm avus meus* comes Willelmus Talevas, *propter injurias et molestias, à potentibus terræ suæ, burgensibus de Abbatis-Villâ frequenter illatas, eisdem communiam vendidisset* [1].

La charte d'Abbeville contient trente-deux articles : plusieurs de ces articles établissent une distinction marquée entre la justice ou police municipale et la justice du comte, exercée par son vicomte [2] ; mais cette même charte attribue aux chefs de la commune la connaissance de toutes les matières criminelles relatives à la sûreté publique et individuelle, par la raison que chaque habitant se trouvait sous la sauvegarde de la communauté. Le seigneur ne se réservait que la confiscation et le jugement des causes civiles. Il suffira de citer quelques-unes des dispositions de ce pacte pour donner une idée des

[1] Lorsque mon aïeul Guillaume de Talvas eut vendu la commune aux bourgeois d'Abbeville, à cause des injures et des vexations que les grands de sa terre leur faisaient subir fréquemment.

[2] Cette charge appartenait héréditairement aux seigneurs du Pont-Remi.

mœurs du temps, et des maux auxquels il fallait remédier.

L'article relatif au vol dit que les biens et les meubles du voleur seront saisis par le vicomte ou les officiers du comte ; et qu'à l'exception des choses volées, tout le reste appartiendra au comte : qu'au surplus, le voleur sera jugé d'abord par les échevins, et qu'il subira la peine du Pilori; qu'ensuite il sera livré au vicomte ou officiers du comte.

L'article iv défend d'occasionner aucun trouble aux marchands qui viennent dans la banlieue, et veut que celui qui leur aura causé quelque dommage, et refusé de le réparer, soit arrêté et ses biens saisis, et qu'il en soit fait justice par les échevins, comme d'un violateur de la commune.

L'article viii dit que les coups portés avec le poing ou avec la paume de la main, seront punis de vingt sous à la commune.

En cas de blessure avec des armes, la maison du coupable est abattue; il est banni de la ville, et il ne peut y rentrer sans autorisation, à moins qu'il n'ait préalablement exposé son poing à la miséricorde des échevins, ou qu'il ne l'ait racheté pour la somme de neuf livres [1] . S'il n'a point

---

[1] Les rôles des amendes du quatorzième siècle mentionnent en-

de maison, il doit, avant de rentrer dans la ville, en fournir une de cent sous qui sera démolie par la commune. Ce que le blessé aura payé pour se faire guérir lui sera entièrement remboursé par le coupable; et si celui-ci est insolvable, il aura le poing coupé, à moins que les échevins ne lui fassent merci.

Si un bourgeois en tuait un autre par hasard ou par inimitié, sa maison devait être abattue; si on pouvait l'arrêter, les bourgeois lui faisaient son procès; s'il échappait, et qu'au bout d'un an, il implorât la miséricorde des échevins, il devait d'abord recourir à celle des parens; s'il ne les trouvait pas, après s'être livré à la miséricorde des échevins, il pouvait en toute sûreté revenir dans la ville; et si ses ennemis l'attaquaient, ils se rendaient coupables d'homicide. (Art. xxi.)

Tout habitant qui recèle sciemment un ennemi de la commune est traité lui-même en ennemi, et sa maison est abattue.

L'article xxxi remet à l'arbitrage des villes de Saint-Quentin, Corbie et Amiens les diffé-

---

core de fréquens *racats de poings*; mais il n'en coûtait plus alors que seize sous au moins et quarante sous au plus, pour éviter le supplice.

rends qui pourraient s'élever entre le comte et les bourgeois, parce que ces trois villes jouissaient déjà de l'institution communale.

Les franchises d'Abbeville s'étendirent assez loin hors de son enceinte. Rouvroi, Sur-Somme, une partie de Mautort, les Planches jusqu'au sommet des Monts de Caubert, le hameau de Menchecourt, les faubourgs de Saint-Gilles et du Bois, avec leurs territoires, en jouirent également ; et le comte s'engagea à n'élever, dans le rayon de cette banlieue, aucune forteresse, aucun retranchement (*munitio*), qui pût faire craindre pour la liberté de ses habitans.

En octroyant la charte d'Abbeville, Jean stipula que les habitans seraient obligés de lui payer trois assistances, savoir : cent livres de la monnaie de Ponthieu pour faire son fils chevalier ; autant pour marier sa fille, et la même somme pour payer sa rançon ; qu'ils lui resteraient fidèles contre tous, et qu'à ces conditions, il leur concédait la commune, sauf le droit de la sainte église, le sien, celui de ses héritiers et de ses barons. On voit par là que le comte, en ne fixant pas précisément les bornes où devait s'arrêter sa puissance, se ménageait le moyen de violer la charte. Inquiets de ces restrictions et du pouvoir que le comte s'était réservé, menacés en outre par l'imposante forteresse qu'il conservait encore aux portes de la ville, si ce n'est même dans son intérieur, les habitans recoururent à Philippe-Auguste pour lui demander la confirmation de leur charte, et se placer sous la garantie du trône.

La charte originale d'Abbeville existe encore aux archives de la mairie. Elle est en parchemin de deux pieds de hauteur sur un de largeur et fort lisible. Au bas est un sceau de cire verte à double empreinte, où l'on voit le comte Jean, à cheval, portant sa cotte-de-mailles, et armé d'une lance au bout de laquelle est une banderolle; de la main gauche il soutient un bouclier; on lit autour : *Sigillum Joannis comitis Pontivi*. Le contre-sceau représente un cœur. Cette charte a été imprimée dans l'histoire des mayeurs d'Abbeville, page 35, et dans le quatrième volume des ordonnances du Louvre, pag. 55 et suivantes.

La ville de Saint-Riquier qui, depuis long-temps déjà, s'était confédérée contre les moines, ses souverains, en avait obtenu d'importantes franchises. Mais à peine la charte avait-elle été jurée de part et d'autre, que les bourgeois l'éludèrent. L'intervention de Louis-le-Gros fut alors invoquée par les moines. Ce prince, qui était déjà venu à Saint-Riquier pour sanctionner les premiers arrangemens faits entre les bourgeois et l'abbaye, revint dans cette ville, et y rétablit la paix. D'après sa décision, toute favorable aux moines, les paysans sont exclus de la commune; on oblige ceux qui veulent en faire partie d'abandonner au seigneur la terre qu'ils tiennent de lui ; on défend d'y agréger aucun prince ou noble ayant château sans le consentement du roi et de l'abbé ; et, par une clause particulière, on déclare Guillaume, comte de Ponthieu, incapable à perpétuité d'y être admis.

Ce réglement, qui renferme aussi des conditions avantageuses pour Louis-le-Gros, constate que les bourgeois, faute d'un local assez vaste, se réunissaient dans l'église de l'abbaye; que la cloche leur servait de beffroi, et que les moines, pour les gêner dans l'exercice du droit municipal, leur défendirent de s'y assembler pour tout autre motif que la prière, et de sonner la cloche à une autre heure que celle des offices.

Les habitans jurèrent de se soumettre aux conditions imposées ; et Louis, pour sûreté de leur parole, les obligea de fournir des ôtages. Cet accord, rédigé l'an 1126 par l'abbé de Saint-Riquier lui-même (Anscher), en présence de Louis et de Charles, comte de Flandre, est imprimé dans le vi^e. volume des *Annales de l'ordre de Saint-Benoît*, pag. 650 [1]. On n'y trouve pas malheureusement le détail des conditions auxquelles la commune avait été érigée ; mais il constate que les chartes de Noyon, de Laon et de Chelles, disputent seules d'ancienneté avec celle de Saint-Riquier.

Les plus petites communes du Ponthieu ne restèrent pas étrangères à l'importante révolution qui se manifesta dans cette province. Montreuil, Crécy, Waben, Port, Noyelles, Hiermont, Rue, etc., obtinrent bientôt l'abolition légale de leur servitude [2].

CHAPITRE X.

1190 — 1279.

Guillaume III, fils de Jean, était jeune encore lorsque la mort de son père plaça sur sa tête la couronne du Ponthieu. Le 20 août 1196, il épousa la princesse Alix, sœur de Philippe-

---

[1] Voy. aussi ce même volume pag. 143.

[2] Les chartes de ces communes sont entièrement calquées sur celle d'Abbeville.

Auguste, et se montra très-content de son mariage [1], quoiqu'il n'ignorât point que sa femme Alix, que Philippe-Auguste avait fiancée à Richard-Cœur-de-Lion, avait été déshonorée, à peine au sortir de l'enfance, par le père de Richard, Henri II, roi d'Angleterre; « car, suivant la coutume, dit un historien [2], Alix fut envoyée à la cour de Henri pour s'habituer aux mœurs et à la langue des barons d'Angleterre. Au milieu des fêtes et des plaisirs de Woodstoock et de Windsor, elle avait paru si brillante que Henri lui-même s'en était vivement épris. Sa vieillesse libertine avait employé tous les moyens de séduction auprès d'une jeune princesse qui atteignait à peine sa quatorzième année. Il la

---

[1] « Au nom du Père, du Fils et du Saint-Esprit, *Amen*. Moi, Guillaume, comte de Ponthieu, je veux que tous mes hommes sachent que Philippe roi, m'a donné sa sœur en mariage, ce dont je suis très-satisfait; voici ce qu'il m'a promis en dot. 1°. Tout ce qu'il a auprès de Villers et de Saint-Valery, sauf les droits de l'abbaye; 2°. tout ce qu'il possède auprès de Saint-Riquier, sauf les droits royaux : tous ces fiefs feront retour à la couronne au cas où Alix, ma femme, viendrait à mourir sans enfans. J'ai fait cette charte en présence de mon oncle le comte de Saint-Pol, et de Gui, mon sénéchal. » (Voy. Capefigue, *histoire de Philippe-Auguste*.)

Philippe-Auguste accorda en outre à sa sœur le comté d'Eu et le château d'Arques, qu'on venait de prendre aux Anglais, et que Guillaume, par le traité d'Issoudun, lui restitua la même année, moyennant 3,000 marcs d'argent.

[2] Capefigue, lieu cité, tom. 1er. page 131.

visitait secrètement dans la forêt épaisse de Woodstoock, et dans les tourelles gothiques du château ; et c'était chose certaine, dit un naïf chroniqueur, que déjà en ce temps *le roi lui avait tollu le doux nom de pucelle.* »

On sait que ce fut le scandale de cette intrigue qui fit rompre le mariage d'Alix et de Richard-Cœur-de-Lion, et que cette rupture alluma des guerres sanglantes entre la France et l'Angleterre.

Les chroniques rapportent que la princesse Alix qui, dans les premiers temps de son mariage, s'était montrée fidèle, remplit bientôt sa cour de désordres par ses intrigues avec les troubadours et les varlets.

Guillaume joua un rôle important dans les guerres que Philippe-Auguste soutint en Normandie contre Richard. On le vit tour à tour vaincre le monarque Anglais, qui s'avançait au secours d'Aumale, le poursuivre jusqu'à Rouen, reprendre Gamaches au duc de Glocester, et inquiéter la Normandie par des courses fréquentes, où la victoire lui resta souvent. Mais tandis qu'il combattait dans cette province, Richard, averti que le Ponthieu était dégarni de troupes, vint se présenter devant Saint-Valery et l'attaqua par terre et par mer. Cette ville capitula, fut saccagée; et le vainqueur transporta à Saint-Valery-en-Caux les reliques du saint dont il venait de brûler l'église et le monastère. C'est à cette circonstance que le port de Saint-Valery-en-Caux doit le nom qu'il a conservé depuis. Guillaume partit ensuite avec ses vassaux pour la croisade contre les Albigeois, et prit part au siége du redoutable château de Thermes; mais tout porte à croire qu'il ne s'engagea qu'à regret dans cette guerre; car après les quarante jours de service exigés par la loi féodale, il déclara qu'il allait abandonner le camp. On le supplia de rester: Montfort se jeta même à ses pieds pour implorer son assistance jusqu'à la fin du siége, il refusa tout net. Contraint peu de temps après de combattre encore pour la même cause, il marcha de nouveau sur le Languedoc à la tête de sept mille hommes; mais cette fois encore il ne tarda pas à revenir dans le Ponthieu sans avoir fait rien d'important [1].

Le champ de bataille de Bouvines devait offrir à la valeur de Guillaume un théâtre bien plus glorieux! ce fut lui qui commanda la gauche de l'armée française dans cette journée célèbre. Les sires de Mareuil, de la Ferté, de Fontaine,

---

[1] *Chronique de Guil. de Puy Laurens*, chap. 22.

de Bailleul, d'Hallencourt, d'Auxi, de Mainières, de Beauchamp, et plusieurs autres chevaliers à bannières, ses vassaux, y combattirent sous ses ordres avec un corps nombreux de Picards. On y remarquait aussi son beau-frère Thomas, seigneur de Saint-Valery et de Gamaches, homme brave, fort à la guerre et tant soit peu lettré [1], et que suivaient les gens de Gamaches et du Vimeu, au nombre de 2,500. « Ils n'étaient pas braves, dit un contemporain, mais ils s'étaient monté la tête avec du vin nouveau et juraient tous de mourir [2]. » L'histoire nous apprend en effet qu'ils décidèrent du sort de la bataille. Sept cents Brabançons qu'Othon avait placés au centre de son armée, sous la conduite du comte de Salisburry, se défendaient avec la plus grande bravoure. Ils tenaient encore au milieu de tout le reste en déroute, lorsque Saint-Valery tomba sur eux avec ses hommes, et les tailla en pièces sur la place même. Guillaume de Ponthieu déploya aussi dans cette journée un héroïque courage. S'efforçant de rompre les phalanges ennemies, il se trouva presque seul au milieu d'un bataillon rond de piquiers. Son cheval

---

[1] Guillaume Le Breton, *Vie de Philippe-Auguste.*

[2] Capefigue, *lieu cité.*

fut bientôt tué sous lui; sa lance, son épée et sa dague furent brisées; alors il se battit à coups de gantelets et à coups de pieds (*brachiis et manibus loricatis*); les chevaliers de sa bannière, écrasant tout devant eux, le délivrèrent au moment où il allait être victime de son audace [1]. Le péril auquel il venait d'échapper ne fit que l'enflammer davantage; il se joignit au comte de Dreux [2], anéantit les bataillons de Renaud, comte de Boulogne, qui commandait l'aîle droite de l'armée alliée et résistait toujours, et remit à Philippe, à la fin de la bataille, plusieurs bannières ennemies.

Guillaume, l'un des barons les plus célèbres de son siècle, mourut à Abbeville, vers l'an 1121, après un règne de trente années, et fut inhumé dans l'abbaye de Balance.

Aux qualités brillantes d'un guerrier, Guillaume joignait celles d'un législateur. On ne saurait trop louer ses efforts pour mettre un terme à la licence, réformer les abus et réprimer les meurtres que *les ecclésiastiques et les laïcs,* dit Ducange [3], *commettaient en toutes rencon-*

---

[1] Mazas, *Vies des grands capitaines*, tom. 1er., pag. 108.
[2] Le fils de ce seigneur, *Robert Gâte-Bled*, frère de Pierre, duc de Bretagne, avait épousé, en 1210, Aliénor, fille de Thomas de Saint-Valery.
[3] *Histoire M. S. des Comtes de Ponthieu.*

tres dans ses terres : et comme les prêtres, ajoute cet écrivain, réclamaient leurs priviléges et leurs immunités, pour échapper au glaive de sa justice, Guillaume les dénonça au Pape Honorius, et l'évêque d'Amiens reçut l'ordre de leur faire subir la peine que le comte avait portée contre les homicides.

Les annales de l'abbaye de Saint-Riquier attestent que le crime profanait quelquefois la sainteté même du cloître. Un moine de ce monastère, nommé Jean de Villers, s'y trouvait prisonnier en 1284, pour avoir tué un autre moine. Il présenta dix-neuf *plèges* ou cautions, et il obtint sa liberté; mais à condition que sans *targier il iroit oultre mer sans jamais revenir*, et qu'il paierait une amende de *deux cents marcs d'argent* [1]. Cette même année (1284), l'évêque d'Amiens s'adressa aux maire et échevins d'Abbeville pour faire appréhender au corps *plusieurs clercs et croisés*, qui avaient commis des *crimes atroces en lieux saints*. (*Inventaire des titres de la mairie.*)

Ducange nous apprend aussi que la plupart des clercs se livraient alors à des occupations

---

[1] *Cartulaire de Saint-Riquier*, côté A, communiqué par M. de Bommy.

mondaines, au commerce, à la chasse; jouaient aux dés, et à tous les jeux de hasard, ou passaient le temps à boire dans les tavernes. Les monumens contemporains leur reprochent sur-tout d'aimer le vin et les femmes. Le fabliau intitulé: *le Boucher d'Abbeville,* par Eustache d'Amiens [1], est une pièce licencieuse dans laquelle figure un curé de village. Il est rare que les autres contes du même genre, qui contiennent une intrigue galante, ne mettent en scène un prêtre. Ce sont des contes, il est vrai; mais ces contes peignent les mœurs. Guillaume s'efforça vainement de réformer celles du clergé, et de le rappeler aux devoirs de son saint ministère; on verra que les abus qu'il tenta de détruire subsistèrent fort long-temps encore.

Guillaume III eut de son mariage avec Alix, une fille, Marie, qui épousa, en 1208, Simon de Dammartin, comte d'Aumale. Ce seigneur, qui avait combattu à Bouvines dans les rangs des ennemis de la France, fut banni du royaume; son comté d'Aumale fut confisqué; et lorsqu'à la mort de Guillaume III, sa femme hérita le Ponthieu, le roi Philippe-Auguste saisit aussi ce domaine. Ce monarque étant mort, en 1223,

---

[1] Voy. Legrand d'Aussy, *Fabliaux.*

Simon de Dammartin vint à Abbeville et s'efforça de rentrer en possession du fief de sa femme ; mais le successeur de Philippe-Auguste, Louis VIII, envoya le comte de Saint-Pol avec un corps de dix mille hommes, pour s'opposer à ses projets. Les habitans d'Abbeville et des principales communes s'empressèrent d'ouvrir leurs portes aux troupes royales, et Simon de Dammartin fut obligé de se rembarquer. Après de longues et instantes sollicitations, sa femme Marie, parvint enfin à recouvrer le Ponthieu ; mais en cédant à Louis VIII diverses parties de ce domaine, entr'autres Doullens et Saint-Riquier [1]. Malgré ces concessions, Marie ne put obtenir la grâce de son époux ; il ne rentra en France qu'en 1230, sous le règne de saint Louis ; mais à condition qu'il ratifierait tous les traités signés par sa femme ; qu'il ne pourrait, sans le consentement du roi, ni réparer les anciennes forteresses du Ponthieu ni en élever de nouvelles ; que les habitans feraient le serment de se déclarer contre lui ou sa femme ou leurs héritiers, s'ils devenaient coupables de félonie ; que les deux époux ne marieraient point leurs filles

---

[1] Louis VIII exigea en outre que Marie se désistât de ses droits sur le comté d'Alençon, qu'elle venait d'hériter de Robert IV.

sans l'agrément du monarque, ainsi que le prescrivaient les lois de la féodalité, et qu'ils obligeraient les chevaliers et les communes du Ponthieu à garantir ces engagemens.

Cependant saint Louis apprit bientôt que Simon de Dammartin avait, sans son aveu, fiancé sa fille aînée à Henri III, roi d'Angleterre, et que ce prince venait même de l'épouser par procureur. Le monarque français, justement indigné, le contraignit à rompre cette alliance, quoique le Pape l'eût approuvée.

Simon de Dammartin mourut à Abbeville le 21 septembre 1239, et fut enseveli dans l'abbaye de Valloires, où l'on voyait son tombeau orné de sa statue. Sa femme se remaria avec Mathieu de Montmorency, second fils du connétable de ce nom, et aliéna plusieurs fiefs du Ponthieu, situés au-delà de l'Authie, en faveur de Robert, comte d'Artois. Elle vendit le droit de commune aux habitans de Domart, à ceux d'Airaines et de Bernaville, et crut s'assurer un bonheur éternel en faisant hommage de sept cents journaux de bois aux religieux de Valloires, et de quatre-vingt-dix journaux, situés près de Vauchelles, aux desservans de la chapelle de son château de Ponthieu, où elle mourut en 1251. Elle avait eu de son premier mariage deux fils qui moururent au berceau, et quatre filles, dont l'aînée, Jeanne, lui succéda.

Jeanne avait épousé, en 1237, Ferdinand III, roi de Castille et de Léon, l'un des plus grands princes de son siècle. Ferdinand étant mort en 1252, Alphonse, son fils, qu'il avait eu de Béatrix de Souabe, sa première femme, monta sur le trône de Castille, et Jeanne revint dans sa patrie. Elle débarqua au Crotoy, le 21 octobre 1253, avec une cour nombreuse; et à la fin de la même année, elle publia un édit par lequel elle accordait aux Castillans, ses anciens sujets, l'exemption des droits perçus dans les ports du Ponthieu. Elle se remaria au sire de Nesle, que saint Louis [1], avant de partir pour la Terre-Sainte, nomma l'un des conseillers de la régence du royaume, et termina ses jours à Abbeville, le 16 mars 1279. On l'inhuma à Valloires, près

---

[1] Gaillard (*Hist. de la rivalité de la France et de l'Angleterre.*) et d'autres historiens prétendent que ce fut à Abbeville, en 1259, que saint Louis, dans une assemblée des états du royaume, conclut avec Henri III un traité par lequel il rendit à l'Angleterre le Limousin, le Périgord, le Quercy, l'Agenois et la Saintonge, à condition de lui en faire hommage; mais nos documens se taisent à cet égard; nous y voyons seulement que saint Louis, se rendant à Boulogne, passa, en 1258, à Abbeville, où Margueritte de Provence, sa femme, s'arrêta pour l'attendre; et qu'à son retour, il alla visiter avec elle le tombeau de saint Riquier. (Voyez, pour le traité dont nous venons de parler, l'*Histoire d'Amiens*, par M. Duseyel, tom. 1er. pag. 255.).

du seigneur de Nesle, dans une chapelle qu'elle avait fait construire. Les chroniques rapportent qu'un abbé de ce monastère, excité par l'avarice, fit ouvrir son cercueil afin de le dépouiller des ornemens précieux qu'il renfermait, et que le profanateur et ses complices, frappés d'un mal soudain, moururent *avant que l'année fut passée.*

La reine Jeanne avait eu de son premier mariage deux fils, Ferdinand et Louis, qui moururent avant elle, et une fille, Éléonore, qui recueillit son héritage à l'exclusion de Jean de Castille-Ponthieu, fils du prince Ferdinand [1], parce que le principe de la représentation n'était pas admis dans le Ponthieu.

CHAPITRE XI.

1279 — 1329.

Éléonore épousa, en 1272, Édouard Ier., roi d'Angleterre, et lui apporta en dot le comté de Ponthieu. Édouard en prit possession, et dans

---

[1] Jean de Castille-Ponthieu, comte d'Aumale et seigneur de Noyelles-sur-Mer, périt, en 1302, sur le champ de bataille de Courtray.

une entrevue qu'il eut à Amiens avec Philippe-le-Hardi, il s'engagea solennellement à lui rendre hommage : telle est l'origine des droits que les rois de la Grande-Bretagne ont réclamé si longtemps sur le Ponthieu.

Édouard vint ensuite à Abbeville recevoir l'hommage de la commune, sous la condition expresse de faire garder les lois, coutumes, franchises et libertés du pays consacrées par la charte. On stipula dans l'assemblée les devoirs respectifs du monarque et du peuple, et l'on jura de les observer. Un des principaux officiers d'Édouard en fit le serment sur l'Évangile, au nom de son maître, dont le royal orgueil refusait de s'abaisser devant de simples bourgeois ; mais il fut convenu que ceux de ses héritiers qui ne porteraient pas le sceptre de l'Angleterre, seraient tenus de jurer en personne, et la tête découverte, devant les officiers municipaux, le maintien des privilèges de la commune.

Édouard revint différentes fois dans le Ponthieu, afin d'y consolider son pouvoir ébranlé par les grands vassaux. Il mit Abbeville et son château[1] dans un meilleur état de défense; fit réparer

[1] Le château des comtes, situé près de la porte Saint-Gilles, était fortifié par une enceinte de fossés et de murailles garnies de tours, couronnées par des mâchicoulis, et défendue par des remparts, où la garnison pouvait braver sans inquiétude les efforts des ennemis.

les tours et les murailles de Rue et du Crotoy, et garnit de troupes les principales cités. En 1282, il embellit les jardins de son palais, en fit réparer les bâtimens, et l'année suivante, il obtint de Philippe-le-Hardi la permission d'y battre monnaie. Ces monnaies étaient à son effigie et à celle de sa femme, et l'on voyait au revers les armes d'Angleterre et de Ponthieu.

Il paraît que le Ponthieu ne fut pas confisqué, comme la Guienne, pendant la guerre qui éclata entre Édouard Ier. et Philippe-le-Bel, parce qu'Édouard ne le gouvernait plus qu'en qualité

<small>Un donjon formidable et des souterrains qui se seraient étendus jusqu'à Saint-Riquier, s'il fallait en croire la tradition populaire, attestent l'ancienne importance de ce monument, et la terreur qu'il devait inspirer*. Il n'en reste plus que quelques loges voûtées, sous le rempart du *Mail*, qui servent maintenant de cachots, et le nom de *Cour Ponthieu*, donné à la prison construite sur une partie de son emplacement. On prétend que les casemates du bastion de Longueville en faisaient également partie; mais nous ne pouvons affirmer ce fait. Nous savons seulement qu'une grosse tour carrée et plusieurs autres vestiges de cette vaste et imposante forteresse existaient encore, en 1637, près du bastion de Retz, au-delà du mur d'enceinte.

Le château de Ponthieu renfermait une chapelle du titre de Sainte-Croix, qui attirait un grand nombre de dévots, et qui subsistait encore en 1646. On ignore l'époque de la fondation du château.</small>

<small>* Il est certain que les forteresses contenaient alors des souterrains qui avaient une issue éloignée, à une grande distance, dans la campagne. (Voy. Monteil, *Hist. des Français des divers états*, tom. Ier., pag. 153).</small>

de tuteur du prince de Galles, son fils.

Éléonore mourut le 29 novembre 1290, et fut enterrée à Westminster dans un somptueux tombeau surmonté de sa statue en bronze doré. D'autres monumens de la tendresse conjugale d'Édouard se voient encore aujourd'hui à Northampton, Geddington, Waltham, etc. Ses regrets étaient bien légitimes, s'il est vrai, comme le disent quelques historiens, que ce prince, frappé d'un fer empoisonné dans un combat en Palestine, fut guéri par le dévouement d'Éléonore, qui suça sa blessure. La douleur qu'Édouard ressentit de sa mort fut si violente, qu'elle arrêta pendant quelque temps le perfide projet qu'il avait formé de placer sur le trône d'Écosse un baron du Ponthieu, son vassal, ce faible Jean de Bailleul [1] qui ne devait porter qu'un moment la couronne.

A la mort d'Éléonore, le jeune prince de Galles fut proclamé comte de Ponthieu par Édouard Ier; mais le comte d'Aumale contesta ses droits, en appela à la cour des pairs, et il s'en suivit entre les deux prétendans un procès qui fut terminé en 1299, à l'avantage du prince de Galles, parce que le principe de la représen-

---

[1] Voy. la Biog. d'Abbev. pag. 29.

tation n'était pas reconnu dans le Ponthieu, comme on l'a vu plus haut. Pendant toute la durée de l'instance, ce comté demeura entre les mains de Philippe-le-Bel, qui le fit administrer par ses officiers, et en perçut les fruits.

Édouard Ier. étant mort, en 1307, le prince de Galles, son fils et son successeur, sous le nom d'Édouard II, passa la mer au commencement de l'année suivante, et vint à Boulogne épouser Isabelle de France, fille de Philippe-le-Bel, et faire hommage à ce roi du comté de Ponthieu. Il disposa ensuite des revenus de ce comté en faveur d'Isabelle, qui devait en jouir pendant trois ans, et qui vint fixer sa résidence à Abbeville, en 1312. Mais à peine y fut elle arrivée, qu'elle prétendit porter atteinte aux priviléges de la commune, et violer ses libertés en y plaçant un gouverneur. Les habitans réclamèrent contre une innovation si dangereuse pour leurs franchises, et adressèrent leurs plaintes au roi de France; mais ils n'obtinrent justice qu'en 1328, sous Philippe-de-Valois.

La reine avait quitté le Ponthieu depuis plusieurs années, quand Philippe-le-Long saisit ce domaine, en 1319, parce qu'Édouard n'avait pas rempli son devoir de vassal: le monarque anglais s'étant enfin acquitté de cet acte de soumission dans la ville d'Amiens, rentra en possession de ses terres. Après la mort de Philippe-le-Long, son successeur, Charles-le-Bel, somma de nouveau Édouard de venir en personne lui rendre hommage; mais Hugues Spencer, l'un de ces insolens et vicieux favoris qu'Édouard comblait de faveurs, ne voulut pas que son maître vînt en France, et Charles-le-Bel confisqua le Ponthieu. Édouard, pour sortir d'embarras, céda la souveraineté de ce fief à son fils aîné, qui n'avait encore que douze ans, et qui, seul alors, serait tenu de rendre hommage. Le jeune prince s'embarqua à Douvres, et se rendit à Abbeville, où la reine Isabelle, sa mère, qui depuis quelque temps déjà avait quitté Londres, était venue l'attendre. A peine était-il arrivé dans cette ville, qu'Isabelle signifia à Édouard qu'elle et son fils ne rentreraient en Angleterre que lorsque Spencer en serait banni. Édouard n'ayant point accédé à cette demande, Isabelle forma le projet de se rendre en Angleterre, de se mettre à la tête de nombreux mécontens et de renverser son mari du trône. Elle essaya de lever des troupes dans le Ponthieu, qui venait d'être restitué à son fils; mais les habitans ne se prêtèrent point à sa rebellion, et elle ne trouva qu'un petit nombre de nobles qui consentirent à l'appuyer avec un corps de cinq cents hommes. Ces nobles, parmi lesquels on remarque les sires de Vismes, de Mareuil, de Nouvion, de Houdan et de Boubers [1], s'embarquèrent au Crotoy, et passèrent en Hollande, où Isabelle venait enfin de trouver un protecteur dans le comte Guillaume, qui lui prêta des vaisseaux et 3,000 soldats. On sait qu'après avoir débarqué sur la côte de Suffolk, elle plaça sur la tête de son fils, Édouard III, la couronne de son mari, que deux scélérats assassinèrent peu de temps après.

Édouard III ne pouvant se dissimuler les forfaits de sa mère, la fit conduire, en 1327, dans le château de Rising, près de Londres, et lui assigna pour sa pension les revenus du comté de Ponthieu. Avant de passer au règne de ce prince, dont l'ambition fut pour la France une source de calamités, nous nous arrêterons quelques instans, pour faire connaître les agrandissemens successifs d'Abbeville, pendant la période que nous venons de parcourir, et les élémens de prospérité que cette ville renfermait dès lors dans son sein.

---

[1] M. S. de Formentin.

CHAPITRE XII.

Limites d'Abbeville au treizième siècle.

On ignore l'époque précise à laquelle Abbeville sortit des limites de l'île où s'éleva sa première enceinte; mais on a lieu de penser que ce fut sous le règne de Hugues Capet. Il est certain que dès l'onzième siècle, cette ville se trouvait agrandie de tout le terrain compris depuis le Pont-aux-Poissons jusqu'à la porte Comtesse, qu'on appela depuis *Fausse Porte,* et depuis *l'Écu de Brabant* jusqu'au pont qui fait face à la rue des Carmes, et que l'on nomme encore le *Pont de la Ville.* On croit que le mur d'enceinte commençait à l'entrée du Rivage, où coulait une petite rivière: on présume qu'elle servait de fossé, et que l'égout qui, du Lillier se jette dans le Rivage, en occupe aujourd'hui la place [1]. La muraille se continuait dans la direc-

---

[1] D'autres rivières qui faisaient tourner plusieurs moulins coulaient alors dans la direction du Lillier et dans celle de la rue du Pont-à-Plicourt, savoir : la rivière de Penne, celle des Herbillons, celle des Pêcheurs-d'Eau-Douce, celle de la Tannerie et celle de Taillesac. La plupart tombaient dans la Somme, près du Pont-d'Amour.

tion de cet égout, et de la rue du Pont-à-Plicourt, se prolongeait derrière celle du Pont-de-Boulogne, et venait aboutir à la porte au Scel, située en face de *l'Écu de Brabant*. De cette porte, le mur se dirigeait le long de la rue des Minimes, anciennement des fossés, jusqu'à la porte Comtesse [1]; suivait l'impasse de la Commanderie, qui se trouve sur la même ligne, traversait le jardin de l'Hôtel-de-Ville, et venait aboutir dans la rue Entre-deux-Eaux, au point où l'égout de la Commanderie se jette dans le Scardon. Cet égout voûté conserve encore la direction de la petite rivière de Ranète, qui, de la porte au Scel jusqu'au Scardon, coulait dans les fossés de la ville. Nous n'avons point de notions sur l'enceinte de la partie septentrionale. On ne saurait douter cependant que l'église de Sainte-Catherine et les rues adjacentes ne se trouvassent dès lors comprises dans l'intérieur de la cité.

Lorsque l'affranchissement de la commune eut soustrait Abbeville aux brigandages et aux vexations des seigneurs, son industrie et sa population s'accrurent progressivement; et une nouvelle enceinte y fit bientôt entrer les bourgs qui s'étaient formés autour d'elle. Ces bourgs, fer-

[1] Les fondations de ce mur existent encore dans les jardins de plusieurs maisons de la rue de Locques.

més de murailles, comme le constatent les actes des premières années du treizième siècle, furent ceux du Vimeu, au-delà du pont de Talance; de Saint-Gilles, hors de la porte au Scel; du quartier Marcadé [1], dont les limites sont inconnues, et de Saint-Éloy, au-delà de la porte Comtesse.

La construction du *refuge* [2] de saint Riquier, en 1236, près de l'église du Saint-Sépulcre, doit faire conjecturer que les fortifications de la ville à cette époque, avaient été reportées jusqu'à la porte du Bois, ainsi nommée à cause de sa situation sur le bord du bois qui couvrait anciennement cette partie de la ville. La porte Saint-Gilles est mentionnée en 1205, dans une

---

[1] Ce nom rappelle celui d'un chef de routiers anglais, Marcadé, célèbre sous le règne de Richard-Cœur-de-Lion. On a lieu de croire que lorsque ce prince entra dans le Ponthieu, et vint brûler Saint-Valery, il aura détaché cet audacieux partisan pour surprendre Abbeville, et que la porte contre laquelle il dirigea ses efforts aura conservé son nom.

[2] On nommait ainsi les maisons que les communautés religieuses possédaient dans les villes pour leur servir de retraite pendant la guerre. La ville en renfermait plusieurs : 1°. le refuge de saint Valery, situé rue de l'Hôtel-Dieu. On lit sur sa façade cette inscription : *stulta est sapientia sine Deo*. 2°. Le refuge de Valloires était situé près du Pont-Neuf, sur l'ancien emplacement de la foire; il fut détruit, en 1608, pour dégager les bords de la rivière, malgré l'opposition des moines. 3°. Le refuge de Dommartin, rue des Capucins. 4°. Le refuge de N. D. de Sery, rue de la Pointe ; 5°. de Berlaucourt, chaussée Marcadé ; 6°. du Gard, rue Barbafust. etc.

donation faite à Saint-Vulfran par Guillaume III, comte de Ponthieu [1]; celle de Marcadé en 1284 [2], celle d'Hocquet en 1265 [3]. Les nouvelles limites de la ville furent donc rapidement portées au-delà de leur premier emplacement, puisque la charte de fondation du prieuré de Saint-Pierre d'Abbeville, atteste que le bourg du Vimeu et la chaussée du Bois étaient encore, en 1100, hors de l'enceinte d'Abbeville.

CHAPITRE XIII.

Commerce et industrie.

Il serait curieux de connaître l'époque à laquelle cette ville commença à se livrer soit au commerce extérieur, soit au commerce des manufactures; mais les monumens historiques nous

[1] *Hist. Ecclés. d'Abber.* pag. 90.
[2] Archives de la mairie, *Livre Blanc.*
[3] Dans une ordonnance de l'échevinage, qui enjoint de border de haies un chemin en avant de cette porte, près du fossé de la ville, afin que les maraîchers (*hortolanos*) du bourg du Vimeu, puissent y circuler dans le temps des semailles et du charriage, et transporter du sable et du fumier sans faire de dégât dans les jardins voisins. On voit que l'importante culture maraîchère d'Abbeville existait dès lors, et que la ville, à la même époque, avait déjà toute l'étendue qu'elle a de nos jours. (Voir le *Livre Rouge* de la mairie, f°. 35.)

manquent. Nous savons seulement que, dès le treizième siècle, elle était déjà le rendez-vous d'un grand nombre de marchands.

Ses opérations commerciales se faisaient par mer avec l'Espagne, le Portugal, l'Angleterre, la Gascogne, la Belgique, la Hollande et la Suède. Elles se faisaient aussi par la Somme avec l'intérieur, et consistaient en une foule d'objets, tels que draps, cuirs, métaux, armures, instrumens aratoires, meules à aiguiser, bois de construction, sel [1], vins du midi, peaux de lièvres, d'écureuils, de chats, de lapins, etc. Elles consistaient encore en épiceries et en divers articles tels que cire, toiles, graines de toute espèce, suède, fruits secs, oignons, etc.

Ce qui prouve que le port d'Abbeville était alors au premier rang des établissemens maritimes, c'est le contingent de douze *barges* (bâtimens) et de 1500 matelots qu'il fournit au combat de l'Écluse, en 1340 ; c'est le commerce étendu qu'il faisait de pelleteries, de blés, d'étoffes, de laine, d'huiles, de vins, de poissons de mer et d'eau douce. Parmi ces poissons, figuraient la lamproie, le saumon, la carpe, et particulièrement l'anguille, le hareng frais et le hareng

[1] Il y avait dans le Marquenterre des marais salans qu'on exploitait encore au seizième siècle.

saur, dont le peuple faisait une prodigieuse consommation. On voit les comtes de Ponthieu en accorder à milliers aux monastères de leurs domaines. Au nombre des denrées qui étaient encore d'un grand usage, on trouve l'ail que l'on mettait dans tous les alimens, et dont on frottait le pain. Abbeville en exportait des quantités considérables. Il en était de même des fromages de Marquenterre, dont nos pères faisaient leurs délices, et qu'on avait coutume de présenter aux rois et grands officiers qui passaient par Abbeville [1]. Tous ces produits payaient des droits seigneuriaux. Des halles et des étaux encombraient les rues et les places publiques. Ces halles et ces échoppes étaient, de temps immémorial, des espèces de fiefs, qui appartenaient les uns aux comtes, les autres aux religieux de Saint-Pierre ou aux chanoines de Saint-Vulfran, qui en retiraient un loyer, et qui avaient des préposés pour en toucher le prix. Un titre de 1277 nous apprend que la halle aux draps écrus était établie vis-à-vis l'église de Saint-Vulfran, entre le Marché-aux-Herbes et le Guindal [2]. Elle

[1] Les Amiénois en envoyaient souvent au chancelier de France, au premier président et au procureur général du parlement, *afin que leurs besonynes en fussent mieulx recommandées.* (Voy. l'hist. de cette ville, par M. Dusevel, tom. 1er, page 523.)

[2] Lieu où l'on déchargeait chaque jour les marchandises à l'aide d'un cabestan nommé *Windas* ou *Guindal.*

contenait 128 étaux couverts, afin que les marchands y pussent abriter leurs marchandises dans les temps pluvieux; elle n'existait plus en 1573. Quelques années après, la ville obtint l'autorisation de céder une partie de son emplacement à différens particuliers pour y construire des maisons, et établir un marché sur le reste du terrain qui, depuis la destruction de cette halle, était devenu le dépôt de tous les immondices des environs, et un immense cloaque d'eaux corrompues.

Le préambule d'une ancienne ordonnance de l'échevinage d'Abbeville *sur le fait de le drapperie*, atteste combien cette branche de commerce était alors importante. On y lit : « à tous ceulx qui cest présent escript verront ou aurront. Les maire et eschevins de le ville d'Abbeville en Pontieu salut. Sacent tous que nous pour le pourfit commun tant de le dite ville... comme pour le pourfit des marchans d'Espaigne, de Portugal et de plusieurs autres pais fréquentans et habitans en le dite ville.. pour le cause de le drapperie avons fait... aucunes ordenances.... en le manière qui ensient, etc... (1342). »

A cette époque, lorsqu'un étranger arrivait dans la ville pour acheter des draps, les courtiers, avant de le conduire dans la rue aux Pareurs, où se trouvaient les principaux magasins d'étoffes apprêtées, devaient en avertir le maire, qui faisait à l'instant même sonner la cloche de l'Hôtel-de-Ville, afin que les fabricans des autres quartiers pussent profiter de l'occasion, et se rendre avec leurs marchandises dans la rue aux Pareurs.

Quatorze changeurs tenaient leurs comptoirs près de la halle aux draps; car on sait que chaque seigneur ayant le droit de battre monnaie sur ses terres, n'y permettait d'autre monnaie que la sienne, en sorte qu'on était obligé de changer de numéraire de province en province, et de perdre sur chaque change.

La halle aux merciers, mégissiers et *braioliers* [1] était établie sur la place du Pilori. Elle contenait cinquante-quatre étaux, et fut détruite par un incendie en 1538. On ignore la situation de la *halle à le chincherie* [2] et de la halle aux tanneurs, qui devaient toutes leurs richesses au commerce du cuir, employé à cette époque à mille usages, et même aux habillemens. L'un des principaux marchés où l'on vendait la viande

[1] Marchands de *braioels*, c'est-à-dire de braies, de culottes ou de haut de chausses.

[2] Vieux mot qui signifie lingerie. Cette halle contenait vingt-un étaux, et la *petite halle dessus* trente-deux; chacun devait dix sous de louage.

était situé chaussée Marcadé au coin de la rue aux Pareurs. On ne connaît pas la situation des autres halles.

Voici quelques-unes des contributions que le vicomte percevait au profit de son maître. Chaque mercier devait un couteau pour son droit d'étalage ; et s'il vendait *œuvre tissue de soie, de fil ou de laine*, il devait une obole [1] ; les marchands de faucilles de la ville ou du dehors, une faucille par an ; les marchands de toiles, deux deniers pour la vente de chaque pièce. Le vicomte ne pouvait prélever aucune taxe sur les armures qui traversaient la ville, lorsqu'on les conduisait *en l'ost* (à l'armée) ; mais il touchait ses droits quand le fabricant livrait ces objets au commerce.

Il imposait les marchandises au débarquement sur le port, à l'entrée de la ville, en passant sur ou sous les ponts. Les bestiaux qu'on amenait au marché lui devaient également des droits ; mais le jeudi la vache exemptait son veau ; la jument son poulain ; la brebis son agneau. Il serait trop long d'énumérer toutes ces contributions bizarres et onéreuses. Il suffira de dire qu'elles n'empêchaient point les marchands étran-

---

[1] Registre des cens dus à la vicomté d'Abbeville, 1390.

gers de venir à Abbeville pour y faire leur négoce ; tandis que ceux de cette ville transportaient leurs marchandises dans les diverses provinces de France ; notamment en Champagne et à la fameuse foire du Lendit, près Saint-Denis, comme on le voit dans les vers d'un auteur qui a décrit cette foire à la fin du treizième siècle. Parmi le nombre infini de villes qui la fréquentaient, on trouve Amiens, Doullens,

> Et Montreul de dessus la mer,
> Et Saint-Cointin et Saint-Omer,
> Abbevilles, et Touremonde.

CHAPITRE XIV.

1329 — 1346.

Le roi de France, Charles-le-Bel, était mort, en 1328, sans enfans mâles. Le roi d'Angleterre, Édouard III, neveu de ce prince par sa mère Isabelle de France, prétendit en vain que la couronne lui appartenait. Philippe de Valois, plus éloigné d'un degré, mais parent du côté paternel, l'emporta au jugement des pairs. Il monta sur le trône et somma son rival de venir lui rendre hommage pour la Guyenne et le comté de Ponthieu. Édouard résista ; mais craignant de perdre ses immenses domaines en France, il fut contraint de remplir son devoir de vassal, et se rendit, avec une suite nombreuse, à Amiens où Philippe l'attendait. Cette démarche humiliante excita dans son ame un ressentiment profond, et il ne tarda pas à en tirer vengeance. Il se jeta d'abord sur le Ponthieu où il obtint quelques succès, et où la guerre se prolongea sans rien produire de décisif, jusqu'à la conclusion d'une trêve, dont Édouard profita pour engager les habitans à soutenir ses droits. La trêve expirée, Édouard apprend que Philippe se dispose à confisquer le Ponthieu, et il se hâte d'y envoyer de nouvelles troupes, mais il était déjà trop tard. Les Abbevillois, ruinés par les impôts que les Anglais levaient sur eux, et fatigués de leurs vexations, venaient de s'armer et de contraindre leurs oppresseurs à se renfermer dans le château des comtes. A la nouvelle de ce soulèvement, Philippe se mit en marche pour soutenir les révoltés; mais quand il arriva, les troupes d'Édouard avaient capitulé [1]. Ceci se passait au mois de septembre 1345, et, à la fin de la même année, Philippe avait reconquis toute la pro-

[1] M. S. de Formentin.

vince. Les hostilités duraient déjà depuis longtemps entre les deux rois, lorsqu'Édouard débarqua en Normandie avec une flotte de mille voiles, portant 40,000 hommes. Après avoir dévasté cette province, il apprit que Philippe s'approchait avec une armée supérieure en nombre, et il se dirigea sur le comté de Ponthieu, héritage de sa mère, où il croyait trouver des partisans [1]. Il mettait aussi son espérance dans les Flamands; mais on avait très-sévèrement prescrit de rompre tous les ponts et de garder les gués, de sorte qu'il se trouvait pour ainsi dire renfermé entre l'armée française, l'Océan et la Somme. Le roi d'Angleterre arriva à Airaines vivement harcelé par Jacques de Bourbon, qui le poursuivait à la tête d'une nombreuse cavalerie. Il défendit sous peine de mort d'incendier la place, parce qu'il voulait y stationner deux ou trois jours, afin de faire reposer ses troupes, fatiguées d'une longue marche. Il envoya le comte de Warwick et Geoffroy d'Harcourt, avec mille hommes d'armes et deux mille archers, pour forcer le passage de la Somme. Ces troupes passèrent à Long-Pré, et vinrent en bon ordre attaquer le Pont-Remi; mais un assez grand nombre de chevaliers,

---

[1] De Sismondi, *Hist. des Français*, tom. X.

réunis aux habitans de ce bourg, les reçurent vigoureusement, et les Anglais, après un vif combat, furent forcés de reculer. Ils brûlèrent, dans leur retraite, Fontaine-sur-Somme, se rejetèrent ensuite sur Long, qu'ils tentèrent vainement d'enlever de vive force; et de là sur Picquigny, où ils furent également repoussés [1]. Honteux de ces différens échecs, ils retournèrent vers le roi d'Angleterre, dont l'armée se trouvait dès lors singulièrement compromise; car Philippe de Valois n'était plus qu'à quelques lieues, à la tête de près de cent mille hommes; et les habitans des villes et des campagnes, exaspérés par les cruautés des Anglais, se levaient de toutes parts pour les poursuivre. Édouard, dans cette situation critique, résolut de tenter un coup sur Abbeville. Après avoir entendu la messe un peu avant le lever du soleil, il partit d'Airaines en si grande hâte que les Français, qui entrèrent dans ce bourg quelques heures plus tard, « trouvèrent, dit Froissart, grand'foison de pourvéances (provisions), chairs en hastes (broches), pains et pâtés en fours, vins en tonneaux et en barils, et moult de tables mises que les Anglais avaient laissées. »

[1] Froissart, *liv.* 1er. chap. CCLXXVIII.

Édouard vint en personne sur les monts de Caubert pour reconnaître la position d'Abbeville. Mais cette place, défendue par d'excellentes murailles et de larges fossés, se préparait à la plus vive résistance. Colart Le Ver, qui la gouvernait en qualité de mayeur, avait enflammé les habitans de son ardent patriotisme, et il envoya un fort détachement pour attaquer le roi d'Angleterre. Mais sur l'avis qu'on s'avançait pour le combattre, Édouard, qui n'avait avec lui que deux cents chevaux, se retira précipitamment. Le comte de Warwick et Geoffroy d'Harcourt, ses maréchaux, s'avancèrent ensuite jusqu'aux portes d'Abbeville; mais les bourgeois, soutenus par deux mille hommes des communes voisines, et par un corps de chevaliers, les repoussèrent, après leur avoir mis plus de cinq cents hommes hors de combat, et fait bon nombre de prisonniers [1].

Édouard voyant qu'un coup de main était impossible, rétrograda *moult pensif* vers Oisemont. Une grande quantité de gens du pays s'étaient retirés dans ce bourg dans l'espoir de s'y défendre; mais les Anglais escaladèrent aisément ses remparts, et la population qu'ils ren-

[1] M. S. de Formentin.

fermaient fut passée par les armes. Le roi d'Angleterre, maître d'Oisemont, se logea au grand hôpital, et envoya de nombreux partis courir la campagne et reconnaître le pays. L'un de ces partis s'étant avancé jusqu'aux portes de Saint-Valery, engagea une vive escarmouche avec la garnison, et revint bientôt à Oisemont, traînant à sa suite un grand nombre d'habitans du Vimeu. Édouard, dont l'embarras était extrême, demanda à ces prisonniers si quelqu'un d'eux ne pourrait pas lui enseigner un passage sur la Somme et lui servir de guide. Un *varlet* de Mons en Vimeu, nommé Gobin Agace ou plutôt Agache, séduit par l'appât de cent pièces d'or, l'offre de sa liberté et celle de vingt de ses compagnons, tira le prince anglais du mauvais pas où il s'était mis, en s'avançant au milieu de la France plutôt en aventurier qu'en général habile. L'armée anglaise partit à minuit d'Oisemont [1], guidée par Gobin Agache, et arriva vers cinq heures du matin au gué de Blanquetaque. Cassini s'est trompé en plaçant ce gué à l'entrée de l'embouchure de la Somme au-dessus du Crotoy. Ce que les marins nomment Blanquetaque, c'est-à-dire

[1] Froissart dit qu'Édouard partit d'Oisemont vers le point du jour et que le soleil se levait lorsqu'il atteignit le gué. Cela est impossible, car il y a au moins cinq lieues de Blanquetaque à Oisemont.

tache blanche, est le point le plus apparent de la falaise crayeuse qui forme au-dessus de Port une longue bande de couleur blanche. C'est donc à douze ou quinze cents mètres environ à l'aval de ce village, que nous devons placer l'endroit où se trouvait ce passage. Sur tous les points de la Somme, depuis Port jusqu'au Crotoy, le fond de la rivière est mobile comme ses flots: chaque marée le creuse ou l'exhausse alternativement ; mais le gué de Blanquetaque n'a jamais varié. Dans les longues guerres du moyen âge il a toujours servi de passage aux nombreuses armées qui ravagèrent le pays. Aujourd'hui comme au temps de Gobin Agache, ce gué « a gravier de blanche marle, fort et dur, sur quoi on peut fermement charrier (Froissart); » mais maintenant le fleuve est entièrement guéable depuis Port jusqu'à Noyelles.

La mer était dans son plein, lorsqu'Édouard arriva devant le gué. Il ne put donc s'engager dans le lit du fleuve, et se vit contraint d'attendre plusieurs heures, pendant lesquelles son armée eut le temps de se former en masse sur les bords de la grève, qui s'élargit considérablement sur ce point, et qui n'est submergée que dans les marées de vives eaux. Ses soldats étaient consternés, car un nouvel obstacle se présentait encore. Mille hommes d'armes, appuyés par six mille Génois, les milices d'Abbeville et des campagnes voisines, et deux mille bourgeois de Tournai, étaient rangés sur l'autre rive. Ce corps, commandé par Godemard du Fay, baron normand, formait un effectif de douze mille hommes. Lorsque le flux se fût écoulé, Édouard ranima le courage de ses troupes, et donna ordre à ses deux maréchaux de s'élancer dans la rivière avec les cavaliers les mieux montés, tandis que ses archers accablaient d'une grêle de traits les soldats de Godemard, en bataille de l'autre côté de la rivière. Au lieu d'attendre l'ennemi, les chevaliers français se précipitèrent dans le fleuve, et attaquèrent avec vigueur la tête de la colonne ennemie. Le choc fut rude; il y eut de part et d'autre bien des hommes d'armes désarçonnés. Mais les Anglais sentant que leur perte serait infaillible s'ils ne réussissaient point à forcer le passage, redoublèrent d'efforts, et gagnèrent enfin la rive opposée. « Là eut grand'occision, dit Froissart, et maint homme mort; car ceux qui étoient à pied ne pouvoient fuir: si en y eut grand'foison de ceux d'Abbeville, de Montreuil, de Rue et de Saint-Riquier morts et pris ; et dura la chasse plus d'une grosse lieue. » Tel est le récit que Froissart et plusieurs autres auteurs après lui font du combat de Blanquetaque; mais le continuateur de Nangis et l'auteur anonyme de la *chronique de Flandre*, disent que Godemard, loin de soutenir les siens, lâcha honteusement le pied et se sauva vers Noyelles. On ne peut pas cependant l'accuser de lâcheté, car il s'était naguère intrépidement battu sur les frontières du nord contre ce même Édouard [1]. On l'accuse aussi de trahison; « mais s'il s'en fût rendu coupable, dit le savant annotateur des chroniques de Froissart, M. Buchon, il n'est pas vraisemblable que Philippe de Valois l'eût épargné, lui qui avait puni de mort le seigneur de Clisson, les frères de Malestroit, et plusieurs autres sur une legère preuve, peut-être même sur le seul soupçon qu'ils étaient d'intelligence avec Édouard. » M. de Châteaubriand, dans ses *Études historiques,* cherche aussi à disculper Godemard du Fay. « Le témoignage de deux historiens qui adoptent tous les bruits populaires, ne suffit pas, dit ce grand écrivain, pour détruire le récit circonstancié de Froissart, pour déshonorer la mémoire d'un vieux capitaine qui avait donné tant de preuves de courage et de fidélité. »

[1] Voy. LACURNE DE SAINTE-PALAYE, *Mémoires sur l'ancienne chevalerie* tom. III, p. 97. — CHATEAUBRIAND, *Études historiques,* tom. III, pag. 235, édit. de Furne.

D'après le récit d'un témoin oculaire, Michel de Northburgh, les Français perdirent dans ce combat plus de deux mille hommes. Les troupes anglaises, qui avaient passé la Somme à Blanquetaque, suivirent la grève à gauche pour se rendre à Noyelles; car la falaise taillée à pic qui règne entre Port et ce village ne permet pas de marcher droit en sortant de la rivière. La garnison de Noyelles défendit courageusement cette petite place, autrefois fortifiée. Elle se renferma et se maintint dans le château, où résidait alors Catherine d'Artois, fille du fameux Robert, et veuve de Jean de Castille Ponthieu, comte d'Aumale et seigneur de Noyelles. Cette dame, qui partageait l'aversion que la plus grande partie de la noblesse ressentait pour Philippe, n'avait cependant pu refuser l'entrée de son château aux troupes françaises; mais ces troupes se virent bientôt forcées de céder aux renforts successifs qui venaient grossir les bataillons d'Édouard. Noyelles fut pris et livré aux flammes. Édouard réservait le même sort au château, lorsque Catherine d'Artois vint tomber à ses genoux, en implorant la protection de Geoffroy d'Harcourt, dont le neveu [1] avait épousé sa fille, Blanche de Castille. Grâce à l'intervention de ce

---

[1] Jean d'Harcourt, qui embrassa le parti de Charles-le-Mauvais.

traître, le château ¹ fut conservé. Le roi s'y arrêta et tint sa promesse au traître Agache, en lui donnant *cent nobles* d'or et un cheval pour se sauver.

De nombreux détachemens anglais se répandirent dans le pays, et poussèrent des reconnaissances jusqu'aux portes d'Abbeville et de Saint-Riquier. Le capitaine anglais, Hugues Spencer, enleva d'assaut le Crotoy, fit massacrer la garnison, forte de quatre cents hommes, et s'empara de plusieurs bâtimens, chargés de vins du Poitou, qui venaient d'arriver. Ces vins furent aux Anglais de la plus grande utilité.

La division de Godemard, refoulée dans la plaine que les habitans du pays nomment encore aujourd'hui Blanquetaque, en avant de Noyelles, se rallia vers Sailly-Brai, et se battit encore courageusement près de ce village ².

---

roi de Navarre, et que le roi Jean fit décapiter sans procès dans le château de Rouen, le 13 avril 1353. (Voy. l'*Art de vérifier les dates*, tom. XII.)

1 Ce château n'offre plus qu'une vaste butte de décombres entourée de quelques débris de murailles et de fossés profonds. On y a retrouvé à différentes reprises des armes, des fers de flèches, toutes les traces d'un terrible incendie, de nombreux ossemens, et particulièrement onze squelettes dont toutes les têtes portaient au même endroit l'empreinte d'une violente fracture, et qui se trouvaient ensevelis au fond d'une oubliette.

2 C'est peut-être sur la crête du rideau, dit le *royon soudart* (le rideau des soldats), que les Français se reformèrent et soutinrent le

Lorsque les Français furent entièrement repoussés, Édouard tint un conseil de guerre, réunit le lendemain toutes ses troupes et se remit en marche. Mais ne pouvant s'engager dans les marais impraticables qu'il voyait sur sa gauche, il se porta sur le village du Titre; de là sur la Motte-Bulleux, d'où il gagna Crécy, soit par le chemin qui mène à Notre-Dame-de-Foi, près de la route d'Hesdin [2], qu'il faut suivre ensuite jusqu'à Marcheville, soit à travers la forêt par un chemin vert, qui va directement de Noyelles à Crécy, et aboutit à ce bourg près d'une vieille ferme appelée le *Donjon*.

Édouard savait que de nombreuses légions de milices accouraient pour lui couper la retraite.

combat. Le nom et la position de ce rideau, les souvenirs de guerre qui s'y rattachent, et que la tradition a conservés, ne permettent pas de douter qu'il ne s'y soit livré plusieurs combats.

[2] Dans sa marche depuis Noyelles jusqu'à la Motte ou Notre-Dame-de-Foi, Édouard suivit toujours une ancienne voie qui paraît avoir servi de communication entre les deux rives de la Somme, par le gué de Blanquetaque. Cette voie, que nous croyons romaine, existe encore sous l'apparence d'un chemin vert, qui se divise en deux branches près du village du Titre. L'une, après avoir croisé la chaussée *Brunehaut*, avec laquelle on la confond souvent, se dirige vers la Flandre; l'autre, vers le village d'Ouville. Cette dernière, encore très-large sur quelques points, traverse Millancourt, et conduisait du port fréquenté du Crotoy à l'ancienne ville de Saint-Riquier.

Dans cette situation critique, il résolut de ne pas quitter le Ponthieu, et d'attendre de pied ferme qu'on vînt l'y attaquer, puisqu'il ne pouvait plus fuir sans péril.

« Prenons ci place de terre, dit-il en arrivant sur le plateau de Crécy, car nous n'irons pas plus avant. » Il avait vu la force de cette position, et tirait en outre un heureux présage de ce qu'il combattrait sur son domaine. Le Ponthieu, qu'il tenait de sa mère, avait été confisqué par Philippe, et ce prince l'avait donné à Jacques de Bourbon, comte de la Marche, pour le récompenser de ses services; mais le roi d'Angleterre, qui se considérait toujours comme maître légitime de ce fief, avait protesté contre la donation, et disait à ses troupes : « Je suis ici sur mes terres, et je veux les défendre. »

Cependant Jacques de Bourbon, non moins jaloux de soutenir ses droits sur le Ponthieu, partit d'Airaines après avoir reçu quelques renforts et se mit à la poursuite d'Édouard. Il se dirigeait sur Oisemont, lorsqu'il apprit la marche de l'ennemi vers Blanquetaque : il se porta rapidement sur ce point, et arriva devant le gué au moment même où les derniers escadrons anglais allaient passer la rivière. Il les chargea avec la plus grande fermeté, les tailla en pièces, et s'empara de leurs bagages. Le brave général français, frémissant de voir l'ennemi se soustraire si heureusement à une perte presqu'inévitable, se précipita jusqu'au milieu de la rivière ; mais la marée venait de passer, comme disent les marins, et il fut contraint de se retirer, car un trop grand intervalle le séparait encore de la rive opposée.

Tandis que ces événemens se passaient, le roi de France arrivait à Airaines, avec des forces imposantes. Il avait traversé Amiens, et s'avançait à grandes journées, dans l'intention de bloquer Édouard entre la Somme et l'Océan. Il suivait la même direction que le comte de la Marche ; mais celui-ci bouillant d'ardeur, et commandant des troupes légères, allait beaucoup plus vite. Philippe précipita sa marche du côté de Saint-Valery, où il croyait trouver Édouard, et eut la douleur d'apprendre, en arrivant à Mons en Vimeu [1], que ce prince venait de franchir la Somme avec toute son armée. Le roi ordonna de faire halte, passa la nuit à Mons, et prit le chemin d'Abbeville. Cette contre-marche se fit avec difficulté, parce qu'il paraît que l'on

---

[1] Village à trois lieues d'Abbeville et à une lieue en de-çà de la Somme, presqu'en face de Noyelles-sur-Mer.

avait rompu les ponts de Rouvroi pour empêcher l'ennemi de pénétrer dans ce faubourg. La nuit approchait déjà, lorsque le gros de l'armée eut fini de traverser la Somme à Abbeville sur le Pont de Talance. Il ne faut pas s'étonner que Philippe ait rétrogradé jusqu'à Abbeville, au lieu de se porter rapidement sur Blanquetaque, par le chemin qui y conduit de Saigneville à travers les bas champs de ce village [1]; car la crue d'eau commençait à se faire sentir: mais en supposant que le gué fût praticable, devait-il tenter de le franchir sous les yeux mêmes d'Édouard, et pendant que son armée, énivrée du succès qu'elle venait d'obtenir, couvrait de ses bataillons les côteaux de la rive droite ?

Les arbalétriers génois, bandits accoutumés au meurtre et au pillage, restèrent à Mautort, à Rouvroi et dans les environs, bien qu'ils fussent destinés à former l'avant-garde; car on craignait que la ville ne devint la proie de cette horde redoutable, si on lui permettait d'y séjourner pendant la nuit. La plus grande partie de l'armée française alla, sans s'arrêter, loger à Menche-

---

[1] Ce chemin traverse la route d'Abbeville à Saint-Valery, se dirige sur Boubers, et de là vers Franleu, où il prend le nom de *chemin perdu*. C'est le prolongement de l'ancienne voie dont nous avons parlé ci-dessus, pag. 125.

court, à Thuison et dans les champs voisins.

Le roi de France établit son quartier général à l'abbaye de Saint-Pierre, y appela ses principaux officiers *en grand parlement d'armes*, dit Froissart, et les pria après souper *qu'ils fussent l'un à l'autre amis et courtois, sans envie, sans haine et sans orgueil*. La crainte que le monarque anglais ne lui échappât le tourmentait vivement; il fit ses dispositions pour partir de grand matin.

Après avoir laissé la forêt de Crécy sur sa gauche, l'armée anglaise avait pris position sur une hauteur, en appuyant son aile droite à Crécy, et étendant sa gauche du côté de Vadicourt. Elle dominait ainsi devant son front un ravin en pente douce nommé la *Vallée des Clercs*. Cette excellente position militaire, défendue, du côté de Crécy, par plusieurs rideaux placés l'un sur l'autre en escalier, devient un peu plus accessible en s'éloignant de ce bourg, et peut être tournée du côté de Vadicourt. Afin d'obvier à cet inconvénient, le roi d'Angleterre barricada sa gauche avec des palissades et des chariots, laissant néanmoins une ouverture pour sortir et rentrer quand il serait temps (Villani); plaça son bagage derrière lui, dans le bois à gauche du chemin qui conduit de Crécy à Ligescourt; fortifia ce bois avec des abattis, et fit ainsi de son poste un vaste camp retranché que protégeait encore la petite rivière de Maie qui coule dans la vallée de Crécy [1].

Édouard avait amené quarante mille hommes; mais depuis l'ouverture de la campagne son armée s'était affaiblie par les fatigues, le défaut de subsistances et les combats que lui avait livrés Jacques de la Marche. On n'y comptait guère que trente ou trente-deux mille combattans, parmi lesquels il y avait peu de cavalerie: mais elle allait se défendre sur un terrain où cette arme devenait presqu'inutile ; d'ailleurs l'usage de l'infanterie commençait à prévaloir.

Une forte division occupait Crécy, et les archers étaient placés en échelons sur la colline. Ces redoutables archers formaient à peu près la moitié de son armée. Il était prêt pour la bataille, car le maréchal d'Angleterre s'étant avancé dans la campagne, à la pointe du jour, avec une forte garde, avait enlevé, dans les bois de Marcheville, quatre chevaliers français envoyés par Philippe

---

[1] Dans un manuscrit intitulé: *Chronicon Flandriæ* qui existe à la bibliothèque du roi, n°. 6274, on trouve un ancien poëme français sur la bataille de Crécy, que M. Buchon a fait imprimer dans son excellente édition de Froissart, tom. XIV. Ce poème, malheureusement pour nous, est beaucoup moins remarquable comme écrit historique, que comme une production propre à nous faire juger du style et du génie des poètes de cette époque.

pour examiner de près l'ennemi ; et ces chevaliers, amenés dans le camp d'Édouard, avaient été contraints de déclarer que le roi de France était arrivé à Abbeville avec son armée, et qu'il se proposait d'attaquer les Anglais dans le courant de la journée. Aussitôt Édouard fit sonner les trompettes et former ses lignes ou *batailles,* pour parler le langage du temps. A la tête de la première, il plaça son fils aîné, le prince de Galles, âgé de quinze ans, qu'il investit du commandement en chef pour cette journée. Les archers de la première ligne étaient, dit Froissart, *en manière d'une herse,* et les gens d'armes au fond de la bataille. Édouard fit revêtir son fils d'une cuirasse noire fort riche quoiqu'en fer bruni, dont le jeune prince conserva depuis le surnom. Le monarque anglais ne mit ni armure ni casque : il portait un chaperon et un pourpoint en velours vert tressé en or, et tenait un bâton blanc à la main. Le prince de Galles avait sous lui, en qualité de lieutenans, Geoffroy d'Harcourt, Warwick, Jean Chandos et Holland. La seconde ligne était sous les ordres d'Arundel et de Northampton ayant sous eux Mortimer, Miles Stapleton et Vilhoughby. Édouard se plaça lui-même à la tête de la troisième, et défendit sous peine de mort de sortir des rangs. Il exhorta ensuite ses soldats à se conduire avec honneur et à défendre son droit; puis il les fit reposer et rafraîchir.

Cet ambitieux, qui allait verser des flots de sang pour une querelle absurde, voulut communier avant de combattre. Malgré le trouble de son âme, il montrait un visage si joyeux que les plus timides y voyaient le présage de la victoire. « Point de cris, point de tumulte, » disait-il; et après avoir exalté le courage de ses troupes par l'espoir des récompenses, il alla se placer sur la hauteur, dans une tour qui subsiste encore [1], et d'où il pouvait tout découvrir et diriger l'action.

Le 26 août, au lever du soleil, un samedi, après avoir entendu aussi la messe et communié à Saint-Étienne, église aujourd'hui démolie, Philippe de Valois sortit d'Abbeville, afin de disposer son armée à combattre. Cette nombreuse armée se composait d'abord de troupes génoises au nombre de quinze mille, qu'il avait fait venir, après le débarquement d'Édouard, sous la conduite de Grimaldi et de Doria. Ces montagnards liguriens avaient la réputation d'être en même temps les plus habiles archers et les meilleurs

---

[1] C'est aujourd'hui un moulin à vent. M. Mazas (*Vies des grands capitaines français*) dit qu'Édouard y suspendit le grand étendard d'Angleterre.

marins de l'Europe [1]. Le reste de son infanterie était fort inférieur à celle des Anglais. Elle était formée de bourgeois levés à la hâte, et d'un grand nombre de paysans que la frayeur avait rangés sous ses drapeaux. Il y avait en outre une multitude de nobles, parmi lesquels on remarquait plusieurs princes étrangers, notamment Jean de Luxembourg, roi de Bohême, le plus habile politique et le plus ambitieux monarque de son temps, dont la fille avait épousé Jean, duc de Normandie, fils aîné de Philippe, et qui avait voulu, malgré sa cécité, venir en France pour secourir ce prince. Jean de Luxembourg avait amené avec lui son fils, Charles, élu roi des Romains. Parmi les autres princes étrangers, on remarquait dom Jayme, roi de Majorque, détrôné par dom Pèdre, roi d'Aragon, et qui s'était réfugié auprès de Philippe; Louis, comte de Flandre, expulsé de ses états par ses propres sujets; Raoul de Lorraine, qui s'était illustré contre les Maures; le duc de Savoie, nouvellement arrivé avec mille chevaux, etc.

Au nombre des princes français, on comptait Charles-le-Magnanime, comte d'Alençon, frère du roi; les comtes de Blois, de Sancerre et d'Au-

[1] De Sismondi, *lieu cité*.

xerre; Pierre de Bourbon, Jean de Croï, Jean de Conflans, etc. L'armée pouvait s'élever à soixante-dix mille hommes; mais il y avait trop de chefs et plus d'individus que de soldats. Philippe d'ailleurs, moins heureux que son rival, voyait souvent son autorité méconnue; et quoiqu'il eût recommandé la veille à ses barons d'éviter entre eux toute mésintelligence, il lui était impossible de soumettre entièrement à ses ordres tant de seigneurs turbulens et jaloux les uns des autres.

Comme celle des Anglais, l'armée française se divisa en trois corps. Le premier était commandé par Doria et Grimaldi; le second avait à sa tête le comte d'Alençon; le roi commandait en personne le troisième, ayant auprès de lui le roi de Bohême, les autres princes étrangers et Jacques de la Marche, comte de Ponthieu, son frère.

Les documens du pays n'indiquent point la route que Philippe de Valois suivit en sortant d'Abbeville; mais s'il s'était dirigé de suite sur Crécy, est-il probable que ses premières colonnes, parties d'Abbeville au point du jour, ne soient arrivées sur le champ de bataille, haletantes et harrassées de fatigue, que vers trois heures après midi?

On a vu plus haut que le maréchal d'Angleterre avait fait prisonniers dans les bois de Marcheville quatre chevaliers que Philippe avait envoyés à la découverte. Tout porte à croire que les Anglais lui avaient dérobé leur marche, et qu'en voyant dévorer les campagnes voisines du Crotoy par un incendie dont la lueur s'étendait jusqu'à Abbeville, Philippe se sera d'abord porté vers Noyelles par Menchecourt, afin d'acculer Édouard dans les marais de l'Authie [1]. M. de Châteaubriand, dans ses *Études historiques*, nous apprend que Philippe fut trompé par un faux rapport en sortant d'Abbeville, et qu'il avait déjà fait deux lieues *sur une route opposée*, lorsqu'il acquit la certitude qu'Édouard se trouvait à Crécy. Cette assertion reçoit encore une nouvelle force quand on voit dans l'*Histoire des Mayeurs d'Abbeville* que l'armée française fit ses premières dispositions dans les plaines du Titre, qu'elle devait traverser, en effet, en revenant de Noyelles pour se rendre à Crécy.

Philippe, parvenu à Marcheville, donna l'ordre de faire halte ; car le terrain s'élève au-delà

---

[1] Les habitans de Noyelles nomment encore *chemin de Valois* la route par laquelle on y arrive d'Abbeville en suivant la grève. Nous demandâmes à l'un d'eux d'où provenait le nom de ce chemin. « Du passage de Philippe de Valois, » nous répondit-il. C'est l'ancienne voie qu'Édouard suivit après le combat de Blanquetaque.

de ce village, et ne permet pas de découvrir au loin. Il envoya aussitôt les sires d'Aubigny, de Beaujeu, des Noyers et le moine de Bazèle pour *regarder sur le pays,* comme dit Froissart, et s'assurer si les Anglais, qu'on disait à Crécy depuis la veille, s'y trouvaient encore. Ces chevaliers revinrent tristes, abattus, et nul d'entre eux n'osait prendre la parole. Enfin, comme ils étaient pressés de questions, l'un d'eux, le moine de Bazèle, répondit que « cette armée anglaise, que bien des gens croyaient en retraite [1], attendait de pied ferme en bon ordre de bataille. » Il conseilla au roi de différer l'action jusqu'au lendemain, de faire rafraîchir et reposer ses troupes ; car elles étaient très-fatiguées, et de former des lignes plus régulières. Le conseil était sage et Philippe s'y rendit. Le vieux roi de Bohême l'appuya, ainsi que plusieurs autres capitaines expérimentés ; et le roi donna l'ordre d'arrêter la marche de l'avant-garde, qui venait de s'ébranler soit par impatience, soit malentendu. Il eut beau crier de par Dieu et de par saint Denis de faire halte ; le comte d'Alençon, qui commandait le second corps, brûlant d'en

[1] En plaçant ces mots dans la bouche du moine de Bazèle, M. Mazas nous donne la preuve qu'on ne savait pas précisément où se trouvait l'ennemi.

venir aux mains, continua son mouvement. L'avant-garde qui s'était arrêtée crut, en le voyant marcher, que l'ordre était changé, et se remit en route. Le comte d'Alençon redoubla le pas ; les grands seigneurs mirent leur vanité à se dépasser les uns les autres ; alors il devint impossible de maîtriser cette foule, et on arriva à l'ennemi dans le plus grand désordre.

Le premier corps, en s'engageant dans la vallée de Froyelles, avait suivi le chemin qui mène à Vadicourt, et que l'on nomme encore le *Chemin de l'armée*. Quoique l'ordre de bataille n'ait jamais été parfaitement formé, il est à croire qu'après avoir tourné les sources de la Maie, les troupes françaises prirent position, la gauche en avant de Fontaine, ayant Estrées derrière leur centre, et appuyant leur droite à la ferme de Branlicourt.

Il était trois heures après midi. Un orage violent éclata sur l'armée. La pluie tombait par torrens, et inondait les arbalétriers génois. Bientôt le soleil reparut ; mais il donnait dans les yeux des Génois et les aveuglait [1] : les Anglais au contraire tournaient le dos au soleil ; avantage

---

[1] Qu'on franchisse la colline quand le ciel est pur, à la fin d'août, vers quatre heures du soir, et l'on reconnaîtra l'exactitude de ce fait.

de position qui, dans le combat à l'arc, préliminaire ordinaire des batailles, procurait souvent la victoire. Les deux armées n'étaient plus qu'à peu de distance l'une de l'autre. Le signal est donné aux arbalétriers génois, qui se trouvaient en première ligne, de commencer l'attaque; mais ces étrangers demandent un moment de repos, disent qu'ils sont accablés de fatigue et de faim, et représentent en outre que la pluie a détendu les cordes de leurs arcs. En effet, nés dans un pays où il pleut rarement, ils ne renfermaient pas leurs arbalètes dans des étuis, comme les soldats d'Édouard. Cependant excités par leurs chefs, ils engagèrent l'action, *et commencèrent à crier si très-haut que ce fut merveilles.* Mais bientôt ils furent repoussés par les archers anglais, qui leur envoyèrent une telle quantité de flèches que *ce semblait neige.*

L'impétueux comte d'Alençon, qui crut voir dans la défaite des Génois l'effet d'une trahison, s'écria: « Tuez cette canaille qui ne fait que nous embarrasser ! » en disant ces mots, il lança sur eux son cheval, et leur passa sur le ventre avec sa cavalerie. Tandis que les Génois écrasés poussent des cris effroyables, cherchent à fuir ou à éviter la mort, en coupant avec leurs dagues les jarrets des chevaux qui les foulent aux pieds, les

Anglais les accablent d'une grêle de flèches ou les égorgent avec leurs sabres.

Jacques de Bourbon, envoyé par Philippe, parvint enfin à faire ouvrir un passage aux Génois, à dégager le front de bataille et à reprendre l'offensive; mais le vaillant général, après un vif combat, fut repoussé dans la vallée où les dernières colonnes du deuxième corps ne faisaient que d'arriver. On y voyait les nobles de la maison du frère du roi, rangés sous la bannière du comté d'Alençon, que portait Jacques d'Estracelles. La retraite des Français suspendit la marche de ces nouvelles troupes; elles jugèrent qu'il serait imprudent de recommencer l'attaque avant l'arrivée de Philippe: mais le comte d'Alençon, avec l'impétuosité qui lui était naturelle, voulut les faire charger à l'instant même. Il courut sur Jacques d'Estracelles, et lui ordonna de se porter en avant avec sa bannière. Ce guerrier, célèbre par de nombreuses preuves de courage, avait profité d'un moment de repos pour ôter son bacinet de fer, afin de respirer plus à l'aise, car la chaleur était extrême [1]. Il fit observer au prince que c'était s'ex-

---

[1] L'incommodité du pot de fer qui enveloppait toute la tête, sa grande pesanteur, la chaleur qu'il occasionnait, surtout quand la visière était baissée, empêchaient qu'on ne pût le porter long-temps

poser à une perte inévitable que de vouloir débusquer les Anglais de leurs retranchemens avec de la cavalerie. Le comte insista en disant impérieusement : remettez votre bacinet et marchez ! — Vous le voulez, répondit le brave guerrier, eh ! bien, j'obéis ; je remets mon bacinet, mais je ne l'ôterai plus (MAZAS). Au même instant il s'élance en avant: les troupes le suivent, et chargent avec fureur le prince de Galles, qui venait de quitter sa formidable position pour fondre sur la seconde ligne des Français, et lui porter les derniers coups. Le jeune prince s'efforce en vain de résister à ses valeureux adversaires ; ils renversent tout ce qui s'oppose à leur passage et pénètrent jusqu'à lui. Entouré et jeté à terre, il serait infailliblement tombé en leur pouvoir sans un chevalier d'origine normande, Richard de Beaumont, qui portait la grande bannière du pays de Galles. Ce chevalier jeta sur le prince son vaste étendard, *mit ses pieds dessus, prit son espée à deux mains, et fit si bien qu'il empécha son petit maître d'estre tué* [1].

en cet état. Aussi voit-on souvent que dans les tournois les champions suspendaient le combat d'un commun accord et levaient la ventaille pour respirer. Le plus estimé et le plus heureux était celui qui gardait son heaume plus long-temps. (Legrand d'Aussy, *Fabliaux*, notes, tom. 1er.)

[1] *Histoire des Mayeurs d'Abbeville.*

D'Harcourt, à l'expérience duquel Édouard avait confié la jeunesse de son fils, avertit Arundel de la position critique où se trouvait l'héritier de la couronne. Alors ce dernier se porta en avant à la tête du deuxième corps, et parvint à faire reculer les Français qui s'étaient avancés jusque sur la colline.

Les comtes d'Alençon et de la Marche n'ayant pu se maintenir dans cette position, se décidèrent à la tourner. Tout porte à croire qu'ils s'engagèrent à cet effet dans le ravin par lequel on y arrive du côté de Vadicourt [1]; mais à mesure que les Français pénétraient dans ce ravin, dont on avait barricadé l'issue, l'ennemi, couvert de ses chariots, retranché derrière des palissades, immolait tout ce qui se présentait. Les assaillans s'efforcèrent en vain de renverser les barricades; les traits lancés sur eux les entassaient sanglans au fond de la gorge.

Le comte d'Alençon fut tué, ainsi que Louis de Châtillon, comte de Blois, le duc de Lorraine, les comtes d'Auxerre et de Sancerre. Le brave d'Estracelles tomba couvert de blessures en défendant sa bannière, et n'ôta plus son bacinet (MAZAS). Les ennemis n'épargnaient personne,

---

[1] C'est le point du champ de bataille que les habitans nomment le *Marché à Carognes*.

et s'acharnaient surtout après les hauts-barons. Plusieurs généraux anglais émus de les voir ainsi massacrer sans miséricorde, supplièrent Édouard de les épargner, mais le barbare fut inflexible.

Les deux premières lignes de l'armée française étaient déjà rompues et repoussées, lorsque le roi parut dans le vallon de Crécy. Il croyait la bataille gagnée; mais il ne vit que des troupes en pleine déroute. La fureur qui l'anime ne lui permet pas d'attendre que ses soldats ébranlés reprennent courage. Allons, mes enfans, s'écrie-t-il en se tournant vers l'ennemi; marchons au nom de Dieu et de saint Denis! Les milices, que la défaite des nobles avait frappées de terreur, le suivirent en poussant ce cri de funeste présage : à la mort! à la mort!

Philippe s'élance au fort de la mêlée, excite les siens par son exemple, et repousse l'ennemi jusqu'au pied de la colline. Dans ce moment Édouard accourut à la tête de sa réserve; la fortune change : les Français reculent à leur tour et prennent la fuite. Philippe, blessé à la gorge et à la cuisse, eut deux chevaux tués sous lui. Malgré tous ses efforts pour rallier les fuyards, il se vit tout à coup abandonné et presqu'enveloppé. L'intrépide Jean de Luxembourg arrivait alors avec l'extrême arrière-garde. Comme il était aveugle, il s'informa de l'état de la bataille; on lui dit qu'elle était perdue, et que Charles de Luxembourg, son fils, roi des Romains, avait été dangereusement blessé. Il ordonna aussitôt au moine de Basèle de prendre le frein de son cheval et de le guider vers les Anglais. On le supplie vainement de renoncer à ce projet et de battre en retraite : « Moi, roi de Bohême, fuir devant l'ennemi, disait-il ; je veux aller au secours de Philippe, au secours de mon fils, et je ne quitterai la place que victorieux ou j'y périrai ! » A ces mots, il se fait conduire au combat et frappe de son épée au hasard d'estoc et de taille à travers les ennemis.

Les soldats anglais, transportés de rage, le renversèrent de son cheval, et tuèrent Basèle, Henri de Rosemberg et Jean de Leucstemberg, qui s'efforcèrent en vain de le sauver. Le vieux roi tomba, non pas à sept cents pas en avant de Crécy, comme le dit M. Mazas, mais à mille neuf cents mètres [1] ; et on se battait encore dans les champs de Watéglise, tandis que le reste de

[1] On éleva sur cette place une grande croix de pierre. Cette croix, de trois pieds de haut environ, noircie et rongée par le temps, a été cassée. On la planta en terre une seconde fois à côté du piédestal qui la supportait, et elle existe encore ainsi sur le chemin de l'armée.

l'armée française se retirait éparpillé sur divers points. La tradition rapporte qu'un nombreux détachement, poursuivi l'épée dans les reins jusqu'à Brailly-Cornehotte, fit volte-face près de ce village, et jura d'y mourir. Le combat fut terrible, et ne se termina que par la mort du dernier des Français. C'est pour perpétuer le souvenir de leur trépas qu'on éleva sur le lieu même une chapelle qui subsiste encore sous le nom de chapelle de *Moriamini* [1].

Philippe, blessé, vaincu et presqu'isolé, ne voulait pas quitter le champ de bataille. Jean de Hainaut, le comte de la Marche et le sire d'Aubigny, furent obligés de lui faire violence. Ils saisirent son cheval par la bride, et l'entraînèrent malgré lui hors du lieu du combat. Jean de Beaujeu, le sire de Montfort, Charles de Montmorency, et soixante autres guerriers déterminés à le défendre au péril de leurs jours, lui servirent d'escorte. Il se dirigea sur la droite et arriva vers minuit au château de la Broie, dont le seigneur, Jean Lessopier, dit *Grand Camp*,

---

[1] On assigne la même origine à la chapelle de Tréchencourt (des trois cents corps), située près de Noyelles-en-Chaussée. Nous témoignons ici notre reconnaissance à M. Delhommel de Sorus, qui réside près du champ de bataille, et qui a bien voulu nous fournir plusieurs détails topographiques, et recueillir des traditions sur les lieux mêmes.

lui était entièrement dévoué. Philippe frappa lui-même à la porte. Le vieux châtelain, agité par la crainte des événemens du jour, se tenait aux créneaux : « Hommes d'armes, qui êtes-vous? demanda-t-il ; si vous ne servez monseigneur de Valois, vous n'entrerez oncques dans mon chastel. — Ouvrez, ouvrez, châtelain, répondit Philippe attendri, c'est l'infortuné roi de France [1]. » — Lessopier, reconnaissant la voix, s'empressa d'introduire dans ses murs le monarque et sa suite, « non sans effroyables pleurs et lamentations de ses pauvres sujets », dit l'*Histoire des Mayeurs d'Abbeville*. Après avoir pris à la hâte un léger repas, Philippe continua sa route et se rendit à Amiens.

Les Anglais se répandirent partout dans la plaine, pour achever la dispersion de l'armée. Édouard savait d'ailleurs que les milices bourgeoises d'une partie de la Normandie, du Beauvaisis et des pays voisins s'avançaient sur ses traces. En conséquence, deux de ses meilleurs généraux, Holland et Warwick, se mirent en

---

[1] Le texte de Froissart a été altéré. On lit dans tous les imprimés : Ouvrez, c'est la fortune de la France ; mais le manuscrit de Breslau, regardé comme la meilleure copie de l'original, celui de Berne et celui de la bibliothèque de l'Arsenal, disent : C'est l'infortuné roi de France, sens plus naturel que l'autre. C'est aussi le sens adopté par M. Buchon.

marche le lendemain, et rencontrèrent, à plusieurs lieues du champ de bataille, des corps de plusieurs milliers d'hommes, qui couraient au hasard sans savoir où porter leurs pas; car ils avaient appris par les fuyards la déroute des Français. Ces malheureuses troupes communales, parmi lesquelles se trouvaient les archevêques de Nismes et de Sens, et le Grand Prieur de France, vinrent tomber pendant l'obscurité de la nuit au milieu des soldats d'Édouard, qui les massacrèrent. « On tâcha de justifier cette inhumanité, dit Hume, en alléguant que le roi de France avait donné les mêmes ordres à ses troupes; mais la véritable raison est probablement que les Anglais, dans leur situation présente, craignaient d'être embarrassés de leurs prisonniers. » Quelques historiens prétendent que les milices furent surprises et taillées en pièces dans le camp même des Anglais à Crécy; mais comment croire, dit fort judicieusement M. Mazas, que des troupes qui venaient des lieux vers lesquels les fuyards s'étaient dirigés, n'eussent pas été instruites par eux, dans l'espace de douze heures, de ce qui se passait, et qu'elles fussent venues ainsi tomber au milieu du camp ennemi?

Pendant que les généraux d'Édouard achevaient de disperser les bataillons français, ce prince parcourait avec son fils les lignes du combat. La terre, inondée de sang et couverte de cadavres, présentait un aspect horrible. « Que pensez-vous d'une bataille, dit-il au jeune prince ; croyez-vous que ce soit un jeu bien agréable [1]? » Il fit appeler ses clercs afin de compter les morts, de les reconnaître, et leur recommanda surtout d'indiquer le rang des nobles. Les clercs demeurèrent un jour entier dans la vallée [2] et dans les champs voisins ; et le résultat de leur funèbre exploration apprit à l'implacable Édouard qu'ils y avaient trouvé un roi, onze princes, quatre-vingts hauts barons et douze cents chevaliers, parmi lesquels le traître Geoffroy d'Harcourt reconnut son frère, dont le casque avait pour cimier la queue d'un paon mêlée d'or. Le cri de sa maison: Harcourt! Harcourt! qu'il avait entendu pendant la bataille, l'avait saisi de douleur et de remords. L'aspect de ce corps sanglant le fit frémir d'horreur. Il

---

[1] *Hist. des Mayeurs d'Abbeville*, page 331.

[2] La vallée des clercs, qui se nommait auparavant Bulecamp, tire peut-être sa dénomination de cette circonstance qui dut singulièrement frapper l'esprit du peuple. Nous ajouterons que l'on donnait le nom de clerc des gendarmes, *clericus marescalicæ equorum*, et celui de clerc des arbalétriers, *clericus arcubalistariorum*, aux grands maîtres de ces deux corps, qui prirent une part si active à la bataille. (Voy. Ducange au mot *clericus*.)

vint se jeter aux pieds de Philippe, l'écharpe au cou en guise de corde, témoignant ainsi qu'il se dévouait lui-même au plus infâme supplice, et il obtint le pardon de sa perfidie.

Quelques historiens disent qu'il périt trente mille hommes le jour de la bataille, et soixante mille le lendemain ; mais c'est une exagération. Une lettre [1] de Michel Northburgh témoin oculaire, réduit le nombre des hommes d'armes, tués le premier jour, à mille cinq cent quarante-deux, sans y comprendre *communes et pedailles*, et le lendemain à deux mille et plus.

Une ancienne tradition, conservée dans l'abbaye de Valloires, rapporte qu'Édouard ayant donné l'ordre de relever les blessés et de leur donner des secours, les moines de ce monastère accoururent aussitôt sur le champ de bataille, enlevèrent un grand nombre de barons et de soldats, et les transportèrent dans les vastes bâtimens de leur magnifique domaine de Crécy-Grange, où ils leur prodiguèrent les soins les plus empressés. On montre encore dans un enclos, dont le cimetière de Valloires faisait autrefois partie, la place où ces disciples de saint

---

[1] Cette lettre, insérée dans l'édition de Froissart de M. Buchon, est datée devant Calais le quatrième jour de septembre, neuf jours seulement après la bataille.

Bernard donnèrent la sépulture aux preux qu'ils n'avaient pu sauver.

Édouard fit proclamer une trêve de trois jours pour enterrer les morts, et enjoignit aux habitans des villages d'alentour de s'acquitter de ce devoir. On voit encore dans la vallée des clercs les larges fosses [1] qui furent creusées à cet effet, et dans lesquelles on jeta les soldats. Les principaux chefs reçurent la sépulture à Valloires, à Maintenay, à Montreuil et surtout dans l'église de Crécy. C'est là que fut enterré le comte de Flandre [2]. On porta à Amiens le comte d'Alençon. On dit que le roi d'Angleterre assista en grand deuil avec son fils au service solennel qu'il fit faire aux barons tués dans cette journée. Mais avant de livrer à la tombe tous ces corps mutilés, il permit que ses soldats s'emparassent des armures, des casques et des épées : lorsqu'ils en furent chargés, il en restait encore un si grand nombre, que ne pouvant les emporter, ils en firent un énorme tas que l'on couvrit de

---

[1] L'une de ces fosses existe à l'angle que forme cette vallée avec celle de la Maie ; l'autre contre un petit ravin qui descend de la colline où se trouvaient les Anglais.

[2] On lisait cette inscription sur sa tombe : « Cy gist noble et puissant prince de bonne mémoire, monseigneur Louys de Crécy, comte de Flandre, de Nevers et de Rethel, qui trespassa en l'an de grâce MCCCXLVJ le XXVIe. jour du mois d'aoust. »

bois, et qui fut dévoré par les flammes ainsi que les chariots.

On a vu plus haut que le roi de Bohême, s'enfonçant au milieu de l'ennemi, fut renversé de son cheval et percé de coups. Édouard, averti qu'il respirait encore sur la poussière du champ de bataille, ordonna de lui laisser la vie et de le transporter dans sa tente où l'on s'empressa de lui donner des secours; mais il mourut dans la nuit. Le monarque anglais ne se réserva des riches dépouilles du prince allemand que deux plumes d'autruche, nouées avec une tresse d'or, qui surmontaient son casque, et la devise tudesque *isch diene* (je sers) qu'on y avait gravée. Édouard donna ce panache à son fils pour le récompenser des exploits de la veille. Les successeurs du prince de Galles, en mémoire de cette grande journée, ont toujours conservé les plumes et la devise, et en décorent leurs armoiries.

Le corps du roi de Bohême fut déposé dans une chapelle de l'abbaye de Valloires, où l'on voyait encore dans le dernier siècle l'inscription suivante:

> L'an mil quarante six trois cents
> Comme la chronique tesmoigne
> Fut apporté et mis céans
> Jean Luxembourg, roi de Béhaigne.

Les auteurs de l'art de vérifier les dates, et d'autres historiens prétendent que ses restes furent réclamés par deux tantes qu'il avait dans le couvent des dominicaines de Montargis, et qu'on retrouva son tombeau en 1748, en réparant l'église de ce monastère ; mais les historiens de Bohême disent que la dépouille mortelle du célèbre prince étranger fut transportée en Allemagne. En effet, M. le baron Seymour de Constant nous apprend [1] que le vieux roi fut enterré dans la cathédrale de Luxembourg, et que ses restes, profanés pendant la révolution, « se trouvent maintenant chez M. Buch-Buschmann, propriétaire d'une très-belle faïencerie, auprès de Trèves, qui les a déposés dans son cabinet de curiosités, où les amateurs peuvent les voir. »

Nos mémoires nous font connaître que les Anglais, après la bataille, s'approchèrent d'Abbeville, afin d'y pénétrer de vive force, par le côté opposé à celui qu'ils avaient attaqué d'abord ; mais cette ville était en si bon état de défense et si bien gardée, qu'ils rebroussèrent chemin en livrant tout aux flammes sur leur passage.

Parmi les causes qui contribuèrent le plus au

[1] Dans une brochure intitulée : *Bataille de Cressy, marche et position des armées française et anglaise rectifiées*, in-18 de 46 pages Abbeville, chez Grare, sans date.

triomphe des Anglais, on doit compter d'abord la belle position militaire qu'ils avaient choisie, et dans laquelle ils attendirent qu'on vînt les attaquer, selon leur habitude dans tous les temps, sans en excepter le nôtre. Il faut compter aussi pour beaucoup la supériorité de leurs archers, accoutumés à se servir sans cesse de l'arbalète, et qui devinrent terribles avec cette arme [1]; l'inconcevable précipitation des Français, qui vinrent donner successivement, les uns après les autres, contre les formidables lignes ennemies; la charge exécutée contre les arbalétriers génois, et le désordre épouvantable qu'occasionna cette charge dès les premiers momens de l'action. Mais il y a plus encore: Villani, célèbre historien italien que sa qualité d'étranger a rendu suspect, et qui s'est fait remarquer cependant par la plus scrupuleuse recherche de la vérité; Villani, bien supérieur aux historiens français de cette époque,

---

[1] L'arbalète était si redoutable par sa force et si dangereuse par la facilité de s'en servir, qu'un concile de Latran, tenu l'an 1139, l'anathématisa. Les Français la regardaient comme l'arme des lâches et refusaient de s'en servir. Avec cette arme perfide, disaient-ils, un poltron peut tuer sans risque le plus vaillant homme. Ils dédaignaient également l'arc comme *ennemie de prouesse* et n'estimaient que l'épée, la lance et autres pareilles, qui exigeaient l'approche et ne donnaient de supériorité qu'à la valeur et à la force. (LEGRAND D'AUSSY.)

nous apprend qu'Édouard avait entremêlé à ses archers « des bombardes qui avec du feu lançaient de petites balles de fer, pour effrayer et détruire les chevaux; et que les coups de ces bombardes causèrent tant de tremblement et de bruit, qu'il semblait que Dieu tonnait avec grand massacre de gens et renversement de chevaux. » Cette première mention de l'artillerie dans une bataille est d'autant plus digne d'attention, dit M. Sismondi, (*Hist. des Français* tom. x, pag. 297) que Villani, qui mourut deux ans après, n'a pu faire d'anachronisme. M. Mazas néanmoins ne croit pas le fait exact. Froissart n'aurait pas manqué, dit-il, de mentionner cette circonstance, et le savant écrivain ajoute que les affûts roulans n'existaient pas encore. Cependant Hallam, dans son Europe au moyen âge, ne craint pas de rappeler ce qu'a dit Villani à ce sujet; il ne tient pas compte de l'opinion de ceux qui se sont prévalus du silence de Froissart pour élever des doutes sur l'authenticité de cette circonstance. Hallam a raison, car il est certain que les canons étaient connus depuis long-temps. « On les nomme pour la première fois en 1340, au siège du Quesnoy, dit M. Sismondi; mais on en parle sans étonnement, sans réflexion. On ne décrit pas même ces instrumens terribles qui devaient produire une si grande révolution dans le monde [1]... En effet, ajoute cet historien, ce n'était pas une découverte, une chose inouïe qui frappât d'étonnement ceux qui la voyaient pour la première fois. L'usage de l'artillerie arrivait de l'Orient avec le commerce des Arabes [2]. L'importation en était faite lentement; mais dans plusieurs lieux à la fois. Avant d'éprouver ses effets, chacun en avait déjà entendu parler ; et comme elle était loin alors de faire les ravages qu'on lui voit faire aujourd'hui, personne ne soupçonnait l'importance de cette arme nouvelle. » (*Hist. des Français*, tom. x.)

Nous ajouterons que les Maures qui, dès l'an 1305, s'en étaient servis au siége de Ronda, s'en servirent encore, en 1343, au siége d'Algésiras, entrepris par les Castillans; et que plusieurs bataillons anglais combattaient en qualité d'auxiliaires dans les rangs de ces derniers. Ils purent donc instruire leurs compatriotes à faire usage d'une arme dont ils avaient éprouvé la supériorité

[1] Ces canons n'étaient pas comme ceux dont on se sert à présent; ils étaient plus courts et plus gros, et avaient à peu près la forme d'un mortier.

[2] Dès l'an 1200, les Arabes faisaient usage de la poudre pour lancer des pierres et des boulets. (Voy. Langlès. *Magasin encyclopédique*, année 1798, et la *Biographie universelle*, tom. 40, pag. 221).

sur toutes celles employées jusqu'alors. Ces considérations nous paraissent décisives. Le temps n'altère pas le caractère des peuples ; et les Anglais, que nous avons toujours vus prêts à profiter des découvertes des autres nations, n'auront pas manqué de s'approprier celle-là.

Quelques historiens, parmi lesquels nous citerons Robert Gaguin, disent que le costume embarrassant que les Français portaient alors fut une des causes de leur défaite. Leurs vêtemens, dans le quatorzième siècle, consistaient, en effet, dans une grande robe traînante jusqu'à terre, avec une ceinture et un capuchon semblables à ceux des moines. Un vieux poète, Jean Douchet, s'exprime ainsi dans l'épitaphe de Philippe de Valois.

> Puis à Crécy perdis de mes gindarmes [1]
> Trente cinq mille, nonobstant leurs grands armes,
> Par le moyen de leurs acoustremens
> Et chaperons et autres vestemens,
> Lesquels flottoient de toutes parts en terre,
> Qui n'estoient bons pour gens de bien de guerre. [2]

Il nous reste à parler d'un fait trop important pour que nous négligions de le rapporter ici. Ce

---

[1] Chaque gendarme avait sous lui trois ou quatre fantassins pour le servir. Il paraît que nous devions aux croisades cette organisation de la cavalerie, l'usage de l'arbalète et de l'habit long.

[2] *Généalogies des roys de France*, Paris 1527.

fait est la création de l'ordre de la Jarretière, institué par Édouard au commencement de 1349, à Windsor, dans l'église de Saint-Georges, en commémoration de son étonnant triomphe, et pour récompenser ceux de ses officiers qui l'avaient le mieux secondé. Le héros de Crécy manifesta clairement le but de sa fondation en prenant pour insigne une jarretière, dont il avait donné le mot gallois *Garter* pour mot de ralliement le jour de la bataille. L'opinion que ce fut la comtesse de Salisburry qui donna naissance à cet ordre célèbre, n'est appuyée sur aucune autorité ancienne, et tous les historiens anglais eux-mêmes la repoussent comme un conte vulgaire. M. Mazas et les auteurs du *nouveau dictionnaire des origines* la rejettent également.

« Pour ne rien omettre de tout ce qu'on a dit au sujet de la bataille de Crécy, dit M. Mazas, nous parlerons d'une circonstance assez particulière, qui occupa long-temps l'esprit des habitans de la Picardie, du Ponthieu et de l'Artois. Une ancienne chronique latine, conservée parmi les manuscrits de l'abbaye de Saint-Riquier, et qui fut composée en 1200 (146 ans avant la bataille de Crécy), écrite dans un style figuré et prophétique, disait que l'an de grâce 1346, il apparaîtrait, au-dessus de Bulecamp, cinq soleils;

elle ajoutait qu'une éclipse serait immanquablement le résultat de la réunion de ces cinq astres. Les gens du pays interprétèrent ainsi cette prédiction : les cinq soleils étaient cinq rois réunis dans les champs de Crécy, Édouard III, Philippe de Valois, Jean de Luxembourg, roi de Bohême; Charles de Luxembourg, roi des Romains, et dom Jayme d'Aragon, roi de Majorque. L'éclipse était le désastre éprouvé par les Français. La chronique de Tramecourt parle de la même prédiction et dit que les habitans du nord de la France avaient coutume d'appeler Crécy Bulecamp; nous en ignorons le motif. » Le P. Ignace parle également de cette prophétie dans son *Histoire des Mayeurs d'Abbeville*, pag. 334.

CHAPITRE XV.

1346 — 1369.

Édouard, au lieu de profiter de la victoire de Crécy pour s'avancer dans le cœur de la France, continua sa retraite, et mit le siége devant Calais. Malgré la plus héroïque résistance, les habitans de cette ville auraient été forcés, faute de vivres, de capituler dès les premiers jours, si deux marins d'Abbeville, nommés Marant et Mestriel, ne s'étaient dévoués pour les secourir [1]. Ces braves marins, malgré la vigilance des assiégeans, faisaient entrer dans le port de Calais des navires chargés de vivres, et s'aventuraient sans cesse pour ravitailler cette place; « et s'en mirent par plusieurs fois en grand péril, dit Froissart, et en furent moult de fois chassés et presque pris et attrapés entre Boulogne et Calais; mais toujours échappoient eux, et firent maints Anglois mourir et noyer, ce siége durant devant Calais. »

Le règne de Jean, fils et successeur de Philippe de Valois, ne fut qu'un enchaînement de calamités, et le Ponthieu n'échappa point à celles qui désolèrent alors le reste de la France. On sait que ce fut dans une province voisine, dans le Beauvaisis, que les paysans, poussés au désespoir, commencèrent à prendre les armes pour s'affranchir du joug des nobles. Cette insurrection terrible, connue sous le nom de Jacquerie,

---

[1] Au premier bruit du danger qui menaçait Calais, les Abbevillois s'étaient empressés d'y envoyer deux cents hommes. Ils fournirent en outre à Philippe de Valois cinquante arbalétriers et cinquante sergens à pavois et à lances; et ce prince, en considération de leur zèle, les exempta de tout arrière ban. (*Lettres de Philippe, datées de son camp près de Fruges, le 18 juillet 1347.* Archives de la ville).

se propagea dans nos campagnes et y causa d'affreux ravages. Le sire de Coucy rallia tous les chevaliers de la Picardie, se mit à leur tête, et combattit les insurgés, qui massacraient impitoyablement les habitans des châteaux. Les Abbevillois eux-mêmes, dont les Jacques ruinaient le commerce et l'industrie, leur firent la guerre et en exterminèrent un jour deux cents près de Saint-Riquier [1]. Cependant ce n'était point encore assez de cette insurrection ; des misères plus grandes ne tardèrent point à peser sur la France. La bataille de Poitiers, plus fatale encore que celle de Crécy, fit tomber le roi Jean dans les mains des Anglais, et sa captivité fut le signal des plus déplorables désordres. Charles-le-Mauvais, roi de Navarre, qui justifia si bien son surnom par ses crimes, se déclara contre le dauphin, qui avait pris le titre de régent du royaume, et dans l'espoir d'usurper le sceptre, il appela à sa solde les bandes d'aventuriers et de pillards qui ravageaient alors la France. Une de ces bandes, commandée par Jean de Picquigny, ayant osé s'approcher d'Abbeville, fut attaquée par les bourgeois, et repoussée après avoir perdu près de trois cents hommes. Cet échec cependant ne

[1] M. S. de Formentin.

rebuta point les Navarrois ; ils continuèrent leurs courses dans le Ponthieu, et s'emparèrent de Saint-Valery, que l'on avait négligé de garder. Maîtres de cette place, ils se répandirent dans les campagnes et les dévastèrent en brigands, depuis Montreuil jusqu'à Dieppe. On sentit bientôt la nécessité de mettre un terme à tant de ravages, en les délogeant de Saint-Valery, et le siége de cette ville fut résolu.

Les habitans de Lille, Arras, Saint-Omer, Amiens, Rue, Crécy, etc. se réunirent au nombre de douze mille hommes environ, sous les ordres du connétable de Fiennes et du comte de Saint-Pol. Deux mille chevaliers et écuyers se joignirent à ces communes, et, dans les premiers jours d'août 1358, ces troupes commencèrent, à leurs propres frais, les opérations du siége. On fit venir d'Amiens et d'Abbeville des machines de guerre qui jouèrent contre la place, et causèrent de graves dommages aux Navarrois. Ceux-ci répondirent par un grand feu de canons et de pierriers ; car ils étaient pourvus d'une bonne artillerie, et il ne se passait guère de jours sans qu'il y eût quelque chaude affaire. La garnison navarroise, qui comptait au plus trois cents hommes, força les habitans de Saint-Valery à combattre avec elle. Malgré sa faiblesse numérique, elle opposa constamment la plus vigoureuse résistance, et causa de grandes pertes à l'armée française ; car les hommes qui la composaient étaient tous experts au métier des armes, et souvent ils s'avançaient intrépidement jusqu'aux barrières de la forteresse pour escarmoucher avec les assiégeans.

Sept mois s'écoulèrent ainsi en combats continuels, et les Français voyant qu'il fallait renoncer à enlever la place d'assaut, résolurent de l'affamer, et la resserrèrent étroitement par terre et par mer. Les Navarrois, ne recevant plus de vivres du dehors, demandèrent bientôt à capituler. Le comte de Saint-Pol voulait qu'ils se rendissent à discrétion ; mais les autres capitaines, jugeant que ce n'était point chose facile que de prendre Saint-Valery de vive force, et qu'ils avaient déjà passé bien du temps sous ses murs sans avoir rien fait d'important, consentirent à traiter. Il fut décidé que les Navarrois « se pouvoient partir et aller quelque part qu'ils voudroient, leurs corps sauves tant seulement et ce que devant eux en pourroient porter, sans nulle armure [1]. » La garnison de Saint-Valery ayant accédé à ces conditions, sortit de la place où les Français entrèrent aussitôt.

[1] *Chron. de J. Froissart*, tom. 3, pag. 356, édition de Buchon.

Cependant Philippe de Navarre, frère de Charles-le-Mauvais, ayant appris que la garnison de Saint-Valery était sur le point de capituler faute de subsistances, avait réuni un corps de trois mille hommes, et s'avançait à marches forcées pour la secourir. Il n'était plus qu'à trois lieues de Saint-Valery, lorsqu'il la rencontra. Les Français, avertis de son approche, se mirent à sa poursuite ; mais Philippe de Navarre rebroussa chemin, et courut avec tout son monde se réfugier dans le château de Long. A peine y était-il entré, que la cavalerie du connétable se présenta devant cette forteresse ; mais « les communes de Picardie ne pouvoient mie sitôt venir que les gens d'armes, » dit Froissart; on convint de les attendre, et l'assaut de la forteresse fut remis au lendemain. Ce délai sauva Philippe qui s'échappa à la faveur de la nuit, « par-derrière sans faire noise, » et prit le chemin du Vermandois. Il avait déjà fait plus de deux lieues quand les Français s'aperçurent de sa fuite et se mirent en route pour le poursuivre; mais ils ne purent l'atteindre.

Depuis quatre ans le roi de France était captif à Londres. Le désir de recouvrer sa liberté lui fit signer le funeste traité de Brétigny, qui mit sous le joug de l'Angleterre plusieurs de nos provinces, entr'autres le comté de Ponthieu. Jacques de Bourbon, auquel Philippe de Valois avait donné ce comté, s'en dessaisit alors, et le bailli d'Amiens apprit aux Abbevillois que leur pays allait retomber sous la domination de la Grande-Bretagne. Cette fâcheuse nouvelle les affligea profondément. « Nous aimerions mieux, disaient-ils, être taxés chaque année de la moitié de notre avoir et rester Français [1]. » Ils refusèrent même, dans le premier moment, de se soumetttre aux conditions qui leur étaient imposées ; mais il fallut céder à la nécessité d'exécuter la paix. Le roi Jean ne répondit à leurs plaintes, à leurs prières, qu'en donnant l'ordre au bailli d'Amiens, *sous peine d'encourir son indignation, de les contraindre rudement à obéir* [2]. Ils ne s'y résolurent qu'avec la plus grande peine.

Le monarque français, à son retour d'Angleterre, s'arrêta de ville en ville pour recevoir les félicitations des habitans. Il arriva, le 16 novembre 1360, à Abbeville, où on lui fit une réception brillante, y resta plusieurs jours, et déclara avant de partir qu'on ne ferait aucune poursuite contre ceux qui avaient détruit, quelques années au-

---

[1] De Barante, *Hist. des ducs de Bourgogne.*
[2] *Hist. des mayeurs d'Abbeville,* page 362.

paravant, la plupart des châteaux d'alentour, de peur que les ennemis de la France ne vinssent s'y établir et dévaster le pays. Peu de temps après, un sénéchal anglais vint recevoir le serment de fidélité des Abbevillois ; mais sous la condition expresse qu'il jurerait, au nom de son maître, le maintien de leurs libertés.

Les franchises communales donnaient aux habitans du Ponthieu le droit d'appeler au Parlement de Paris des jugemens de leurs seigneurs. Édouard, qui ajoutait chaque jour à ses prétentions, fit publier que l'appel à la justice royale de France n'aurait plus lieu, et que le sénéchal anglais jugerait seul en dernier ressort. Les habitans protestèrent ; mais loin de faire droit à leurs réclamations, on exerça contre eux de nouvelles rigueurs, et le pays fut bientôt mûr pour la révolte.

Un riche bourgeois d'Abbeville, nommé Ringois, se distingua particulièrement dans la lutte que ses compatriotes engagèrent dès lors avec les agens du pouvoir auquel on les avait livrés. Il fut arrêté dans une émeute, et l'on tenta vainement de le délivrer. Les officiers anglais exigèrent qu'il prêtât serment de fidélité à Édouard, et qu'il fît servir son influence à consolider la domination anglaise ; mais il refusa obstinément, et fut conduit, chargé de fers, dans la forteresse de Douvres [1]. On le plaça debout sur le parapet d'une tour qui dominait la mer: « Reconnaissez-vous pour maître Édouard III? » lui cria-t-on. Ringois répondit : « Non, je ne reconnais pour maître que Jean de Valois. » Et il fut à l'instant précipité dans les flots [2]. Ses compatriotes, indignés, résolurent de secouer le joug anglais, et firent connaître leur projet au nouveau roi de France, Charles V, qui promit de les aider, et rassembla peu de temps après dans l'Artois et le Cambrésis, sous les ordres du comte de Saint-Pol et de Hugues de Châtillon, un corps de troupes qu'il destinait à surprendre Abbeville.

Firmin de Tounoyon, qui gouvernait alors

---

[1] *Ringois ou le Citoyen d'Abbeville*, tragédie en trois actes et en vers, fut représentée sur le théâtre de cette ville en 1778, et imprimée chez Devérité l'année suivante. Cette pièce est d'un comédien nommé Delacour.

[2] Le nom de Ringois serait encore presque ignoré, si M. Alex. Mazas ne l'avait signalé à l'admiration publique dans son *Histoire des grands Capitaines français*, et dans son *Nouveau cours d'Histoire de France*. Nous tenons de ce savant distingué que Gassies, l'un de nos artistes les plus remarquables, se disposait à peindre le supplice de notre magnanime compatriote, lorsque la mort vint le surprendre. Espérons que la patrie de Ringois, fière de ce grand citoyen, et jalouse d'exciter les vertus civiles, consacrera quelque jour un monument à sa mémoire.

cette ville en qualité de mayeur, se concerta secrètement avec les bourgeois (1369). Il donna avis à Saint-Pol et à Châtillon de se tenir prêts à le seconder, et tout fut disposé pour l'expulsion de l'ennemi. Les habitans s'armèrent silencieusement pendant la nuit. Des postes furent établis dans les principales rues et sur les places publiques, et l'on dirigea les premiers coups contre le corps de garde de la porte du Bois. Les soldats qui l'occupaient, étourdis d'une attaque aussi imprévue, essayèrent en vain de se défendre ; le corps de garde fut enlevé de vive force, et l'on y plaça deux cents bourgeois sous le commandement de Laurent Dannène. On allait attaquer les autres postes, lorsque les Anglais, logés dans les divers quartiers de la ville, se réveillèrent au bruit, prirent les armes à leur tour, et tentèrent de se rallier. Mais à peine avaient-ils mis le pied dans la rue que les bourgeois les assaillaient rudement, les dispersaient ou les forçaient à se rendre.

Cependant quatre cents d'entr'eux parvinrent à se réunir dans l'île que forme la Somme, coupèrent les ponts et s'y retranchèrent; mais les bourgeois élevèrent des barricades sur les rives opposées, amenèrent huit canons, et l'ennemi, menacé d'être foudroyé ou de mourir de faim, capitula.

La journée se passa tout entière en combats où les Anglais eurent constamment le désavantage. Pierre Langaneur, à la tête de cinq cents bourgeois, entra pêle-mêle avec eux dans le château de Ponthieu, dont ils étaient restés maîtres, et s'empara des deux principales tours [1]. Le lendemain, dimanche 29 avril, il ne leur restait plus qu'une faible partie de ce château, et les postes des portes Saint-Gilles et Marcadé, lorsque Châtillon, à la tête de cent cinquante lances, de cent hommes d'armes et de deux cents fantassins, se présenta à la porte du Bois, où les officiers municipaux se trouvaient réunis à un grand nombre d'habitans. Châtillon fit lire ses ordres, déclara qu'il saisissait la ville au nom du roi, et somma la bourgeoisie de lui en ouvrir les portes ; ce qu'on ne fit cependant que lorsqu'il eut signé la convention suivante :

1°. Que ses soldats ne commettraient aucun excès dans la ville, et qu'ils seraient punis en cas de contravention ;

2°. Que tout Abbevillois détenu pour dettes en quelque lieu de la France que ce fût serait élargi ;

3°. Que les prisonniers ennemis seraient

[1] M. S. de Formentin.

échangés contre les habitans du pays qui se trouvaient au pouvoir des Anglais ;

4°. Que nul ne serait recherché pour tout ce qu'il aurait pu faire en faveur d'Édouard ;

5°. Enfin que le pape, à la prière du roi, relèverait les habitans du serment qu'ils avaient prêté à l'Angleterre.

A ces conditions, les troupes françaises entrèrent dans la ville, se dirigèrent vers le château qui résistait encore, et s'en emparèrent, tandis qu'une partie se portait contre les portes Saint-Gilles et Marcadé que les ennemis abandonnèrent bientôt, laissant au pouvoir de leurs adversaires bon nombre de prisonniers de marque, parmi lesquels se trouvaient le trésorier d'Édouard, et son sénéchal, Nicolas de Louvain.

Après s'être assuré d'Abbeville, Châtillon marcha sur le Pont-Remi, qui était défendu par une forte garnison. « Et là eut grand'escarmouche, dit Froissart, et les Anglois qui là étoient si durement assaillis, qu'ils furent déconfits et morts et pris, et ledit pont et forteresse conquis. » Firmin de Tounoyon et Langaneur, qui s'étaient joints à Châtillon avec les troupes municipales d'Abbeville, y furent armés chevaliers sur le champ de bataille en récompense de leur valeur. Châtillon marcha ensuite sur Saint-Valery, qui lui ouvrit ses portes, ainsi que Rue et le Crotoy; assiégea le château de Noyelles, et soumit tout le Ponthieu.

Le monarque français, touché de l'attachement des Abbevillois, déclara qu'ils jouiraient d'une liberté entière de commerce dans toute l'étendue des terres de sa domination, et qu'ils ne pourraient être assujettis à de nouveaux impôts que de leur consentement. Il anoblit leur mayeur et leurs échevins; leur permit d'orner les armoiries et les bannières de la ville de fleurs de lis d'or, avec cette devise, *Fidelis*; prit l'engagement de n'y faire construire aucune forteresse, et en remit la garde à leur fidélité. Il déclara en outre que le comté de Ponthieu ne pourrait jamais être aliéné du domaine de la couronne; mais cette promesse ne fut pas maintenue par ses successeurs. Deux fils du roi Charles VI, Jean et Charles, qui fut depuis Charles VII, reçurent ce comté en apanage, malgré les réclamations des habitans qui prétendaient rester inséparablement unis à la couronne.

Nous nous abstiendrons de donner la nomenclature des autres princes entre les mains desquels ce fief passa dès lors successivement. Il nous suffira de dire que le dernier fut Charles-Philippe d'Artois, depuis Charles X, qui en fut gratifié par Louis XVI, et qui prit le titre de comte de Ponthieu après avoir perdu son trône.

CHAPITRE XVI.

1369 — 1417.

Peu de temps après leur expulsion, les Anglais revinrent dans le Ponthieu sous les ordres du duc de Lancastre, s'emparèrent du Crotoy et du château de Noyelles, qui leur livrait le gué de Blanquetaque. Ils se portèrent ensuite sur le Vimeu, et de là sur Harfleur qu'ils tentèrent vainement de brûler. Contraints de regagner précipitamment Calais, ils revinrent passer la Somme à Blanquetaque, où le sire de Rambouillet, sénéchal du Ponthieu, tomba sur leur arrière-garde, et leur tua quatre cents hommes. Au premier bruit de leur approche, le gouverneur d'Abbeville, Hugues de Châtillon, était sorti avec une dixaine de cavaliers pour aller visiter la *Barbacane*[1] qui défendait l'extrémité de Rou-

[1] On désignait ainsi une espèce d'ouvrage avancé, dans le genre de ce que nous appelons Tête de Pont.

vroy ; mais cette reconnaissance lui devint funeste. Le sénéchal anglais, Nicolas de Louvain, qui conservait de la rancune contre Abbeville, où Châtillon l'avait fait prisonnier et rançonné à dix mille francs, s'était séparé de son armée, et, favorisé par un brouillard épais, il était venu à la pointe du jour, avec vingt hommes d'armes, se placer en embuscade aux abords de la porte de Rome. Louvain, qui connaissait parfaitement les lieux qu'il avait fréquentés pendant plus de trois ans, « avoit passé un petit ru (ruisseau) qui court parmi un marais, et étoit quatis (placé) et arrêté en vieilles maisons non habitées qui là étoient toutes décloses. On ne cuidât (eut cru) jamais que la route (troupe) des Anglois se dût mettre en embuche si près de la ville ; et là se tenoit les dits messire Nichole et ses gens tous cois [1], » espérant qu'ils pourraient enlever quelque riche bourgeois et en tirer une bonne rançon. Le hasard les servit à souhait. Châtillon, tenant son cheval par la bride, parut bientôt ; il cheminait armé de toutes pièces, excepté de son bassinet, qu'il avait donné à porter à son page, et s'avançait sans défiance, quand Nicolas de Louvain s'élança sur lui, la lance en arrêt, en

---

[1] Froissart, tom. v, pag. 142 et suiv.

criant : Rends-toi, Châtillon, rends-toi, ou tu es mort. Châtillon n'eut point le temps de mettre son bassinet ni de monter à cheval : il vit que toute résistance était inutile et se rendit au sénéchal anglais. « A cette emprainte (attaque), dit Froissart, fut là occis un moult vaillant bourgeois d'Abbeville qui s'appeloit Laurent Dautels dont ce fut grand dommage. »

Hugues de Châtillon fut mené en Angleterre. « Quand il eut payé sa rançon, ajoute l'auteur que nous venons de citer, le roi lui rendit son office de grand maître des arbalétriers, et l'envoya à Abbeville comme devant pour garder les frontières; avec lui deux cents lances, et obéissoient à lui les capitaines de Boulogne, de Dieppe, et tous ceux qui se tenoient à frontières et garnisons de Terouane, Saint-Omer, etc. »

En 1372, une autre armée anglaise, commandée par Robert Knolles, envahit encore le Ponthieu, brûla Crécy et ravagea les campagnes, jusqu'au moment où Duguesclin vint la combattre dans le Vimeu et la forcer à la retraite [1].

Mais le roi d'Angleterre ne tarda pas à faire un nouvel effort pour relever en France sa puis-

---

[1] Guyard de Berville, *Hist. de Bertrand Duguesclin.*

sance déchue. Il ordonna au duc de Lancastre de s'avancer dans le Ponthieu, et de tenter de surprendre Abbeville, où ce seigneur avait des intelligences; mais la place était trop fortement gardée, et il fallut renoncer à la soumettre. Lancastre, qui n'osait s'attaquer aux villes importantes, fit tomber ses coups sur Gamaches, le château de Vismes, et quelques autres bicoques, et alla porter ses armes en Guyenne. Fidèle au système de dévastation auquel les Anglais semblaient alors borner leur gloire, la garnison du Crotoy poussait sans cesse des partis dans les campagnes environnantes, et y portait le ravage et la désolation. Ses courses ne cessèrent qu'en 1385, époque à laquelle Charles VI, aidé des troupes communales d'Abbeville et de Saint-Valery, vint investir cette place et la réduire par famine.

Jamais la France ne fut réduite à d'aussi cruelles extrémités que sous le règne de Charles VI. La démence de ce prince, l'ambition des ducs d'Anjou, de Berry et de Bourgogne ses oncles; la haine implacable des Anglais et les complots de la reine, mirent l'état à deux doigts de sa perte. On sentit la nécessité de rétablir la paix avec l'Angleterre. Des négociations furent entamées à Lélinghen, village situé sur la frontière du

Boulonnais et du Ponthieu. Pendant les conférences, Charles VI, à moitié rétabli de sa maladie, vint à Abbeville. « Tout considéré, dit Froissart, il valoit trop mieux le roi se tenir à Abbeville que autre part, car il y a puissant' ville et bien aisée de toutes choses, et là y seroient tous seigneurs et gens aisément logés.... Quand ce conseil fut arrêté, on fit les pourvéances (provisions) du roi grandes et grosses en la ville d'Abbeville; et pour le corps du roi loger on ordonna l'abbaye de Saint-Pierre, qui est une grand'abbaye et garnie d'édifices et de noirs moines.... Le roi de France là s'ébattoit et tenoit moult volontiers, car en Abbeville et environ Abbeville a tant d'ébattements et de plaisances qu'en ville ni en cité qui soit en France. Et y a dedans la ville d'Abbeville un jardin très-bel, enclos environnément de la belle rivière de Somme; et là dedans ce clos se tenoit le roi de France moult volontiers; et le plus des jours y soupoit; et disoit à son frère d'Orléans et à son conseil que le séjour d'Abbeville lui faisoit grand bien [1]. »

Froissart, qui s'y était rendu lui-même « pour ouïr et savoir des nouvelles, » nous apprend que

[1] Froissart, liv. 4, chap. xxxv.

les ducs de Bourgogne et de Berry, n'ayant pu s'entendre avec les négociateurs anglais, revinrent à Abbeville prendre les ordres du roi, et qu'ils le trouvèrent dans les dispositions les plus conciliantes; car un puissant motif venait de lui inspirer le désir de faire la paix. Quelques jours auparavant, un homme, vêtu d'un simple habit de drap gris, avait demandé à lui être présenté dans l'abbaye de Saint-Pierre. Cet homme, connu en France par la sainteté de sa vie, avait reçu le nom de Robert l'Ermite. Il revenait de Jérusalem, et raconta au roi qu'un fantôme, resplendissant de lumière, lui avait apparu au milieu d'une épouvantable tempête, au moment même où il croyait périr avec les autres passagers, et que ce fantôme lui avait dit: Robert, tu échapperas au naufrage; Dieu a favorablement accueilli tes prières ; mais il t'ordonne aussitôt que tu arriveras en France d'aller trouver le roi et de le presser de signer la paix. Prends part aux négociations, parle avec assurance. Ceux qui voudront continuer la guerre seront rigoureusement châtiés. La voix se tut alors et le fantôme s'évanouit.

Le roi, dans sa simplicité, crut au récit de Robert et lui dit: Attendez quelques jours ; le duc de Bourgogne et le chancelier doivent venir; je prendrai leur avis. Lorsqu'ils arrivèrent avec les propositions des Anglais, le roi leur rapporta ce qu'avait dit Robert. On le fit venir, car il n'était pas loin de la chambre où se tenait le conseil : « Adonc, dit le roi : Robert, remontrez nous ci tout au long votre parole. — Volontiers, répondit-il ; et ne fut de rien effrayé ni ébahi ; et leur recorda les paroles tout au long. [1] » Les ambassadeurs voulant mettre un terme aux malheurs de la guerre, et seconder les vœux du roi, résolurent d'admettre Robert l'Ermite aux conférences de Lélinghen ; mais le duc de Glocester, ennemi opiniâtre des Français, retarda la conclusion de la paix entre les deux pays. Les négociateurs s'étaient déjà séparés lorsqu'un envoyé du duc d'Orléans arriva d'Abbeville à Lélinghen, et annonça au duc de Bourgogne que le roi était retombé dans un nouvel accès de folie. Le duc de Berry se rendit auprès de lui, et avec le duc d'Orléans, il le conduisit à Creil [2].

L'histoire devient ici un enchaînement de

---

[1] Froissart, liv. 4, chapitre XLIV.

[2] Le fameux Pierre de Lune, anti-pape, connu depuis sous le nom de Bénoit XIII, vint à Abbeville, pendant les conférences de Lélinghen. Il logeait chez les cordeliers et avait été là envoyé, *en légation, par celui qui s'appelait Pape Clément*, dit Froissart. Mais les commissaires anglais ne voulurent point l'admettre aux conférences, et dès que leur résolution lui fut connue, il *se tint tout coi en Abbeville.*

crimes et de calamités. La haine des maisons d'Orléans et de Bourgogne éclate avec fureur. Une longue et sanglante anarchie, qui se prolonge pendant toute la vie du roi, et long-temps après sa mort, met la France sur la pente de l'abîme. Pour comble de malheur, la guerre se ralluma avec l'Angleterre dont Henri V occupait le trône. Henri, le plus redoutable ennemi de la France depuis Édouard III, voulant recouvrer toutes les provinces enlevées à l'Angleterre, débarqua en Normandie. Mais il se trouva bientôt dans une position périlleuse, et se vit contraint de battre en retraite sur Calais. Après avoir franchi la Bresle à Gousseauville, il se dirigea précipitamment sur Blanquetaque par Friville et Nibas; mais en arrivant à Drancourt, son extrême avant-garde prit un chevalier gascon qui revenait d'Abbeville. Ses soldats le conduisirent à Lancastre. Le général lui demanda si le gué était gardé; le chevalier répondit que six mille hommes s'y trouvaient la veille, et que le nombre devait en être double, parce qu'on y envoyait continuellement des forces. Le roi d'Angleterre voulut contester le fait. Sire, répondit le chevalier, je le jure sur ma tête à couper [1]. En effet,

---

[1] Plusieurs auteurs disent qu'il n'y avait pas un seul écuyer pour l'instant à Blanquetaque, et que le chevalier sentant toute l'impor-

les milices bourgeoises d'Amiens, d'Abbeville et de Montreuil, soutenues par un bon corps de troupes, et protégées par une barrière de palissades et des canons, défendaient le gué sur l'autre rive [1]. Instruit de ces dispositions, Henri rebroussa chemin, et vint camper, le dimanche 13 octobre 1415, à Bailleul, dans l'intention de forcer le Pont-Remi. Mais le sire d'Albret, connétable de France, qui se trouvait à Abbeville avec douze mille hommes, et qui comptait parmi les principaux officiers de son armée, le maréchal de Boucicant, Vendôme et le duc d'Alençon, avait eu soin de faire occuper tous les passages et de couper tous les ponts. Henri, après avoir inutilement tenté d'enlever le Pont-Remi et le

---

tance du moment avait voulu servir la France par un mensonge qui pouvait lui coûter la vie. Cette assertion est contredite par les chroniques anglaises et par tous les documens du pays. Il suffit de lire les registres des Argentiers de la ville pour voir qu'on était sur ses gardes. On expédiait de toutes parts des messagers pour s'informer de l'état des choses, et les avis ne manquaient pas.

[1] Les registres des Argentiers de l'Hôtel-de-Ville attestent que l'on acheta cette même année douze canons *chascun à trois boistes* pesant trois mille trois cents livres; du soufre, du salpêtre, de la *pouldre d'ambre*, douze *windas* (cabestans) *à arbalestres* etc. *pour résister aux ennemis du roy et à leur malvaise volonté qui faisoient dire que ils mettroient siège devant ceste ville d'Abbeville à leur retour d'Harfleur*. Ces différentes munitions de guerre, achetées à Bruges et à l'Écluse, coûtèrent quatre cent quinze livres neuf sous dix deniers parisis.

pont de Long, fut obligé de se porter vers Airaines en brûlant les villages, *prenant hommes et emmenant grands proies* [1]. Il continua ensuite de remonter la Somme pour chercher plus près de sa source un passage qui ne fût pas gardé. L'armée française le poursuivit jusque dans les plaines d'Azincourt, au-dessus d'Hesdin, où les mêmes fautes qu'on avait commises à Crécy, nous furent aussi funestes et nous firent perdre la victoire. Henri se retira cependant; mais son absence ne fut que momentanée.

CHAPITRE XVII.

1417 — 1421.

Dans le cours de l'année 1417, les habitans d'Abbeville et des autres places du Ponthieu, séduits par les promesses de Jean-sans-Peur, duc de Bourgogne, s'étaient ligués avec ce prince, qui s'engageait à respecter leurs franchises, à supprimer d'onéreux impôts, et à faire cesser les affreux ravages que ses troupes et les Anglais,

[1] Monstrelet, tom. 3, pag. 329, édit. de Buchon.

ses alliés, commettaient dans le Ponthieu [1].

Deux ans étaient à peine écoulés, lorsque Jean, duc de Bourgogne, fut assassiné par les partisans du dauphin qui fut depuis Charles VII. Le nouveau duc de Bourgogne, Philippe-le-Bon, fils de Jean-sans-Peur, voulant venger la mort de son père, s'allia aussitôt avec la reine de France, contre le dauphin, et sans égards pour les droits de ce jeune prince, reconnut Henri V, roi d'Angleterre, pour régent et héritier de la couronne de France : mais cette reconnaissance trouva plus d'un opposant dans le Ponthieu. Jacques d'Harcourt, gouverneur du Crotoy, ne put se résoudre à servir le monarque anglais. Il donna le premier signal de la résistance, se rangea sous les drapeaux du dauphin, et se mit à guerroyer avec avantage contre les Anglo-Bourguignons. La Hire, Poton de Saintrailles, Rambures, Quieret, Saveuse et Louis de Gaucourt, que ses succès avaient attirés dans le Ponthieu, secondèrent ses efforts. Les châteaux de la Ferté-

---

[1] Le duc promettait en outre de *mettre le roy en sa franchise et le royaulme en justice, afin que marchandise y pust avoir cours, et que le roy et le royaulme fussent bien gouvernés.* Les habitans, de leur côté, s'engageaient à laisser entrer le duc et *ses gens aussi en leurs villes les plus fortes, pour parler et venir parmi eulx, en payant leurs dépens et sans faire injure à personne, sur peine d'être punis selon le cas.* (Voy. les *Mémoires de Jean Lefèvre de Saint-Remy*, ch. LXXVII.)

lez-Saint-Riquier, de Drugy, d'Eaucourt, de Bailleul, de Rambures et la ville de Saint-Valery tombèrent successivement en leur pouvoir. Ils s'emparèrent aussi du château de Mareuil, après une chaude attaque qui leur coûta plus de cent cinquante hommes, et ils avaient reconquis tout le Ponthieu, à l'exception d'Abbeville et du Pont-Remi, lorsque le roi d'Angleterre débarqua à Calais avec quatre mille gendarmes et un corps très-nombreux d'archers. Le duc de Bourgogne, qui séjournait alors à Domvast, alla au-devant de lui jusqu'à Montreuil. Ils eurent ensemble une longue conférence, à la suite de laquelle Henri vint mettre le siége devant Saint-Riquier et les châteaux de Drugy et de la Ferté. Après avoir soumis ces forteresses, le roi d'Angleterre demanda passage aux Abbevillois; ils refusèrent d'abord, mais ils cédèrent enfin aux instances du duc de Bourgogne [1], et ouvrirent leurs portes aux Anglais, à condition que tout ce qu'ils consommeraient serait payé. Henri V traversa la Somme à Abbeville *avec son ost et ses bagages, et se dirigea sur Paris.*

[1] Un article du traité signé entre Jean-sans-Peur et les Abbevillois porte que ces derniers ne *mettront en leur ville garnisons de gens d'armes ni de l'un des costés ni de l'aultre.* (Mém. de Jean Lefèvre.)

A peine était-il parti, que les Dauphinois reprirent la ville de Saint-Riquier et quelques autres conquêtes des Bourguignons et des Anglais. Philippe-le-Bon se hâta de revenir dans le Ponthieu avec l'argent qu'il avait reçu de Henri V. Il rassembla un corps de troupes, et parcourut les places de la Picardie pour y lever des arbalétriers. Amiens et quelques autres villes promirent de lui en envoyer ; mais Abbeville, où d'Harcourt avait des intelligences, se montra bien moins favorable. Le capitaine bourguignon de Cohen, qui y commandait, fut un soir qu'il faisait sa ronde à cheval, avec huit à dix hommes, attaqué au coin d'une rue et grièvement blessé par des gens de la ville. Un avocat du pays, qui l'accompagnait, maître Jean Dequeux, frappé à la tête par les assaillans, fut tellement étourdi du coup qu'il ne put maintenir son cheval effrayé, alla donner contre une chaîne de fer qui barrait la rue, et fut culbuté avec tant de violence qu'il mourut sur la place [1]. Les assassins se sauvèrent au Crotoy; mais on les arrêta quelque temps après, et ils périrent sur l'échafaud.

Philippe-le-Bon commença la campagne par l'attaque de l'île et du château du Pont-Remi. Le

---

[1] Monstrelet, liv. 1er., chap. CCLIV.

premier jour, ses troupes occupèrent les maisons qui couvraient les approches de la forteresse ; mais la garnison dauphinoise les en délogea presque au même instant, en incendiant avec des fusées ces habitations couvertes de paille. Le feu durait encore le lendemain, et les Bourguignons avaient été forcés de reculer, lorsque les arbalétriers d'Amiens et un détachement de gendarmes arrivèrent par la Somme sur douze grandes barques. Les Dauphinois, à la vue de ce renfort, jugèrent prudent de ne point attendre l'assaut, et s'enfuirent précipitamment à Airaines. « Et ce même jour, dit Monstrelet, par le commandement du duc de Bourgogne, furent ars et embrasés l'île et chatel du Pont de Remy où il y avait moult belles habitations [1]. » Philippe-le-Bon fit brûler également les châteaux de Mareuil et d'Eaucourt, et, cette première expédition terminée, il revint à Abbeville avec son monde.

Il repartit vers la fin de juillet de la même année (1421) pour mettre le siége devant Saint-Riquier, où d'Offémont, Poton de Saintrailles et

[1] La maison de Créqui, celle de la Trémoille et le fameux Lepelletier de Saint-Fargeau ont possédé successivement la terre et le château du Pont-Remi. Ce domaine appartient maintenant à M. le comte du Maisniel-Liercourt, ancien député, qui sut mériter l'estime de tous les partis par sa loyauté, et dont la famille est connue dans le Ponthieu depuis le commencement du quatorzième siècle.

autres fameux capitaines s'étaient enfermés avec douze à quatorze cents hommes. Le duc de Bourgogne, dont la petite armée comptait environ six mille combattans, y compris les soldats des communes voisines, fit toutes les dispositions nécessaires pour une attaque vigoureuse. Il établit ses quartiers dans le château de la Ferté. Jean de Luxembourg et le seigneur de Croy, ses lieutenans, investirent, l'un la porte Saint-Jean vers Auxy, l'autre la porte Saint-Nicolas vers Abbeville. Mais comme il n'avait point assez de monde pour bloquer entièrement la place, la porte du Héron vers le Crotoy, resta libre, et les Dauphinois profitèrent de cette circonstance pour faire de fréquentes sorties [1]. Le duc de Bourgogne avait fait dresser contre Saint-Riquier plusieurs machines de guerre qui effondrèrent les portes et ouvrirent en plusieurs endroits de larges brèches. Les assiégés, de leur côté, ripostaient vigoureusement et se défendaient en gens de cœur. Il ne se passait guère de jour sans qu'ils se signalassent par quelque fait d'armes, et l'avantage leur resta souvent. Un mois s'écoula ainsi en continuelles escarmouches. La vaillante garnison de Saint-Riquier résistait toujours opiniâtrement,

---

[1] Monstrelet, liv. 1er., ch. cclv.

et donnait bien du labeur aux Bourguignons, lorsque l'on apprit que les Dauphinois, pressés par les instances de d'Harcourt, avaient réuni des forces dans les environs de Compiègne, et s'avançaient pour faire lever le siége. Le duc de Bourgogne résolut de marcher à leur rencontre avant que d'Harcourt ne les eût rejoints avec la garnison du Crotoy. Le vingt-neuvième jour d'août, il détacha Philippe de Saveuse et le seigneur de Crévecœur avec cent vingt hommes, et les envoya à la découverte dans le Vimeu, en leur recommandant expressément de le prévenir de l'approche de l'ennemi aussitôt qu'ils en auraient connaissance. Quelques heures après, il fit atteler ses chariots, plia ses tentes et se dirigea lui-même sur Abbeville avec le reste de son armée. Il y arriva de grand matin, et ordonna à ses gens d'armes de boire et de manger, mais sans descendre de cheval, car il attendait des nouvelles d'heure en heure; et, en effet, il ne tarda pas à apprendre, par Philippe de Saveuse et Crévecœur, que les Dauphinois n'étaient plus qu'à quelques lieues, et qu'ils se dirigeaient en toute hâte sur le gué de Blanquetaque. Le duc de Bourgogne ayant jugé qu'il n'y avait pas un instant à perdre, partit aussitôt d'Abbeville, afin d'empêcher les Dauphinois de passer la Somme, et de les combattre avant qu'ils se fussent réunis aux garnisons du Crotoy et de Saint-Riquier. « C'est la première fois dans cette longue guerre, dit M. de Sismondi, qu'on voit un général calculer le temps que mettront ses ennemis dans leur marche, les prévenir et les diviser par une manœuvre habile. » Peu s'en fallut cependant que le duc de Bourgogne n'ait été trompé dans ses sages prévisions. Lorsqu'il arriva en vue de Blanquetaque, cinq cents Dauphinois avaient déjà traversé le gué et s'étaient réunis au sire d'Harcourt, qui les attendait sur l'autre rive avec une partie de la garnison du Crotoy. Mais le flux commençait à se faire sentir : le gros de l'armée dauphinoise ne pouvant traverser la rivière, et jugeant peu prudent d'attendre l'ennemi au milieu des grèves mouvantes de la Somme, remonta dans la plaine et se déploya entre Mons et Saigneville. Le duc de Bourgogne la suivit de près et vint se placer au moulin de Mons [1], à la distance de trois traits d'arc environ; mais avant d'engager le combat, il se fit armer chevalier par Jean de Luxembourg, et conféra ensuite la chevalerie à plusieurs gentilshommes de son armée, parmi lesquels on remarque le père de l'historien Comines.

[1] *Chronique.* M. S. de Pierre Leprêtre, abbé de Saint-Riquier.

Il était près de midi lorsqu'on termina de part et d'autre les dispositions de la bataille. Le duc de Bourgogne envoya cent vingt lances aux ordres de Philippe de Saveuse, pour prendre les Dauphinois en flanc : mais ceux-ci prévinrent l'attaque. Ils se formèrent en colonne serrée ; placèrent en tête leurs hommes d'élite, et vinrent donner tête baissée sur le centre des Bourguignons. Le choc fut rude. « Il y eut, dit Monstrelet [1], à cette première assemblée, grand froissis de lances et hommes d'armes et chevaux portés par terre moult terriblement d'un côté et d'autre. » Les Bourguignons soutinrent d'abord l'attaque avec courage; mais saisis tout-à-coup d'une sorte de terreur panique, ils lâchèrent pied et se mirent à fuir du côté d'Abbeville. Un valet, qui portait la bannière du duc, fut entraîné par les fuyards, et, en voyant reculer cette bannière, plusieurs chevaliers renommés jusqu'à ce jour par leur valeur éprouvée, et qui, jusque là, avaient fait bonne contenance, s'imaginèrent que le duc lui-même quittait le champ de bataille, et tournèrent bride. Le roi d'armes de Flandre vint encore ajouter au tumulte et à l'épouvante générale, en disant que le duc de Bourgogne venait de

---

[1] Liv. 1ᵉʳ., ch. CCLVI.

périr dans la mêlée, et qu'il pouvait certifier le fait. Les Dauphinois, en voyant cette déroute, crièrent victoire! et une partie d'entr'eux se lança à la poursuite des fuyards. Mais cette diversion sauva les Bourguignons, et les deux ailes qui n'avaient point été entamées, reprirent l'avantage. Philippe-le-Bon fit des prodiges de valeur. Il reçut un coup de lance dans l'arçon de sa selle; un autre coup brisa son armure. Un homme d'armes dauphinois le saisit au milieu des reins et essaya de le désarçonner; mais il se débarrassa de ce redoutable adversaire, et continua de combattre avec acharnement. Il fit même deux prisonniers de sa propre main; et, secondé par les sires de Longueval et d'Herly et quelques autres seigneurs non moins braves, il poursuivit long-temps un gros de dauphinois, et les contraignit à regagner la vallée de Somme. De tous les chevaliers qui entouraient le duc, aucun ne se montra aussi redoutable que le sire de Vilain, *lequel était du pays de Flandre, bien noble homme, de haute stature et très-puissant de corps et monté sur un bon cheval.* Ce vaillant chevalier avait abandonné la bride, et, armé d'une hache qu'il manœuvrait à deux mains, il frappait de si grands coups, que tous ceux qu'il atteignait étaient jetés bas, et ne se relevaient plus. Il arriva ainsi jusqu'à Saintrailles, qui était venu de Saint-Riquier prendre part à la bataille ; et il eut l'honneur de faire reculer ce vaillant chevalier, qui confessa ensuite qu'il n'avait pas osé braver la terrible hache du sire de Vilain. Pendant long-temps on a montré dans la cathédrale de Lille la forte armure de ce gigantesque chevalier [1].

Après les plus grands efforts de courage, le duc de Bourgogne avait enfin décidé la victoire, lorsque les Dauphinois qui, au commencement de l'action, avaient enfoncé le centre des Bourguignons, et s'étaient lancés à la poursuite des fuyards, revinrent sur le champ de bataille, pensant avoir l'honneur de la journée. Mais leur surprise fut grande lorsqu'ils virent les leurs en déroute, et ils se mirent à fuir aussi, les uns vers Saint-Valery, les autres vers Oisemont.

Philippe-le-Bon, maître du champ de bataille, fit dépouiller les morts des deux partis, dont le nombre, d'après Lefèvre de Saint-Remi [2], s'élevait à sept cents environ. Après avoir rassemblé

---

[1] De Barante. *Hist. des ducs de Bourgogne*, tom. v.

[2] Jean Lefèvre de Saint-Remi, premier roi d'armes de la Toison-d'Or, était d'Abbeville. Ses mémoires commencent vers l'an 1416 et vont jusqu'à l'année 1436. (Voir les chroniques de Monstrelet, tom. vii, pag. 261, édition de Buchon.)

ses troupes, il retourna à Abbeville, emmenant à sa suite bon nombre de prisonniers, entr'autres la Hire et Saintrailles. Il séjourna trois jours dans cette ville, y fit chanter un *Te Deum* dans l'église Notre-Dame ; et, après avoir congédié une partie de son armée, il s'en alla loger à Auxi-le-Château, et retourna bientôt après dans la Flandre.

CHAPITRE XVIII.

1421 — 1452.

La bataille de Mons en Vimeu porta un coup funeste au parti national. D'Harcourt, ne pouvant plus tenir la campagne, alla se renfermer dans le Crotoy, et d'Offémont dans Saint-Riquier ; mais celui-ci, n'espérant aucun secours, rendit cette ville à condition que le duc remettrait sans rançon les prisonniers qu'il avait faits. Quelque temps après, plusieurs autres forteresses capitulèrent, et reçurent garnison anglaise. Le comte de Warwick, à la tête de trois mille hommes, prit possession de Gamaches, et alla faire ensuite le siége de Saint-Valery. Dénué de vaisseaux pour bloquer le port, il ne put d'abord empêcher d'Harcourt d'y envoyer des vivres et des renforts ; mais une escadre anglaise arriva bientôt et ferma la rade. La ville fut forcée de capituler le 4 septembre 1422, au bout de trois mois de siége.

Au commencement de l'année suivante, le duc de Bedford, frère de Henri V, se rendit à Amiens avec les ducs de Bourgogne et de Bretagne, et y conclut avec eux un traité d'alliance. Avant de se séparer, les négociateurs résolurent d'investir promptement le petit nombre de places que les partisans de Charles VII occupaient encore dans le Ponthieu. Raoul le Bouteiller fut chargé de cette mission, et vint à Abbeville réunir des forces. Il commença ses opérations par le siége du château de Noyelles, qui ne capitula qu'après une opiniâtre résistance [1]. Les troupes anglaises assiégèrent ensuite, dans la forteresse du Crotoy, Jacques d'Harcourt, qui prenait le titre de lieutenant-général du roi en Picardie, et qui, bien que la province fût entièrement soumise, n'en continuait pas moins d'opposer la plus vigoureuse

[1] La seigneurie de Noyelles appartenait à Jacques d'Harcourt ainsi que celles de Conteville, d'Hiermont et autres, du chef de son aïeule maternelle Blanche de Ponthieu, fille de Jean de ce nom, comte d'Aumale.

résistance aux Anglais. On lui envoya Jean d'Harcourt, évêque d'Amiens, son frère, et le fameux évêque de Beauvais, Pierre Cauchon, pour l'engager à rendre la place; mais cette mission n'eut aucun résultat. Cependant, après un grand nombre de combats meurtriers, livrés sous les remparts, le brave gouverneur n'espérant aucun secours, consentit à rendre le Crotoy le 3 mars suivant, si dans les trois premiers jours de ce mois, les Français ne pouvaient venir livrer bataille aux assiégeans, entre Rue et le Crotoy. Une trêve fut donc conclue jusqu'à cette époque, et des ôtages livrés de part et d'autre. Ces sortes de traités étaient alors fort en usage [1]; et, si au jour fixé, les amis de l'assiégé ne venaient *tenir leur journée*, ou s'ils succombaient dans la lutte, la place était rendue. D'Harcourt s'embarqua pour aller chercher du secours dans les provinces de la Loire; mais il fut massacré avec ses troupes dans le château de Parthenay, qu'il avait pris par trahison. Le 1er. mars 1424, le duc de Bedford vint avec son armée entre Rue et le Crotoy pour y livrer bataille; mais ayant su que d'Harcourt n'existait plus, et que l'ennemi ne se présenterait pas, il

---

[1] Voir le texte de ce traité dans Monstrelet, liv. 1er., chap. 12.

remit le commandement de ses troupes à Raoul-le-Bouteiller, qui prit possession du Crotoy, le 3 mars à midi, après être resté jusqu'à ce moment à attendre les Français sans les voir paraître.

Charles VI était mort, et le fils de Henri V, encore au berceau, avait été proclamé roi de France sous la régence du duc de Bedford. Dépouillé de ses droits et de presque tout son héritage, Charles VII se livrait aux plaisirs, et semblait oublier ses revers et les désastres de son peuple. Les partisans qui couvraient la France, portaient la désolation dans les campagnes. Anglais, Bourguignons, soldats du roi Charles lui-même, semblaient faire assaut de brigandages. Le chef d'une bande française, nommé Blanchefort, causa d'affreux ravages dans le Vimeu, égorgea les habitans, incendia les villages, et fit un désert de cette malheureuse contrée. D'autres bandes, qui occupaient les forteresses d'Airaines et d'Hornoy, ruinèrent aussi le pays *par feu et par épée ;* et les habitans des campagnes, traqués de toutes parts, ne savaient où chercher un asile [1].

Au milieu de tant de misères, Jeanne d'Arc

---

[1] Monstrelet, tom. VI, pag. 56, édit. de Buchon.

parut enfin comme un ange sauveur. Elle donna
des jours de triomphe à la France, et calma
pour quelques instans les maux qui pesaient sur
sa patrie; mais ses merveilleux succès furent de
courte durée. Elle fut prise par l'ennemi sous
les murs de Compiègne, et les Anglais la conduisirent chargée de fers dans le château de Drugy,
où elle était visitée par les principaux bourgeois
de la ville de Saint-Riquier et par les anciens
religieux, *qui en avoient grand'compassion,* dit
une chronique de l'abbaye, *car elle étoit fort
innocente.* On la transféra ensuite dans la forteresse du Crotoy. Les dames d'Abbeville, touchées de son malheur, allaient la voir dans sa
prison. Vivement émue des marques d'intérêt
qu'elle y recevait chaque jour, l'infortunée
s'écria plusieurs fois: Ah! plaise au ciel que ma
liberté me soit bientôt rendue et je finirai mes
jours dans ce pays [1]! mais ses vœux ne furent pas
exaucés. Un détachement anglais vint la prendre
dans son cachot, la jeta dans une barque, lui
fit traverser Saint-Valery, et la conduisit à Rouen
dans une cage de fer [2].

[1] *Hist. des mayeurs d'Abbeville*, pag. 489.
[2] Parmi les soixante assesseurs choisis à dessein pour condamner
Jeanne, on trouve *maistre Gioffroy du Crottoy.* (Voir *Chronique et
Procès de la Pucelle*, dans la collection de Buchon, pag. 56 et 138.)

Malgré la captivité de l'illustre héroïne, la France voyait encore de vrais citoyens lutter avec ardeur pour reconquérir l'indépendance de leur patrie. La Hire, Saintrailles et d'autres capitaines, obtinrent quelques avantages dans le Ponthieu, et s'y maintinrent pendant deux ans. En 1432, Gaucourt reprit le château de Rambures, celui de Gamaches et quelques autres forts des environs. Il se présenta ensuite devant Saint-Valery avec trois cents hommes, et l'emporta au point du jour par escalade. Ses soldats, fidèles aux coutumes barbares de cette époque, s'y livrèrent aux plus odieux désordres, et traitèrent les habitans en ennemis [1]. Au mois de juillet 1433, Pierre de Luxembourg, comte de Saint-Pol [2], à la tête de mille deux cents Anglo-Bourguignons, força Gaucourt à capituler après trois semaines de siége. L'année suivante, Charles Desmarets, commandant du château de Ram-

[1] On voit par un ancien compte de l'échevinage que *plusieurs compagnons archers d'Abbeville et autres*, auxquels on avait distribué huit douzaines de flèches, firent reculer *une demi lieue de long* un corps de troupes qui était venu à *grant puissance de Saint-Valery courir devant le porte Marcadé d'Abbeville et le forteresse d'icelle*. Les flèches, payées le 6 mai 1433, avaient coûté cinq sous parisis la douzaine.

[2] Ce célèbre officier bourguignon, gendre du duc de Bedford, mourut dans le château de Rambures, le 31 août 1433, de l'épidémie qui désolait alors le Ponthieu.

bures, se présenta sous les murs de Saint-Valery et s'en empara par surprise, en l'absence du gouverneur et de ses principaux officiers; car il y *avoit eu si grande mortalité*, dit Monstrelet, *que peu de gens s'y osoient tenir*. Mais peu de temps après, les Bourguignons, commandés par le comte d'Étampes, Jean de Croï et le Vidame d'Amiens, vinrent à leur tour assiéger Desmarets, qui fut contraint de rendre la place au bout de six semaines.

Les succès et les revers des deux partis se balançaient ainsi sans cesse, et tous deux ils s'affaiblissaient dans une foule de petits combats, qui n'amenaient rien de décisif. Nous ne nous arrêterons point au récit de ces affaires partielles, sans importance et sans résultat; nous citerons seulement en passant le combat qui eut lieu entre Cambron et Mautort, et dans lequel un détachement français de cent vingt hommes fut presque entièrement détruit par deux cents Anglo-Bourguignons.

Au commencement de mai 1435, des aventuriers français, commandés par Bressai, de Braquemont et de Longueval, passèrent la Somme pendant la nuit au gué de Blanquetaque, arrivèrent secrètement sous les remparts de Rue, les escaladèrent en silence, et se répandirent dans la ville au point du jour, à la grande surprise des habitans, qui ne s'attendaient guère, à leur réveil, à trouver de pareils hôtes dans leurs murs. Ces aventuriers, qu'on commençait alors à désigner par le nom *d'Écorcheurs*, pillèrent les habitans et quelques Anglais qui se trouvaient dans la ville, et se portèrent aux plus cruels excès. Ils se mirent ensuite à courir la campagne où *ils firent innumérables maux et dommages par feu et par épée* [1]; et le Ponthieu, le Marquenterre, l'Artois et le Boulonnais, furent tour à tour le théâtre de leurs audacieuses expéditions. Le duc de Bedford venait de donner ordre au comte d'Arundel de les expulser du Ponthieu, quand il apprit que Bressai, avec une grande partie de son monde, était tombé dans une embuscade auprès de Montreuil; qu'il avait été fait prisonnier, et que sa bande était réduite à trop peu de chose pour être encore redoutable. Cependant quelque temps après Charles Desmarets, avec les débris de la garnison de Rue, et un nouveau corps de partisans français, surprit et attaqua la garnison anglaise que Bedford avait mise à Crécy, la passa au fil de l'épée, et réduisit le bourg en cendres.

Cette même année (1435) Philippe-le-Bon,

---

[1] Monstrelet; liv. 2, chap. CLXXI.

revenu à des sentimens plus généreux, se détacha enfin de ses anciens alliés les Anglais, et fit la paix avec Charles VII, qui s'engagea à lui céder les villes situées sur les deux rives de la Somme, c'est-à-dire Amiens, Abbeville, Montreuil, Doullens, Rue, Saint-Riquier, le Crotoy, Saint-Valery, Péronne, Roye, Montdidier, etc., avec tous leurs revenus, en se réservant toutefois la souveraineté, la foi, l'hommage, le ressort de la justice, et la faculté pour lui ou pour ses successeurs de racheter ces villes moyennant quatre cent mille écus d'or [1].

Cette paix, signée à Arras, fut à Abbeville le signal d'une joie universelle. On se flattait que le Ponthieu allait enfin jouir de quelque tranquillité. Mais les Anglais furieux de ce que le duc s'était fait céder des villes qui, la plupart, avaient reconnu le roi d'Angleterre et lui avaient prêté serment, recommencèrent les hostilités avec plus de rage que jamais. La garnison anglaise du Crotoy se mit à courir les campagnes, et malgré l'échec que lui fit essuyer le brave capitaine de Rue, Richard Richeaume, dans une rencontre auprès de Forêt-Monstier, elle con-

[1] Quatre millions sept cent trente-quatre mille francs environ de notre monnaie actuelle.

tinua ses ravages dans le pays situé entre la Canche et la Bresle.

Florimond de Brimeu, sénéchal du Ponthieu, Richard Richeaume, et Robert Duquesnoy, capitaine de Saint-Valery, résolurent de mettre un terme à ses brigandages. Abbeville et quelques autres places du Ponthieu leur fournirent des vivres et de l'argent. Ils réunirent quatre cents hommes environ, et, à la tête de ce faible corps, ils se dirigèrent sur le Crotoy à la faveur de la nuit. La place était trop fortement gardée pour tenter un coup de main. Ils eurent recours à la ruse, et voici le stratagème qu'ils employèrent. Au point du jour, Robert du Quesnoy monta sur un bateau avec une trentaine d'hommes, passa sous les murs du Crotoy, et alla échouer à une demi-lieue environ au-dessous de cette forteresse ; « *Et mêmement dix ou douze de ses gens sortirent en l'eau, qui faisoient semblant de vouloir bouter icelui batel du lieu où il étoit assis.* » Les Anglais les aperçurent du haut de leurs murailles, et sortirent pour les prendre ; mais Florimond de Brimeu, qui s'était embusqué dans les dunes avec sa petite troupe, les assaillit vigoureusement et leur coupa la retraite. Soixante-quatre Anglais furent tués sur la place, un bon nombre resta prisonnier, et *par ainsi demeura icelle ville du Crotoy fort dégarnie de gens* [1].

Florimond de Brimeu ayant appris par les prisonniers qu'il ne restait dans le Crotoy qu'une très-faible garnison, résolut de tenter un coup décisif. Il demanda des renforts, donna l'assaut peu de jours après, et la place fut emportée d'emblée. Mais les Anglais se retirèrent dans le château [2], et Florimond de Brimeu essaya en vain de les en déloger. Il ne tarda point à lever le siége, et revint à Abbeville, après avoir fait raser une partie des fortifications du Crotoy. Mais à peine était-il parti que la garnison du château recommença ses courses. Vers la fin de l'année suivante (1437), le seigneur d'Auxi, capitaine général des frontières du Ponthieu, voulant décidément en finir, rassembla des troupes et le château fut assiégé une seconde fois. Mais ce n'était pas chose facile que de réduire cette imposante forteresse. Les assiégeans reconnurent bientôt l'insuffisance de leurs moyens d'attaque, et ils s'adressèrent au duc de Bourgogne pour requérir son aide, et lui demander des vaisseaux, afin de bloquer entièrement la place et de la réduire par famine. Phi-

---

[1] Monstrelet, liv. 2, chap. ccvi et ccxxi.

[2] Ce château avait quelque ressemblance avec la Bastille de Paris. Il avait été construit en 1369, et fut, en 1674, entièrement rasé.

lippe-le-Bon donna ordre aux marins de Dieppe, de Saint-Valery et de toute la côte, de se rendre avec leurs navires dans le port du Crotoy, pour en fermer l'entrée aux Anglais. Il envoya aussi quelques renforts sous le commandement du sire de Croï, et tout fut disposé pour un siége en règle. Baudouin de Noyelles, l'un des plus habiles officiers bourguignons, fit construire autour de la ville, suivant l'usage du temps, une enceinte de bois garnie de bastilles sur lesquelles on disposa des batteries. Philippe-le-Bon lui-même vint au Crotoy pour veiller au succès de l'entreprise. Les Anglais, de leur côté, mirent tout en œuvre pour conserver cette forteresse qui défendait l'entrée de la Somme. Le célèbre Talbot, Lord Falconbridge, sir Thomas Kiriel accoururent à son secours avec un nombreux corps de troupes. Le duc de Bourgogne envoya deux mille hommes sous le commandement du sire d'Auxi, afin de leur disputer le passage de la Bresle; mais les Anglais arrivèrent presque sans combattre devant le gué de Blanquetaque. Dans le même temps, sept vaisseaux ennemis attaquaient les vaisseaux français qui bloquaient le port du Crotoy, et les obligeaient à se retirer à Saint-Valery.

Sur ces entrefaites, Philippe-le-Bon, auquel se réunirent les milices bourgeoises d'Abbeville et des autres places voisines, s'était porté vers le gué pour en défendre le passage ; mais Talbot se jeta dans l'eau l'épée à la main; ses soldats, animés par son exemple, le suivirent, chargèrent les Bourguignons et les culbutèrent [1]. Ceux que Philippe avait laissés devant le Crotoy, intimidés par cette défaite, n'eurent pas le courage d'attendre que Talbot vînt attaquer leurs lignes. « Ils s'enfuirent honteusement, dit M. de Barante, aux grandes huées de la garnison anglaise qui les poursuivit en les chargeant d'injures sur leur lâcheté. » Le duc lui-même s'était enfui jusqu'à Abbeville, après avoir couru le plus grand danger.

Talbot entra triomphant au Crotoy, et fit réduire en cendres les bastilles que les Bourguignons avaient construites autour de la ville. Après cette expédition, le général anglais se répandit dans les campagnes et y sema le meurtre et l'incendie. Ces brigandages exaspérèrent le peuple contre l'ennemi. Les milices communales d'Abbeville, aidées des Bourguignons, atteigni-

---

[1] La fin de ce chapitre ne s'accorde pas avec le récit de Monstrelet ; nous avons cru devoir suivre la version de Formentin parce qu'elle contient des détails plus précis et plus circonstanciés. Nous avons pensé d'ailleurs qu'elle devait se rapprocher davantage de la vérité, attendu qu'elle a été composée d'après les documens du pays.

rent un jour les Anglais entre Nouvion et Forêt-l'Abbaye, les refoulèrent dans les bois, et leur tuèrent sept cents hommes. Talbot, découragé par cet échec, repassa la Somme et traversa le Vimeu pour se retirer en Normandie; mais son départ ne délivra pas le Ponthieu des maux qui l'accablaient. Demeurés maîtres du Crotoy, malgré de nouveaux efforts pour les chasser de cette forteresse, les Anglais se répandaient au loin, soit pour se procurer des subsistances, soit pour surprendre quelque place; mais après différens échecs, ils tombèrent dans une embuscade près de Saint-Riquier, furent battus complètement et bientôt resserrés à tel point dans les murs du Crotoy qu'ils capitulèrent (1452).

Jamais la France n'avait été plus malheureuse qu'à l'époque dont nous venons de retracer l'histoire. Le Ponthieu surtout eut une large part aux misères de ces temps désastreux. L'historien Amelgard assure que d'Abbeville jusqu'à Laon, et de Laon jusqu'aux frontières d'Allemagne, la campagne était absolument déserte, inculte et couverte seulement de buissons et d'épines. M. de Barante nous apprend aussi que « tout le royaume jusqu'à la Loire était devenu comme une vaste solitude. Il n'y avait plus d'habitans que dans les bois et dans les forteresses, encore les villes étaient bien plutôt des logis pour les gens de guerre que des demeures pour les citoyens. La culture était délaissée, hormis à l'entour des murailles, sous l'abri des remparts et à portée de la vue de la sentinelle du clocher [1]. Dès qu'elle voyait venir l'ennemi, les cloches étaient sonnées, les laboureurs en toute hâte rentraient dans les villes ; les troupeaux, aussitôt qu'ils entendaient le son du tocsin, avaient pris l'instinct de s'enfuir d'eux-mêmes et se pressaient aux portes pour se mettre en sûreté. » Mais ce n'était pas encore assez de la guerre civile et de la guerre étrangère. Au commencement de l'année 1438, une effroyable famine vint ajouter à tant de calamités. Une femme fut brûlée vive à Abbeville pour avoir égorgé ses enfans et mis leur chair en vente après l'avoir salée [2].

Nous n'arrêterons pas plus long-temps sur ces affreux tableaux le lecteur fatigué par le spectacle

---

[1] « A Jehan Pohier, guette du cloquier de Saint-Wlfran xxxvii liv. parisis à lui payées pour avoir esté par chacun jour durant l'an.... ou dit cloquier, depuis le matin jusqu'à vespres, pour sonner une des cloques.... quant il veoit venir..... gens à queval vers le ville, afin que chacun fust sur sa garde, et pour le seureté de le ville vers les portes et places où il appercevoit les dits gens à queval, et qu'il monstroit par signes sur les plongs du dit cloquier.» (*Registre des Argentiers de la ville*, année 1433.)

[2] Monstrelet. — *Cartulaire des Chartreux d'Abbeville.*

de tant de désordres et de souffrances. Nous n'aurons que trop souvent encore à l'entretenir de malheurs publics et de combats sanglans; et pour faire diversion à ces tristes récits, nous pensons qu'il est temps de parler des mœurs et des usages si pittoresques de nos pères et de leur législation barbare.

CHAPITRE XIX.

Jurisprudence civile et criminelle.

Vers la fin de la seconde race, les comtes s'étant attribué la propriété des lieux qu'ils administraient auparavant, y établirent arbitrairement, sous le nom de coutumes, des lois qui variaient dans chaque ville et dans chaque province. Ces lois, non écrites dans l'origine, et qui retracent, selon les uns, les mœurs des plus anciens Gaulois (au nord surtout, près du pays des Francs), n'offrent, selon d'autres, qu'un mélange confus de la jurisprudence romaine ou barbare, ecclésiastique ou féodale. Ce qui est certain c'est que, dès le onzième siècle, on s'occupait de leur rédaction, et que la coutume de

Ponthieu fut écrite pour la première fois en 1130 [1]; mais elle fut retouchée, traduite en un langage plus vulgaire, et enregistrée en 1495, sous le règne de Charles VIII, afin de ne pas laisser à des témoins ignorans ou corrompus le soin d'en contester les clauses dans chaque procès.

Ce code règle l'état des personnes et toutes les dispositions que l'on peut faire, soit par donation entre vifs, soit par testament. Il règle aussi les ventes et les partages, les aliénations, les redevances féodales, les formes de la procédure civile, les poursuites criminelles, etc.

L'article 1er. est le plus important à citer, puisqu'il défère la succession à l'aîné mâle, et à défaut de mâle à l'aînée des filles; sauf un quint viager seulement pour les autres enfans ensemble.

Un autre article fixe la majorité à quinze ans accomplis pour les garçons, et à onze ans pour les filles, et reconnaît qu'à cet âge les mineurs sont capables d'administrer leurs biens et de tester; mais il s'en faut beaucoup que cette coutume ait prévu toutes les matières et toutes les questions qui pouvaient être soumises aux juges. Les dispositions mêmes qu'elle renferme ont besoin d'in-

---

[1] Préface du 16e. vol. de l'*Histoire littéraire de France*, pag. 81, par M. Daunou.

terprétation; et c'est ce qui a déterminé plusieurs jurisconsultes du pays à publier cette loi avec des commentaires.

La coutume locale d'Abbeville rappelle quelques-unes des dipositions pénales de la charte de commune. On y voit que celui qui aura frappé un homme avec une arme ou un bâton, ou aura fait couler son sang, devra être arrêté, et puni par une amende de 14 liv.; à moins qu'il n'expose son poing à la miséricorde des échevins. Si l'auteur du délit prend la fuite, les officiers municipaux pourront le bannir sous peine de mort.

Le code coutumier d'Abbeville établit que les coupables seront traduits devant le maire et les échevins, jugés et condamnés par eux ; mais la nature des crimes et les peines qu'ils emportent ne s'y trouvent pas déterminées. Nous allons remplir cette lacune et faire connaître l'esprit du temps, en donnant le sommaire de quelques-uns des jugemens rendus à l'Hôtel-de-Ville pendant le cours des XIII, XIV et XVme. siècles. A cette époque de barbarie, il n'est pour ainsi dire question que de rixes sanglantes, que de coups d'épée, de couteau, de *guisarme* (hache à deux tranchans), échangés entre les bourgeois, qui ne sortaient jamais sans armes [1].

[1] *Comptes des Argentiers* (rôles des amendes).—*Registres criminels de la commune.*

Vers 1272, un assassin que le maire avait fait mettre en prison, en est tiré par ses ordres au moment même où sa victime vient d'expirer, et jure sur des reliques, en présence des bourgeois assemblés au son de la cloche, qu'il sortira de la ville sous quinzaine *pour aller outre mer sans jamais revenir*.

1286. — Par jugement du corps de ville et par le conseil du mayeur et des échevins d'Amiens, un certain Jean d'Omatre, convaincu d'avoir contrefait l'empreinte des draps d'Abbeville, fut *marqué au visage du fer de le rue as Pareurs*, dont on marquait ces draps, et banni à toujours.

1291. — Des femmes de mauvaise vie sont fustigées et bannies au son de la cloche, et si elles rentrent dans la ville, *on coupera à chascune un membre*.

La même année, un individu, soupçonné de larcin, a l'oreille coupée; on le bannit ensuite, et *se il revient on le pendera par le geule* (gorge).

Cette même année encore, un habitant de Cahon est également banni pour vol, et *se il revient par dedans le ville ou le banlieue on li coupera un membre tel que li eskevins vaurront* (voudront).

Un agent de prostitution, contre lequel les magistrats avaient rendu semblable arrêt, rompit son ban, et reparut dans la ville. On lui coupa un pied, et on le bannit de nouveau sous peine de mort.

1296. — Une femme, coupable d'avoir fait de la fausse monnaie, est *enfouie toute vive* devant la justice de la ville.—D'autres femmes, convaincues de vols, subissent le même supplice.

En 1304, après un vif débat, deux bourgeois se réconcilient et s'embrassent en présence du mayeur, des échevins et d'un grand nombre d'habitans. Peu de temps après, l'un d'eux, vêtu de sa cotte-de-mailles, le casque en tête et *l'espée saquiée* (nue), assaillit l'autre *malicieusement et le navra*. On appela le coupable au son de la cloche; mais comme presque tous les autres prévenus de meurtre ou de larcin, il s'abstint de comparaître. Alors on demanda conseil aux magistrats d'Amiens, de Corbie et de Saint-Quentin, et ces arbitres de la commune d'Abbeville répondirent qu'on devait s'efforcer de prendre le coupable et de le punir. Et *aussitôt fist-on sonner à trois clokes*, et publier que la paix, solennellement jurée de part et d'autre, avait été *brisée*; et *fu commandé du mayeur à tout le commun* (les habitans), que si on pouvait trouver l'auteur du crime *hors d'atre et hors de moust* [1],

---

[1] Hors de cimetière et hors d'église.

que on *l'amenast*, *et que on en feroit plaine justiche*.

1310. — Jehanne Pois Aulard, accusée d'avoir acheté de la fausse monnaie, est citée devant le maire. *La cose ne fut mie prouvée*, dit le jugement, mais un simple soupçon suffisait alors, et la malheureuse fut bannie *sur le pic et sur la pelle* [1].

1346. — Plusieurs individus qui venaient de boire et de s'enivrer dans un cabaret, près de la *fosse Saint-Sépulcre*, se querellèrent la nuit dans la *chaussée d'Hocquet*. Le lendemain, l'un d'eux gisait sur le pavé, frappé de sept coups de couteau. On sut que des habitans de Rouvroy étaient allés cette même nuit *veir* (voir) *se lez sergans qui wardoient les portes les voloient mettre hors de le ville;* mais ceux-ci n'avaient point voulu les laisser sortir avant le jour. Les officiers municipaux, à la suite d'une enquête, découvrirent les coupables, et *firent sonner leurs trois clokes* pour les appeler devant eux; mais ils *ne vinrent ne comparurent.* Alors *fu commandé au commun* de se rendre à Rouvroy pour y démolir les maisons des meurtriers en vertu des articles IX et XXI de la charte de commune. Là, les femmes des accusés *requérirent li maire*

---

[1] Nous n'avons pu découvrir la signification de ces mots.

et eskvins que on leur fist droit, et sur ché incontinent admenèrent leurs tesmoings, et prouvèrent que elles avoient douaire sur les maisons qu'on voloit abattre. Le maire fit aussitôt cesser le travail, et la démolition n'eut lieu qu'après le décès des femmes [1].

1369. — Isabelle de Nivelle, de Valenciennes, est brûlée à la *Barre à Quevaux* pour avoir noyé son enfant.

Un cartulaire de l'Hôtel-Dieu de Saint-Riquier, daté de 1476, prouve que le supplice du feu était très-fréquent, puisqu'il mentionne un arbre auprès duquel « *on ardoit* (brûlait) *anchiennement les femmes qui l'avoient desservi* (mérité).

1383. — Un enfant nouveau né fut retiré vivant de l'abreuvoir du Pont-aux-Poissons. On s'empressa d'abord de lui donner le baptême; puis on ordonna qu'il serait procédé sans retard à la visite de toutes les filles de la ville, afin de

---

[1] Cette absurde coutume d'abattre *tout au net* les maisons des malfaiteurs fut modifiée en 1396 ; et, par accord fait entre les officiers du roi et les échevins, on décida que chaque fois qu'un des *sujets* de la ville se rendrait coupable d'homicide et serait banni, on irait, après le ban fait, à sa maison; qu'on enleverait les *huis* (portes) *et fenêtres de le devanture;* que l'on couperait le *seullins* (seuil), et que le tout serait jeté au feu et *ars* (brûlé) *au devant de ledite maison*.

(Voir le *Livre Rouge*, f°. 166, aux Archives de la mairie)

découvrir celle qui venait de donner le jour à cet enfant et de tenter de s'en défaire par un crime. *Et pour ledit examen faire on fist saquier* (mettre à nu) *leurs mammelles pour savoir et attaindre le vérité du cas* [1]. Isabellot de Lourmel, de Vismes, ainsi examinée, interrogée, et reconnue coupable, fut condamnée à être brûlée vive.

1420.—Un Abbevillois est condamné au pilori, et a la langue percée par le bourreau *pour avoir dit de Dieu, de la vierge Marie, et de saint Marc, des paroles fausses, mauvaises et déshonnêtes*, et pour avoir mal parlé aussi du maire et des échevins.

La même année, deux enfans de douze à treize ans, sont battus de verges dans tous les carrefours de la ville, par les sergens de la vingtaine, pour avoir coupé la bourse aux passans ; car dans ces temps de barbarie, « les voleurs, dit Dulaure, coupaient même en plein jour la bourse aux passans qui, suivant une vieille habitude d'ostentation, portaient leurs bourses pendues à leurs ceintures. »

Les peines qu'infligeait la justice variaient suivant le caprice des juges. On brûlait, on pen-

---

[1] *Livre Rouge, f° 146.* C'est un recueil des actes civils et criminels de la commune, in-f°, en parchemin de 265 feuillets.

dait ou on enterrait tout vifs des meurtriers et des voleurs, tandis que d'autres étaient seulement punis de la perte d'une oreille, fustigés, bannis ou imposés à une amende.

Devant les cours de justice une des deux parties pouvait bien prouver son dire par un seul témoin; mais l'autre partie pouvait aussitôt l'appeler en duel [1].

Les monumens de cette époque signalent des crimes et des actions que nous passons sous silence, parce que notre plume se refuse à les retracer [2].

Achevons cependant de peindre l'esprit et l'immoralité du temps. Il existait une quantité d'agens de prostitution, dont l'odieuse entremise est énoncée sans périphrase dans le recueil où nous puisons ce qu'on vient de lire. Une femme, qui avait exercé leur infâme industrie auprès d'une jeune personne, fut, en 1478, condamnée à parcourir tous les quartiers de la ville dans un tombereau. On l'attacha ensuite au pilori; le bourreau lui brûla les cheveux, et puis on la bannit à perpétuité.

Si plusieurs documens n'attestaient pas que

---

[1] *Lettre du roi, 11 mars 1383, relative aux bourgeois d'Abbeville;* Monteil, *tom.* III, *pag.* 430.
[2] Voir *le Livre Rouge,* f°. 239.

les animaux étaient alors cités en justice et jugés suivant les règles de la procédure criminelle, on aurait peine à croire que de pareilles causes aient été jamais sérieusement plaidées; mais on en trouve une nouvelle preuve dans les archives de la mairie d'Abbeville. Voici ce qu'on lit dans le Livre Rouge:

« Il advint le samedi xv°. jour de décembre l'an mccccxiiii que Belot, fille de Jéhan Guillain, elle estant couquiée en son bers (berceau) et repos, fu estranglée et le visage mengié par un petit pourchel (pourceau), qui estoit audit Guillain, pour lequel cas et par délibération de conseil, icellui pourchel fu traisnié et pendu par les gambes de derrière, le nuit de Noël, xxiv°. jour dudit mois l'an dessus dit, et par jugement des maire et esquevins, Mathieu Barbafust étant mayeur [1]. »

Un autre pourceau, coupable du même fait, fut arrêté par les sergens du sénéchal, et conduit à la Cour Ponthieu; mais comme la punition de cette bête appartenait aux officiers municipaux, le sénéchal fut obligé de la remettre entre leurs

[1] Les comptes des Argentiers de la même année nous apprennent que ce *petit pourchel* n'avait que trois mois ou environ, et que l'appariteur de la haute justice, qui le pendit par l'ordonnance des magistrats, eut douze sous *pour sa paine et travail comme pour les cordes.*

mains. On la pendit aussi *par les gambes de derrière, et fu la dite exécution faite par notre conseil de Paris*, dit le Livre Rouge, *le* XIVe. *jour de février l'an* M CCC LXVIII, *Esteule Coulart adonc mayeur.*

Un troisième pourceau [1], qui avait encore *murdry* (tué) *ung enffant en son bers*, fut, par l'exécuteur de la ville, pendu de la même manière à une potence, et en vertu de l'arrêt prononcé par le maire *sur les plombs de l'échevinage, au son des cloches, le* X^e. *jour d'avril* M CCCC XC. (*Livre Rouge*, f°. 242.)

Un compte de 1479 nous fait connaître un cas semblable, et nous apprend que le condamné fut conduit au supplice dans une charrette; que les sergens à masses et de la vingtaine l'escortèrent jusqu'à la potence, et que le bourreau reçut soixante sous pour sa peine.

On ne dit pas si ces cochons furent exécutés en habits d'homme, comme cela se pratiquait ailleurs; mais le précieux recueil d'où nous avons tiré ces faits, nous apprend, en revanche, comment on procédait à l'exécution d'un voleur.

Quand l'accusé s'était avoué coupable, le maire et les échevins se retiraient, pour délibérer, dans

---

[1] On nourrissait alors dans les villes un grand nombre de cochons qu'on laissait errer dans les rues.

une pièce voisine. Si la peine de mort était prononcée, on appelait le vicomte ou son lieutenant, on mandait le voleur dans la salle des échevins, et le maire lui disait : *mon ami, pour raison de tes meffais, tu es condempné à mourir;* et il le livrait au vicomte. Il ordonnait ensuite de sonner les cloches, proclamait le jugement en présence du peuple, plaçait une corde au cou du condamné, et l'accompagnait jusqu'au pilori, construction destinée à exposer les malfaiteurs aux yeux du public, et qui existait sur la place de ce nom. Le maire saisissait le patient par la tête et l'attachait au pilori. Les officiers du vicomte s'en emparaient ensuite, et le conduisaient aux fourches patibulaires, nommées vulgairement *justices*, et qui étaient alors plantées sur le chemin de Drucat [1]. Là, on remettait le coupable au maire et aux échevins qui faisaient *parfaire l'exécution jusqu'à ce que le larron fût pendu et mort.*

C'était souvent à cheval et sous l'escorte des arbalétriers et des archers de la ville, des sergens à verges, à masses et de la vingtaine, que le corps

---

[1] On les transporta ensuite au sommet de la côte où passe aujourd'hui la grande route de Calais. Elles consistaient en deux pilliers de briques, placés à environ dix pieds l'un de l'autre, et qui supportaient une grosse pièce de bois à laquelle pendaient des chaînes de fer. A ces chaînes étaient attachés les cadavres des condamnés.

municipal, précédé d'un trompette, allait bannir ou mettre à mort un criminel. Dans le premier cas, on donnait au coupable deux œufs avec un morceau de pain, et on le conduisait jusqu'aux limites de la banlieue [1]. Dans le second cas, le bourreau recevait une paire de gants blancs, et présentait au condamné, avant de l'exécuter, un gobelet rempli de vin.

En 1458, un homme et une femme qui, pendant dix-neuf ans, avaient *cabussé* (trompé) le peuple en simulant *le mal Saint-Jean* (l'épilepsie), furent affublés de deux mîtres, exposés au carcan, et fustigés par les carrefours [2].

C'était encore sous les yeux même du maire et des échevins qu'on infligeait le supplice de la fustigation. Toujours suivis de leur nombreuse escorte, ils indiquaient la place où le coupable devait recevoir les coups, et la trompette ne cessait pas de se faire entendre pendant toute la durée de l'exécution.

---

[1] Comptes des Argentiers de la ville.

[2] A Guiot Paintre et à Pierre Beaufrêne la somme de dix solz parisis..... pour avoir fait deux mistres paintes et escriptes lesquelles ont esté mises sur les testes de Jean Acart et sa femme cabusseurs, durant ce qu'ilz ont esté battus par les carrefours... et tournez ou Pilori.. et audit Pierre quatre solz pour avoir mis en rime le rétoricque qui estoit autour des dites mistres. (Comptes de la ville, 1458.)

Plusieurs actes font foi que jusqu'à la fin du quinzième siècle, une fille publique pouvait sauver du supplice un criminel en le demandant en mariage. On rapporte qu'une de ces filles, voulant soustraire à la mort un voleur de Hautvillers qu'on allait pendre, manifesta le désir de l'épouser. Mais le voleur ayant remarqué qu'elle boitait dit au bourreau : « *alle cloque, je n'en veux mie, attaqu'me* » et le brigand fut pendu [1].

Dans le quatorzième siècle, un démenti, une parole injurieuse, un soufflet étaient punis de dix sous d'amende. On payait vingt sous pour une blessure faite avec un couteau ; soixante-huit sous pour des menaces contre un témoin ; soixante-quatre sous pour voies de fait contre un sergent de ville ; vingt sous pour tapage nocturne ; autant pour avoir joué aux dés.

Il y avait des amendes *à taux,* c'est-à-dire fixes, et des amendes *hors taux,* que les juges imposaient arbitrairement et selon leur caprice. Il fallait être bourgeois pour payer les premières ; quant aux autres, elles étaient ordinairement proportionnées aux ressources du délinquant.

Les réglemens de police défendaient d'acheter

---

[1] Cette anecdote se trouve dans *le Berger extravagant*, Rouen 1639, trois volumes in-8°. Nous citons cet ouvrage et le fait qu'il contient d'après une note manuscrite.

ou de vendre avant *heure de prime* [1] sonnée à Saint-Vulfran ; de travailler pendant la nuit ; de jeter des immondices dans les rivières ; de tuer aucun animal avant l'heure fixée, et de le mettre en vente sans l'avoir fait examiner par les syndics.

Il n'était pas permis de jouer aux cartes pendant la nuit, et nul ne devait entrer dans une maison de débauche que pendant le jour.

Pour compléter le tableau de cette époque, nous allons signaler d'abord quelques-uns des abus de la féodalité, et nous donnerons ensuite les divers détails que nous avons recueillis sur la vie privée de nos ancêtres.

CHAPITRE XX.

Droits féodaux.

Le seigneur de la Ferté-lez-Saint-Riquier avait imposé, sous le nom de coutumes locales et particulières de cette châtellenie, un nombre infini

---

[1] La première heure de l'office que l'on disait au point du jour ou après le lever du soleil.

d'exactions. Il empêchait d'entrer à Saint-Riquier tout ce qui passait sur son domaine sans acquitter un droit. Il avait le monopole des fours et des moulins dans la même ville; et lorsqu'il craignait d'être attaqué, il avertissait les habitans de Cramont, Agenvillers, Neuville, Vauchelles, Ouville, Fontaine-sur-Maie et les faubourgs de Saint-Riquier, qui devaient, au premier signal, se rassembler dans sa forteresse pour la défendre. Sa juridiction féodale s'étendait sur presque toutes les routes des environs d'Abbeville [1]; il veillait à leur entretien, à la conservation des arbres qui les ombrageaient, y percevait des droits de passage et des amendes, et connaissait de tous les délits qu'on y pouvait commettre.

Le sire de Drucat, comme tous les autres seigneurs, exigeait de chacun de ses hommes *levant et couchant*, c'est-à-dire domiciliés dans sa seigneurie, un service personnel pendant un certain nombre de jours. Si l'individu qu'il avait requis ne travaillait pas à son gré, il le forçait de fournir un remplaçant ou de payer le prix de chaque journée.

[1] La loi voulait alors que les grands chemins de la Picardie eussent soixante pieds d'un bord à l'autre. (Alex. Monteil, tom. 1er., p. 198.)

L'un de ces malheureux serfs mourait-il? les héritiers, sous peine d'amende, ne pouvaient entrer chez le défunt qu'avec la permission du maître. Se mariaient-ils? il fallait, le jour des noces, envoyer du pain ou du vin au seigneur, ou payer soixante sous. Avaient-ils des chevaux? le seigneur pouvait les réclamer pour son service.

C'est dans le moulin de ce même seigneur qu'ils devaient aussi faire moudre leur blé. S'ils manquaient à cette obligation, on saisissait le cheval qui portait la somme, et à défaut de cheval, le sac et la farine.

« S'il se commet quelque délit sur mes terres, dit le fier châtelain de Drucat, et qu'il me convienne de faire mettre les coupables en prison, mes vassaux seront tenus de les garder jour et nuit, au nombre que je désignerai, ou tous ensemble s'il me plaît: ils pourront néanmoins se faire remplacer à leurs *coustages* (frais) ; mais dans l'un ou l'autre cas, si les détenus parviennent à s'évader, les gardes seront punis [1]. »

Parmi les autres prérogatives que s'arrogeait le sire de Drucat, on trouve la redevance d'un *capel* (chapeau) *de roses*, qui devait lui être

---

[1] Aveu d'Enguerran, sire de Drucat, pour tout ce qu'il tient d'Édouard, roi d'Angleterre, comte de Ponthieu.

remis chaque année, en son hôtel à Abbeville, le jeudi après la Pentecôte.

Il serait curieux de signaler tous les droits que les nobles s'étaient réservés sur leurs tenanciers, et toutes les taxes qu'ils levaient sur eux. Mais nous manquons de renseignemens à cet égard. Nous savons seulement que les comtes de Ponthieu avaient assujetti les paysans de leurs domaines à contribuer à une grande chasse aux canards sauvages et autres oiseaux aquatiques. Cette chasse avait lieu tous les ans sur les étangs du pays, au mois de juillet, lorsque ces oiseaux ont des jeunes, et que par l'effet de la mue, ils prennent difficilement leur vol. Les paysans, nus et rangés sur une même ligne, entraient dans l'eau, la frappaient avec des bâtons, forçaient le gibier de fuir, et s'avançant toujours à travers les roseaux, le poussaient jusque dans les filets que l'on avait tendus de distance en distance. Quand la chasse était achevée, on portait les oiseaux à Abbeville ; le comte en faisait des libéralités, et la journée finissait par une fête générale. Cet usage subsistait encore au dix-septième siècle [1].

Les prêtres ayant soif d'or, comme les sei-

---

[1] Selincourt, *Parfait chasseur*, année 1683.

gneurs, exigeaient de leurs paroissiens, quelque pauvres qu'ils fussent, de fortes sommes pour les baptêmes, les mariages, les enterremens, les messes, les fiançailles, l'extrême-onction, les pénitences, la bénédiction du lit nuptial, la communion, les relevailles, les offrandes, les visites des malades, etc., etc. Les monumens témoignent que les curés se faisaient encore payer pour recueillir les dernières volontés des mourans [1]; et qu'ils refusaient la sépulture à quiconque ne laissait pas une partie de son bien à l'église, car on était alors tenu pour damné et pour infâme. Il y a plus : l'évêque d'Amiens ne permettait pas aux nouveaux époux de consommer le mariage pendant les trois premiers jours qui suivaient la célébration à l'église; ce qui a fait dire à Montesquieu que ce choix était bon, parce que les époux n'auraient pas été disposés à payer pour les nuits suivantes. Pour se soustraire à cette ridicule défense, les plus pauvres devaient payer dix francs, et les plus riches trente francs, sous peine d'excommunication. Les bourgeois d'Abbeville se plaignirent amèrement de ces abus, et le 19 mars 1409, après de longues

---

[1] La coutume les autorisait à remplir les fonctions de notaire dans les testamens.

discussions [1], le Parlement, dans un arrêt rapporté par Pasquier, fit défense à l'évêque d'Amiens de laisser sans sépulture les cadavres de ceux qui mouraient *intestat*, et d'empêcher, comme il le faisait, les nouveaux mariés de cohabiter avec leurs femmes. Le Parlement fixa en outre le prix de tous les actes, cérémonies et sacremens de l'église, malgré les ecclésiastiques qui s'opposaient vivement à la réduction de ces prix, et se plaignaient d'être *moult pauvres*.

CHAPITRE XXI.

Mœurs et usages.

Les fêtes publiques, les jeux et les festins étaient d'une haute importance pour nos aïeux; et malgré des charges écrasantes et des guerres continuelles, le peuple du moyen âge se créait sans cesse des divertissemens. Tantôt c'étaient des tournois où les hommes d'armes des garnisons

[1] Dès l'an 1336, le roi avait déjà ordonné que l'évêque serait contraint, par la saisie de son temporel, de renoncer à cette exaction; mais les successeurs de ce prélat n'en persistèrent pas moins à lever un impôt sur ceux qui transgressaient leur règle.

voisines venaient joûter contre ceux de la garnison d'Abbeville, et ce spectacle attirait un nombre considérable d'étrangers[1] : tantôt c'étaient les villes d'Arras, de Lille, de Saint-Omer, de Saint-Amand et même de Bruges qui envoyaient des hérauts d'armes pour annoncer leurs fêtes aux Abbevillois, ou les prévenir qu'elles donneraient incessamment des joûtes, ou qu'elles feraient jouer des bijoux d'or au jeu de l'arbalète; et nos compatriotes, avides de ces sortes de plaisirs, s'empressaient de s'y rendre.

Le peuple faisait alors ses délices de la poésie et de la musique : aussi la ville envoyait-elle, chaque année, à ses frais, des ménestrels aux écoles de Beauvais, de Soissons et de Saint-Omer pour y apprendre des chansons nouvelles. Cet

---

[1] Les vassaux des comtes de Ponthieu étaient tenus, à raison de leurs fiefs, de se trouver à Abbeville à certaines fêtes, pour y donner de l'éclat par leur présence, et particulièrement le jour du *Bouhourdis* (premier dimanche de carême), parce qu'il y avait ce jour-là des *béhourts* ou *bourdichs,* termes qui signifiaient une course de lance, un tournois. Lorsque ces ciconstances se présentaient, ou que le comte venait à Abbeville tenir sa cour, ce qui imposait le même devoir à tous ses vassaux, les religieux de Valloires étaient obligés de loger, le jour de la Pentecôte et les trois jours suivans, le vicomte du Pont-Remi et sa suite, dans les maisons qui leur appartenaient à Abbeville, et de lui fournir en outre des cuisines, des tables, des nappes, des étables et des charrettes de fourrage. (Voy. le *Joinville* publié par Ducange, dissertation Vme., pag. 164.)

amour de la poésie avait fait naître dans chaque ville des espèces d'académies dans le genre des *Jeux Floraux*, mais consacrées spécialement à chanter la Sainte-Vierge, et désignées sous le nom de *Puy d'Amour* et de *Puy des Ballades*.

Les puys d'Abbeville étaient en grande renommée au moyen âge, et nous les voyons célébrés même par des écrivains étrangers à la ville.

Chaque année, le jour des *quaresmiaux* (le mardi gras), les ménestrels venaient chanter dans le bois de cette ville les hauts faits des anciens seigneurs [1]. On jouait ensuite à la cholle [2];

[1] « A Jehan Torne chanteur en place qui payés li ont esté de don à li fait de le ville par courtoisie à li faite pour se paine et travail qu'il eut de canter en son romans des istoires des seigneurs anchiens le jour des quaresmiaux deesrain passé au bos d'Abbeville paravant le cholle commenchié, V solz. » (Année 1401.)

Les comptes de la ville contiennent une foule d'articles semblables.

[2] C'était un ballon de cuir, gros comme la tête, et rempli de mousse ou de son. Les habitans de Long, Long-Pré, Ailly et Villers-sous-Ailly, y jouent encore chaque année le mardi gras. C'est le dernier marié qui fournit la cholle. Le jeu commence à midi; il consiste à lancer le ballon sur le premier venu, à l'esquiver, à le saisir, à le lancer de nouveau sur les joueurs ou sur les passans. On doit choller ainsi jusqu'à quatre heures. Alors on lutte de plus belle pour s'emparer du ballon. Celui qui parvient à le saisir fuit à toutes jambes : on le poursuit; mais rien ne l'arrête, et s'il faut se jeter dans la rivière et la traverser à la nage pour rester maître de la cholle, il s'y précipte; car le mérite consiste à la conserver. Le comble du plaisir est de la tremper dans la boue, et de la jeter ainsi sur le dos des autres.

les arbalétriers abattaient le *gai du nid;* les troubadours recommençaient leurs chants, et la foule continuait de s'ébattre jusque dans la nuit [1]. Le corps de ville, les mayeurs de bannière, le sénéchal, assistaient à ces jeux; et l'affluence était si grande que les sergens ne pouvaient suffire à maintenir l'ordre : aussi fut-on obligé de les interdire quelquefois, à cause des querelles et des luttes sanglantes qui s'engageaient entre les joueurs.

Souvent les ménestrels des villes voisines venaient faire assaut de gai savoir avec les Abbevillois ; et ces luttes poétiques avaient lieu dans une fosse située dans l'épaisseur du bois d'Abbeville, et nommée *Fosse aux Ballades* [2]. Les

[1] « Aux sergens à mache et de la vingtaine pour aler boire ensemble après avoir tenu compagnie aux maire et échevins le nuit et le jour des karesmiaux au bos d'Abbeville à le cholle. »
(*Comptes des Argentiers.*)

[2] La Fosse aux Ballades est mentionnée dans la *Recepte des terres du grand et petit bois d'Abbeville baillées à diverses personnes à cens* (comptes de l'an 1540.) Ce bois, où les comtes de Ponthieu chassaient le cerf, contenait deux cent vingt-trois journaux, et avait été donné, en 1340, par Édouard II, roi d'Angleterre, à la commune d'Abbeville moyennant une redevance annuelle. Il y avait des *prayaulx* (places gazonnées) soigneusement entretenues, afin que les *boines gens s'y puissent esbattre.* Aussi une ordonnance municipale du quatorzième siècle défend-elle aux habitans d'y conduire leurs pourceaux. « Qu'ils les cachent es gaquières (jachères), dit cette ordonnance, et que nulz ne soit si hardis qu'il traie (tiré) aux connins (lapins) d'arbaleste ou dart, et que nulz n'abatte les glans, et qui attains en sera, il l'amendera de corps et d'avoir.

barons du Ponthieu eurent des ménestrels en titre d'office ; ceux qui n'étaient pas attachés à leurs personnes allaient de ville en ville pour amuser le public; mais leurs chants ne sont point parvenus jusqu'à nous.

Il y avait des rois et des princes du puy d'amour, des princes et des princesses des ballades, un prince des sots, un prince des amoureux. On désignait sous ces différens noms les chefs de plusieurs sociétés de jeunes gens dont le plaisir et la poésie étaient le seul but. Ces jeunes gens entretenaient des relations suivies avec les confréries du même nom établies dans les autres villes du royaume. Tantôt le poète du roi venait inviter les habitans d'Abbeville à se rendre à la fête du prince des amoureux de Paris [1]; tantôt le prince des sots d'Abbeville [2] donnait *très-grand et très-notable souper* à ses confrères d'Amiens [3].

[1] *Comptes des Argentiers*, année 1410.

[2] « A Bernard Clabaut nagaire prinche des sots pour li édier à supporter les grants fres et coustages qu'il eut en l'an qu'il fu prinche à soustenir sa princheté, et aussi pour édier à payer le soupper qu'il donna... le jour qu'il issit (sortit) de son puy, lau furent les officiers de le ville VI liv. »(1398.)

[3] A Paris, le prince des sots présidait une troupe de baladins nommée les *Enfans sans-souci*. A Amiens, « les fonctions de ce prince, dit M. Dusevel, consistaient à jouer tout le monde, mais surtout les maris trompés, en public et en particulier. Il parcourait les rues de

Le prince du puy d'amour donnait aussi de grands dîners les jours de l'an et de la Pentecôte [1], afin de *tenir les boines gens en amour et unyon l'un aveuc l'autre;* car à cette époque les dîners étaient aussi une affaire importante. On en donnait aux officiers du roi afin de gagner leurs bonnes grâces, et « pour que, disent les registres des Argentiers d'où nous tirons ces détails, ils eussent mémoire en temps et lieu de ramentevoir au roi et à son conseil les charges et misères de la ville. » Les lamproies, les harengs saurs et *caques,* les anguilles, les carpes, les saumons, les cochons de lait, les lapins, les paons, les butors, les hérons, étaient alors les mets les plus recherchés et le plus fréquemment servis.

Les convives, avant de se mettre à table, se

---

la ville, la tête affublée d'un capuchon orné d'oreilles d'ânes, et tenant une marotte à la main. Ses suppots l'accompagnaient, montés sur des mannequins d'osier en guise de chevaux, dont ils tenaient la queue au lieu de bride. L'enseigne ou drapeau de cette troupe portait cette inscription :

Stultorum infinitus est numerus.

» Le prince des sots, ajoute M. Dusevel, percevait un droit très-légitime sur les hommes qui se remariaient. » On a lieu de croire que telles étaient aussi à Abbeville les principales attributions de ce personnage.

1 « As menestrielx par courtoisie a aux faite des graces de le ville le jour de Pentecouste qui cornoient au puy d'amour pour l'honneur et estat d'icelle ville. » (*Comptes de l'Hôtel-de-Ville.*)

lavaient les mains dans de l'eau de rose, et l'on couvrait d'herbes le pavé des salles où le banquet avait lieu.

Les cordeliers célébraient-ils par un repas splendide la fête de Saint-François et de la Madelaine? c'était la ville qui faisait les frais de ce repas, auquel le corps municipal venait s'asseoir, ainsi que les autres fonctionnaires.

Venait-on de remplir un devoir public? aussitôt on se mettait à table, et c'était encore la ville qui payait la dépense [1].

Un prélat, un évêque, une noble dame, un grand seigneur ou toute autre personne de marque venait-elle à passer? on lui offrait des volailles, des poissons de mer et un certain nombre de *quennes* de vin; mais plus ordinairement une ou plusieurs barriques entières, et les valets avaient aussi leur part. Chaque fois que les mayeurs de bannière se réunissaient pour délibérer sur les affaires de la commune ou pour

---

[1] Voici le prix de quelques-unes des provisions achetées pour un dîner qui eut lieu chez le mayeur d'Abbeville en 1412 : dix-huit chapons, 26 sous 8 deniers; sept cochons de lait, 28 s.; dix-huit oisons, 40 s. 4 d.; cinquante-deux poulets, 34 s. 8 d.; dix-huit lapins, 23 s. 8 d. —Vers la même époque, une douzaine de jeunes canards coûtait 4 s.; un lièvre, 3 s. 4 d.; un butor, 6 s.; un faisan, 5 s. 6 d.; un paon, 16 s.; une livre de chandelles, 12 d.—En 1458, un cent de fagots valait 20 s.

élire le maire et les échevins, on leur donnait une petite somme d'argent pour aller boire ensemble. On accordait une gratification semblable aux compagnies d'archers et d'arbalétriers, ainsi qu'aux sergens de ville, chaque fois qu'ils étaient requis pour un service public, et notamment au retour des processions et du supplice des criminels.

Les baptêmes et les *désaubages* [1], les repas de noces et de confréries entraînaient le peuple dans de si excessives dépenses, que les mayeur et échevins rendirent des ordonnances pour mettre un terme au luxe de la table. Par délibération du 22 avril 1467, il fut décidé que les nouveaux mariés ne pourraient donner aucun repas de noces sans en avoir obtenu l'autorisation; que les plus riches ne pourraient servir plus de dix plats, et les pauvres plus de quatre; et qu'ils ne recevraient de leurs convives aucune vaisselle d'or ou d'argent, sous peine de 20 liv. 10 s. d'amende.

Les dîners de confréries furent également défendus, à l'exception du jour et du lendemain de la fête patronale. On interdit aussi les repas de désaubages, repas coûteux pendant lesquels

---

[1] On mettait aux nouveaux nés, pour leur donner le baptême, une aube qu'on ne leur retirait qu'au bout de huit jours. C'est ce qu'on appelait le *désaubage*.

on offrait une pièce d'or ou d'argent et un pain blanc à chacun des convives.

Chaque année, la nuit de la Toussaint, la commune distribuait aux pauvres de l'argent, des souliers, et quatre à cinq cents aunes de drap [1]. Elle distribuait encore cette même nuit des draps de Flandre ou d'Abbeville aux clercs de l'échevinage, aux sergens, aux portiers, au forestier du bois [2], etc.

Les pauvres n'imploraient pas en vain le secours des officiers municipaux; les anciens comptes de la mairie nous en fournissent la preuve.

« A Fernande, poure (pauvre) homme espagnol, prisonnier des Sarrasins, X solz qui donnés lui furent pour Dieu et en amosne pour édier à payer se ranchon, et lequel estoit renommé être boin marchant.... »

« A messire Manuel du pays de Constantinoble ou pays de Gresse ung lion d'or au pris de XXX solz à lui donné des grâces et courtoisies de le ville

---

[1] « A Jehan Leroy, cauchetier, 146 liv. 17 s. pour 485 aunes de draps acatés au pris de 4 solz l'aune.. et pour 40 douzaines de saullers.... au pris de 27 s. le douzaine, et pour argent comptant donné en petis blans à l'amosne de le ville, faite le nuit de Toussaint deesrain passé, come on a cascun an acoustumé de faire pour le bien et estat de le ville. » (*Comptes des Argentiers*, année 1400).

[2] Ce garde était vêtu d'une longue robe verte sur laquelle était un cornet de drap noir.

pour Dieu et en amosne pour lui aidier à porter sa despence en passant son chemin ; laquelle somme lui a esté donnée... pour ce qu'il estoit grandement recommandé de trois ou quatre cardinaux romains et aussi de nostre sire le roy de France (1454). »

« A quatre poures marchans qui avoient perdu tous leurs biens sur la mer par tormente..... XII s. » « A ung nomé Pierequin de Marœul, débile en son entendement, pour avoir une chemise V solz etc. »

Nous trouvons dans les mêmes registres 26 liv. 6 s. 9 d. payés à un boulanger pour prix du pain qu'il avoit fourni pendant quarante-trois semaines à dix ou douze *poures filles de joie*, attaquées du mal de Naples, lesquelles avaient été *mises hors de la ville* et avaient été *demourer auprès d'Espaignette, en très-grande poureté et indigence.*

En temps de peste, la ville donnait de la bière *aux sœurs et poures malades de l'Hôtel-Dieu.* Elle accordait aussi des gratifications à ceux qui gardaient les pestiférés dans les maisons particulières, et fournissait aux médecins qui les soignaient, et aux personnes qui les portaient en terre, un habillement particulier, afin que chacun pût les reconnaître et *soy garder de aler avec eux*. Lorsque l'on soupçonnait un cas de maladie contagieuse, on ordonnait aux habitans de la maison infectée de quitter la ville pendant l'espace de trente à quarante jours, et on leur accordait une somme à titre de dédommagement. Quelquefois même on brûlait la maison et tout ce qu'elle contenait. Si le malade était un pauvre passant, on lui donnait des vivres et un abri bâti sur quatre pieux dans la campagne, où personne ne communiquait avec lui ; il mourait bientôt, et on faisait aussi brûler sa hutte. Tantôt les morts étaient portés en terre dans une brouette ; tantôt *traînés et tirés de loin à force de cordes*.

Au quinzième siècle, les médecins Abbevillois ne connaissaient pas même la cause ni la nature des maladies les plus communes. Nous voyons dans un compte de 1474 que l'on paya vingt-huit
» sous à maistre Jean De le Place, médechin,
» maistres Fremin Broulart et George Yot,
» cirurgiens, pour leur peine et sallaire de
» avoir ouvert la femme de ung nommé Fa-
» vières, pourpointier, laquelle durant sa vie et
» à son trespas avoit le ventre fort hault et enflé,
» pour scavoir quelle chose ce pouvoit estre,
» pour ce que auparavant en y avoit eu une
» aultre semblablement enflée, pour y remédier
» à l'avenir se faire se pouvoit. Lesquels méde-

» chins et cirurgiens ont trouvé que c'étoit eaues
» et qu'elle avoit le cœur et le foie ars »(brûlés).

Pour faire cesser la peste que les médecins ne pouvaient combattre, ou pour en empêcher le retour, on avait recours aux processions. Le clergé de toutes les paroisses, et les religieux, munis de leurs plus précieuses reliques, partaient de la collégiale, et cheminaient dans la plupart des rues, suivis d'un immense cortége. Les sergens de la vingtaine et autres, portant des torches décorées des armoiries de la ville, entouraient les corps saints. Lorsque le roi partait pour la guerre, lorsque ses armées remportaient une victoire, on recommençait ces processions.

Des cordeliers, des carmes ou d'autres moines auxquels la ville donnait de l'argent, et fournissait des vivres, des bûches et des fagots pour se chauffer, venaient chaque année prêcher pendant le carême. Ces sortes de missionnaires prononçaient leurs discours sur les places publiques et dans les cimetières, et des gardes étaient placés de distance en distance pour empêcher les hommes de se mêler avec les femmes. Chaque jour c'étaient de nouvelles cérémonies religieuses auxquelles une foule innombrable assistait dans le plus profond recueillement; car dans ces temps de foi vive et de croyances sincères, la ferveur du peuple était si grande, il remplissait ses devoirs de dévotion avec une si rigoureuse exactitude, que le jour du Vendredi-Saint, pendant toute la durée de l'office, on envoyait des gardes pour faire le guet autour de la ville, et veiller à la sûreté des habitations désertes.

Expression fidèle d'une société où le sentiment religieux dominait dans toutes les classes, la littérature dramatique de cette époque puisait exclusivement ses inspirations aux sources sacrées. La Bible, la vie de Jésus-Christ et des saints fournissaient alors le sujet de toutes les pièces de théâtre. Les prêtres étaient les auteurs et les acteurs de ces drames bizarres, que l'on désignait sous le nom de mystères, espèces de farces grossières, où le mysticisme s'alliait aux plus scandaleuses indécences. On les jouait sur un théâtre élevé au milieu des rues, dans les occasions solennelles, lors du passage des rois, pendant les processions faites en actions de grâces d'une victoire ou pour tout autre motif : témoin l'année 1453, où l'on représenta, *sans parler,* la passion de Jésus-Christ et la vie de plusieurs saints, en réjouissance de la conquête de la Guyenne et de la mort de Talbot ; témoin encore l'année 1458, où fût *monstré par personnages ou marquié... le mistère du viel testament et du nouvel,* pendant la procession générale faite pour préserver les habitans de la peste, et demander au ciel une abondante moisson.

Un trompette à cheval parcourait les rues pour appeler les acteurs, et annoncer au peuple l'approche de la représentation. Le maire et les échevins assistaient à ces mystères, qui duraient souvent plusieurs journées, et se faisaient apporter à dîner dans leur *hourt* (échafaud), aux frais de la commune [1]. Pendant la représentation, les gardes de jour et de nuit, et les sergens de la vingtaine, veillaient à la sûreté des portes de la ville, et parcouraient les rues pour empêcher les *noises*, les *débats ou larchins*.

C'est dans un emplacement situé derrière l'église Saint-Gilles, et que l'on désignait sous le nom de *Camp Colart Pertris* [2], qu'on représenta

---

[1] *Registres aux délibérations de la ville*, année 1463. — *Comptes des Argentiers.*

[2] C'est là que le fameux carme Thomas Conecte, accompagné de plusieurs autres religieux de son ordre, et monté sur un échafaud où il avait fait dresser un autel, tonna pendant quatre jours (en 1428) contre l'incontinence des prêtres et contre la coquetterie des femmes. On sait qu'après avoir fait allumer de grands feux devant son échafaud, l'impitoyable frère Thomas forçait les dames à venir y jeter leurs robes et leurs atours. Les officiers municipaux, charmés de son éloquence, lui firent donner 15 salus d'or pour avoir un bréviaire et payèrent ses dépens; et le prédicateur, non moins

successivement la *Passion de Notre-Seigneur Jésus-Christ* (1451) ; les jeux de la vie de *monsieur Saint-Quentin* (1452); les jeux de *monsieur Saint-Andrieu* (André 1458); les jeux de la vie de *monsieur Saint-Roch* (1493); ceux de *monsieur Saint-Quirin*, etc.

En 1452, *la Purification de Notre-Dame* fut jouée dans le cimetière Saint-Jacques ; mais nous ignorons dans quels lieux furent représentés les mystères de *Jonas, la vengeance de Jésus-Christ, la vengeance de sa mort, les histoires de Joseph,* et un autre mystère, tiré du psaume *Dominus regit*, qui se trouve aussi mentionné dans les comptes de l'Hôtel-de-Ville. Ces mêmes comptes nous apprennent que les seigneurs, qui assistaient à ces comédies saintes, étaient placés sur des échafaudages, pour mieux jouir des jeux de la scène.

Le dernier jour de l'an 1452, le corps de ville arrêta que la somme de dix écus d'or qu'un certain Wille de Bonnœuil avait payés à maître Raoul Gréban, à Paris, pour avoir les jeux de la Passion de Notre-Seigneur, lui seraient remboursés des deniers de la commune, et que ces

charmé de leur courtoisie, monta sur son mulet, et se rendit à Saint-Valery-sur-Somme où il se mit en mer pour la Bretagne. (Voy. *Chron. de Monstrelet*, Tom. v, pag. 197. édit. de Buchon.)

jeux, *clos et scellés par les échevins, seraient mis en un coffre en l'eschevinage, tant et jusque ad ce que on les jouât* [1].

Nous ajouterons qu'en 1457, on accorda une gratification à un nommé Dieppe, poursuivant [2], « *pour ce qu'il avoit apporté tant de bouche que par escript aux officiers municipaux d'Abbeville, les joyeusetéz et mystères qui avoient esté faites par les bourgeois de Rouen, à la première entrée de Charles* VII. »

CHAPITRE XXII.

État physique.

La plupart des maisons étaient bâties en terre ou en bois; les rues mal alignées, étroites et remplies de fumiers et de boues infectes. On n'y pouvait marcher qu'avec des bottes ou des échasses. Une grande partie des rues ressemblaient à celles d'un misérable bourg. On y voyait

---

[1] Ce manuscrit n'existe plus dans les archives.
[2] Amoureux, homme qui recherche une femme en mariage.

des masures avec de petits jardins sur froc.[1], des granges, des étables et des mares; des cochons labourant les immondices; des vaches, des chevaux allant au pâturage.

Une ordonnance municipale de 1278 avait prescrit de couvrir en tuiles toutes les maisons que l'on reconstruirait depuis le Pont de Talance jusqu'à la porte Comtesse, et depuis la porte Comtesse jusqu'au Pont-aux-Poirées. Cette ordonnance fut appliquée ensuite au reste de la ville, mais n'y reçut point d'exécution, puisqu'on renouvela mainte et mainte fois, jusqu'en 1538, la défense de couvrir en chaume.

Une autre ordonnance du quatorzième siècle enjoint aux habitans de clore leurs tènemens, jardins ou masures sur froc et de chaque côté, tous les ans au mois de mars, sous peine d'amende[2]. La même ordonnance prescrit à ceux qui ont des bestiaux dans les pâtis de la ville de les renfermer la nuit dans leurs étables.

On a lieu de croire que la plus grande partie

---

[1] On voit encore deux ou trois de ces jardins sur froc dans la Tannerie.

[2] Voici le texte de cette ordonnance : « Item est de long temps coustume de faire commandement et défense chascun an par nous à tous nos bourgeois et subjets à le première feste ou dimence de march que chascun ait clos son tènement, gardin ou masure sur froc de le ville et aussy voisin contre aultre, et que ce soit fait par dedans le 12me. jour de march sur l'amende. »

des rues d'Abbeville n'étaient point encore pavées au treizième siècle ; mais la plupart l'étaient le siècle suivant. Les anciens comptes de la mairie attestent qu'on pavait dans la chaussée d'Hocquet en 1379 ; dans la rue aux Pareurs et dans les deux chaussées du Bois et Marcadé, en 1397. Il paraîtrait cependant que la chaussée d'Hocquet et plusieurs autres rues n'étaient point encore entièrement pavées en 1533. Ce pavé se composait de galets qu'on allait chercher à Blanquetaque et de petits carreaux de grès, qu'on tirait de Vignacourt. Malgré cette amélioration, les rues étaient encore si sales au quinzième siècle, que lors du mariage de Louis XII on enleva dans la place Saint-Pierre et dans la rue Larquet seulement plus de deux cent soixante *bellenées* (tombereaux) d'immondices.

Les manuscrits disent que la marée montait alors tous les jours dans les rues d'Abbeville [1],

---

[1] Le P. Ignace rapporte que le flux faisait remonter la Somme *jusqu'au village de Bersacles*, près de Saint-Riquier, et que l'inondation ne permettait plus de communiquer d'un lieu à l'autre. Afin d'obvier à cet inconvénient, un pont de fer fut construit aux dépens des moines ; *et pour conserver et entretenir ce pont de fer,* dit le P. Ignace, *fut constituée une rente du propre patrimoine du monastère de Saint-Riquier qui est de quarante-huit septiers d'avoine tous les ans.... Et encore que ce pont de fer ne soit plus nécessaire et qu'on ignore le lieu où il soit, néanmoins la rente constituée*

et cette circonstance ne devait pas peu contribuer à former les cloaques dont cette ville était infectée. Les travaux qu'on entreprit pour la préserver des inondations, et les fréquens pavages qui ont eu lieu depuis le douzième ou treizième siècle, ont exhaussé le sol de plusieurs pieds.

Cependant dans cette ville aux rues fangeuses et aux maisons chétives, s'élevaient de nombreux hôtels, de vastes et belles églises [1], des halles, des magasins remplis de marchandises de toute espèce, des hôpitaux et des couvens, et plusieurs autres établissemens publics, parmi lesquels on distinguait le grand Échevinage et le Bourdois. On remarquait surtout sa ceinture de murailles crénelées et fortifiées de plusieurs *chastelets*, et d'un grand nombre de tours à terrasses garnies de plomb ; ses portes défendues par de larges fossés, des ponts-levis, des barrières et des *bailles* (espèces de blockaus) ; ses guérites de pierres, munies de cloches, pour sonner l'alarme au moindre danger, et qui s'élevaient au-dessus de la plate-forme des portes et des mâchicoulis.

Dès le quatorzième siècle, Abbeville eut une

---

demeure toujours ; et notre auteur cite la personne qui la recevait de son temps. (Voy. *l'Hist. ecclésiastique d'Abbeville,* pag. 12.)

[1] Voy. les établissemens religieux à la fin de l'ouvrage.

horloge publique, comme la plupart des autres grandes villes. Vers l'année 1480, on en voyait une autre au Bourdois dans laquelle on avait inséré des mouvemens qui mettaient en jeu *deux personnages estoffés d'argent et d'autres couleurs*. Le timbre sur lequel frappaient ces personnages, pour indiquer les heures, était placé dans un joli clocher, percé de six fenêtres, où l'on voyait flotter des étendards. Un soleil d'or, des fleurs de lis, des écussons, une grande bannière aux armes de France au haut de la flèche, complétaient la décoration de ce *Jackemarc* nom qui provenait, dit Roquefort (*Glossaire de la langue romane*), de celui de Jacques Marc, inventeur de ces horloges à machines.

C'était alors l'usage de décorer de peintures rehaussées d'or, les monumens publics. Le pignon du Bourdois offrait, au moyen âge, une fresque représentant un comte de Ponthieu à cheval. Cette figure n'était point la seule. Un registre de comptes, daté de 1410, porte ce qui suit :

« A Colart Harchette peintre, pour plusieurs ymages, pourtraitures et paintures à l'entrée du petit esquevinage pour esquiener et chiesser (écarter, empêcher) les gens qui pissoient, dont on sentoit maluaises ondures (odeurs). »

Ces images étaient, à coup sûr, des portraits de saints, afin qu'un religieux respect fît éloigner ceux qui souillaient le monument.

CHAPITRE XXIII.

1452 — 1477.

On a vu que le comté de Ponthieu était passé, par le traité d'Arras, entre les mains de Philippe-le-Bon, duc de Bourgogne, à condition que Charles VII ou ses successeurs pourraient le recouvrer, ainsi que les autres villes de la Somme, moyennant quatre cent mille écus d'or. A peine Louis XI était-il monté sur le trône qu'il s'occupa de l'acquisition de ces places, si nécessaires à la défense de son royaume. Des négociations ayant été entamées à ce sujet, il se mit en route pour Hesdin, où le duc de Bourgogne lui avait donné rendez-vous, et arriva à Abbeville, par la porte d'Hocquet, le 27 septembre 1463. Les chefs de la commune, vêtus de robes bleues, allèrent à cheval au devant de lui, jusqu'au-delà de la banlieue, à la tête d'un nombreux cortége parmi lequel on remarquait les écoliers de la ville, *honnestement habillés,* et conduits par leurs maîtres. Les sergens de la ville tenaient des torches allumées; le clergé portait la châsse de saint Vulfran et quantité d'autres reliques. Des tapisseries fleurdelisées ornaient les rues sur son passage ; le pavé était jonché de fleurs, de romarin, de sauge, de camomille et d'autres plantes. Le peuple criait Noël! A l'entrée de la ville le roi aperçut un théâtre où l'on jouait des *joyeusetés et mystères.* Parvenu à l'église Saint-Paul, il y trouva un nouveau spectacle. Un autre théâtre avait été dressé au Pont-Talance, devant l'hôtel des frères mineurs (cordeliers) [1] ; un quatrième *sur la pierre de l'hôtel de la couronne,* et ainsi de suite. Le roi marchait sous un dais de soie bleue, semé de fleurs de lis, et orné de franges

---

[1] « A quatre compágnons plommiers (plombiers).... pour avoir fait quatre buisines (tuyaux) qui geitoient yaue et une croix servans aux mystères que firent les frères mineurs... a l'entrée de leur hostel quand le roy entra dans la ville et qu'il passa par devant ledit hostel... Pour une livre de brésil dont fut rougie l'eaue des dits mystères... Item à ung brouctier qui broucta ladite eaue depuis le lieu où elle fut rougie jusque devant l'hostel desdits frères.... Pour avoir paint ung grant escu d'azur couronné de troys couronnes.... Ung chappeau d'espines, quatre douzaines de fleurs de lis sur la robe de cellui qui fist le mystère Saint-Loys... Ung coulon (pigeon) et les visages des joueurs...» (*Comptes des Argentiers de la ville,* année 1463.)

et de galons d'or ; quatre échevins portaient ce dais.

Louis XI alla loger dans une maison de la place Saint-Pierre, située sur l'emplacement de l'ancien couvent des carmes, et qui appartenait au sieur Gilain, son avocat. On offrit au roi, selon l'usage, trois bœufs gras, trois muids de vin de Beaune, trois muids d'avoine et un fromage de Marquenterre de la *grant fourme*. Le vin lui fut présenté dans trois pintes d'étain, l'avoine dans trois picotins d'azur, parsemés de fleurs de lis. On remit le reste à ses écuyers. Les autres officiers de sa maison se partagèrent les bœufs ; le maître d'hôtel eut pour sa part le dais de soie bleue.

La journée se termina par des réjouissances, des feux de joie, des festins au milieu des rues. Le lendemain, Louis XI prit la route d'Hesdin où le duc de Bourgogne le reçut avec magnificence. Les quatre cent mille écus d'or, qui avaient été déposés à Abbeville, furent remis au comte d'Eu, expédiés de suite à Hesdin, et le duc donna aussitôt des ordres pour la restitution des places.

Louis XI, au comble de ses vœux, alla se jeter aux pieds de Notre-Dame de Leure, lui fit présent d'un beau calice, de plusieurs ornemens et d'un tableau où il s'était fait peindre à genoux devant elle, lui adressant ces mots :

> Dame de paix et de pitié,
> Je vous requiers très-humblement
> Que je vive en tranquillité,
> Ci bas et éternellement.

On lisait plus bas :

> Louis, par la grâce de Dieu,
> Noble roi de tous les François
> Vint visiter ce digne lieu
> L'an mil quatre cent soixante-trois.

Louis XI avait promis au duc de Bourgogne de ne point destituer les gouverneurs des villes rachetées ; mais à peine l'avait-il quitté qu'il se hâta de changer tous les officiers bourguignons, et de demander de nouveaux sermens de fidélité aux habitans. Il confirma ensuite les priviléges de la ville par une charte que l'on conservait à l'Échevinage, et sur laquelle on avait peint les officiers municipaux lui présentant à genoux le livre de ces priviléges, avec ces vers au bas :

> Pour par raison nous contenir,
> Et vos sujets en paix tenir,
> Est ce livre fait et dité,
> Sire, par votre autorité.

Le roi répondait par cet autre quatrain :

> Soient gardés et maintenus
> Par vous ces édits et statuts,
> Par cette charte les conferme
> A toudis pour être plus ferme.

Dès que Charles-le-Téméraire, comte de Charolais, unique héritier de Philippe-le-Bon, avait su que l'on traitait du rachat des villes de la Somme, il avait fait représenter à son père combien il serait nuisible aux intérêts de la maison de Bourgogne de perdre des villes aussi importantes. Très-mécontent de la conclusion du traité, il recherchait avec ardeur l'occasion d'éclater. Les principaux seigneurs de France, que Louis XI voulait abaisser, poussaient vivement le jeune prince à la révolte. Louis XI, informé de leurs desseins, s'efforça de conserver toute l'amitié de Philippe, qui résidait toujours à Hesdin, dans le beau château que Jean-sans-Peur y avait fait construire. On a lieu de croire que ce fut principalement dans ce but que le roi resta si long-temps avec toute la cour à Nouvion. Il s'y trouvait à même non seulement de s'occuper de la prise de possession des villes de la Somme; mais d'y recevoir encore des informations sur les menées et les projets de ses ennemis, et de conférer au besoin avec le duc. Nouvion lui plaisait d'autant plus qu'il était passionné pour la chasse, et qu'il allait courir le cerf et le sanglier dans la forêt de Crécy. Il s'y trouvait depuis quelque temps avec un petit corps de troupes, et cette circonstance, jointe à certains mouvemens qu'on remarquait autour de lui, causait de l'inquiétude à la cour de Bourgogne. Louis quitta Nouvion après y avoir signé, le 22 décembre 1463, un traité par lequel il renouvelait l'alliance qu'il avait déjà contractée avec l'habile et puissant duc de Milan, François Sforce, lorsqu'il n'était encore que dauphin [1], et lui abandonnait les seigneuries de Gênes et de Savone. Il se rendit ensuite à Rouen, puis revint dans le Ponthieu, et s'arrêta quelque temps à Rue, où il avait promulgué l'année précédente, sur les remontrances du Parlement, une ordonnance par laquelle il défendait qu'on envoyât dorénavant de l'argent à Rome, pour obtenir des bénéfices ; voulant en quelque sorte rétablir la pragmatique sanction qu'il avait révoquée peu de temps auparavant, et mettre enfin un terme aux exactions de la cour pontificale.

Après un assez long séjour à Rue, Louis XI revint encore à Nouvion, suivi de quelques troupes, et envoya prévenir Philippe-le-Bon qu'il se proposait de faire un nouveau voyage à Hesdin pour s'entendre avec lui sur divers objets. Mais bientôt le bruit se répand que le roi a envoyé un

---

[1] Le 27 novembre de la même année, Louis avait renouvelé à Abbeville l'alliance que son père avait contractée avec les cantons suisses.

certain bâtard de Rubempré en Hollande, pour y assassiner le jeune comte de Charolais; que Rubempré s'est embarqué à Dieppe sur un petit bâtiment monté par cinquante hommes; qu'après avoir mouillé au Crotoy, il a fait voile pour Gorcum, où il a été arrêté, et que le complot est découvert. Cette nouvelle jette le trouble à la cour de Philippe. On s'inquiète de le voir si près du roi avec une faible garde; on croit que Louis XI, environné de soldats, se prépare à le surprendre, et on le presse de se mettre en garde contre ses tentatives.

Louis XI était à Abbeville lorsque le sire de Lannoy vint lui donner connaissance de ces bruits. Dans l'espoir de tranquilliser le duc, il lui fit dire qu'il viendrait le lendemain 9 octobre (1464) le trouver à Hesdin; mais Philippe, loin de l'attendre, se hâta de quitter cette ville le jour même. Pour calmer la frayeur du duc, le roi se retira de son côté jusqu'à Rouen, et y appela les députés d'Abbeville, d'Amiens, etc., auxquels il déclara combien il était indigné des propos qu'on tenait contre lui. Il avertit ensuite ces députés que les magistrats de leur ville avaient reçu l'ordre d'arrêter, et de lui envoyer, pour qu'il en fasse justice, ceux de leurs compatriotes qui se permettraient de le calomnier à l'occasion de Rubempré ; et de chasser de la ville ceux qui, sans répéter les mêmes propos, y ajouteraient foi.

Malgré ces dénégations, le duc de Bourgogne n'hésita pas à se joindre à la coalition qui se formait contre Louis XI, sous le nom de *Ligue du bien public,* et fut le premier à faire marcher des troupes sous les ordres du comte de Charolais. Le danger s'aggrava au point que Louis fut bientôt contraint de signer le traité de Conflans, qui livrait au jeune comte et à ses successeurs, Abbeville et les autres villes de la Somme, avec faculté de rachat au moyen de deux cent mille écus d'or. Le roi envoya deux commissaires aux Abbevillois pour leur apprendre qu'ils venaient encore de changer de maître : ils reçurent cette nouvelle avec peine.

Le 2 mai 1466, Charles-le-Téméraire fit son entrée solennelle à Abbeville par la porte Marcadé, et alla loger à l'hôtel de la Toison-d'Or, près de la porte Comtesse. On avait dressé sur son passage onze hourds ou échafauds remplis de personnages qui exécutaient des mystères [1].

---

[1] « Pour trois cappeaux (chapeaux) de vermaulx boutons (roses rouges) qui ont servi aux deux personnages qui ont fait les ystoires de l'Annonciacion au hourt de la porte Marcadé, et l'autre d'un angle (ange) au hourt du marchié..... Pour plusieurs despences de

A peine était-il arrivé, qu'au mépris du serment qu'il avait fait de respecter les priviléges de la cité, il destitua les officiers municipaux, en établit d'autres, et nomma gouverneur du pays le sire d'Auxi, son premier chambellan.

Devenu duc de Bourgogne après la mort de Philippe en 1497, Charles-le-Téméraire refusa de recevoir les deux cent mille écus d'or au moyen desquels Louis XI s'était réservé le droit de racheter toutes les villes de la Somme. C'était en quelque sorte une déclaration de guerre. Le roi s'y prépara de longue main ; mais préférant les négociations aux combats, il alla à Péronne, suivant le perfide conseil de la Balue, trouver Charles-le-Téméraire, qui le retint prisonnier. Louis vint à bout cependant de fléchir ce prince. Il signa un traité qui avait pour base ceux d'Arras et de Conflans. Le duc de Bourgogne obtint la seigneurie pleine et entière, avec le droit de lever des aides, et d'assembler les vassaux dans

bouche faietes par les compagnons qui ont représenté les personnages des dits mystères et des ystoires de Gédéon, de Joub (Job) et du crucifiement, et qui estoient jusques au nombre de six à sept vingts.... A Waitier de Vimes, estuvier, pour ceux qui firent l'istoire des deables à l'istoire du jugement..... au bourt du marchié lesquels s'en allèrent nétoyer et estuver (baigner) aux estuves du dit Waitier.» (*Compte des Argentiers,* pour la première venue de M. le comte de Charolais, année 1466.)

le Vimeu, les villes de la Somme et autres territoires. Mais après la rupture du traité de Péronne, Louis XI fit déclarer à son terrible ennemi la saisie de la seigneurie du Vimeu, et la guerre se ralluma avec fureur.

Charles-le-Téméraire, craignant que Louis XI ne tentât quelque entreprise sur Abbeville, envoya le sire d'Esquerdes, l'un de ses plus vaillans officiers, avec un corps de troupes, pour s'assurer de cette place. Mais les bourgeois, qui détestaient les Bourguignons, refusèrent de lui ouvrir leurs portes en déclarant qu'ils se défendraient bien sans garnison (14 janvier 1470). Cependant d'Esquerdes ne se laissa point décourager par ce refus. Il resta dans le faubourg Rouvroy avec sa troupe, et chargea l'un de ses officiers, qui connaissait le portier de la ville, de voir cet homme, et de le faire consentir à laisser entrer dans la place un très-petit nombre de soldats bourguignons, qui n'y viendraient qu'isolément, et pour s'y procurer des vivres. La proposition ayant été acceptée, dix ou douze de ces soldats venaient chaque jour à Abbeville et s'en retournaient; mais au moment fixé pour l'exécution du complot, *pendant que chacun dînoit*, ceux qui se trouvaient dans l'intérieur se réunirent à la porte d'Hocquet, égorgèrent le poste, et livrèrent passage au sire d'Esquerdes, qui se tenait en embuscade avec son monde à quelques pas de la porte. Pierre Le Prêtre, abbé de Saint-Riquier, à qui nous devons le récit de cet événement, rapporte[1] qu'il était à Abbeville ce jour là, et qu'il s'y éleva à l'instant même de si lamentables cris, qu'il en tomba malade de frayeur, et qu'il ne put, depuis ce temps, recouvrer la santé.

D'Esquerdes s'empara aussitôt des clefs de la ville, du marteau de la grosse cloche du beffroi, des armes que possédaient les habitans, et fit exécuter cette mesure avec tant de rigueur, qu'ils *conservèrent à peine*, dit Pierre Le Prêtre, *un couteau pour tailler leur pain*. Il se fit en outre désigner deux cents bourgeois ennemis de son maître, et fit abattre leurs maisons. Ces rigueurs excitèrent dans l'âme des Abbevillois un vif ressentiment. Charles, s'apercevant que son joug leur devenait de plus en plus odieux, avait fait, en 1469, construire un château fort, près du Pont-Rouge, pour les contenir; mais cette atteinte portée à leurs franchises municipales les irrita bien davantage. Ils allaient livrer leur ville au roi de France, lorsque Charles y envoya de nouveau le sire d'Esquerdes avec un corps de trois mille

---

[1] *Chroniques abrégées des rois de France*, M. S.

hommes. Cet officier fit exécuter plusieurs bourgeois de marque, et le 15 janvier 1471, il assista, du haut du balcon du Bourdois, au supplice de Jean Levasseur et d'autres patriotes dont nous ne connaissons pas les noms. Il fit brûler les faubourgs pour garantir la place de toute surprise, et détruisit de fond en comble plusieurs quartiers de la ville, dont une partie venait d'être récemment encore brûlée par d'autres bandits que les documens ne font pas connaître. « Incontinent, dit Pierre Le Prêtre, que une maison estoit trouvée du parti contraire, les Bourguignons la tiroient (jetaient bas) jusqu'à ce que ce fût sans remède, quelque bonne qu'elle fût. » Et comme l'hiver était alors très-rigoureux, ils se chauffaient autour de ses débris. Plus de dix-sept cents maisons furent ainsi brûlées, *comme les gouverneurs de la ville certifièrent,* ajoute l'auteur que nous venons de citer.

Les Anglais, à la même époque, occupaient Saint-Riquier, et dévastèrent aussi cette place « en abattant arbres es gardins es allées.... et tout le bos à carpenter.... et plusieurs méchans maisons de la dite ville.... et fesant merveilleux dommage au bos de l'abbaye; car continuellement y avoit gens sans nombre de jour et de nuit, tant gens d'armes comme gens de commune, copant et abattant tous les plus beaux arbres sans pitié [1]. » Pendant que les Bourguignons exerçaient dans Abbeville de si grandes cruautés, Louis XI s'emparait d'Amiens et de Saint-Quentin. Cette circonstance avait déterminé le duc à convoquer à Abbeville les États des Pays-Bas. Ils s'étaient ouverts le 22 juillet 1471. Le duc y représenta le danger de sa position et le besoin qu'il éprouvait de nouveaux subsides. Il obtint cent vingt mille écus au-delà des impôts ordinaires, et leva de nouvelles troupes. Louis XI, voyant une armée formidable près d'agir contre lui, s'empressa de proposer la paix au duc qui accepta ses offres. Les négociateurs s'assemblèrent dans le château du Crotoy et conclurent, le 3 octobre, un traité par lequel le roi consentait à restituer Amiens, Saint-Quentin et la prevôté du Vimeu au duc de Bourgogne. Mais Louis XI, qui n'avait cherché qu'à gagner du temps, refusa bientôt de ratifier la paix. Charles était au Crotoy lorsqu'il y apprit cette nouvelle le 15 mai 1472. Justement irrité de la mauvaise

---

[1] «Les dits Anglois durant l'iver mengèrent même tous les cats de la ditte ville, et disoient en leur langage qu'ils les aimoient mieux que conins (lapins) et si prindrent par engins tous les lièvres, conins et pertris du pays environ; car ils avoient gens à ce propice et savoient la manière de les prendre.» (Pierre Le Prêtre.)

foi du roi de France ; il résolut de recommencer la guerre. Après avoir échoué devant Beauvais, il se rejeta sur le Ponthieu, où il exerça de terribles représailles, car la plupart des chevaliers de ce pays s'étaient joints aux Français. On avait aussi profité de son absence pour attaquer le Crotoy, et cette forteresse, dépourvue de forces suffisantes, avait été contrainte de capituler.

Airaines, Oisemont, Rambures et Saint-Valery retombèrent successivement dans les mains de Charles, et furent brûlés sans pitié, ainsi que le bourg de Gamaches, que l'un de ses généraux les plus célèbres, Olivier de la Marche, emporta d'assaut. Le duc se dirigea ensuite sur la Normandie et détruisit, en passant, Blangy et Neufchâtel; mais affaibli par la désertion et par des combats continuels, dénué de vivres et de fourrages, il ne tarda pas à rétrograder et se replia sur Picquigny, où il traversa la Somme pour se rendre en Flandre.

Vers la fin de la même année, il revint à Abbeville, et mit le siége devant le Crotoy, qui se rendit peu de temps après faute de vivres; mais Saint-Valery, Rambures et quelques autres châtellenies étaient retombées au pouvoir des troupes françaises, commandées par Joachim Rohaut.

Sur ces entrefaites, Édouard IV, roi d'Angleterre, excité par les intrigues de Charles-le-Téméraire, se disposait à débarquer en Normandie. Louis XI, prévenu de son arrivée prochaine, envoya des forces à Dieppe et à Eu pour défendre la côte, et se rendit lui-même aux environs de Neufchâtel, tandis qu'une partie de son armée brûlait et ravageait tout le pays jusqu'à la mer, afin d'affamer l'ennemi s'il ne pouvait l'arrêter. « Il me semble que pour parvenir à rompre le propos qu'ont les Anglais de venir en Normandie, écrivait Louis à Dammartin [1], je devais envoyer mes gens courir en Picardie afin de détruire tout le pays d'où les vivres auraient pu leur venir. Je les ai envoyés par le Pont-Remi, parce que le passage de la Blanquetaque n'est pas sûr pour une grande compagnie. Ils ont tout brûlé depuis la Somme jusqu'à Hesdin, et delà sont venus faisant toujours leur métier jusqu'à Arras. »

Cependant Édouard débarqué en France n'y trouva point les forces que son allié le duc de Bourgogne lui avait promises, parce que ce prince était en guerre avec le duc de Lorraine, et qu'il venait d'être battu à Neuss. On sait d'ailleurs

---

[1] Lieutenant-général en Picardie.

que le connétable de Saint-Pol, qui avait aussi sollicité l'entreprise d'Édouard, et promis de se joindre à lui, n'osa point éclater en se voyant privé de l'appui de Charles. Saint-Pol faisait depuis long-temps consister toute sa politique à flotter entre Louis et son adversaire, pour mieux tirer parti des événemens. Il se rapprocha du roi qui tenta de se débarrasser d'Édouard en négociant avec lui. Les conférences étaient ouvertes; mais le connétable, qui trahissait tous les partis, envoya son confesseur dans le camp du roi d'Angleterre pour engager ce prince à exiger des garanties, lui insinuant que Louis XI cherchait à le tromper, et qu'il devait avant tout réclamer quelques-unes des places du littoral; telles que Saint-Valery et Eu.

Louis, averti des menées du connétable, résolut de brûler ces deux villes pour que le roi d'Angleterre ne les lui demandât pas. Joachim de Rohaut, seigneur de Gamaches, Jean de Bellay, son neveu, Charles de Briquebec et autres capitaines, furent chargés de cette mission barbare. Après avoir fait assembler les habitans de la ville d'Eu pour leur communiquer les ordres du roi, et fait mettre le feu aux quatre coins de cette malheureuse ville, Joachim de Rohaut et ses satellites se rendirent à Cayeux et à

Saint-Valery, le même jour, 14 juillet 1475, et opérèrent la destruction complète de ces deux places.

Quelque temps après, Louis XI eut une entrevue avec Édouard sur le pont de Picquigny, dans une loge partagée par de gros barreaux de bois, *comme aux cages de lions*, dit Comines. Les deux princes se parlèrent à travers ces barreaux, et Louis acheta une trêve honteuse pour un tribut annuel de cinquante mille écus d'or.

Édouard promit en vertu de ce traité de retourner dans ses états ; mais jusqu'au moment fixé pour son départ, ses troupes restèrent en garnison dans les villes de la Somme, entre autres à Abbeville et à Saint-Riquier [1]. Ces troupes se répandaient dans les campagnes, et sans respect pour la trêve signée, s'y livraient au pillage. Les paysans, réduits au désespoir, commençaient à leur faire la guerre, lorsqu'Édouard, fatigué de son séjour en France, et comprenant le danger de sa position, reprit le chemin de Calais.

Le duc de Bourgogne, privé de l'alliance des Anglais, fit à son tour un traité avec le roi, qui

---

[1] Un cartulaire de 1476 parle de la *grande destruction* de cette ville par les Anglais, peu de temps avant cette même année.

brûlait de se venger du connétable de Saint-Pol, son beau-frère. On a vu que ce premier officier de la couronne, auquel Louis XI avait donné la seigneurie de Nouvion, n'avait cessé de tromper tous les partis pour profiter de leurs dissentions. Les deux princes s'aperçurent à la fin qu'il les trahissait l'un et l'autre, et ils le déclarèrent leur ennemi commun. Charles promit par un article secret de le livrer au roi, s'il était le premier à se saisir de sa personne, et Louis, pour prix du sang de l'illustre victime qu'il voulait sacrifier, s'empressa de restituer au duc de Bourgogne Saint-Quentin et les autres villes de la Somme qu'il avait conquises. Le duc étant mort peu de temps après, Louis XI chargea Torcy, grand maître des arbalétriers de France, de faire connaître cet événement aux Abbevillois, et de les sommer de rentrer sous son obéissance. Torcy, accompagné de plusieurs autres commissaires, se présenta à la porte Saint-Gilles et fit remettre aux magistrats des lettres par lesquelles le roi s'engageait formellement à confirmer leurs priviléges, et à n'inquiéter qui que ce fût pour *les cas advenus tant en faits qu'en paroles durant les divisions et guerres passées* [1]. Les Abbevillois, qui regrettaient toujours la France, ne deman-

[1] Registre aux délibérations de la ville.

daient pas mieux que de lui tendre les bras; mais ils avaient chez eux une garnison de quatre cents Flamands qui s'opposaient à leurs desseins. Le maire n'en conféra pas moins avec Torcy, et se disposait à expulser la garnison, lorsque l'historien Comines et le bâtard de Bourbon arrivèrent à la tête d'un faible détachement et promirent, de la part du roi, de l'argent et des pensions aux capitaines et officiers de la garnison. Ces chefs se laissèrent gagner, et prirent le chemin de la Flandre avec leurs troupes, après avoir été conduits jusqu'au-delà des portes par les archers, le corps municipal et un grand nombre d'habitans [1].

On fit entrer ensuite le général français. Cette circonstance détermina Louis XI à refuser le paiement des sommes promises aux officiers flamands, sous prétexte que ce n'était pas d'eux qu'il avait reçu la ville. Le même jour, 17 janvier 1477, les officiers municipaux prêtèrent, entre les mains de Torcy, le serment de fidélité au roi. Cet officier reçut ensuite celui du peuple réuni sur le marché, au bruit des salves d'artillerie tirées sur les remparts. Un *Te Deum* et des feux de joie terminèrent la journée. Le len-

[1] *Comptes des Argentiers,* année 1477.

demain on fit une procession générale en actions de grâces, puis on remit les clefs de la ville et du château aux chefs de la commune ; et pour donner aux habitans des marques de sa vive satisfaction, le roi les exempta du ban et de l'arrière-ban. Il voulut en outre les dédommager de leurs pertes en supprimant plusieurs droits onéreux.

CHAPITRE XXIV.

Passage de Charles VIII.

1493.

Louis XI était mort en 1483. A l'avénement de Charles VIII, la Picardie, à l'exception de Calais, reconnaissait l'autorité royale. Charles donna le gouvernement de cette province à Philippe de Crévecœur, sire d'Esquerdes, cet ancien officier de Charles-le-Téméraire, qui, gagné par Comines, avait abandonné la jeune héritière de Bourgogne pour passer au service de Louis XI.

Le 17 juin 1493, Charles VIII, revenant de Boulogne où il avait été présenter à la Vierge un cœur d'or du poids de treize marcs, fit son entrée à Abbeville par la porte Marcadé. Les maréchaux d'Esquerdes, de Gye, et bon nombre de grands seigneurs de Picardie, les doyen et chanoines de Saint-Vulfran, portant la chàsse du saint, les religieux de Saint-Pierre et les Cordeliers, les prêtres de toutes les paroisses, les officiers du roi en Picardie, le maire et les échevins, et les mayeurs de bannière, au nombre de cinquante-huit, vêtus de *livrée de drap d'escallatre*, et une foule immense de peuple, allèrent à sa rencontre jusqu'à moitié route de Laviers. « Après la révérence faite en la plus grant humilité que faire se povoit, et en parlant pour la dite ville, maistre Jehan Candel, licencié es lois, lors conseiller et sieger, lui fut offert corps biens et avoir [1]; le remerchiant très humblement de ce qu'il lui plaisoit venir veoir et visiter sa bonne ville et léaulx subjets d'Abbeville; lui suppliant iceulx tousjours avoir pour recommandés, et en signe de obédience, et recognoissant qu'il estoit leur roy souverain et naturel seigneur, lui furent présentées par le dit maire les clefs des portes de la

---

[1] Registre aux délibérations de la ville, de 1493 à 1522. — Nous avons cru devoir reproduire ce récit tel que nous l'avons trouvé dans les documens contemporains; car nous avons pensé que c'eût été lui faire perdre beaucoup que d'altérer sa forme si naïve et si originale.

dite ville.... Le quel seigneur de sa bouche rendit qu'il tenoit les dits habitants pour ses bons, vrays et léaux subjects, et les avoit eu et auroit tousjours pour recommandés. Et ce étant, marcha icellui seigneur venant en la dite ville. Au dehors des barrières de la quelle porte Marcadé, il trouva, et qui pareillement estoient allés au devant de lui, et estant en bataille à deux rangs, et à estandars déployés, les arbalestriers d'icelle ville, vestus de palletons[1] de livrée, esquartés de velours et de soie. Les archiers à l'aultre rang, vestus d'aultres palletons de livrée, et orfavoriziés d'argent arcqs et trousses ; devant lesquels icellui seigneur passa en entrant par la dite porte.

« Item à l'entour de la quelle porte Marcadé, dedans la ville, estoit appareillé ung paille (dais) de drap damas pers (bleu), semé de fleurs de lys d'or à frengues de soie pers, merlés de fils d'or, soubs quatre bastons azurés, semés de fleurs de lys d'or. Lequel paille fut apporté sur le roy nostre dit sire depuis la dite porte jusques à la porte de la prioré de Saint-Pierre, où ledit sire fut logié, par sire Jehan Le Sage, à son tour mayeur, Pierre Faffelin et Colart de Mautort, les quatre eschevins, et Philippe Accart au lieu

[1] Manteaux à l'usage des gens de guerre.

de maistre Eustache Postel, aussi des quatre eschevins, qui estoit malade.

« Item oultre la dite porte Marcadé et la dite prioré de Saint-Pierre, furent joués par personnaiges, sans parler, sur huit hourts ou eschaffaux, les huit beaux et louables mistères à la louenge de la Vierge Marye, tels qui enssuivent. Et sy avoit au long de la dite cauchie Marcadé planté plusieurs arbres, devantures de maisons tendues, herbe esparsse. A deux rangs sur le pont aux Pareurs avoit grant nombre de jeunes compaignons de la dite enseigne des pareurs, vestus de paleps de couleur de pourpre, et chappeaulx blancs ; et partout les rues d'icelle ville arbres plantés, joyeusetés et esbattemens furent fais, les cloches du beffroi et des églises sonnées durant qu'il marchoit en la dite ville....

« Enssuivent les huit mistères:

« *Au premier hourt ou echaffault* avoit une fille habilliée en moyen estat, assez richement, et comme marchande, accompagnié de trois filles nommées Jocundité (joie), Léaulté (fidélité) et Humble Service: et présentoit ladite marchande au roy, retournant du voyage de Notre-Dame de Boulogne sur la mer, *Ave Maris Stella*, et les trois filles un brief où estoit escript : *Domine salvum fac regem*. Au dit hourt, avoit ung tableau escript en teste, *Ave rex noster;* et en langage franchois ce qui s'enssuit :

> O Charles, roy sur tout très catholique,
> Je qui me dis *Abbatisvilla*,
> A ton retour joyeusement m'aplicque
> Toi présenter *ave Maris stella*.

« *Pour le second hourt ou échaffault*—avoit une puchelle haulte eslevée, ayant un diadême derrière son chief (tête), lequel diadême tournoit [1] et d'une main monstroit une estoille de mer continuellement tournant, et soubs son aultre main tenoit une porte assez richement faite, au dessoubs de laquelle estoit certains personnaiges, habillés en poure (pauvre) estat, et en fachons de marigniers, tenant forme de faire procacions et oroisons (prières), et estoit escript au tableau de ce hourt en teste, *Ave maris stella;* et au dessoubs en langage franchois :

> A toi, salut, estoille de la mer,
> Mère de Dieu, souveraine et conforte,
> Vierge à tousjours. . . . . . . [2]
> Conduis le roy et à bon port le porte.

« *Pour le tierch hourt*—avoit une Annonciacion de Nostre Dame, élevée en hault, dont la

---

[1] Ces jeux se faisaient à l'aide de ressorts. Les uns servaient à faire mouvoir les ailes des anges ou à *monter des filles en l'air;* les autres à tourner des *rayes de soleil*, etc.

[2] La fin de ce vers est illisible.

Vierge estoit représentée par une jeune fille de belle et gracieuse manière et contenance. L'angle (ange) Gabriel estoit représenté par ung beau fils, bien aorné, sur lesquels deux personnaiges avoit ung pot fort beau du quel sourdoit (sortait) ung oignon de lis, lequel par trois divers flourons ensemble jettoit sur le pavé ypocras [1], vin clairet et eaue de Damas. Au dessoubs de la quelle Annunciacion ainsi eslevée estoit nostre mère Eve, en représentation, habiturée (vêtue) pourement (pauvrement), accompagniée d'une multitude de poures femmes, faisans manière de grandement labourer (travailler) à grant peine et travail; et avoit ce hourt son tableau auquel estoit escript, *Sumens illud ave;* et au dessoubs en franchois :

> En recordant le salut angélique
> Que Gabriel prononcha de sa bouche,
> Entreliens nous en estat pacificque
> A ceste fin que guerre ne nous touche.

« *Pour le quart hourt*—avoit une puchelle richement atournée, laquelle tenoit en une de ses mains une paire de clefs richement faictes; à l'autre main ung flambeau de vierge cire ardent. Au dessous de laquelle vierge, estoit une multitude de prisonniers les ungs véans (voyant) et

---

[1] Breuvage fait avec du vin, du sucre, de la canelle, du girofle, etc.

les aultres aveugles, et estoit le tableau de ce hourt escript en teste, *solve vincla reys;* et au dessoubs :

>Aux prisonniers deslie leurs loyens (liens),
>Aux aveugles restitue lumière,
>Garde le roy de tous maux terriens,
>Requiers qu'il ait par toy grâce plainière.

«*Pour le* V^e. *hourt*—avoit une jeune fille habilliée en manière de la vierge Marye, mère de Dieu, laquelle fille d'une de ses mains soustenoit ung petit enffant, et de l'aultre main pressoit le bout de sa mamelle et jettoit lait sur un berch (berceau), ou quel reposoit ung enffant couvert d'un drap richement fait, portant les armes du daulphin de France; et autour d'icellui berch, estoient plusieurs beaux pettis enffans, bien vestus et aornés, tenant chacun la main audit berch, et estoit le tableau de ce hourt escript en teste, *monstra te esse matrem;* et au dessoubs :

>Monstre toy estre amyable mère;
>Pour le daulphin rechois nostre requeste,
>Prie cellui lequel sans paine amère
>Fut fait ton fil de virginal acqueste.

« *Pour le* VIe. *hourt*— avait une vierge atout (avec) ung large riche manteau d'escalatre, fourré de menu voix [1]. Soubs le manteau de laquelle

---

[1] *Menu vair*, fourrure dont les tâches étaient très-petites.

vierge estoient les trois estats de la ville, et avoit ce hourt son tableau escript en teste, *virgo singularis* ; et au dessoubs :

> Vierge dicte sur toutes singulière,
> Plus que nulle très-doulce et amyable,
> Entretiens nous par ta digne prière
> Avec le roi en amour charitable.

« *Pour le* VIIe. *hourt* — avoit une fille bien acoutrée, laquelle estoit toute droite sur une montjoye (montagne) de verde prérye, laquelle tenoit en une de ses mains un enffant moult riche, lequel avoit ung diadême de grant valeur ou quel estoit escript en lettre d'or, *ego sum via;* et en l'aultre main dressoit ung.... [1] d'or, montrant à une multitude de pellérins et voituriers estans soubs et à l'entour de ladite montjoye le chemin de salut, et avoit ce hourt, ainsi comme les aultres, son tableau escript en teste, *vitam presta puram;* et au dessoubs :

> Ottroye nous vie parfaicte et pure,
> Dresse le roy en chemin qui soit seur,
> Là où il puist, en joyeuse ouverture,
> Avoir Jésus pour son vray directeur.

« *Pour le* VIIIe. *et dernier hourt* — avoit en manière d'un triumphant paradis, où estoit

---

[1] Il y a ici un mot illisible.

moult notablement posté et ordonné, ainsi que humainement se pœult faire, la Trinité, Père, Fils et Saint-Esperit; laquelle Trinité avoit ung soleil cler et luisant au derrière d'elle, tournant incessamment, et estoit accompagniée d'Angles (anges), Archangles, Cérubins et Séraphins, mis et posés par ordre, desgrés et ierarchies, faisant manière de jouer de divers instrumens musicaux, et chantoient et jouoient chantres et joueurs, lesquels n'étoient veus ne appercheus; et avoit ce hourt, à la forme des aultres, son tableau escript en teste, *sit laus Deo patry;* et en langage franchois :

> Louons de cœur la Sainte-Trinité
> Que nostre roy est en ceste territoire,
> Auquel Dieu doinct (donne) vivre en prospérité
> Et obtenir des ennemys victoire.
> AMEN.

«Item ce fait, le roy entra, trompettes et clairons sonnans, en la dite église et prioré de Saint-Pierre, auquel lieu pendant que estoit à table au diner, lui furent présentés de dons par la ville trois pippes de vin, trois bœufs gras et trois muids d'avoine; lesdits trois bœufs en nature, houchiés et harnequiés des armes de la ville; ledit vin en trois pintes à piet; l'avoine en trois picotins pains d'or et d'azur, semés de fleur de lys d'or.

Au lever du disner fut remonstré au roy par maistre Jehan Candel, sieger, par sire Jehan Journe, mayeur, et aucuns eschevins et mayeurs de bannière parlant à genoulx, l'estat de la ville, la grant joie que le peuple de ceste ville avoit de sa venue, lui suppliant que se ses affaires le pouvoient porter, il lui pleust pernocter (passer la nuit) en icelle sa dite ville par aucunes nuys, et ottroyer aux dits habitans le abatement (réduction) de la taille. . . . .

Ad ce répondit le roy, nostre dit Seigneur, qu'il avoit pour lors aucunes affaires au moyen des quelles il ne povoit pernocter en ceste ville; mais attendu que la paix, qui, par la grâce de Dieu, et de nouvel avoit esté faite et publiée, dont à ceste cause il jouiroit de plus grant repos, il retourneroit de brief en ceste dite ville pour veoir le pays à plus grant loisir, et y coucher, non pas pareillement une nuyt, mais plusieurs . . . . Et au regard de la taille, il a accordé et ottroyé l'abastement et affranchissement à ladite ville, pour dix ans pareillement, à condition que les deniers en seroient employés à la fortification de la dite ville, qui est assise ez frontières de grant tumulte.

« Item ce fait, descendit le roy de la salle, et vint veoir tirer les archers de ladite ville aux buttes faites en la cour de ladite prioré de Saint-Pierre.... et les jeunes compagnons pareurs..... tenant chacun par la main une jeune fille de la rue[1]...dansèrent une ronde, le roy au milieu de ladite danse.

« Item fut présenté à M. d'Orléans, qui estoit logié à l'hostel de Senarpont, une pippe de vin de Beaune.

« Item environ 3 heures de l'après disner, le roy monta à cheval, et s'en alla, par le muraille (rempart) du quartier du Bos, entrer par derrière l'ostel de M. le mareschal; le quel ostel[2] l'on édiffioit de nœuf et n'y avoit encore nuls combles, et après qu'il le eust visité, se partit de ceste ville par le porte Saint-Gilles, le bolvert (boulevart) et grosse tour nœufve de la dite porte. Il visita, deschendit à pié, entra lui et monseigneur le mareschal, en la garde des portes de jour, en laquelle il demanda et lui fut porté vin à boire.

« Item assez tost après monta à cheval, et s'en alla au giste à Picquigny, et donna congié à messieurs de la ville qui le convoyoient à cheval jusqu'à environ Espaignette; les quels retournèrent et radmenèrent M. le mayeur jusques à son hostel, rue du Rivage.

[1] Le nom de la rue a été omis sur le registre.
[2] Nommé depuis la *Grutuze*.

« Item avoit esté dresché et appareillié pour jouer par personnaiges devant le roy, s'il fust demouré ceste nuit en ceste ville le recœul et substance de plusieurs mistères; les quels jus et recœul furent joués le dit jour au soir au marchié et à aultres lieux [1]. »

CHAPITRE XXV.

1493 — 1544.

Le repos dont le pays jouissait depuis quelque temps fut troublé par la peste. La guerre avec Maximilien d'Autriche menaçait de se joindre à la contagion; mais le Ponthieu fut exempt de ce fléau. La stérilité des documens historiques se prolonge ensuite jusqu'en 1506, époque à laquelle Louis XII établit à Abbeville douze francs-marchés qui existent encore. Ce prince, si justement adoré du peuple, n'avait pas d'enfant, et devint

---

[1] Ce recueil existe dans le registre aux délibérations de la ville de 1493 à 1522, f°. xi. Nous renvoyons à ce registre, déposé aux Archives municipales, les personnes curieuses de connaître ce précieux monument de la littérature du XV°. siècle.

bientôt veuf. Le désir de laisser un héritier l'ayant déterminé à un nouveau mariage, il obtint la sœur de Henri VIII, roi d'Angleterre, et il se rendit à Abbeville, avec sa cour et sa maison, pour y attendre la princesse à son passage, et y célébrer son union. Il fit son entrée solennelle par la porte Saint-Gilles le 6 octobre 1514, et fut reçu aux acclamations du peuple qui s'était porté à sa rencontre avec le corps municipal et deux mille hommes de la milice bourgeoise. Louis XII, coiffé d'un chapeau rouge, et vêtu d'un habit de drap d'or [1], montait un *grand cheval bayard qui saultoit*. On voyait au-dessus du premier pont de la ville l'écusson de France, soutenu par deux anges, et un écriteau de sept pieds sur lequel on avait écrit ces deux vers :

Salve, Christi genium, Rex prestantissime Regum,
Maxima liligeræ gloria gentis, ave! [2]

Un autre écu, placé sur un drap bleu, semé de fleurs de lis d'or, décorait le second pont, et on y lisait ces mots :

Rex in eternum vive. [3]

Lorsque le roi fut arrivé à la porte Saint-Gilles,

[1] M. S. de Formentin.
[2] Salut! descendant du Christ, roi, le plus grand des rois, la plus grande gloire de la nation qui porte les lis, salut!
[3] Roi, vivez toujours.

on lui offrit les présens d'usage, c'est-à-dire trois pipes de vin, trois picotins d'avoine et trois bœufs aux cornes peintes d'azur, enlacés de fils d'or, et couverts de harnais bleus écussonnés.

Depuis la porte Saint-Gilles jusqu'à l'hôtel de la Grutuze, où il devait loger, on avait dressé plusieurs échafauds sur lesquels des personnages allégoriques jouaient des mystères. Quatre de ces personnages, vêtus de robes royales, représentaient chacun le roi de France. Un cinquième, vêtu d'une robe d'étoffe écarlate semée de léopards d'or, représentait le roi d'Angleterre; un autre, Charlemagne; un autre encore, en sayon jaune et rouge, figurait Triboulet, le fou du Roi [1].

L'arrivée de Louis XII et les préparatifs des fêtes de son mariage attirèrent à Abbeville une affluence considérable. Tout était en rumeur dans cette ville pour la réception de la future reine, lorsqu'on apprit enfin qu'elle devait y faire son entrée, le lundi 9 octobre. Ce jour-là de bon matin, le roi se mit en route, avec toute sa cour et quinze cents chevaux, pour aller au devant de Marie d'Angleterre. Cent trompettes précédaient le cortége. On y remarquait les officiers de la milice bourgeoise, vêtus de pour-

[1] Registres des Argentiers de la ville, année 1514.

points bleus à boutons et boutonnières d'or, avec des houppelandes de drap écarlate à paremens de moire d'argent, chausses et bas écarlates et chapeaux galonnés ; leurs compagnies en uniforme, les couleuvriniers, archers, cinquanteniers et arbalétriers ; le corps municipal, les mayeurs de bannière, habillés de robes *couleur brun gris* [1], et le clergé portant les reliques de saint Vulfran, de saint Vilbrod et de saint Scévold. On s'achemina en bon ordre jusqu'à la ferme de Saint-Nicolas, où le roi rencontra la princesse. Elle était *moult triomphamment* accompagnée d'une foule de dames, *de beaux, gros et notables seigneurs d'Angleterre* [2]; des ducs de Valois, d'Alençon et de Bourbon, des comtes de Vendôme, de Saint-Pol et de Guise, qui avaient été la recevoir à Boulogne, et de deux cents archers anglais en hoquetons de drap rouge, avec leurs boucliers, leurs trousses de flèches et l'arc au poing.

La reine était à cheval, vêtue d'une robe de drap d'argent et d'une cotte de toile d'or. Sa coiffure, *à la façon de son pays d'Angleterre, étoit enrichie de pierres précieuses à l'entour de ses templettes*. Louis XII s'approcha d'elle, lui adressa des paroles gracieuses *comme moult*

[1] Registre aux délibérations de la ville.
[2] *Chron. de Robert Gaguin,* traduites par Desrays, 1520.

bien le savoit faire, et l'embrassa. Marie d'Angleterre se plaça sous un dais de satin blanc, orné de franges de soie rouge et jaune, mêlées de fils d'or. Ce dais était semé de porcs-épics [1] et de roses rouges, et les bâtons d'argent qui le supportaient, étaient enrichis d'or fin. Les seigneurs anglais, vêtus de drap d'or, marchaient à la tête du cortége ; venaient ensuite les dames montées sur de belles haquenées, richement enharnachées de velours cramoisi, trois chars superbes et quantité de voitures pesamment chargées.

Une foule immense escorta la reine jusqu'à la porte Marcadé. Au-dessus de cette porte, ornée de deux écus aux armes de France et d'Angleterre, on lisait ce mauvais vers pentamètre composé par le médecin du roi, Jean Ruel :

Pulchra Maria vales lilia colligere. [2]

Les cloches des couvens et des églises carillonnaient de toutes parts. L'artillerie de la place ébranlait l'air de ses détonnations, et la reine entra dans la ville aux acclamations universelles. Elle y fut reçue *moult honorablement* par toute la noblesse de la province. *Et pareillement s'y*

---

[1] La devise de Louis XII était un porc-épic avec ces paroles : *Cominùs et eminùs.*

[2] Marie il t'appartient de cueillir de beaux lis.

employèrent, selon leur endroit et possible, *les manants et habitants d'Abbeville.* Les rues où devait passer le cortége avaient été nettoyées avec le plus grand soin; et de distance en distance, on avait dressé des échafauds où les comédiens de la fosse aux ballades représentaient plusieurs *beaux mystères et honnestes,* et des allégories en l'honneur de la reine et du roi. Sur l'un de ces échafauds l'on avait construit un navire avec ses mâts, ses hunes, ses avirons et son gréement complet, pour lequel on avait employé deux cents brasses de cordes [1]. Ici c'était un serpent à sept têtes qui jetait en abondance du vin blanc, *un petit devant et après que icelle dame passoit.* Là c'était un lis entouré de roses, duquel lis sortait *comme dessus vin blan et vermeil.* Plus loin, on voyait un beau verger, nommé le Verger de France; et de ce verger sortaient deux enfans habillés en lansquenets, qui portaient à la main des bannières de taffetas blanc fleurdelisées, et conduisaient deux porcs-épics [2] au devant d'une belle jeune fille qui représentait Marie d'Angleterre. Sur un autre échafaud, Ève, vêtue d'une longue robe, se promenait dans le paradis ter-

[1] Registre des Argentiers.
[2] Ces porcs-épics, portant *chascun au col l'ordre et couronne du roy,* étaient *tous dorés d'or fin et revestus de plusieurs plumes.*

restre, et en sortait par une porte dorée [1]. A
chaque pas de nouvelles merveilles fixaient les
regards. Arrivée sur le marché, la jeune et belle
princesse mit pied à terre devant l'église Saint-
Georges, entra dans cette église pour y faire sa
prière, et se rendit ensuite à l'hôtel de la Grutuze, où logeait le roi. « Monsieur d'Angoulême,
dit Fleuranges, mena tous les princes d'Angleterre souper en son logis où furent merveilleuse-
ment bien festoyés.... et le souper fait retournèrent tous au logis du roy... et estoit déjà la reine
en la salle et se commençoient les danses de
toutes parts, et durèrent bien tard. » Marie se
retira ensuite dans son hôtel [2], où elle fut conduite
aux flambeaux par une galerie couverte que l'on
avait construite exprès à travers les jardins. Le
lendemain, à neuf heures du matin, les deux
époux reçurent la bénédiction nuptiale dans un
appartement de la Grutuze [3], tendu de drap d'or,
en présence du nonce du pape, des cardinaux

[1] Registre des Argentiers.

[2] Cet hôtel, situé au coin de la rue de la prison, était alors habité par M. Dumaisnil.

[3] L'auteur du *Roi des Ribauds* a donné de curieux détails sur ce mariage ; mais il y a tellement incorporé l'histoire dans le roman et le roman dans l'histoire (ce sont ses propres expressions), que nous nous abstiendrons de reproduire ce que son récit contient de plus saillant, bien qu'il paraisse empreint de vérité locale.

d'O et de Prie, de l'archevêque de Rouen, et des ambassadeurs de Venise et de Florence, et *toute l'après dinée et le soir fut faite la plus grande chère du monde.*

Les plaisirs magnifiques de ce mariage durèrent jusqu'au départ de leurs majestés, quelques jours après; mais hélas! peu de mois s'écoulèrent, et le bon roi Louis XII n'existait plus. Son successeur, François Ier., qui se trouvait à Abbeville le jour de la célébration de ses noces, revint avec la reine dans cette cité, le 23 juin 1517. Il arriva par eau, à dix heures du soir, et aborda au pont des Prés, monté sur une gribanne magnifiquement ornée. Treize autres gribannes portaient la reine et toute la cour. Les magistrats complimentèrent le roi, et le conduisirent à son hôtel à la clarté des torches et d'une illumination générale. On lui fit le lendemain les présens d'usage, et l'on y ajouta une salamandre d'or. Il alla ensuite visiter Montreuil, Saint-Valery et le Crotoy; revint à Abbeville peu de jours après, et y signa une ordonnance par laquelle il prescrivait aux hommes des paroisses du bord de la mer de courir en armes se ranger sur la grève à l'aspect d'un vaisseau portant pavillon ennemi [1].

[1] Monteil, tom. IV, pag. 256.

Le goût de François Ier pour les conquêtes, ses malheureuses expéditions en Italie, la rivalité qui s'éleva entre lui et Charles-Quint, devaient entraîner tous les genres de malheurs. Charles, seigneur des Pays-Bas, était maître de l'Artois; le roi d'Angleterre Henri VIII unit ses armes aux siennes contre la France, et le Ponthieu se vit en proie à de nouveaux malheurs.

En 1522, trois mille bourgeois d'Abbeville, conduits par le duc de Vendôme, le comte de Saint-Pol et le seigneur du Pont-Remi, allèrent, avec un corps de troupes réglées, au secours de Doullens, et délivrèrent cette place où la brèche était faite, et où trois cents de leurs compatriotes, aidés d'une faible garnison, avaient déjà repoussé un premier assaut.

Les fourrageurs ennemis, qui désolaient depuis quelque temps le Ponthieu, s'avancèrent bientôt jusqu'à Saint-Riquier; mais le brave seigneur du Pont-Remi les attaqua, et leur fit éprouver une entière défaite. En 1523, un détachement de cinq cents Anglais surprit Crécy et le brûla. Le comte de Saint-Pol poursuivit les incendiaires, et les repoussa jusqu'en Artois, après leur avoir tué environ deux cents hommes.

Vers le même temps, un parti de trois cents Flamands s'empara de Noyelles, passa la Somme au gué de Blanquetaque pendant la nuit, porta le feu dans le Vimeu, et vint se mettre en embuscade dans le bois qui existait près d'Abbeville, pour y attendre les passans et les mettre à rançon. Mais deux mille hommes étant sortis de cette place avant que le jour parût, environnèrent le bois et contraignirent l'ennemi à rendre les armes. Cette circonstance n'empêcha point d'autres coureurs anglais de revenir l'année suivante s'embusquer dans le même bois, pour se livrer au brigandage ; mais les milices d'Abbeville sortirent en armes de leurs murs, enveloppèrent les Anglais et les massacrèrent [1], tandis que quatre cents Flamands périssaient de même dans les bois de Saint-Riquier.

Les soldats de Charles-Quint, forcés d'abandonner (1524) le siège du Crotoy, parvinrent à s'emparer de la ville de Rue qu'ils livrèrent au pillage. On avait mis si bon ordre au gué de Blanquetaque, qu'ils ne purent entrer dans le Vimeu. N'osant point attaquer Abbeville, où douze mille hommes étaient alors en garnison, ni les retranchemens du Pont-Remi que défendait le seigneur du lieu, le fameux Créquy, les troupes confédérées se portèrent sur Saint-Riquier

[1] M. S. de Formentin.

et mirent le siége devant cette place, qui se défendit courageusement, et les força de se retirer avec une perte de quatre cents hommes. Irritées de cet échec, elles brûlèrent Saint-Mauguille, Gapennes, Coulonvillers et autres villages voisins.

Bientôt deux mille Flamands et Hennuyers reparurent avec deux pièces de canon devant Saint-Riquier. Ils croyaient s'emparer de cette petite ville où se trouvait seulement une centaine d'hommes armés. Mais le courage des femmes suppléa au nombre des combattans. Elles excitèrent les bourgeois à prendre les armes, se présentèrent sur les murailles avec des eaux bouillantes, des cendres chaudes, mêlées de charbons ardens, et combattirent avec tant de bravoure que les assaillans furent repoussés. Deux de ces vaillantes héroïnes arrachèrent à l'ennemi chacune un étendard. Le nom de Becquétoille s'est conservé; celui de sa digne compagne a disparu. Les mémoires du temps disent que Becquétoille était la première à *batailler* et à encourager la troupe, et qu'un prêtre de Saint-Riquier, armé d'une arquebuse, tua pour sa part sept hommes.

Les Impériaux échouèrent complètement dans leur entreprise. Honteux d'avoir été vaincus par de pareils soldats, ils laissèrent cent vingt morts sous les murailles de la ville, et s'en retournèrent à Hesdin, traînant à leur suite trois ou quatre charrettes de blessés. Il n'a manqué à Becquétoille et à sa valeureuse compagne qu'un historien célèbre et un plus grand théâtre, pour parvenir à la renommée des Jeanne Hachette et des Marie Fourrée.

Après la désastreuse journée de Pavie, François Ier. ayant été transféré dans les prisons de Madrid, la France fournit l'or qui paya sa rançon. Abbeville fut à ce sujet taxé à mille écus tournois; et Charles-Quint, par un article du traité que les deux princes signèrent alors, renonça à toutes ses prétentions sur le comté de Ponthieu, comme héritier de la maison de Bourgogne. Mais ce traité fut bientôt éludé. En 1527, François Ier. et le cardinal Wolsey, ministre de Henri VIII, roi d'Angleterre, se rendirent à Abbeville, et y confirmèrent, le 18 août, avec quelques modifications, la ligne offensive et défensive que la France et l'Angleterre venaient de former contre l'empereur.

Le 6 décembre 1531, le corps municipal, accompagné des mayeurs de bannières, des officiers de la sénéchaussée et de la garnison, des avocats et des procureurs, alla au-devant de la reine Éléonore qui avait dîné au Pont-Remi, « jusqu'au quel lieu estoient allés plusieurs personnes et gens de mestiers et enseignes de la dite ville en armes, et à enseignes déployées, comme pareurs, tisseurs, marigniers, filz de bourgois et compagnons du jeu d'armes, estant fort bien en ordre, vestus de sayes, de pourpoints et habillemens de diverses couleurs, chacun selon son enseigne, ayant les uns picques, hallebardes et aultres bastons, chacun selon son ordre, qui pouvoient estre par extimacion en nombre environ de sept à huit mil hommes [1].... marchans en bon ordre sept à sept chacun soubz son enseigne. » (*Registre aux délibérations de la ville, année* 1531.)

A la tête de ce nombreux cortége, dans lequel les marins étaient au nombre de quatre à cinq cents [2], on remarquait les arquebusiers, archers et arbalétriers, et les soldats de la garnison. On cheminait depuis une demi-heure lorsqu'on vit la reine *en une riche et somptueuse litière,* ayant le dauphin près d'elle avec les ducs d'Orléans et

---

[1] Quadruplez le nombre des personnes armées pour obtenir celui des vieillards, des femmes et des enfans, il en résultera, par approximation, qu'Abbeville renfermait, sous le règne de François Ier., trente mille âmes au moins.

[2] *Comptes des Argentiers,* année 1531.

d'Angoulême, et plusieurs autres princes et seigneurs du royaume. Le maire, Jean Gaude, *fut en grosse révérence* pour la complimenter sur sa bien venue, et lui offrit, au nom de la ville, un drageoir[1] en argent doré.

La princesse entra dans la ville au bruit des cloches et de l'artillerie, *laquelle faisoit bon à ouyr parce qu'il y en avoit gros nombre.*

François Ier., qui se trouvait alors à Rue, vint à Abbeville joindre la reine, et l'on représenta sur leur passage plusieurs mystères où figuraient cinq rois, cinq reines et cinq évêques, les enfans de France, la ville d'Abbeville personnifiée, les douze pairs de France, des filles d'honneur, des pages, plusieurs déesses, une salamandre *jetant feu*, et dame Justice les yeux bandés.

Quatre ans après, François Ier. revint examiner les places du Ponthieu, qui exigeaient alors une attention particulière, et donner l'ordre de pourvoir à leur sûreté par des réparations et de nouveaux ouvrages. Quelques mois s'étaient à peine écoulés qu'un chef de Lansquenets allemands, nommé Domitin, vint à la tête de quatre mille hommes tenter un assaut contre Saint-Riquier ; mais le capitaine Pierrequain, qui

---

[1] Vase à mettre des dragées.

commandait dans la ville, parvint à le repousser à l'aide des habitans. L'arrivée des cinquanteniers d'Abbeville et de quelques autres gens de guerre, acheva de jeter le désordre parmi les assaillans, qui levèrent le siége, laissant plusieurs canons aux mains de leurs adversaires.

La prise et l'incendie de Montreuil par les troupes de l'empereur ; une défaite des coureurs ennemis par les milices d'Abbeville aux ordres de Christophe Blottefière ; un incendie qui dévora dans cette dernière cité une halle et cent cinquante maisons, sont les seuls événemens dont le souvenir nous ait été transmis depuis 1537 jusqu'en 1544.

CHAPITRE XXVI.

1544 — 1559.

En 1544, le roi d'Angleterre, Henri VIII, se réunit à Charles-Quint et débarqua à Calais, tandis que l'armée française marchait sur la Champagne pour résister aux Impériaux. Le duc de Vendôme, gouverneur de la Picardie, n'avait qu'un faible corps pour défendre Boulogne, Montreuil, Hesdin et quelques autres places. Ces forces étaient bien éloignées de pouvoir lutter avec succès contre une armée de trente mille hommes : aussi les coureurs anglais se répandirent-ils jusque dans les campagnes voisines d'Abbeville. Un détachement de la garnison de cette place et de ses milices bourgeoises se mit un jour en embuscade dans la forêt de Crécy, et deux cents de ces coureurs demeurèrent sur la place ou furent faits prisonniers. Vendôme les harcelait avec un zèle infatigable, lorsque la garnison de Boulogne capitula, malgré l'opposition formelle des habitans, qui préférèrent abandonner leurs foyers et tout ce qu'ils possédaient, plutôt que de prêter serment de fidélité à Henri VIII. Mais au mépris de la capitulation qui leur garantissait un sauf-conduit pour aller par terre jusqu'à Abbeville, et par mer jusqu'au Crotoy et à Saint-Valery, ils furent poursuivis et attaqués dans les environs d'Étaples. Les uns périrent les armes à la main, les autres se noyèrent en cherchant à traverser la Canche, et ce ne fut qu'à grand'peine que les derniers débris de cette héroïque population parvinrent jusqu'à Abbeville. Un témoin oculaire raconte que les habitans de cette cité se portèrent à plus d'une lieue à la rencontre des Boulonnais, et que jaloux de leur témoigner la sympathie qu'ils éprouvaient pour leur courage et leur infortune, ils leur offrirent l'hospitalité, et s'efforcèrent par les soins les plus généreux de leur faire oublier leurs malheurs [1].

Après la perte de Boulogne, tandis qu'un corps de cavaliers Wallons saccageait le Marquenterre, quatre mille Anglais enlevèrent Saint-Riquier de vive force, et brûlèrent cette malheureuse ville, qui depuis ne s'est jamais relevée de ses ruines. De là, l'ennemi se dirigea sur Abbeville, et continua de ravager les environs, jusqu'au moment où François Ier. se rendit en Picardie pour observer les Impériaux, et appuyer le maréchal Dubiez qui, à la tête de trente-quatre mille Français, avait mis le siége devant Boulogne.

Le roi de France, accompagné du duc d'Orléans, son second fils, qu'il affectionnait tendrement, avait établi son quartier général dans l'abbaye de Forêt-Monstier. Un jour le jeune prince se faisant gloire de braver la peste qui

---

[1] Voy. les *Notes historiques* qui accompagnent le poème de M. le baron d'Ordre, sur le *Siége de Boulogne, en* 1544.—Le 16 mai 1825, M. le maire de Boulogne envoya à M. le maire d'Abbeville un exemplaire de cet ouvrage, en le priant de le déposer dans les archives « comme un témoignage de reconnaissance offert par les
» Boulonnais aux habitans d'Abbeville, qui s'empressèrent de re-
» cueillir ces nobles victimes de leur constance et de leur fidélité
» au roi et à leur patrie. »

désolait le pays, pénétra avec quelques-uns de ses amis dans une maison où huit personnes étaient mortes depuis peu, découpa les lits à coups d'épée, et tout couvert des plumes qui en sortaient, courut pour se divertir dans un quartier du camp. Échauffé par cette fanfaronnade, il but un verre d'eau, et peu après se sentant malade, il se mit à crier : c'est la peste, j'en mourrai! Les secours qu'on lui prodigua parurent d'abord améliorer sa position ; mais le quatrième jour, la maladie s'aggrava à tel point qu'il demanda les sacremens et la grâce de voir son père. Malgré le danger de la contagion, et les représentations de la cour, François Ier. se rendit auprès du jeune malade qui s'écria en l'apercevant : Ah! monseigneur, je me meurs ; mais puisque je vous vois, je meurs content! et il expira l'instant d'après (9 septembre 1545). Le roi, pour distraire sa douleur, s'éloigna de Forêt-Monstier, resta deux jours à Neuilly-l'Hôpital, et de là se dirigea sur la Fère.

Les Anglais ne rendirent Boulogne qu'en 1550. La même année, le roi Henri II, successeur de François Ier., y fit un voyage, et arriva le 15 mai à Abbeville, où il fut reçu magnifiquement et avec de grandes démonstrations de joie. Il s'y arrêta quelque temps pour mettre la place en état de défense contre les entreprises de Charles-Quint, dont l'armée, forte de soixante mille hommes, eût envahi le Ponthieu après la destruction d'Hesdin, si le roi de France n'eût réuni la plus grande partie de ses troupes, sur les bords de la Somme, depuis Abbeville jusqu'à Amiens. Les Impériaux se bornèrent à faire une petite guerre de voisinage, à ravager les champs, à pousser des partis qu'on écrasa du côté de Rue. Il en fut de même d'une colonne de huit cents hommes qu'on accosta rudement près de Saint-Riquier. Mais les expéditions de l'ennemi devinrent bientôt plus audacieuses et plus fréquentes. En 1554, le duc de Savoie, à la tête de trente mille hommes, passa l'Authie, et fit dévaster le territoire d'Abbeville par différentes colonnes qui s'avancèrent jusque sous les remparts de cette place, détruisirent le château de Drucat, et mirent le feu à quantité de villages. Il était temps que le duc de Vendôme accourût au secours de la capitale du Ponthieu, et qu'il vînt prendre position au Pont-Remi pour empêcher le passage de la rivière. Nous ne suivrons pas les Impériaux dans toutes leurs excursions; nous nous bornerons à dire que cent vingt Flamands, étant venus brûler Canchy et Marcheville, Nicolas Duhamel, seigneur de ces deux villages, fondit sur eux et ne leur fit aucun quartier.

A la fin de l'année, le duc de Savoie se présenta devant Rue, qui refusa de lui ouvrir ses portes. Il vint ensuite tenter de passer le gué de Blanquetaque. Mais seize gribannes, armées de canons de petit calibre, en défendaient l'approche, et appuyaient l'armée de Vendôme en bataille sur l'autre rive. Le général ennemi déconcerté, tourna ses pas vers le Pont-Remi, où de nouveaux obstacles devaient le contraindre à regagner l'Artois.

N'ayant pu réussir par la force à dominer le Ponthieu, il se ménagea des intelligences avec un officier nommé Danvoile, qui commandait le château d'Abbeville, et qui promit de lui livrer la place, moyennant trente mille livres. Le complot allait éclater, lorsque le maire en avertit le maréchal de Saint-André, qui se trouvait alors à Abbeville. Danvoile, mandé chez le maréchal s'y rendit sans défiance, et fut arrêté au sortir de l'hôtel. Ce ne fut qu'à grand'peine qu'on parvint à l'arracher des mains du peuple qui voulait l'égorger, et à le conduire dans la prison, où il mourut peu de jours après des suites de ses blessures.

Pendant ce tumulte, plusieurs compagnies bourgeoises se dirigeaient vers le château pour y saisir tous ses complices, qui furent pendus.

Une autre conspiration, ourdie dans les murs du Crotoy, fut également découverte, et ses auteurs eurent le même sort.

L'échec essuyé par nos armes à la bataille de Saint-Quentin (1557) laissa le Ponthieu presque sans défense contre les agressions des Espagnols; aussi continua-t-il d'être sillonné par de nombreux partis qui s'en retournaient chargés de butin.

Deux chaudes affaires dans lesquelles l'ennemi fut battu près de Saint-Riquier ; la réunion des troupes du roi le long de la Somme pour tenir tête à celles de Philippe II, qui occupaient elles-mêmes les bords de l'Authie ; une tentative infructueuse contre Rue et le Crotoy ; de fréquentes escarmouches entremêlées de quelques momens de trêve; les fortifications d'Abbeville mises en état par Henri II, qui vint, en 1558, les visiter de nouveau ; tels sont les événemens que nous avons à signaler pendant le laps de temps qui s'écoula jusqu'à la paix de Cateau-Cambrésis.

CHAPITRE XXVII.

1559 — 1588.

La mort de Henri II suivit de près le traité de Cateau-Cambrésis, et François II, infirme et incapable de gouverner, monta sur le trône dans un moment où des factions puissantes divisaient la cour, et où le protestantisme faisait chaque jour de nouveaux progrès. L'autorité excessive que les Guise, oncles de la reine Marie Stuart, avaient usurpée en France, détermina les princes de la maison régnante à se liguer contre eux. Leur parti se fortifia d'un grand nombre de seigneurs jaloux de n'avoir aucune autorité dans le gouvernement; les uns et les autres se servirent des opinions religieuses comme d'un moyen pour satisfaire d'ambitieuses espérances. Les Guise, appuyés par les cours de Rome et de Madrid, se déclarèrent contre la réforme : les seigneurs mécontens se prononcèrent pour elle. Les Protestans persécutés se joignirent aux ennemis des Guise, et la guerre civile commença.

L'hérésie s'était introduite à Abbeville comme

dans le reste du royaume, mais ses partisans, peu nombreux d'abord, n'osaient pas professer publiquement leurs maximes. Ils s'assemblaient la nuit pour célébrer leur culte dans le château bâti près du Pont-Rouge, par Charles-le-Téméraire. La protection que leur accordait le gouverneur de ce château, Robert Saint-Delis d'Haucourt, le rendit l'objet de l'animadversion des Catholiques. Une autre circonstance vint, en 1560, envenimer encore leur haine. A cette époque de sanglante mémoire, on avait érigé dans les rues quantité de croix et d'images de saints. On forçait les passans de s'incliner devant ces images et de contribuer à l'entretien des cierges qu'on brûlait devant elles. Un crucifix, placé sur le pont des cordeliers, fut détaché de sa croix, et peu de jours après, des marins le découvrirent parmi des herbes, au bord de la rivière, près des murs du château[1]. Cette profanation, qui fut imputée aux Calvinistes, et qui n'était peut-être au fond qu'un piége habilement tendu contre eux, ralluma le courroux de la populace, que des cérémonies expiatoires exaltèrent encore. Si l'on en croit ceux à qui nous devons le récit des événemens relatifs à

---

[1] Registre aux délibérations de la ville.

la réforme, le fils de Saint-Delis d'Haucourt fit arrêter un jour trois Catholiques, et donna l'ordre de les arquebuser dans l'intérieur du château; mais le gouverneur voulut qu'on leur fît grâce, et on les remit en liberté.

Un magistrat, Jean Macquet, connu par ses rigueurs contre les Calvinistes, en fit emprisonner plusieurs en représailles. Quel fut leur sort? on n'en sait rien. Nos manuscrits, tous catholiques, et par cela même suspects dans leurs accusations, disent que Saint-Delis d'Haucourt, que nous venons de voir si tolérant, ayant résolu de brûler la ville [1], avait confié cette odieuse mission à Georges Dupontin, l'un de ses soldats, que Galiot de la Warde et Nicolas Rumet, surprirent jetant des mèches enflammées en différentes maisons. Coupable ou non, Dupontin fut pendu.

Sur ces entrefaites, le gouverneur reçut un renfort d'une centaine d'hommes, tous Protestans, et crut l'occasion venue de provoquer les Catholiques. On dit qu'il fut le principal auteur d'une rixe qui s'engagea devant l'église Saint-

---

[1] M. de Senarpont, lieutenant-général au gouvernement de Picardie, qui partageait les opinions des novateurs, fut également accusé d'avoir voulu saccager Amiens. (Voy. Dusevel, *histoire de cette ville.*)

Paul entre sa troupe et les bourgeois qui venaient d'entendre la messe, et où plusieurs de ces derniers furent tués [1]. Les manuscrits l'accusent aussi d'avoir voulu livrer le château au prince de Condé. Mais ne sait-on pas que pour enflammer la haine du peuple contre les hérétiques, on prêtait mille perfidies aux plus sages d'entr'eux ? L'illustre historien de Thou nous apprend que les Protestans d'Abbeville, ainsi que ceux d'Amiens, de Sens et de Vassy, les moins suspects et les moins turbulens du royaume, essuyèrent tant d'outrages et de mauvais traitemens, que leurs co-religionnaires de Rouen refusèrent de mettre bas les armes pour éviter le même sort [2].

Il est certain que les Catholiques avaient la supériorité du nombre et qu'ils en abusaient avec fureur. Les honnêtes gens indignés se rendirent à l'Hôtel-de-Ville pour demander la répression des violences qu'on exerçait contre les partisans des opinions nouvelles. D'Haucourt, escorté par une vingtaine de soldats armés de hallebardes et d'arquebuses, alla lui-même se plaindre et demander justice ; mais en apercevant Christophe Blottefière, l'un des échevins,

[1] M. S. de Formentin.
[2] *Hist. universelle.*

il ne put contenir sa colère : « *Te voilà, paillard,* dit-il, *tu as tenu des propos dont je te ferai repentir. Comment oses-tu te trouver devant moi?* » puis s'adressant aux autres officiers municipaux, il les accusa de favoriser les complots d'un petit nombre de scélérats, et déclara que si l'on ne prenait aucune mesure pour empêcher de nouveaux désordres, il ferait mettre en pièces les premiers séditieux qui tomberaient sous sa main. Pendant ces pourparlers, un rassemblement se formait devant l'Hôtel-de-Ville, et les paroles du gouverneur circulaient dans la foule, qui se mit à proférer contre lui de violens cris de mort.

D'Haucourt parut alors à une fenêtre et cria aux arquebusiers : « *Tirez sur eux; ce ne sont que canailles!* » Les magistrats s'empressèrent d'arrêter l'exécution de cet ordre, invitèrent le peuple à se contenir et à fermer les portes. Mais les paroles du gouverneur excitèrent au plus haut point la rage de ses ennemis. D'Haucourt mit l'épée à la main, descendit précipitamment, fit évacuer la cour et sortit avec son escorte en disant qu'il *châtierait bien ces vilains devant peu d'heures* [1].

[1] C'est l'avocat Wagnart qui nous fournit ces détails d'après des notes contemporaines; mais si l'on considère que le gouverneur n'était nullement en mesure de résister à ses ennemis, comme la

A peine avait-il fait quelques pas, qu'une foule considérable accourut en armes et l'obligea de rétrograder. Il rentra dans l'Hôtel-de-Ville, dont on ferma les portes. Mais les assaillans les enfoncent aussitôt, se précipitent sur la garde du gouverneur, en égorgent une partie, pendant que d'Haucourt s'échappe avec le reste par un grenier, grimpe sur les toits, et va se réfugier dans une maison voisine. Les assassins le poursuivent, et il tombe bientôt frappé de deux coups d'épieu. Un troisième coup le traverse de part en part et le tient cloué au plancher, tandis qu'on lui arrache l'épée qu'il tenait à la main. Il expire, et ses meurtriers s'acharnent encore sur son cadavre. Ils le précipitent du haut d'une fenêtre, après l'avoir dépouillé de ses vêtemens, et se disputent le barbare plaisir de le traîner dans la boue, *sans qu'aucun de la justice fist semblant de s'en esmouvoir* [1]. Au même instant une troupe de forcenés courut au château, y pénétra sans peine, égorgea quatre soldats, pilla les meubles, et massacra le sieur Hermel de la Rétis, receveur des tailles, qui gisait malade

suite de l'événement le prouve, on aura peine à croire qu'il ait agi avec tant d'imprudence.

[1] *Histoire des Martyrs persécutés et mis à mort pour la vérité de l'Évangile*, par Jean Crespin, d'Arras, pag. 582.

dans son lit, et qui fut précipité du haut d'une tour dans la rivière. Saint-Delis d'Haucourt fils, Antoine et François de Canteleu, ses cousins, suivis d'un domestique, venaient de s'échapper par une poterne, et fuyaient à toutes jambes vers Menchecourt, lorsqu'ils furent aperçus et poursuivis par plus de deux cents furieux, qui les atteignirent et les assommèrent [1]. L'infortuné d'Haucourt, dépouillé, percé de coups et laissé pour mort, revint à la vie quelques instans après, et trois ou quatre personnes, émues de pitié, le transportèrent sanglant dans une auberge du faubourg. Mais les assassins informés qu'il respire encore et qu'on lui donne des secours, retournent sur leurs pas, l'arrachent de son asyle, et le traînent nu sur le pavé, où ils achèvent de l'assommer à coups de pierres et de bâtons [2]. *Tant de corps ainsi inhumainement saccagés furent la plupart enterrés la nuit suivante en divers endroits, et ne fut faite de par les hommes aucune justice quelconque de ces horribles massacres* [3].

[1] Jean Crespin dit qu'il n'y avait dans le château que *fort peu de gens et point de munitions ; ne s'estant jamais le dit d'Haucourt douté d'un si méchant vouloir de ceux de la ville.*

[2] Ces scènes affreuses eurent lieu l'un des derniers jours de juillet 1562.

[3] Jean Crespin, lieu cité.—De Thou, *Histoire universelle*, tom. IV, p. 230.

Formentin dit que le cadavre du gouverneur, exhumé le lende-

Deux cents hommes envoyés par le prince de Condé, dont le gouverneur avait réclamé l'appui, accouraient à son secours, lorsqu'ils apprirent ces événemens. On détacha contre eux Jean de Bournonville, lieutenant de Saint-Delis et catholique zélé, qui s'embusqua, pour les attendre, avec un corps de six cents hommes ; mais les soldats du prince évitèrent le piége par une retraite subite.

Le haine que l'on portait aux réformés étouffait dans les cœurs tout sentiment de justice. Un d'eux, Louis Béliard, avait été condamné à mort pour avoir assisté aux assemblées qui se tenaient dans le château. Il en appela au Parlement qui réforma l'arrêt, et le condamna seulement à être conduit publiquement à l'église une torche à la main. Jean Macquet, l'implacable juge qui avait prononcé la sentence de mort, s'indigna de la voir casser et prolongea la détention de Béliard. Les fers du malheureux étaient enfin brisés; on le conduisait à Saint-Vulfran, lorsqu'une vile populace, dont les crimes demeuraient impunis, l'arracha des mains de l'exécuteur, le mit en pièces, et jeta ses membres dans la Som-

---

main par la populace, fut traîné de nouveau dans la fange, puis mis à une potence dressée sur un bûcher.

me[1]. Le père Ignace ne dit rien de ces massacres ; mais il apprend à ses lecteurs que les ennemis les plus déclarés des Protestans à Abbeville, étaient ce Jean Macquet, lors lieutenant général civil, les sieurs de la Frenoye, mayeur; Jean Sanson, Nicolas Rumet et Galiot de la Warde, échevins. Il approuve leur zèle et les déclare stupidement dignes de la bénédiction du ciel.

En 1566, à la suite d'une querelle, les Catholiques égorgèrent encore plusieurs Protestans[2]. Ces atrocités en provoquèrent d'autres. Un chef de Religionnaires, François Cocqueville, pénétra dans le Ponthieu (1568) avec un corps de trois mille hommes. Quand il eut saccagé l'abbaye de Dommartin, pillé les châsses, les reliquaires, abattu les saints, ce fut le tour des églises et des châteaux de plusieurs villages. Cette troupe, avide de sang, assouvissait surtout sa rage contre les prêtres. *Secabant genitalia, cervicibusque equorum sicuti trophœa appendebant*[3]. Après avoir porté l'effroi dans les cantons voisins de l'Authie, Cocqueville se dirigea sur Saint-Valery, surprit cette ville et la pilla. Le maré-

---

[1] De Thou, lieu cité.
[2] M. S. de Formentin.
[3] Ces mots sont en français dans le M. S. de Formentin.

chal de Brissac, gouverneur de la Picardie, partit avec un corps de troupes, et vint à Abbeville faire ses premières dispositions pour battre les Hérétiques. Pendant ce temps, ses soldats, ou plutôt les bandits qui suivaient son drapeau, volaient les habitans, vivaient chez eux à discrétion, et dévastaient la ville. Les Huguenots sortaient de Saint-Valery chargés de butin, lorsque Brissac se présenta devant eux avec sa troupe[1]. Cocqueville rebroussa chemin, se renferma dans la ville et la défendit avec la plus grande bravoure. Mais tandis que les Huguenots se portaient sur la brèche pour repousser l'assaut, les

[1] Saint-Foix rapporte que Brissac établissait son camp près d'Abbeville au moment même où l'une des plus jolies personnes de la cour, Mlle. de Cetton, fille d'honneur de Catherine de Médicis, y arrivait avec sa mère, qui la menait en Angleterre pour la marier. C'était une de ces dames que Brantôme qualifie de *très-honnêtes*, lors même que ses cyniques révélations les déshonorent. Le maréchal, passionnément épris de cette demoiselle, s'empresse de préparer une fête, y invite Mme. de Cetton, se ménage aisément le moyen de s'entretenir avec sa fille et en obtient un rendez-vous. Il en attendait le moment avec la plus vive impatience, lorsqu'on vint lui annoncer que Cocqueville marchait sur Saint-Valery, et qu'il n'y avait pas un moment à perdre, s'il voulait sauver cette place. « Parbleu, dit-il, est bien cruel de passer sur la selle et à combattre une nuit qui aurait été si délicieuse; les Huguenots me paieront cher le mauvais tour qu'ils me jouent ! » A la vue du courrier, il monte à cheval, marche vers Saint-Valery, prend d'emblée cette place; mais l'occasion perdue avec *la fille d'honneur* ne se retrouva pas. (Voyez l'*Hist. de l'Ordre du Saint-Esprit*, tom. II.)

habitans prirent les armes, et s'emparèrent d'une porte qu'ils ouvrirent aux troupes royales. La mêlée fut terrible ; mais la victoire se déclara pour Brissac, et il extermina sur place tous les vaincus, à l'exception de Cocqueville et de ses principaux officiers, qu'il n'épargna que pour leur faire trancher la tête peu de jours après, sur le marché d'Abbeville.

Depuis cet événement jusqu'à l'année 1572 nos mémoires tarissent. Les registres qui contiennent les délibérations du corps de ville, et dans lesquels on aurait pu trouver des renseignemens précieux, offrent un grand nombre de lacunes. Peut-être les a-t-on déchirés dans le but de cacher à la postérité des attentats odieux et les noms de leurs auteurs.

Le plus affreux des crimes de cette époque, le massacre des Protestans, la nuit de la Saint-Barthélemy, venait d'épouvanter la capitale. Le 26 août 1572, le duc de Longueville, gouverneur de la Picardie, écrivit à Montfort, capitaine d'Abbeville, pour lui donner ordre « d'éviter
» que semblable esmotion que celle qui est ad-
» venue à Paris par la mort de l'admiral, ne se
» soulève parmi les habitans, et de faire publier
» partout que chacun ait à demeurer chez soi
» en repos et en sûreté, à ne point prendre les

» armes et s'offenser les uns les autres, sous » peine de la vie, » etc. Les officiers municipaux prirent une mesure encore plus efficace, en faisant mettre les sectaires sous les verroux, pour les soustraire aux coups du peuple [1]. Charles IX, pour désavouer toute part à l'extermination des Protestans, avait dicté les ordres qu'on vient de lire aux gouverneurs des différentes provinces ; mais le crime qu'il avait conçu et qu'il avait commandé lui-même eut un effet contraire à celui qu'il croyait produire. Les Calvinistes, pour venger le meurtre de leurs frères, prirent les armes et furent secourus par une armée allemande. Charles IX, leur bourreau, n'existait plus. Henri III, qui occupait alors le trône de France, se vit contraint d'accorder aux Réformés des conditions si favorables que les Catholiques en conçurent des alarmes. Henri promettait non seulement le libre exercice de la nouvelle religion dans le royaume; mais le prince de Condé, chef du parti des Huguenots, recevait le gouvernement de Picardie, et pour places de sûreté Péronne et Rue entre autres. Ce fut alors que naquit *la Sainte Union,* si célèbre sous le nom de Ligue, dont le prétexte était de sauver la religion, et le véritable motif de placer le duc de Guise sur le trône de France.

[1] Formentin.

Un sieur d'Humières, qui commandait en Picardie peu de temps avant la mort de Charles IX, fut le premier apôtre de cette nouvelle croisade. A son instigation, un grand nombre de Picards jurèrent de regarder comme ennemi de Dieu et traître à sa patrie quiconque refuserait d'entrer dans l'association. Ceux qui en faisaient partie frémirent de voir à la tête du gouvernement de leur province, Condé, l'un des plus irréconciliables ennemis de l'Église romaine. Mais pendant les sept années qui suivirent les premiers états de Blois, les Ligueurs se bornèrent à fomenter secrètement la discorde, attendant un moment propice pour courir aux armes. La mort du duc d'Anjou, frère du roi, leur fit lever entièrement le masque. Henri III n'ayant pas d'enfant, les Réformés voyaient dans le roi de Navarre, qui fut depuis Henri IV, l'héritier présomptif de la couronne; les Catholiques repoussaient ce prince partisan de l'hérésie; Philippe II, roi d'Espagne, prit plaisir à exciter les troubles pour dominer en France, et la guerre civile éclata de nouveau. En 1584, les conspirateurs engagèrent dans leur parti Roncherolles, baron de Pont-Saint-Pierre, gouverneur d'Abbeville, le seigneur de Ligny-Vendôme, Rambures, Créqui et quelques magistrats. On recruta ensuite des prêtres et des moines, et un assez grand nombre d'habitans. Le duc d'Aumale, cousin germain des Guise, et gouverneur de la Picardie, n'eut pas de peine à soulever une province où la ligue avait pris naissance. Gribeauval, baron de Chepy, l'un de ses partisans les plus zélés, s'empara du Pont-Remi, et contraignit les paysans *à venir, de plus de huit lieues à la ronde,* fortifier ce poste. Le 19 avril 1585, à sept heures du matin, d'Aumale lui-même se présenta sous les murs d'Abbeville, à la tête d'un corps considérable de cavalerie, mais on y était sur ses gardes. Henri III avait écrit aux habitans pour leur défendre de le laisser entrer dans la place, et leur respect pour l'autorité de ce prince ne se démentit point alors. D'Aumale fut obligé de se retirer, non sans dépit de s'être inutilement flatté de s'emparer de la ville. Sur ces entrefaites, les Protestans surprirent le château de Rambures. Tandis que les Ligueurs marchaient contre eux et mettaient le siége devant ce château, on élevait à Abbeville des fortifications nouvelles, on rasait toutes les plantations qui se trouvaient dans ses abords, afin que le guetteur, placé dans le clocher de Saint-Georges, pût découvrir plus facilement l'ennemi. La guerre civile prenait le caractère le plus sérieux au moment même où une maladie contagieuse venait de porter ses ravages dans la ville. En 1586, la famine vint se joindre aux autres fléaux. Le corps municipal fut obligé d'équiper plusieurs navires pour aller prendre des blés à Dantzick et dans divers autres ports de mer. Un jour qu'on distribuait ces blés à l'Échevinage, une galerie de pierre sur laquelle se trouvait un assez grand nombre d'individus, s'écroula tout-à-coup, et différentes personnes périrent sous ses décombres. Abbeville vit ses marchés déserts, car des partis battaient journellement la plaine. Le 23 mars 1587, on apprit que le Crotoy avait été surpris par les Ligueurs; qu'ils assiégeaient sa citadelle, et que les Royalistes, qui avaient repris le Pont-Remi, avaient été forcés de le rendre aux troupes du duc d'Aumale. Les Abbevillois firent de nouvelles dispositions pour se mettre à l'abri de ses attaques. On tripla tous les postes, on veilla jour et nuit. D'Aumale, instruit de ce qui se passe, cherche à persuader que ses entreprises n'ont rien d'hostile contre l'autorité royale. Il écrit aux Abbevillois qu'ils n'ont pas de voisin plus prêt que lui à sacrifier sa vie pour la conservation de leur cité et le maintien de leur croyance ; que sa conduite en rendra témoignage, et qu'il prie Dieu de les aider à chasser les ennemis de la province et à y rétablir la paix. Les excellens citoyens qui composaient alors le corps de ville lui répondirent qu'ils ne pouvaient que se tenir en défiance contre ses dispositions militaires. En effet, on apprit bientôt qu'un corps de troupes espagnoles se dirigeait sur Abbeville. Les bourgeois, dont la majorité n'était ni du parti protestant ni de celui de la ligue, mais de ces bons Français qu'on appelait alors *politiques,* se montrèrent prêts à repousser l'étranger, et les soldats de Philippe II rebroussèrent chemin.

Cependant les conspirateurs qui se trouvaient parmi eux, s'abouchèrent avec ceux d'Amiens, et firent une ligue secrète avec Montluc de Balagny, gouverneur de Cambrai. Les intrigues de l'évêque Geoffroy de la Marthonie, et le fanatisme du clergé favorisèrent leurs projets. Maître du Pont-Remi, le duc d'Aumale, qui y avait établi son quartier général, entretenait des intelligences dans la ville, excitait secrètement les mayeurs de bannière à réunir sous ses drapeaux toutes les corporations, adressait en même temps un message aux officiers municipaux, afin de les déterminer à le recevoir chez eux. Cette lettre, dans laquelle il s'intitule leur *entièrement bon voisin et ami,* n'ébranla point la vertueuse résolution de ces magistrats. Les mayeurs de bannière ne se montrèrent pas moins fidèles; mais les progrès de la Ligue enhardissaient les séditieux. Henri III, informé que le nombre des conspirateurs augmentait dans la ville, et qu'ils avaient formé le complot de la livrer au duc, se hâta d'y envoyer quatre compagnies d'infanterie pour déjouer leurs manœuvres. Ces troupes n'étaient plus qu'à une journée de marche lorsque le duc d'Aumale fut instruit de leur approche. Il rassemble aussitôt toutes ses forces, se porte avec rapidité sur Abbeville, surprend le faubourg de Rouvroy, le 17 mars à midi, 1588, barricade le pont Bachelier pour se mettre à couvert des attaques de la ville, et se prépare à défendre le passage aux soldats de Henri III. Le maire, à la tête des Royalistes, fait braquer le canon contre le faubourg; mais de Roncherolles, gouverneur du château, et partisan du duc de Guise, s'oppose à ces démonstrations hostiles, objecte qu'on ne peut tirer sur les Ligueurs sans foudroyer Rouvroy, et fait chasser de la ville les Royalistes qui se sont le plus distingués par leur zèle [1]. Parmi ces honorables citoyens, on remarquait de Rouverel, Carpentin, Belloy de Rogent et ses fils, Josse Prevost, Josse Leulier, le seigneur de Bé-

---

[1] Voy. Daniel, *Hist. de France*, tom. XI, p. 309, in-4°.

hen, etc.; un grand nombre d'autres, qui avaient manifesté leur opinion sans ménagement, et qui ne craignaient pas d'éclairer le peuple sur le but coupable de *la Sainte Union*, reçurent l'injonction de se taire sur les affaires publiques.

Les troupes royales entraient à Saint-Maxent lorsqu'elles apprirent que le duc d'Aumale s'était jeté dans Rouvroy pour leur couper le passage. Se sentant trop faibles pour le débusquer de ce faubourg, et pénétrer de vive force dans la place, elles suspendirent leur marche. On courut informer le roi de ces fâcheuses nouvelles et demander ses ordres. Pendant ce temps, d'Aumale, renforcé de jour en jour, s'emparait de quelques-uns des châteaux dont le pays était encore hérissé, et contraignait les nobles à le suivre. Il avait laissé Rambures, l'un de ses principaux officiers, à la tête des troupes qui gardaient Rouvroy. Ces troupes indisciplinées, dont la solde n'était fondée que sur le pillage, interceptaient les subsistances, dévastaient tous les villages voisins, et maltraitaient les habitans. On entama des négociations avec Rambures pour l'engager à évacuer le faubourg; mais on apprit avec douleur que les députés n'avaient pas réussi. On parlementa de nouveau; le duc ne consentit à traiter qu'à condition que les troupes du roi ne mettraient pas le pied dans la ville : celles qui devaient y entrer ayant été rappelées par Henri III, les bourgeois s'engagèrent formellement à défendre eux-mêmes leurs murailles, à ne *molester* aucun ligueur, et le 28 mai au matin, après une occupation militaire de soixante-dix jours environ, le duc d'Aumale, qui se trouvait alors à Rue, donna ordre à Rambures de s'éloigner d'Abbeville.

CHAPITRE XXVIII.

1588 — 1593.

La journée des barricades venait de contraindre Henri III à chercher un asile à Rouen; il chargea Auguste de Thou, l'historien, d'aller s'assurer de ce qui se passait en Picardie. De Thou vint à Abbeville et s'efforça de soutenir le zèle des partisans du roi. Mais on apprit bientôt que le duc de Guise avait été assassiné dans le château de Blois avec le cardinal son frère, et cette nouvelle mit tout en feu. Voici un extrait de la lettre dans laquelle Henri annonce aux officiers municipaux l'odieuse action qu'il vient de commettre. « Le duc de Guise, dit-il, avoit tous les jours quelque nouveau dessein sur notre propre personne, laquelle voulant mettre en sûreté, pour éviter ce qu'il avoit projeté depuis peu de jours, nous avons pensé estre nécessaire de le prévenir et garantir nostre vie par la perte de la sienne et châtiment de ses desmérites, dont nous avons voulu vous avertir par la présente, afin que vous soyez éclairés de la vérité, et qu'on ne la vous puisse déguiser par les faux bruits que l'on pourroit faire. »

Il serait difficile de peindre la fermentation qui régna dans la ville lorsqu'on y apprit ce massacre. On tendit de noir toutes les églises, on y éleva des chapelles ardentes où l'on voyait les portraits des princes assassinés. Le conseil-général de la Sainte-Union, qui siégeait à l'Hôtel-de-Ville de Paris, et qui correspondait avec les villes dévouées à la Ligue, s'empressa d'exciter les Abbevillois à la révolte. « Pour Dieu, disait le conseil, ne vous monstrez froids sur cette occasion; nous ne sommes pas, grâce à Dieu, privés de tous nos chefs. » L'autorité de la Ligue s'établit aussitôt. Le 12 janvier 1589, le gouverneur, les magistrats municipaux, une partie de la noblesse et de la bourgeoisie se déclarèrent contre le roi.

Parmi ceux qui contribuèrent le plus à égarer le peuple d'Abbeville, nous citerons Geoffroy de la Marthonie, évêque d'Amiens ; Saveuse et Cavillon, curés de Saint-Paul et de Sainte-Catherine ; Rambert, gardien des cordeliers ; le mayeur Maupin, Pierre Leboucher, lieutenant civil et criminel ; Roncherolles, commandant du château, et la plupart des conseillers du présidial.

Le premier soin des factieux fut de se mettre à l'abri d'un coup de main. On plaça des troupes à Rouvroy, au Pont-Remi, à Rambures, à Saint-Riquier, dans la tour du Plouis-Donqueur. Saint-Valery et Gamaches, entraînés par l'exemple d'Abbeville adhérèrent à la Sainte-Union. Le Crotoy fut livré aux Ligueurs par la femme du gouverneur de cette place, à condition « que les biens de ses parens et amis, et les siens propres, seroient placés sous la sauvegarde des Abbevillois ; qu'il lui seroit donné confort à l'encontre de tous ceux qui lui voudroient du mal ; qu'elle jouiroit de tous les droits attachés au gouvernement de la place, dont le sieur de Belloy, son mari, reprendroit le commandement à sa volonté ; que punition exemplaire seroit faite de tous ceux qui attenteroient contre elle et ses alliés ; que la garnison qui se trouvoit au Crotoy n'en sortiroit pas, et que la ville d'Abbeville pourroit seule y mettre un pareil nombre de soldats. »

Le 22 février on somma les nobles du Ponthieu de se rendre le 26 à Saint-Riquier; ceux des prevôtés du Vimeu le 29, afin de se joindre à l'armée sous peine de voir saisir leurs biens, d'être poursuivis et déclarés traîtres à Dieu et à la patrie. On fit ensuite de nombreuses levées d'hommes dans les villages, on battit la plaine jusqu'à Dieppe où les Huguenots de la Picardie se rendaient en foule, et où le catholicisme ne comptait plus un seul autel. On éprouvait aussi des inquiétudes sur d'autres points; car malgré l'argent et les munitions que la ville venait de faire passer à Rambures, ce chef de ligueurs avait peine à se maintenir du côté de Boulogne. D'Aumale lui-même, à qui les Abbevillois avaient envoyé quatre compagnies d'infanterie, levées pour leur propre défense, venait d'essuyer un échec près de Senlis, et les Royalistes se réjouissaient de cet événement qui ranimait leurs espérances. Comme ils cherchaient à refroidir le zèle des partisans de la Ligue, on invita ceux-ci à dénoncer tous les citoyens qui se prononceraient contre la Sainte-Union. Un registre fut ouvert aux délateurs, et les échevins ne rougirent pas d'inscrire sur ce registre infâme les lâches déclarations que venait dicter la haine ou le fanatisme. Les cachots de l'Hôtel-de-Ville et de la cour Ponthieu se remplirent aussitôt d'un grand nombre de suspects. Les prêtres royalistes eurent pour prison le prieuré de Saint-Pierre, l'un des foyers les plus ardens de la Ligue.

A la crainte de voir éclater des mouvemens intérieurs, les factieux joignaient celle de se voir attaquer par les troupes que le roi de Navarre avait laissées en Picardie sous les ordres de Longueville et de la Noue. Une profonde consternation commençait à régner parmi eux, lorsqu'ils apprirent qu'un moine fanatique avait plongé le couteau dans le sein de Henri III, et que les Guise étaient vengés ! A cette nouvelle, les Ligueurs font éclater des transports d'allégresse. Les églises et les monastères se décorent de leurs plus beaux ornemens; et tandis que le Saint-Sacrement reste exposé sur les autels, la foule se porte à l'abbaye de Saint-Pierre pour y voir un tableau « représentant Henri III, auquel parloit le duc d'Epernon, dit Wagnart, et derrière ce duc estoit un diable avec un soufflet qui lui souffloit à l'oreille. Au dessous du roi estoit représenté l'enfer d'où sortoit un autre diable, qui enchaînoit ledit seigneur roi par les pieds, et le tiroit dedans cet enfer et lui présentoit de la main gauche une couronne, et auprès estoit écrit : *manet ultima inferno.* Se moquant de sa devise : *manet ultima cœlo.* »

Sur ces entrefaites, le roi de Navarre, appelé au trône comme premier prince du sang, vint le 6 septembre 1589, avec le titre de roi de France, et sous le nom de Henri IV, assiéger Neufchâtel. Les milices d'Abbeville, réunies à celles d'Amiens, se portèrent au secours de cette place ; mais elles furent complètement battues, et perdirent sept cents hommes. Givry, l'un des lieutenans du roi, entra ensuite dans le Vimeu et le mit à contribution. Le château de Rambures, pris par les Protestans sous le commandement de Basqueville, fut bientôt repris par les Ligueurs.

Henri, maître de la ville d'Eu, se rendit sous les murs de Dieppe, où il s'était décidé à attendre Mayenne, reconnu pour chef de la Sainte Union, depuis l'assassinat du duc de Guise, son frère. L'approche de Henri IV et de son armée fit trembler les Ligueurs. Ils donnèrent l'ordre d'abattre sur le champ les arbres des faubourgs à mille pas des fossés de la place, firent des visites domiciliaires chez tous les royalistes pour enlever leurs armes, établirent sur le parvis de Saint-Vulfran un vaste corps de garde, où les prêtres, munis de mousquets, veillaient pendant la nuit aux intérêts de leur faction.

Pendant ce temps, le duc de Mayenne, avec un corps considérable s'empara de Gamaches, et prit la route de la ville d'Eu, où il s'arrêta deux jours pour attendre des troupes, de l'artillerie, des munitions, ainsi que 200 mille pains qui devaient lui arriver d'Abbeville, et que cette ville lui fournissait avec l'argent des Hérétiques. La bataille d'Arques, qui eut lieu peu de jours après (20 septembre 1589), confondit les espérances des rebelles. Henri IV poursuivit Mayenne qui se repliait sur Gamaches, et pénétra dans ce bourg après avoir forcé les retranchemens garnis de canons, que les Ligueurs y avaient élevés. Ce combat, en retardant la marche du roi, favorisa la retraite des vaincus, qui traversèrent la Somme à Abbeville, à Long et au Pont-Remi. Mayenne, après avoir envoyé des troupes au gué de Blanquetaque, pour empêcher Henri de passer la rivière, alla camper au Pont-Remi, où il reçut d'Arras, le 23 octobre, 45 milliers de poudre [1]. Tout porte à croire qu'il avait pris position dans les retranchemens romains, situés sur la hauteur de Liercourt; ce qui expli-

---

[1] Registre aux délibérations de la ville.

quérait la découverte qu'on y a faite de biscayens et de canons de mousquets.

Au milieu de ces graves circonstances, les rebelles établirent dans la capitale du Ponthieu une nouvelle forme de gouvernement. On porta le nombre des échevins à vingt-quatre ; et, ce qu'il y a de plus remarquable, c'est la création d'un conseil extraordinaire composé de prêtres, de gentilshommes et de bourgeois, au nombre de quatre pour chaque ordre. Ce conseil, présidé par le maire et par le gouverneur, fut chargé du pouvoir suprême, et subsista tant que la ville méconnut les droits de Henri IV à la couronne.

Ce fut alors que le mayeur Maupin, le lieutenant criminel Leboucher, le procureur du roi et les autres principaux ligueurs, signalèrent leur autorité par des proscriptions, des emprisonnemens, des actes de rigueur extrême. Ces indignes magistrats, nés du sein de l'anarchie, mirent à contribution tous les habitans riches qui n'étaient pas ligueurs, levèrent d'énormes taxes, et se trouvèrent, malgré de nombreuses confiscations, réduits à s'emparer de la caisse du bureau des pauvres [1]. Toutes les ressources étaient épuisées, et la disette faisait des progrès effrayans ; mais

---

[1] Voir les notices à la fin de l'ouvrage.

les furieux qui opprimaient la ville n'en persistèrent pas moins dans leur résolution coupable; comme ils n'avaient point assez d'argent pour faire face à toutes les dépenses, ils décidèrent que les habitans seraient tenus d'envoyer leurs domestiques et leurs servantes travailler aux fortifications, tandis qu'eux-mêmes s'exerceraient aux armes, et que huit cents bourgeois, soutenus par deux cents cavaliers, s'en iraient battre la campagne et former le siége de la tour du Quesnoy, et de quelques châteaux forts, parmi lesquels on remarque ceux de Drucat, de Mautort et d'Eaucourt, qui furent enlevés aux troupes royales (1590). Les prêtres et les moines, enrôlés sous les ordres de quinze capitaines, grossirent les bataillons de la milice bourgeoise et occupèrent ses corps de garde. A ces apprêts sinistres se mêlaient des processions extravagantes, où curés et vicaires, bénédictins, chartreux, minimes et franciscains, assistaient armés de pertuisanes et d'arquebuses, le casque en tête et cuirassés. A leur tête, on voyait Rambert, gardien des cordeliers, et le prieur des chartreux, tenant la croix d'une main et l'épée de l'autre. Venait ensuite leur adjudant-major Cavillon, curé de Sainte-Catherine, qui réglait l'ordre de la marche et les feux de mousqueterie avec le chant alternatif des psaumes.

Jusqu'à la fin de ces jours d'avilissement et de malheurs, le pays redevint entièrement ce qu'il avait été dans les temps de l'anarchie féodale. On n'entendait parler que de surprises de places, de meurtres et de pillages. Les Abbevillois soutenaient la lutte avec vigueur; fournissaient des canons, des vivres, des munitions, des hommes, des chevaux, lorsque le duc de Nevers s'approcha de leur ville, afin de favoriser les entreprises de Bourbon-Rubempré, qui venait de s'emparer de Rue par escalade, et de soumettre tout le pays. Le duc d'Aumale, qui se trouvait alors à Abbeville, donna l'ordre de brûler les faubourgs, d'inonder celui de Rouvroy, de tendre des chaînes sur les rivières, et de chasser de la ville tous les amis de l'autorité royale.

Après avoir perdu l'espoir de prendre une place aussi bien défendue, Nevers marcha contre Saint-Valery et s'en rendit maître. Sur ces entrefaites, d'Aumale surprit les reîtres dans la nuit, les défit complètement et envoya aux Abbevillois, comme trophée de sa victoire, la cornette colonelle de ce corps, qu'on suspendit, selon ses désirs, à un pillier de l'église Saint-Georges.

Les hostilités ruinaient le pays au point que,

l'année précédente, on s'était vu contraint de conclure une trêve *pour le repos des laboureurs* avec le gouverneur de Dieppe et les Religionnaires d'Arques et de Neufchâtel. A la disette se joignaient des maladies contagieuses et des alertes continuelles.

Vers la fin de décembre 1591, le duc d'Aumale accusa Roncherolles, baron de Pont-Saint-Pierre, gouverneur de la ville et château d'Abbeville, d'entretenir des intelligences avec l'ennemi, et le fit arrêter en présence du maire. Il se rendit ensuite à l'Hôtel-de-Ville où le corps municipal fut convoqué, et fit connaître aux magistrats et aux bourgeois le motif de sa conduite envers le gouverneur et le baron de Hucqueville, commandant du Crotoy, frère de Pont-Saint-Pierre, qu'il venait de faire également arrêter. Il ajouta que les troupes du roi de Navarre approchaient, que la ville leur était vendue [1], et que pour déjouer le complot, il fallait à tout prix s'assurer du château. Le sieur de Frames, lieutenant de Roncherolles, ayant re-

---

[1] Ces inculpations étaient fausses et le conseil d'état de la Ligue, par un arrêt du 18 mars 1592, reconnut l'innocence de Pont-Saint-Pierre et du baron de Hucqueville, et les remit en liberté. (Voyez à la bibliothèque de la ville le M. S. de Wagnart, tom. II, p. 581 et suivantes.)

fusé de le rendre, on fit marcher des troupes et du canon, et on menaça de le foudroyer s'il ne capitulait à l'instant même. Frames répondit qu'il ne le ferait qu'autant que le gouverneur lui en intimerait l'ordre. Roncherolles, privé de sa liberté et menacé par d'Aumale, signa cet ordre, et la forteresse fut remise aux troupes municipales. Deux jours après, d'Aumale invita le maire et les échevins à se rendre à l'Hôtel-de-Ville où il arriva bientôt lui-même, suivi d'un grand nombre d'habitans, réclama la parole, et dit que toutes ses actions n'avaient d'autre but que le bien public; que cependant on lui prêtait de mauvais desseins; qu'on l'accusait de vouloir livrer le château d'Abbeville à trois cents Espagnols; mais que, pour confondre ses calomniateurs, il était prêt à le démanteler, et qu'il s'était, à cet effet, muni d'une pioche pour y donner le premier coup. Le duc, montrant cette pioche qu'un de ses officiers tenait cachée sous son manteau, invita l'assemblée à concourir à la démolition. De vifs applaudissemens accueillirent ces paroles, et le duc, accompagné de plusieurs gentilshommes, sortit aussitôt de l'Échevinage, et se dirigea vers le château, suivi d'une foule immense. En attendant qu'on se mît à l'œuvre, on décora de velours et de galons d'argent la pioche avec laquelle le duc devait donner le premier signal, et lorsque tout fût prêt, il fit enlever les belles et riches tapisseries que madame la duchesse douairière de Guise y avait fait transporter de son château d'Eu, et frappa le premier coup. Le peuple, aidé d'une nombreuse escouade d'ouvriers, ne tarda pas à démanteler cette imposante forteresse qui se composait d'un grand et d'un petit château, flanqués de tours, avec des meurtrières pour voir et pour tirer sur la ville et sur la rivière [1]; des fausses portes pour entrer et sortir du côté des champs, des guichets à l'épreuve du pétard, des casemates et des souterains pour descendre jusqu'à la Somme [2]. On trouva parmi les décombres une pierre sur laquelle avait été gravé le quatrain suivant :

> L'an mil quatre cent soixante et onze,
> Moi, Charles, duc de Bourgogne,
> J'ai ce château ici mis
> En dépit de mes ennemis.

[1] Des travaux entrepris en 1833 sur l'emplacement de cette citadelle y ont fait découvrir une vingtaine de boulets de grès de dix pouces environ de diamètre, que l'on conserve à l'arsenal, et différentes parties de murailles qu'on a détruites.

[2] Wagnart, à qui nous empruntons ces détails, dit que les matériaux de la grande salle furent donnés par le duc aux Minimes

Après le combat d'Aumale, gagné par Henri IV, le duc de Parme, poursuivi jusqu'au Pont-Remi, y traversa la Somme, fit rompre le pont, s'échappa ainsi des mains du roi, et délivré de toute inquiétude, vint bloquer Rue. Bourbon-Rubempré, qui la défendait avec dix-huit cents hommes, fit, par le moyen d'une écluse, couler les eaux de la Maie dans les marais qui environnent la ville, et en rendit l'abord tellement impraticable que le duc fut obligé de lever le siége.

On sut bientôt que son maître Philippe II réclamait le trône de France ou du moins prétendait y faire monter sa fille, et que le duc d'Aumale avait formé le projet de livrer Abbeville aux Espagnols. Les habitans de cette ville se souvinrent alors qu'ils étaient Français. Ils firent bonne garde, et lorsque les troupes de Lorraine, que le duc avait appelées, se présentèrent aux portes de leur ville, ces portes étaient fermées. D'Aumale tenta de dissiper leurs craintes, prétexta une expédition qui réclamait la présence de ces troupes, en assurant qu'elles ne feraient

pour construire une bibliothèque; ceux du corps de logis au collége ; le pavé des galeries au curé de Saint-Gilles pour paver son église, et que tout le reste fut vendu.

que passer. Le maire Josse Beauvarlet lui répondit qu'on ne doutait pas de ses bonnes intentions ; mais que sa demande ne pouvait être admise ; qu'on redoutait la licence des soldats et la reproduction des brigandages commis en 1568 [1] ; que Saint-Riquier venait d'être dévasté, tous les villages des alentours mis à rançon, et qu'on ne s'exposerait pas aux mêmes malheurs. Le duc ne se laissa point séduire par ces paroles, et déclara que de gré ou de force ses troupes déboucheraient par la ville, où il était entré déjà lui-même avec un corps de cavalerie. Il ajouta qu'il savait bien comment un prince se vengeait d'un mayeur [2], et qu'il tirerait une éclatante satisfaction d'une telle injure. Le maire convoqua le corps de ville pour lui faire connaître les volontés de d'Aumale. On décida de lui adresser de nouvelles remontrances, mais il ne voulut rien entendre. Alors on forma des barricades dans toutes les rues, on établit des postes autour de son hôtel, et le duc voyant qu'on ne lui céderait pas, fit expédier l'ordre aux soldats d'abandonner les faubourgs Saint-Gilles et du Bois, pour gagner la porte Marcadé, par le pont de la Bouvaque, que le maire avait fait rétablir.

[1] Voir ci-devant, pag. 304.
[2] M. S. de Wagnart, tom. II, p. 584 verso.

La cavalerie, qui avait déjà pénétré dans la ville, reçut également l'ordre d'en sortir, et déboucha la nuit par la même porte entre deux rangs de bourgeois armés.

Après une entrevue où chacun protesta de ses bonnes intentions et dans laquelle d'Aumale dit qu'il oubliait tout, ce prince sortit de la ville sans en prévenir les magistrats.

Peu après, Senarpont et Rubempré, soutenus par une escadre Anglo-Néerlandaise, se présentèrent sous les murs de Saint-Valery que les Ligueurs avaient réoccupé. A leur approche, les bourgeois prirent les armes aux cris de *vive le roi!* et forcèrent la garnison à capituler. Au bruit de ces succès, le comte de Mansfeld, l'un des chefs de l'armée espagnole, qui se trouvait à Domart, se mit en marche pour assiéger Saint-Valery, et s'empara de cette ville où il ne laissa qu'une faible garnison (1593).

A peine était-il parti que Rubempré sortit de Rue pendant la nuit, traversa le gué de Blanquetaque et parut au point du jour devant Saint-Valery. Les Espagnols, qui ne faisaient pas bonne garde, surpris par ses troupes, et attaqués par les habitans, furent contraints de déposer les armes. Ce fut en vain que le duc d'Aumale, jaloux de la possession de cette place, fit un nouvel effort pour la reprendre aux Royalistes; il échoua complètement, et malgré la supériorité de ses forces, ne fut pas plus heureux dans une attaque dirigée contre Rue que Rubempré défendait en personne.

Malgré cet échec, le duc osa former le projet de se rendre maître d'Abbeville. L'enlever de vive force était impossible ; il essaya de nouveau la ruse, et demanda passage pour dix mille hommes ; ce qu'on ne lui accorda qu'après avoir long-temps parlementé, et l'avoir mis, par les plus sages dispositions, hors d'état de rien tenter contre la sûreté de la ville. Les rues qu'il devait traverser furent flanquées de barricades, défendues par une bonne artillerie ; les bourgeois en armes distribués sur tous les points ; la cavalerie postée à la place Saint-Pierre, au Marché et à la Placette. Au milieu de cet appareil formidable, on ne laissait passer que cinq cents hommes à la fois ; les ponts se levaient derrière eux, les portes se refermaient ; et, au fur à mesure qu'ils avançaient dans la ville, on relevait sur leurs pas les chaînes que, dans ces temps d'alarmes, on tendait à l'entrée de chaque rue.

Peu de jours après, d'Aumale manifesta le désir de faire entrer les Espagnols à Saint-Riquier. On lui objecta vainement que la place était trop importante pour la remettre aux mains de ces étrangers ; ils y entrèrent bientôt, soit par l'effet d'une trahison, soit par la force des armes. Ils se répandirent ensuite dans le Vimeu où ils brûlèrent plusieurs villages. Cette invasion offrait de grands obstacles à la soumission de la Picardie ; mais les victoires de Henri IV ne tardèrent pas à rappeler les Espagnols sur d'autres points, et changèrent la face des choses.

CHAPITRE XXIX.

1593 — 1599.

Henri IV se fit catholique, et Paris lui ouvrit ses portes. Les ligueurs d'Amiens écrivirent aux habitans d'Abbeville, de Montreuil et de Doullens pour leur notifier que malgré les succès du roi, ils n'en resteraient pas moins fidèles à leur parti, et qu'ils se défendraient jusqu'au dernier soupir. Mais les vrais citoyens de ces villes, lassés de leurs malheurs, désiraient ardemment la paix. Abbeville donna l'exemple. Nicolas Lefranc, secrétaire de la chambre du roi, et de

Thézy, que Henri IV y avait envoyés pour décider les habitans à le reconnaître, y préparèrent la plus heureuse révolution. Le mayeur lui-même, Jean Maupin, forcené ligueur, qui avait soufflé le feu de la révolte avec tant de fanatisme, voulut s'associer à ces deux restaurateurs de la tranquillité publique, et se déclara contre la Ligue. Le 23 avril 1594, les bourgeois le députèrent avec Thézy et quelques habitans notables, pour supplier le roi de leur pardonner et lui demander le maintien de leurs anciennes franchises. Henri reçut la députation avec bonté, promit de conserver les priviléges de la ville et d'oublier les fautes passées. Il prit en outre l'engagement de faire restituer les biens que l'on avait enlevés aux ecclésiastiques, et de défendre l'exercice du culte réformé dans la ville et dans ses faubourgs. Malgré ces concessions et ces faveurs, les prêtres, excités par Geoffroy de la Marthonie, évêque d'Amiens, montaient tous les jours en chaire pour outrager le roi, soutenir que sa conversion était simulée ; que son règne serait le renversement de la foi chrétienne, et qu'il était permis de ne pas le reconnaître. Le Parlement décréta l'évêque de prise de corps, fit confisquer ses biens, et défendit de lui obéir. On informa contre le curé de Sainte-Catherine,

Jean Cavillon ; contre Jean Leleu, curé de Saint-Gilles, et contre plusieurs autres prêtres et moines. La fermeté de l'autorité civile fit rentrer les factieux dans le devoir, et ils cessèrent leurs invectives. Les derniers coups furent bientôt portés au parti des ligueurs. Rambures, à la tête de onze cents hommes des communes d'Abbeville, alla détruire le fort que les rebelles avaient construit au Pont-Remi, tandis que Rubempré, l'habile et entreprenant gouverneur de Rue, se portait sur le Crotoy, et obligeait sa garnison à battre la chamade.

Henri IV, qu'une suite de succès venait de rendre maître de Laon, d'Amiens et de presque toute la Picardie, voulut visiter les villes frontières de l'Artois et de la Flandre. Le 17 décembre 1594, il arriva en bateau au Pont-Remi où il coucha. Le lendemain dimanche, les magistrats municipaux d'Abbeville, vêtus de robes de damas rouge, avec une bande de velours violet sur la manche gauche, sortirent de leur hôtel, accompagnés d'une troupe de gentilshommes et de notables habitans, parmi lesquels on remarquait les officiers du roi, les avocats et les procureurs, tous montés sur des chevaux richement caparaçonnés. A la tête de cette calvacade marchaient plusieurs trompettes. Venaient ensuite les sergens de ville en robes et en manteaux *mi parties violet et tanné,* portant épieux et pertuisanes ; le capitaine du guet, à cheval, avec une jupe et des chausses de velours. Quatre échevins, portant des étendards aux couleurs du roi, escortaient le maire qui s'achemina avec sa suite sur la grande route d'Amiens, à demi-lieue de la ville. D'abord on vit arriver, à la tête d'un corps de cavalerie, le gouverneur de la province, M. de Longueville. Le cortége municipal mit pied à terre. Le gouverneur annonça que le roi approchait; quelques instans après Henri parut, ôta son chapeau, et chacun se mit à genoux ; puis le maire adressa au roi un discours dans lequel il exprima combien les habitans étaient heureux de goûter les effets de sa clémence, et de rentrer sous ses lois après s'être garantis de la dominatoin étrangère. « Tous se rendent à vos pieds, dit-il en terminant, pour protester de leur affection fervente. Ils vous supplient de vouloir bien prendre commisération de votre pauvre peuple des champs si extrêmement affligé et désolé par la guerre, l'excès des impôts, et que la nécessité contraint d'abandonner les villages, pour aller misérablement attendre la mort dans les bois ou en quelque coin de haie. Ils vous recommandent de vouloir bien conserver les franchises de la ville pour prix de leur libre réduction à votre obéissance. Ils prient Dieu de bénir votre royaume, de le conserver dans la vraie religion, et vous présentent les clefs de la ville.»

À ce discours touchant, le roi répondit qu'il reconnaissait que la ville d'Abbeville avait été la première de la province qui s'était soumise; que dès lors il avait désiré la visiter; mais que ses affaires l'avaient retenu ailleurs; que deux motifs l'avaient déterminé à entreprendre son voyage : sa qualité premièrement, et *pour ce qu'il avoit été engendré à Abbeville* [1]; qu'il reconnaissait qu'il devait voir ses habitans des premiers; qu'il leur serait un bon roi, et que l'on continuât de l'honorer et de l'aimer. »

Henri ayant cessé de parler, chacun se leva et l'air retentit des cris de *vive le roi!* Le corps de la magistrature se présenta ensuite, précédé d'un trompette et des sergens royaux à cheval, portant guidon d'azur, semé de fleurs de lis d'or. Le lieutenant général complimenta le roi, et le cortége se mit en marche. Vingt compagnies de milice bourgeoise en uniforme bleu et vert, galonné d'argent, armées de piques et de mousquets, et dans le meilleur ordre, fixèrent l'at-

[1] Procès verbal de la réception du roi, inséré dans le *registre aux délibérations de la ville*, de 1593 à 1595, f°. 326.

tention du monarque, et le saluèrent de leurs acclamations. Bientôt on vit *passer par dessus lui une compagnie de huit ou dix cygnes blancs volans en l'air, bon augure de son entrée.*

L'artillerie du rempart fit de nombreuses décharges. Un canonnier de la ville fut tué par une boîte d'artifice; un autre eut le bras emporté.

Le roi entra par la porte Saint-Gilles, où le clergé l'attendait. Il était à cheval, et se plaça sous un dais de satin blanc, porté par quatre échevins. Les ponts-levis et les rues étaient ornés d'arcs de triomphe, de trophées d'armes, d'inscriptions grecques et latines, en lettres d'or, et de figures allégoriques, dont les dessins existent dans le registre qui contient le programme de cette brillante réception. Combien ne fallait-il pas qu'Abbeville, après de si longues années de malheurs, eût de ressources et de richesses pour étaler tant de luxe! Les fêtes de la révolution, celles de l'empire, de la restauration et de la France de juillet, sont loin d'avoir jamais déployé le même éclat.

Arrivé devant le portail de Saint-Vulfran, Henri mit pied à terre, écouta patiemment la longue et ridicule harangue du doyen de cette église, et lui répondit avec grâce qu'il était bon catholique, et que sa conversion était sincère. Après avoir entendu le *Te Deum*, et baisé le crucifix à genoux, au pied du maître autel, il se rendit à la Grutuze, dont les appartemens avaient été garnis de riches tentures rehaussées d'or. On y offrit au roi, selon l'usage, trois bœufs gras, trois barriques de vin et trois muids d'avoine ; et l'on joignit à cet hommage un nouveau discours, où l'orateur cita des vers grecs et latins, parla des Perses et de Lycurgue, des Mages et des Éthiopiens, etc.

Henri reprit le lendemain matin la barque qui l'avait amené jusqu'au Pont-Remi, et vit mettre à ses pieds, au moment de son départ, vingt-quatre *quennes* (cruches) d'hypocras. Les officiers de sa maison reçurent du corps de ville des hallebardes, des arquebuses et des escopettes, provenant des ateliers de la ville, et toutes *richement* et *mignonnement montées*. Le capitaine de la garde écossaise, les fourriers, les gardes du prévôt de l'hôtel, les valets de pied et les trompettes eurent ensemble cinquante écus.

Peu de mois s'étaient écoulés depuis le départ du roi, lorsqu'il donna ordre au comte de Saint-Pol de conduire à Saint-Valery deux cents cuirassiers et six cents fantassins pour renforcer Jean de Montluc, qui n'y attendait qu'un vent propice pour cingler vers Calais, et secourir cette place assiégée par l'archiduc Albert. Le roi, voulant y pénétrer à toute force, et ne pouvant exécuter ce projet par terre, prit avec lui son régiment des gardes avec environ cinq cents chevaux, accourut à Abbeville, où il arriva le 18 avril 1596, et se mit en mer à Saint-Valery. Mais les mêmes vents contraires continuaient à régner ; il ne put joindre Montluc et Saint-Pol, que la tempête avait contraints de relâcher à Boulogne, et se vit, malgré tous ses efforts, rejeté par les flots dans le port du Crotoy.

Au mois de juin de la même année, une peste, favorisée par les troubles civils et les occurrences de la guerre, jeta la désolation dans tous les quartiers de la ville, et enleva plus de huit mille personnes. Les habitans épouvantés se réfugièrent sous des tentes au milieu des champs, et ne rentrèrent qu'au mois de septembre, époque à laquelle il leur fut ordonné de rejoindre leurs foyers, sous peine de perdre le droit de bourgeoisie et de payer cinquante écus d'amende. Si l'on en croit la tradition, la Boucherie seule fut préservée de ce terrible fléau, qui ne cessa de sévir qu'au bout de quinze mois.

. Un nouveau malheur vint ajouter à la consternation des Abbevillois. Henri IV avait mis chez eux une forte garnison, et il offrit aussi des troupes aux habitans d'Amiens; mais ceux-ci firent valoir leurs anciens priviléges, et promirent de se défendre eux-mêmes. Ils négligèrent tellement les plus simples précautions que les Espagnols s'emparèrent de la ville par surprise. Le danger devenait pressant. Le roi, extrêmement inquiet, écrivit la lettre suivante aux magistrats d'Abbeville : « Chers et bien amés, puisque les habitans de nostre ville d'Amiens se sont si lâchement laissés surprendre et se sont perdus avec tant d'imprudence et d'ospiniâtreté au refus qu'ils ont fait de recevoir seullement en leurs faulxbourgs les garnisons des Suisses, dont nous les avions fortement fait solliciter, il fault à nostre très-grand regrêt qu'ils en portent la peine. Et parceque les Espagnols qui se sont emparés de ladite ville, entre aultres barbaries qu'ils y ont exercées ont contrainct lesdits habitans de rachepter leurs vies et personnes, et celles de leurs femmes et enffants avecq les meubles qu'ils leur ont voullu laisser, après avoir pillé ce qu'ils avoient de plus précieux ; et que, pour recouvrer l'argent dudit rachat, lesdits habitans d'Amiens pourroient avoir recours à nos villes voisines, mesme à la vostre; nous vous déffendons très-expressément de les secourir d'aulcuns deniers, tant parceque cela espuiseroit d'argent vostre ville et augmenteroit d'aultant nos ennemis, que parcequ'il nous importe de leur oster, en ce qu'il nous sera possible, le moyen de recouvrer argent pour nous faire la guerre et à nos sujets. Donné à.... [1] le 25e. jour de mars 1597 » [2].

Les Abbevillois, jaloux de témoigner au roi leur attachement à la France, lui répondirent par l'envoi d'une somme de douze mille livres pour l'aider à reprendre Amiens. Ils ne se bornèrent pas seulement à cet acte de patriotisme, ils payèrent aussi de leurs personnes en rejetant plusieurs fois sur Doullens et sur Hesdin les partis qui sortaient de ces villes pour rançonner le Ponthieu.

Deux ans après survint une nouvelle peste qui enleva dans la ville quatre mille personnes et huit mille dans les campagnes environnantes. Si l'on en croit d'anciens mémoires, la contagion fut si terrible, que la rue de la Hucherie et les quartiers voisins, infectés durant longues années, étaient devenus entièrement déserts, et que l'herbe y croissait à plus de deux pieds de hauteur.

[1] Le nom est illisible.
[2] *Registre aux délibérations de la ville*, années 1596 — 1597.

CHAPITRE XXX.

*État physique et commercial d'Abbeville
au seizième siècle.*

Il était difficile qu'à la suite de tant de guerres et de ravages, Abbeville ne marchât point vers une décadence progressive. Telle fut aussi sa destinée; mais cette ville était encore florissante à l'époque dont nous nous occupons. La fertilité du sol, secondée par l'industrie des habitans, fut pour eux une source de richesses. Le commerce d'Abbeville, au seizième siècle, ne se bornait pas aux productions de son territoire et aux produits de ses manufactures : cette ville devint encore un entrepôt considérable de vins, de sel, d'épiceries, de blés, d'huiles, de morues et de harengs salés, de fromages du Marquenterre, etc.

On construisait sur ses chantiers des bâtimens de soixante-dix à cent tonneaux, moins chers et plus estimés que ceux des ports voisins. Les étrangers louaient ces bâtimens ou en achetaient un grand nombre; ce qui rendit le bois de construction si rare dans les forêts du Ponthieu, qu'on fut obligé d'interdire ce genre de commerce.

Indépendamment des gribanniers établis dans le rivage et de deux cents charpentiers de marine, on comptait cent maîtres capitaines de navire, qui se livraient au cabotage ou naviguaient, les uns dans le Nord, les autres sur les côtes d'Espagne. Ceux qui passaient le détroit de Gibraltar montaient de grosses *barges*, afin de résister aux Algériens, et les armaient de canons que leur prêtait l'Hôtel-de-Ville [1].

A force de recherches, on parviendrait peut-être à démontrer que, dès le seizième siècle, les relations des intrépides marins de notre littoral avec les contrées les plus reculées étaient déjà fréquentes. Plusieurs documens disent que Jean de Béthencourt, qui traça le premier le chemin des Indes occidentales, était né dans le Ponthieu [2], et qu'il tirait son nom de la terre de Béthencourt-sur-Mer, non loin de la baronie de Saint-Martin-le-Gaillard, qui lui appartenait

---

[1] Voy. la *Notice sur le commerce d'Abbeville*, par M. Traullé, et la collection des anciens *Almanachs de Picardie*.

[2] Le manuscrit de Formentin nous apprend que Béthencourt vendit, en 1401, une partie des biens qu'il avait dans le Vimeu, et que plusieurs marins d'Abbeville et du Crotoy s'embarquèrent avec Maciot de Béthencourt son neveu. Voir, à l'appui de cette assertion, l'*Histoire des mayeurs d'Abbeville*, pag. 435, et le *Tableau historique des sciences, etc., de la province de Picardie*, pag. 45.

dans le comté d'Eu. D'autres monumens constatent que les navigateurs picards allaient très-anciennement pêcher la morue à Terre-Neuve. En 1541, François de La Roque, sire de Roberval, que François Ier. nommait le *petit roi de Vimeu,* partit avec cinq vaisseaux, et se rendit au Canada, où il fonda la colonie du *Cap-Breton* [1]. En 1604, un Abbevillois, Jean de Biencourt, sieur de Poutrincourt, alla former, dans ces mêmes régions, un autre établissement au *Port-Royal,* et jeter, à l'aide de ceux qui suivaient sa fortune, les fondations de *Québec* [2].

Dès l'an 1486, il existait à Abbeville une imprimerie à laquelle on doit une fort belle édition de la *Cité de Dieu* de Saint-Augustin; un *Psautier* très-rare, la *Somme rurale* de Bouteiller, dont notre bibliothèque publique possède un exemplaire, et le *Triomphe des neuf Preux,* ouvrages remarquables par la beauté du papier et la netteté des caractères, et dignes en tout de l'estime dont ils jouissent auprès des bibliophiles.

Au seizième siècle, il y avait encore à Abbeville

---

[1] On trouve l'histoire de cette expédition dans les *Recherches sur les voyages des navigateurs normands*, par M. Estancelin, pag. 320.

[2] Voyez M. Estancelin, *lieu cité*, pag. 325, et la *Biographie d'Abbeville.*

des fabriques d'étoffes qui occupaient un nombre considérable d'ouvriers, et continuaient de soutenir la réputation dont la draperie de cette ville jouissait depuis long-temps [1]. Des tanneries et des teintureries importantes étaient répandues sur diverses rivières qu'on a comblées, ou sur celles qui traversent encore aujourd'hui nos murs. L'art du teinturier y jouissait d'une grande renommée; les *blous* [2] d'Abbeville étaient célèbres. Les cuirs fabriqués surpassaient les besoins du pays; l'excédant s'expédiait dans les provinces voisines. Il y avait des fabriques de cordages et de ficelles, de poteries d'étain, d'armes à feu, de montres hexagones, d'horloges, de chapelets, d'épingles, de cardes, de toiles, de parchemins et de passemens. On y faisait aussi une grande quantité de bière, dont la qualité égalait, dit-on, celle d'Angleterre.

Chaque genre d'industrie avait son quartier et sa rue. Ainsi, par exemple, les capitaines de navire étaient établis dans la chaussée d'Hocquet, à Rouvroy et à Sur-Somme. Les charpentiers de marine et les matelots dans la Pointe et le quartier de Saint-Jacques. Les menuisiers dans

[1] Dans le quatorzième siècle, on fabriquait aussi des draps à Rue et à Saint-Riquier.
[2] Espèce d'étoffe bleue.

la rue de la *Hucherie,* vieux mot qui signifie menuiserie ; les tanneurs dans celle de Cache-Cornaille. Les rues de la *Chavaterie,* de la *Tarterie,* de la *Harenguerie* indiquent encore où demeuraient les savetiers, les pâtissiers, et ceux qui vendaient des harengs.

Il y avait alors trois marchés par semaine, le lundi, le jeudi et le samedi. Le bois à brûler, le charbon et les fourrages qu'on amenait ces jours-là, devaient être vendus à la place Saint-Pierre sous peine de confiscation, d'amende et de prison.

C'est sur la place du Béguinage et dans la rue de ce nom que l'on vendait les volailles, les œufs, le beurre et les fromages. Au quatorzième siècle, ces mêmes objets, à l'exception des volailles, se vendaient, ainsi que le suif, *par de là le ruissiel de le rue Ledien.*

Les quincailliers, bonnetiers, merciers, cordonniers, fripiers et savetiers forains étalaient, les jours de marché, sur la place du Pilori ; les marchands de légumes près du Pont-aux-Poirées et sur la place Sainte-Catherine ; les fruitiers devant l'église Saint-Vulfran.

Les pains, *norolles* (brioches), pâtés, tartes et autres pâtisseries venues du dehors, se débitaient sur un autre point que nous n'avons pu reconnaître.

A cette époque, les constructions se faisaient encore en bois comme dans les siècles antérieurs. Figurez-vous deux rangs de maisons avec de petites fenêtres inégalement percées dans un treillis de charpente ; des portes basses, étroites ; des inscriptions mystiques, des saints et des madones sur leurs façades ; des enseignes bizarres, accrochées au dessus de chaque porte, et qui servaient, comme aujourd'hui les numéros, à désigner chaque maison ; des étages s'avançant d'un ou deux pieds sur la voie publique [1] ; des mascarons ou têtes repoussantes, sculptées à l'extrémité des poutres de chaque plancher ; des ornemens gothiques courant sur les filières ou les montans [2] ; de noirs pignons avec leurs faîtes en escaliers ; des gouttières en saillie déversant à grands flots les eaux du ciel sur les passans ; des hôtels garnis de tours pour attester le pouvoir féodal du maître [3], et vous n'aurez encore qu'une faible idée de la laideur et de la vétusté des principaux quartiers.

[1] « Nul ne peut faire saillie en la dite ville de plus de deux pieds et demi ; et convient qu'elle soit si haute qu'un homme à cheval puisse passer dessous. » (*Coutume locale d'Abbeville*, art. xxv.)

[2] On voit encore devant l'église Saint-Vulfran, dans les rues de la *Hucherie* et du *Moulin du Roi* plusieurs façades de ces maisons gothiques.

[3] Une de ces tours existe encore sur la façade de l'Hôtel-de-Ville, comme attribut de la seigneurie municipale.

CHAPITRE XXXI.

1599 — 1639.

La paix de Vervins, conclue entre Henri IV et Philippe II, ramena le repos en Picardie ; mais l'avénement de Louis XIII fit renaître de nouveaux troubles. Trop jeune encore pour gouverner, il abandonna le soin des affaires à la reine Marie de Médicis, sa mère; et la haute puissance dont elle entoura bientôt un italien, le maréchal d'Ancre, irrita la jalousie des grands du royaume, qui déclarèrent la guerre au favori étranger. D'Ancre, de son côté, pour conserver le pouvoir leva des troupes; et, maître de la citadelle d'Amiens, essaya de s'emparer d'Abbeville; mais le complot fut découvert, et voici comment.

Deux gribannes, chargées d'armes et de soldats, arrivèrent à six heures du matin au pont des Prés (1615) ; les soldats furent aperçus au moment où ils s'efforçaient de rompre la chaîne qui barrait la rivière, et l'alarme se répandit aussitôt. Mannessier de Préville, alors mayeur, accourut le pistolet à la main. Une foule considérable s'était déjà rassemblée sur le pont : le tumulte était au comble ; on criait à la trahison, et plusieurs marins de la ville firent feu sur les soldats du maréchal-ministre, qui n'en persistèrent pas moins à vouloir entrer, en protestant de leurs bonnes intentions. De nouveaux coups de fusil furent dirigés contre eux, mais sans les atteindre, et sans les faire reculer. Les sommations du mayeur n'ayant pas produit plus d'effet, on lâcha le canon, et toute la troupe se mit à fuir.

Le corps municipal se rassemblait sur le marché pour y rester en permanence, les compagnies bourgeoises prenaient les armes et le tocsin se faisait entendre, lorsqu'une lettre du maréchal d'Ancre apprit que les munitions, qui se trouvaient sur les gribannes, étaient destinées au régiment du marquis de Portes, qui venait de quitter Oisemont, où il était en cantonnement, pour se rendre à Abbeville ; mais l'insolent ministre se gardait bien d'avouer le but caché de son entreprise. Malgré ses explications, la ville resta fermée, car on n'ignorait pas que le marquis de Portes était complice de ses projets. On envoya des archers à la découverte, et trois jours se passèrent dans la plus vive agitation. Mais on tenta vainement de se soustraire au joug ; il fallut s'y soumettre jusqu'à ce que Henri, duc de Longueville, gouverneur de la Picardie, non moins alarmé que les autres grands seigneurs de l'insolent pouvoir qu'exerçait d'Ancre, se présenta devant Abbeville, et s'en fit ouvrir les portes.

Louis XIII visita pour la première fois cette ville le 21 décembre 1620. Il n'y fut pas moins somptueusement reçu que le roi son père; et, comme lui, toucha les malades dans l'église de Saint-Vulfran. Ce prince se rendit ensuite à Saint-Valery, où on lui procura le plaisir de la pêche. A marée basse, on tendit sur la rivière d'immenses filets, et les marins, pour y chasser le poisson, s'en approchèrent en poussant de grands cris, et en battant l'eau avec de longues perches. On ramena quantité de poissons, entre autres un esturgeon de douze pieds. Le roi goûta si fort cet amusement qu'il exempta les bateaux pêcheurs d'un droit onéreux que chacun d'eux payait à l'abbaye de Saint-Valery.

Quinze années s'écoulèrent, et durant cette période, le Ponthieu ne fut le théâtre d'aucun événement remarquable. Mais en 1635, la guerre se ralluma entre la France et la puissante maison d'Autriche; et, peu de jours après le commencement des hostilités, un parti ennemi, fort de quatre cents hommes, sortit d'Hesdin et s'avança jusqu'aux villages d'Estrées et de Fontaines, qui furent entièrement saccagés. Les habitans de Crécy et des campagnes voisines se rendirent en armes au Boisle, pour empêcher l'ennemi de repasser le pont. Retranchés dans l'église, dans les maisons, derrière les haies, ils firent un feu si meurtrier qu'ils tuèrent presque tout son monde, reprirent le butin, et délivrèrent les prisonniers qu'il traînait à sa suite.

Peu de temps après, une division espagnole, aux ordres du comte de Fressin, vint attaquer Rue et fut chaudement repoussée. Elle s'éloigna en se repliant sur Auxi-Château ; mais pour venger l'affront du Boisle, elle revint bientôt brûler Crécy, que le comte de Monteaux essaya vainement de défendre. A l'exception de deux maisons et de la tour de l'église, ce bourg fut entièrement détruit, et resta désert jusqu'en 1641, époque à laquelle on promit exemption d'impôts à tous ceux qui viendraient le repeupler. Vironchaux, Noyelles-en-Chaussée, Yvrench, Hiermont, Bernâtre, etc., subirent le même sort.

Les Espagnols tentèrent aussi d'enlever le château de Dompierre, défendu par trente soldats et trois cents paysans ; mais la garnison riposta si furieusement qu'elle les contraignit à reculer avec une perte de deux cent quatre-vingts hommes environ.

Ces hostilités cependant n'étaient que le prélude d'une invasion bien plus redoutable. Le célèbre Jean de Werth et Piccolomini, à la tête d'une armée composée d'Allemands, de Hongrois, de Polonais et de Croates, au nombre de trente mille, fondirent sur le Ponthieu, laissé sans défense, et peu s'en fallut qu'ils ne surprissent sa capitale (1636). Voici le fait raconté par Pontis.

« Le roi, dit cet officier, me donna ordre d'aller promptement à Abbeville et d'y mener notre régiment, me pressant de faire grande diligence, afin de porter de l'argent aux Suisses, et de secourir la ville avant qu'elle ne fût assiégée par les ennemis. Il fit venir un valet de chambre qui, en présence de sa majesté et du cardinal de Richelieu, me cousit et m'ajusta dans une chemisette seize cents pistoles. Je partis donc avec cet ordre; et, étant allé au plus vîte rejoindre le régiment du maréchal de Brézé, nous fîmes si bonne diligence, marchant jour et nuit, que nous arrivâmes à Abbeville assez à temps pour la sauver. Nous y entrâmes sur les deux heures après minuit avec une joie incroyable, tant des habitans que de ceux de la garnison, qui attendaient ce secours avec la dernière impatience, craignant à toute heure de se voir surpris et obligés de se rendre ou bien emportés d'assaut. Aussi nous trouvâmes toute la ville comme en feu, à cause de la multitude de chandelles et de flambeaux que l'on avait mis à toutes les fenêtres : et chacun se réjouissant on n'entendait qu'un seul cri d'une infinité de voix d'hommes, de femmes et d'enfans, qui tous ensemble faisaient retentir *vive le roi!* Ils avaient sans doute sujet de se réjouir, car la garnison étant de beaucoup trop faible pour la défense de la ville, si nous fussions seulement arrivés une demi-journée plus tard, il n'y avait guère d'espérance de sauver la place.

« Dès le jour suivant l'on vit paraître, vers les dix heures du matin, cinquante-sept escadrons de cavalerie, les ennemis venant à dessein d'emporter la place. En même temps, M. le comte d'Alais, qui s'y était retiré, et qui avait comme un petit escadron de cavalerie, sortit dehors, et je le suivis avec tout notre régiment que je divisai en plusieurs bataillons. Le reste de la garnison se posta sur les remparts, et l'on fit commandement à tous les habitans portant armes de s'y présenter aussi, de sorte qu'on ne voyait partout que soldats très-résolus à se défendre. L'on fit tirer de la ville quelques volées de canon, avec quelques coups de mousquets, plutôt pour faire voir aux ennemis qu'on avait de quoi les servir, que dans le dessein de leur faire beaucoup de mal. Les ennemis délibérèrent pendant deux heures de ce qu'ils feraient; et cependant dix ou douze trompettes de M. le comte d'Alais firent quantité de fanfares pour témoigner qu'on était en belle humeur de les recevoir s'ils avançaient. Enfin jugeant qu'ils pourraient être arrêtés dans leurs conquêtes, s'ils entreprenaient l'attaque d'une ville soutenue par une si forte garnison, ils s'en retournèrent porter ailleurs leurs armes victorieuses. » (*Mém. du sieur de Pontis*, tom. II, pag. 204.)

Pontis demeura environ un an dans Abbeville avec le régiment du maréchal de Brézé, parcequ'on craignait toujours quelque entreprise de la part de l'ennemi. Les soldats de ce régiment, qui se trouvaient dans un dénûment affreux, firent un trafic commode pour les bourgeois et pour eux-mêmes. Ils allaient acheter du sel à Saint-Valery et revenaient le vendre en fraude. « Comme je n'avais pas de quoi les payer, dit Pontis, je les laissais agir ne voyant pas grand mal à cela, et y trouvant même l'intérêt du roi, qui trouvait ainsi le moyen de faire subsister les troupes sans rien débourser et sans charger ses sujets. » Les fraudeurs s'en allèrent un jour jusqu'au nombre de soixante ou quatre-vingts bien armés à Saint-Valery. Les officiers de la Gabelle, en ayant eu avis, mirent en campagne un pareil nombre d'archers, avec ordre de charger les soldats, et de les amener pieds et poings liés. Le combat s'engagea ; plusieurs archers furent tués, quelques soldats blessés, mais ces derniers eurent l'avantage.

Le 29 octobre 1636, le cardinal de Richelieu arriva à Abbeville, où toute la bourgeoisie se mit sous les armes pour le recevoir. Le 31, il fit le tour de la ville pour examiner les fortifications, et il engagea les habitans à donner vingt-cinq mille écus, qui furent employés, non pas à l'édification d'une citadelle, comme le dit Bassompierre, mais à la construction de contrescarpes, de demi-lunes, et à la réparation de plusieurs bastions. Tandis qu'on exécutait ces travaux, trois cents cavaliers de la garnison d'Hesdin, portant chacun un fantassin en croupe, s'avancèrent, à la faveur de la nuit, près des murs de la ville, dans le dessein de tomber inopinément sur les hommes qui en sortaient chaque jour de grand matin pour travailler aux ouvrages extérieurs; mais ils ne tardèrent pas à être découverts ; et à peine l'artillerie des remparts leur eût-elle envoyé quelques boulets, qu'ils tournèrent bride. Quatre cents cavaliers de la garnison d'Abbeville les poursuivirent l'épée dans les reins, leur mirent soixante hommes hors de combat, et ramenèrent quatre-vingts prisonniers [1].

Une maladie contagieuse, qui dura plus de dix-sept mois, et qui enleva près de six mille personnes, vint encore ajouter aux calamités de la guerre. La seule rue de la *Tannerie* échappa aux ravages du fléau.

Au commencement de juillet 1637, Louis XIII ayant extrêmement à cœur de reprendre les places que les Espagnols avaient enlevées, résolut de se rendre à Abbeville pour appuyer ses généraux. Il y vint avec Richelieu, et ce fut pendant ce voyage, le jour de l'Assomption, qu'il voua son royaume à la Vierge dans l'Église des Minimes [2].

Les ennemis n'en continuèrent pas moins leurs incursions dans le Ponthieu, où ils commirent tant d'horreurs, surtout pendant l'expédition de Jean de Werth, que la France crut voir se renouveler les anciennes invasions des Barbares.

[1] M. S. de Tormentin.
[2] Voir les établissemens religieux à la fin de l'ouvrage.

En 1638, l'armée française, qui devait marcher sur Saint-Omer, se rassembla sous les murs d'Abbeville ; et comme la plupart des troupes, soit nationales, soit étrangères, n'avaient qu'une faible solde, ou n'en recevaient quelquefois même aucune, elles dévoraient la subsistance des villageois, qui mouraient de faim au milieu de leurs granges vides. Ceux qui n'avaient rien à leur offrir périssaient souvent sous leurs coups. Un habitant de Domart, qui a laissé quelques notes manuscrites sur les événemens de cette époque et qui en fut le témoin, nous apprend que les soldats français eux-mêmes menaçaient d'incendier les villages, si l'on refusait de leur fournir l'argent qu'ils exigeaient. « C'étoit pitié, dit l'auteur anonyme de ces notes, car ils violoient force femmes et filles, tuoient des hommes et composoient et tyrannisoient les pauvres paysans en leur rôtissant et grillant la plante des pieds au feu. » A l'approche de ces brigands, les villageois sonnaient le tocsin, et on les voyoit fuir et chercher un asyle avec leurs femmes et tout ce qu'ils pouvaient emporter dans le château-fort le plus voisin. Malheur à ceux que la soif ou la faim forçait d'abandonner les murs de la forteresse ! Les bandits qui les tenaient bloqués les rançonnaient à discrétion. Ces violents excès furent défendus sous peine de mort ; mais les soldats de Langeron, de la Meilleraye, de Jean de Gassion et autres n'en continuèrent pas moins leurs exécrables exploits. A Abbeville même ils enfonçaient les boutiques des marchands pendant la nuit, et pillaient tout ce qu'elles contenaient [1]. Non-seulement ils volaient, mais ils coupaient les blés pour nourrir leurs chevaux, et se chauffaient avec des meubles, des portes et des fenêtres quand ils se dispensaient de brûler entièrement la maison. Louis XIII sentit la nécessité de porter un remède efficace aux maux affreux qui se répandaient alors sur les bourgeois des villes et sur les infortunés habitans des campagnes. A la fin de juillet 1638, il revint à Abbeville, afin que sa présence et la rigueur des châtimens, dit Bassompierre, remît les troupes en meilleur état. Mais il fit plus encore en affectant neuf millions six cent mille livres à la subsistance de l'armée, et en promulguant à ce sujet deux ordonnances, qui furent rédigées à Abbeville le 3 août, dans une séance de son conseil d'état à laquelle il assistait. Un autre motif avait encore déterminé Louis XIII à se rendre à la frontière. Il voulait surveiller de plus

[1] Notes de l'anonyme de Domart, communiquées par M. François Traullé.

près la conduite de ses généraux, qui venaient d'être obligés de lever le siége de Saint-Omer, leur donner de nouveaux ordres et réparer l'affront fait à ses armes. Après avoir délibéré sur le parti qu'il devait prendre, il résolut d'attaquer Hesdin et enjoignit au maréchal de Brézé, qui se trouvait alors près de Montreuil, de venir prendre position, avec son corps d'armée, à Labroye, sur l'Authie.

Le roi logeait alors à l'abbaye de Saint-Pierre avec son régiment des gardes. Il était arrivé avec Richelieu le 27 juillet, et il repartit le 16 août pour la capitale. Richelieu partit aussi le même jour avec sa suite, et s'arrêta au Pont-Remi où il devait coucher. Pendant qu'on préparait le souper du cardinal, le feu prit dans la cuisine, et le château fut entièrement brûlé. Une des tours de ce château, qui contenait un baril de poudre, sauta avec une explosion terrible et porta le feu dans différentes maisons.

Les Espagnols, tantôt vainqueurs, tantôt vaincus, recommençaient toujours la lutte. Déjà leurs détachemens s'avançaient jusqu'aux portes d'Abbeville, d'Amiens et de Montreuil, ruinant les bourgs et les villages, enlevant les bestiaux et même les cultivateurs. Les campagnes étaient abandonnées, les champs en friche ; enfin, la frontière ne présentait plus que l'image d'un triste désert. On résolut de mettre un terme à une situation si déplorable, en exécutant le projet formé peu de temps auparavant, de s'emparer d'Hesdin, où les principales forces des ennemis se trouvaient concentrées. Louis XIII, suivi d'une foule de courtisans jaloux de participer à la gloire du siége qu'on allait entreprendre, arriva à Abbeville le 30 mai 1639, et s'y arrêta deux jours. Doullens était le lieu fixé pour le rendez-vous de l'armée française. Le premier corps passa par Abbeville, et le second par le Pont-Remi.

Louis XIII, après avoir excité le zèle et le dévouement de ses troupes sous les remparts d'Hesdin, tomba malade et revint à Abbeville. Lorsqu'il fut rétabli, il s'empressa de retourner au camp, et y arriva le jour même où les Espagnols avaient demandé à capituler. Le 30 juin, le roi, à la tête de son état-major, entra dans Hesdin par la brêche. Peu de jours après, toute l'artillerie de l'armée française, et toutes les pièces qu'on avait prises aux Espagnols, ainsi que soixante-dix cloches que ces derniers avaient enlevées pendant leurs courses, furent amenées à Abbeville et déposées sur la place d'armes [1].

[1] Quatre-vingt-dix autres furent conduites à Montreuil.

CHAPITRE XXXII.

1639 — 1713.

La conquête d'Hesdin que l'on regardait comme imprenable, fut suivie de celle d'Arras, et délivra la Picardie. Louis XIII mourut quatre ans après. Le 17 juillet 1646, son successeur, Louis XIV, âgé de neuf ans, vint à Abbeville où il séjourna quatorze jours. Il était accompagné de la reine mère, du prince de Conti, du cardinal Jules Mazarin et d'autres personnages. Le calme régnait sur nos frontières; mais les discordes civiles allaient encore troubler l'intérieur du pays. La haine que l'on portait au cardinal Mazarin, devenu maître du gouvernement de l'état pendant la minorité de Louis XIV, occasionna les troubles de la Fronde. Les Abbevillois, foulés par les impôts, partagèrent l'animadversion qu'inspirait le ministre et menacèrent de s'insurger. On ne put les contenir, après plusieurs émeutes, qu'en réduisant les taxes.

Mazarin, à force de bassesses, parvint à conclure une alliance avec Cromwel. Six mille soldats qui avaient participé à la révolution d'Angleterre, débarquèrent en France, et vinrent, en 1656, en garnison à Abbeville, où ils se livrèrent à tous les excès d'une insolente soldatesque. On les vit entrer dans les églises, allumer leurs pipes aux cierges, s'asseoir sur les degrés de l'autel, fumer, vociférer et quelquefois danser pendant toute la durée de l'office ; car ils n'ignoraient pas que les Protestans, leurs co-religionnaires, étaient persécutés par le clergé de la ville ; et ils se plaisaient à tourmenter ainsi les prêtres par de fréquens outrages au culte catholique. On se plaignit de ces indécences ; mais leurs auteurs avaient la supériorité du nombre : il fallut se taire et tout souffrir jusqu'au moment où ils quittèrent enfin la ville pour aller renforcer l'armée de Turenne.

Ce fut peu de temps après leur départ que Balthazard de Fargues s'insurgea dans Hesdin, à la tête du régiment de Bellebrune, dont il était le major, et s'y déclara indépendant. Après avoir vendu la place à Don Juan d'Autriche, et en avoir touché le prix, il refusa de la lui livrer, leva des troupes pour son compte, rasa tous les forts qui auraient pu l'arrêter, se répandit dans le Ponthieu pour le mettre à contribution, et résolut de surprendre Abbeville pour rançonner aussi ses habitans. Un de ses détachemens s'avança un jour jusqu'au premier pont-levis de la porte du Bois, que défendaient les jeunes gens de la milice bourgeoise, et tenta de forcer le passage : mais la garde du pont reçut avec vigueur ces audacieux partisans, et renforcée bientôt de deux compagnies, elle les poursuivit jusqu'à Saint-Riquier et s'empara du plus grand nombre. Cependant cet échec ne découragea point Balthazard de Fargues. Il revint peu de temps après se mettre en embuscade dans le bois de Saint-Riquier, surprit un détachement que l'on envoyait à sa recherche, et le mena battant jusqu'à Abbeville. Il aurait même franchi le pont-levis si M. de Montcavrel, colonel d'un régiment de cavalerie, ne s'était présenté l'épée à la main pour rallier quelques fuyards, et lui barrer le passage. Le brave colonel eut trois chevaux tués sous lui, et sa belle défense donna le temps de pointer le canon de la place contre les assaillans qui perdirent en un instant plus de cent hommes, et se retirèrent en incendiant le faubourg du Bois. Peu de temps après, l'intrépide aventurier tourna ses armes contre Saint-Valery. La conquête de cette place, ouverte en plusieurs endroits, lui semblait chose facile ; et, la nuit du 11 au 12 novembre, il sortit d'Hesdin à la tête de la plus grande partie de sa garnison, s'avança jusqu'à Noyelles, passa le gué de Blanquetaque, et tandis que l'un de ses lieutenans se détachait pour livrer au pillage et à l'incendie Drancourt, Bretel et Saint-Blimond, il se dirigea sur Saint-Valery avec le reste de son monde. Mais déjà les habitans avaient eu connaissance de sa marche : ils travaillèrent à la hâte à retrancher les abords des quais ; dressèrent une batterie derrière laquelle ils se rangèrent en bon ordre, tandis qu'à l'aide de la marée, plusieurs bâtimens armés de canons, qui se trouvaient dans le port, venaient s'embosser en avant de la Ferté pour en balayer les approches. A la vue de ces dispositions auxquelles il était loin de s'attendre, Fargues rebroussa chemin, brûlant dans sa retraite Neuville et plusieurs autres villages. Le mois suivant il ravagea les environs de Rue et du Crotoy, pilla Crécy, s'avança pour la troisième fois jusqu'aux faubourgs d'Abbeville, et acheva de brûler Menchecourt, qu'un de ses détachemens avait déjà tenté d'incendier dans une autre rencontre. Mais cette fois il paya cher sa témérité. La garnison fit une sortie vigoureuse, tailla en pièces une grande partie de ses gens, et ramena bon nombre de prisonniers [1]. Dès ce

[1] M. S. de Formentin.

moment, Fargues ne se présenta plus dans le Ponthieu. Possesseur d'une immense fortune, et redoutant le sort qu'il se préparait en persévérant dans sa rebellion, il parvint, grâce à la puissante protection du prince de Condé, à se faire comprendre dans le traité des Pyrénées, dont un article particulier portait que les révoltés d'Hesdin remettraient la ville au roi ; que leurs chefs se retireraient où bon leur semblerait, sans qu'on pût les inquiéter, soit dans leurs personnes, soit dans leurs biens. Sur la foi de ce traité, qui lui assurait un entier oubli du passé, Fargues sortit de la ville emportant quatre millions. Quelques années après, Louvois le fit arrêter à cause de ses déprédations dans les vivres. On lui reprochait principalement d'avoir donné de mauvais pain aux troupes du roi à Abbeville et à Hesdin, ce qui avait occasionné, disait-on, la mort d'un assez grand nombre de soldats. Mais si l'on s'en rapporte aux bruits qui coururent alors, ce motif ne fut qu'un prétexte. On voulait donner une mortification au prince de Condé, auquel Fargues était attaché, et on assure que ce dernier n'était pas coupable des délits dont on l'accusait. Un ressentiment injuste, la jalousie et la cupidité consommèrent seuls sa perte. Le Présidial d'Abbeville fut chargé de son procès. On le conduisit dans cette ville, *où l'on savoit qu'il n'étoit point aimé*, dit un mémoire contemporain ; on le mit aux fers dans un cachot de l'Hôtel-de-Ville; on le promena ensuite dans les campagnes où il avait fait le plus de mal, ajoute le même mémoire, et on le ramena à Abbeville.

Le Présidial, sans s'arrêter à l'amnistie que le traité des Pyrénées stipulait en faveur de Fargues, et qui devait cependant sauver sa tête, ne craignit point de violer ce traité en le condamnant à la potence. L'exécution eut lieu aux flambeaux sur la place Saint-Pierre, au milieu d'un immense concours de spectateurs, le 17 mars 1665. Un régiment de cavalerie stationnait sur la place; les mousquetaires du roi occupaient ses abords, et le reste de la garnison formait la haie dans toutes les rues que le condamné devait traverser. Fargues fut enterré dans l'église des Minimes.

Les persécutions dirigées depuis long-temps contre la religion réformée n'avaient ni attiédi la ferveur de ses prosélytes ni diminué leur nombre, lorsque l'arrivée de Van Robais et d'une quantité d'ouvriers hollandais vint donner aux Protestans une consistance nouvelle. Quoiqu'on leur eût interdit d'établir un temple dans la ville, on ne tarda pas à s'apercevoir que leurs rapports continuels avec les Catholiques exerçaient sur l'esprit de ces derniers une redoutable influence, et que leurs doctrines pourraient bien prévaloir un jour. Le clergé d'Abbeville adressa des plaintes à la cour; il intrigua sourdement; et, en 1685, Louis XIV, qui depuis long-temps ambitionnait le mérite d'éteindre l'hérésie dans ses états, révoqua le fameux édit de Nantes donné par Henri IV. En vertu de cette révocation, le temple que les Religionnaires d'Abbeville avaient élevé à la Ferté-léz-Saint-Riquier fut détruit jusque dans ses fondemens. Chaque bourgeois calviniste fut obligé de recevoir des dragons dans son domicile, et de les nourrir à discrétion. Ces soldats se conduisaient comme en pays ennemi, pillaient, vendaient les meubles et se portaient aux derniers excès. On en vit qui, pour extorquer de l'argent, accrochaient leurs hôtes au-dessus du foyer, leur chauffaient la plante des pieds et les étouffaient dans un nuage de fumée. Pendant ce temps, l'évêque d'Amiens faisait ouvrir des conférences dans l'église de Sainte-Catherine pour exhorter les consciences des sectaires et recevoir leur abjuration; mais le plus grand nombre refusa de se convertir; et quoique les mesures les plus sévères eussent été prises pour empêcher l'émigration, tout ce qu'il y avait à Abbeville de Protestans industrieux et riches trompa la surveillance des dragons et des croisières, et alla chercher un refuge à l'étranger. Quelques années plus tard, la ville ne comptait plus d'autre famille huguenote que celle de Van-Robais qui, seule, avait obtenu le libre exercice de son culte.

Les dernières traditions de la religion réformée s'effacèrent bientôt, et le Catholicisme régna sans obstacle. Jamais même il ne jeta plus d'éclat que durant l'époque dont nous venons de retracer l'histoire; jamais le zèle pour les fondations de couvens n'avait été porté plus haut. Les Pères Capucins s'étaient établis à Abbeville en 1601, les Minimesses, la même année; les Ursulines en 1613, les Carmélites en 1636; les Carmes en 1640 : puis vinrent les religieuses de la visitation de Sainte-Marie ; enfin les Pères de l'Ordre de Saint-Dominique.

Le décès ou l'installation d'un curé, l'arrivée d'un prédicateur, la translation d'une relique, un office solennel ou le récit d'une de ces belles processions qui faisaient les délices de nos pères, remplissent la plus grande partie des mémoires de ce temps ; mais comme ces minutieux détails sont aujourd'hui sans intérêt, nous nous hâtons de passer à des récits plus remarquables.

Le 5 janvier 1689, Jacques II, roi d'Angleterre, précipité du trône, et forcé de se retirer en France, fit son entrée à Abbeville avec le duc de Berwick, son fils, et quelques autres seigneurs qui lui étaient restés fidèles. Le monarque déchu fut accueilli avec tous les honneurs dus aux têtes couronnées. Le maire, Pierre Foucques, fit l'office de valet, en le servant à table, la serviette à la main.

En 1693, un grand nombre d'habitans de la Bretagne et de la Normandie abandonnèrent ces provinces, en proie à la disette, et vinrent chercher un refuge dans le Ponthieu, où les récoltes avaient été plus abondantes. Il en descendit une telle quantité à Abbeville que les auberges furent bientôt encombrées. La plupart de ces malheureux restèrent alors sans asyle; et on les trouvait exténués de froid et de faim sur les portes des caves et dans les places publiques. Malgré la générosité des habitans, qui s'étaient taxés volontairement pour les secourir, ils périrent presque tous. Les manuscrits du temps disent que les cimetières suffirent à peine pour leur donner la sépulture.

Pendant les quinze années qui suivirent, peu d'événemens dignes de mémoire se passèrent dans le Ponthieu : mais lorsque la fortune eût trahi les dernières années du règne de Louis XIV, lorsqu'Eugène et Marlborough, vainqueurs à Hochstett, se furent emparés de Lille, les troupes légères de l'ennemi s'avancèrent fréquemment jusqu'aux portes d'Abbeville, rançonnant les fermes et les villages. La flotte anglaise, de son côté, menaçait le littoral : mais les milices du pays, soutenues par quelques bataillons de troupes royales, se montrèrent si bien disposées à repousser le débarquement que l'escadre anglaise ne tarda pas à prendre le large. Le cruel hiver de 1709 vint encore ajouter aux maux de la guerre. Le peuple périssait de froid et de famine, et la misère fut si grande que Louis XIV demanda la paix. Mais on proposa au fier monarque des conditions si flétrissantes, qu'il refusa de les accepter. La guerre recommença et le Ponthieu se vit menacé de nouveau. Quelques régimens, qui faisaient partie de l'armée française repoussée à Malplaquet, se retirèrent sur Montreuil et sur Abbeville, où les fours militaires avaient été établis. Un convoi de trois mille blessés fut aussi dirigé sur cette dernière place. Les officiers entrèrent à l'Hôtel-Dieu, où l'on cessa d'admettre les bourgeois, et une partie des soldats fut placée au couvent des Cordeliers, que l'on avait converti en hôpital.

Cependant l'ennemi, maître de la campagne, continuait ses ravages dans le Ponthieu. Les jours s'écoulaient au milieu des alertes qu'occasionnaient ses incursions, lorsqu'on apprit qu'il se préparait de sérieux événemens, et qu'Abbeville était menacé d'un siége. Les troupes de la garnison furent portées à quatorze mille hommes. La milice bourgeoise, qui comptait alors cinq mille combattans, prit les armes; et animée de ce zèle patriotique dont elle avait tant de fois donné l'exemple, elle partagea avec les soldats les fatigues du service. Les ouvrages extérieurs de la place furent palissadés, fraisés, contre-fraisés, garnis d'artillerie; et l'ennemi prévenu de ces dispositions, n'osa point s'attaquer à une place qui comptait dans ses murs dix-neuf mille défenseurs déterminés à le recevoir vigoureusement. La misère et la désolation se prolongèrent néanmoins jusqu'à la paix d'Utrecht, si long-temps attendue, et qui fut publiée dans les divers quartiers de la ville, le 18 juin 1713.

CHAPITRE XXXIII.

Mœurs et usages aux seizième et dix-septième siècles.

Les mystères étaient encore en vigueur dans la première moitié du seizième siècle. Quand le cardinal d'Yorck vint à Abbeville en 1527, on éleva dans les rues plusieurs théâtres où l'on représenta des scènes muettes comme au temps de Charles VIII. Des scènes analogues furent encore représentées, en 1531, à l'arrivée de la reine de France Éléonore.

Ce n'était plus du vin seulement que les Abbevillois avaient coutume d'offrir alors aux grands personnages qui traversaient leurs murs. Ils y joignaient de l'hypocras, des boîtes de dragées musquées et de confitures sèches; des coqs-d'Inde, des paons, des butors, des hérons, des cailles, des saumons et des objets d'orfévrerie. Pendant cette période, on voit se joindre aux mystères des représentations sur des chars en l'honneur de Dieu, et pour lui rendre grâces, soit d'une victoire, soit du bienfait de la paix. Ce spectacle ambulant, autrement dit *jeu moral,* était entremêlé de chansons pour réjouir le peuple. Il avait lieu *devant les bonnes maisons* des habitans de la ville.

Les joueurs d'épée, d'armes et de barres formaient des sociétés nombreuses qui se réunissaient à différentes époques, et notamment pendant le carnaval, pour aller jouer dans le bois d'Abbeville, devant les officiers municipaux. Les pareurs de draps et les bouchers excellaient tellement au jeu de barres qu'ils reçurent, en 1498, l'ordre de se rendre à Paris pour y jouer devant Charles VIII et toute sa cour.

Les Abbevillois aimaient passionnément à jouer aux dés, aux cartes et à d'autres jeux. On défendit ces jeux sous des peines sévères à cause des violentes querelles qu'ils occasionnaient, et des blasphêmes que proféraient les joueurs. Les mœurs étaient cependant moins barbares que pendant les siècles précédens; mais elles n'avaient point encore perdu toute leur âpreté.

Une ordonnance de l'Échevinage, publiée en 1523, veut que tous les bourgeois, *incontinent qu'ils orront* (entendront) *le son de la cloche que l'on a coustume de sonner pour noyses et débats, ou qu'ils verront aulcuns débats en leurs rues... viengnent embastonnés* (armés) *au débat et prennent les délinquans tellement que justice puist estre faicté....* sous *peine de* 20 *sous d'amende.*

Un autre article dit qu'au premier coup de la même cloche, les habitans qui demeurent auprès des portes de la ville, devront se réunir aux gardes de ces portes, pour les soutenir contre les attaques des malfaiteurs qui tenteraient de fuir; et les aider, sous pareille peine, à s'emparer de leurs personnes.

Tous les *sujets* de la même ville sont tenus en outre de prêter main forte aux officiers de police dans les luttes qui s'engagent entre eux et les ennemis de la tranquillité publique, et d'assurer ainsi par leur concours l'exécution de la loi.

A l'époque où ces ordonnances furent rendues, des troupes de bandits parcouraient les provinces, mettaient le feu dans les villages et quelquefois dans les villes où ils parvenaient à s'introduire déguisés en pélerins ou en moines: mais les documens attestent qu'Abbeville était presque continuellement en proie aux brigandages, aux séditions et aux alertes. Une délibération de 1524 défend de porter épées, poignards, dagues, courtes-dagues, rapières, javelines, hallebardes ou autres armes, et enjoint à tous les habitans de placer des baquets pleins d'eau à leurs portes, et de les y laisser nuit et jour. La même délibération dit que tous les vagabonds devront quitter la ville sous peine de la hart. Ces ordres, fréquemment renouvelés et proclamés dans les carrefours, par le greffier de la ville, donnent une idée des mœurs et des calamités du temps.

Mais ce n'était point assez d'avoir à craindre le meurtre, le pillage et l'incendie, la peste venait souvent joindre ses ravages aux autres fléaux. En 1523, on ordonna à tous les *gens infectés* de porter de longues verges blanches afin qu'on pût les reconnaître *sur paine d'estre bannis de la ville et banlieue quatre an durant:* on leur prescrivit en outre de faire une grande croix blanche à leurs *huys* (portes) *et fenestres* pour signaler le danger ; de laisser leurs *huys clos,* de ne point communiquer avec les *gens sains,* et de ne quitter leur domicile que pour *urgentes affaires*, sous pareille peine.

Défense d'acheter et de faire venir des marchandises des lieux circonvoisins pendant l'épidémie régnante, sous peine de bannissement *pour cinq ans et d'amende arbitraire.*

Les habitudes de taverne répandues alors dans toutes les classes de la société avaient, en 1586, entraîné de si graves désordres dans toutes les fortunes, que, pour y remédier, on défendit d'aller dans les hôtelleries et cabarets, soit les fêtes et dimanches, soit les jours ouvrables, à quelque heure que ce fût, sous peine d'un demi-écu d'amende pour la première fois ; d'un écu pour la seconde, et de punition exemplaire pour la troisième. On punissait avec non moins de sévérité les cuisiniers et pâtissiers qui vendaient *aulcunes viandes et pâstés aux enfans de famille.*

Les juges, les avocats et les bourgeois les plus notables fréquentaient encore les cabarets au dix-septième siècle, les uns pour discuter sur des procès, les autres pour conclure quelques affaires ; car c'était là que l'on traitait presque toujours, et cet usage se maintenait encore dans le dernier siècle.

Les jeux de *boules*, de *paume*, de *cartes* et de *dés* continuaient à jouir d'une telle vogue que l'on crut devoir les prohiber *durant les messes paroissiales, prédications, vespres et autres services divins.* Les Abbevillois jouaient à la paume dans un jardin situé rue des Minimes. En 1611, Gilles de Sacquepée, gendre du maire d'Abbeville, revenait de ce jardin accompagné de MM. de Belloy, de Callonne, de Courtebonne, de Londretun et d'Annecourt, gentilshommes du comte de Saint-Pol, avec lesquels il avait joué et s'était pris de querelle. La dispute continuait encore lorsque ces gentilshommes se jetèrent sur lui et le massacrèrent en face de l'*Écu-de-Brabant*. M. Maupin de Bellencourt, son beau-père, sollicita la punition de ce crime, et dépensa pour ce motif plus de trente mille francs; mais les assassins étaient nobles et la justice n'informa point, malgré l'argent qu'elle avait reçu et les promesses qu'elle avait faites.

Si la magistrature méconnaissait ainsi ses devoirs, les ecclésiastiques ne s'acquittaient pas mieux des leurs. Pendant les sanglantes saturnales de la Ligue, ces indignes ministres d'une religion toute pacifique et miséricordieuse, oubliant ses préceptes les plus saints, soufflèrent le feu de la guerre civile, et prirent eux-mêmes les armes. Une fois entr'autres, on vit le curé de Saint-Paul, l'un de leurs officiers, se quereller, en descendant la garde, avec un autre ecclésiastique, officier comme lui, et les deux adversaires mettre l'épée à la main, et se livrer un combat qui serait devenu sanglant, si l'on ne s'était hâté de les séparer [1].

Différens actes prouvent que les prêtres se livraient alors à des désordres qui allaient jusqu'au scandale [2] : ils vivaient avec des femmes

[1] Formentin.
[2] Nous citerons entr'autres les *Registres aux délibérations du Chapitre de Saint-Vulfran*, années 1590, 1591 et suivantes.

perdues, des concubines et des chambrières. Il ne faut donc pas s'étonner que Rabelais, dans une de ses satires amères contre les moines, ait mis en scène un frère Bernard Lardon, d'Amiens, beaucoup plus amoureux de *roustisseries roustissantes* et de filles *grasses à lard* que de la magnificence des temples et des palais de Florence. « Ces porphyres, ces marbres sont beaulx, dit-il; mais les darioles d'Amiens sont meilleures à mon goust. Ces statues anticques sont bien faictes, je le veulx croire, mais par saint Ferreol d'Abbeville [1], les jeunes bachelettes de nos pays sont mille fois plus advenantes. »

En 1664, les déréglemens des cordeliers d'Abbeville étaient devenus tellement scandaleux que la réforme fut jugée indispensable. Le 23 juillet, le Père Meurice, précédé d'un huissier et de deux records, et suivi processionnellement d'un assez

---

[1] Ce moine picard, dit l'abbé de Marsy, avait ses raisons pour jurer par *saint Ferreol d'Abbeville*, puisque dans le pays on a recours à ce saint lorsqu'on veut avoir des oies grasses.

La raison du grand nombre de rôtisseries que long-temps depuis encore on trouvait dans toute la Picardie, disent les savans annotateurs des œuvres de Rabelais, MM. Esmangart et Johanneau, c'est que dans les hôtelleries du pays, on ne fournissait aux passans que le couvert, la nappe, les verres, le pain et le vin. Ces deux auteurs ajoutent qu'on élevait en Picardie une grande quantité d'oies. (Voir Rabelais, *Pentagruel*, liv. IV, ch. XI. Édit. de Dalibon, 1823, tom. VI.)

grand nombre de religieux réformés, se présenta à la porte du couvent et déclara qu'il venait en prendre possession en vertu d'un arrêt du Parlement, qui enjoignait aux non-réformés de céder leur place. Mais le gardien barra le passage et repoussa violemment le P. Meurice. Le couvent fut bientôt en émoi. Les uns se déclarèrent pour le gardien, les autres pour les réformés. Les têtes s'échauffèrent ; un combat s'engagea; les voisins accoururent au bruit, se mêlèrent de l'affaire, et de vigoureux coups de poings furent échangés de plus belle. La victoire, long-temps disputée, était encore indécise, lorsque les magistrats accourent sur les lieux avec un détachement de la garnison. Les plus mutins des religieux furent arrêtés, ainsi que plusieurs bourgeois qui avaient pris part à l'action, et les cordeliers réformés prirent possession du couvent [1].

Les documens fournissent encore d'autres preuves de la licence du clergé ; mais il suffira de celles qu'on vient de lire. Nous ajouterons seulement que les statuts synodaux de 1697 contiennent plusieurs dispositions qui montrent à nu les plaies que l'Église nourrissait dans son sein à cette époque. Ces réglemens défendent aux prê-

[1] Formentin.

tres du diocèse de boire ou de manger dans les cabarets ; d'avoir chez eux des servantes au-dessous de l'âge de quarante-cinq ans ; de porter des armes à feu ; de jouer dans les places publiques à la paume, au battoir et autres jeux de la même espèce, de boire avec excès, etc. Malgré ces prescriptions, le mal se prolongea long-temps encore.

CHAPITRE XXXIV.

Commerce, population.

La capitale du Ponthieu était encore au dix-septième siècle une des villes les plus industrieuses et les plus commerçantes du royaume. On y filait la laine avec une grande perfection, et l'on y préparait aussi les cuirs avec une supériorité marquée. Elle renfermait, en 1610, quarante établissemens de tannage et de nombreux ateliers de clouterie, de serrurerie et de chaudronnerie. Ces derniers expédiaient leurs produits non-seulement à vingt lieues à la ronde, mais à Meaux, à Versailles et surtout à Paris.

Comme dans le siècle précédent, Abbeville possédait un grand nombre de brasseries et d'importantes fabriques de ficelles et de cordages, de savons gras, de passemens, de parchemins, de chapelets, de poteries d'étain, etc. Cette ville comptait alors cent trente ateliers d'armes qui jouissaient d'une grande réputation. Les produits de son orfévrerie se distinguaient par le goût et la perfection du travail et ajoutaient encore à sa richesse. La draperie continuait d'être une des branches les plus importantes de sa prospérité manufacturière. On y fabriquait, en 1670, des serges façon de *Londres* et de *Lincestre*, en laines de France, d'Espagne et d'Angleterre; des serges *drapées, blanches et grises;* des baracans façon de *Valenciennes;* des *bellinges*, façon de baracans; des basins façon de *Bruges*, appelés *doubles et simples lions;* des *droguets* et autres étoffes pour lesquelles on employait des laines fines de France et d'Angleterre et les laines du pays. Abbeville faisait encore un commerce très-actif en vins, en épiceries, en toiles et en blés; car les propriétaires ne recevaient point alors leurs revenus en espèces: on les payait avec des grains et d'autres denrées qui se vendaient ensuite sur le marché de la ville.

Les mémoires du temps disent que sa population, vers 1636, s'élevait à près de quarante mille ames [1]. Un écrit de Vauban sur l'état de cette place, en 1689, et dont nous parlerons plus loin, porte qu'il y avait à cette époque « *environ six mille feux, ville et faubourgs compris, et cinq mille hommes portant les armes.* » On n'y compte plus maintenant que quatre mille cinq cent deux maisons et dix-neuf mille cent soixante-deux habitans environ.

La peste de 1636 y exerça d'affreux ravages. En 1674, le même fléau revint l'affliger. Sa position sur l'extrême frontière et les fréquentes dévastations de son territoire par les gens de guerre, durent aussi causer une diminution notable dans sa population. Des impôts hors de proportion avec les ressources contributives du sol et de l'industrie; le droit de primogéniture consacré par la coutume locale ; la révocation de l'édit de Nantes et plusieurs autres causes n'ont pas moins contribué à diminuer son ancienne splendeur. Le sot orgueil qui s'emparait des riches marchands et leur faisait abandonner le commerce pour singer les gentilshommes, comme M. Jourdain, mérite surtout d'être remarqué parmi ces causes de décadence.

[1] Voy. Sanson, *Britannia*, pag. 2; l'*Hist. ecclés. d'Abber.* p. 54.

MANUFACTURE ROYALE DE DRAPS FINS, *dite* DES RAMES, située chaussée d'Hocquet. Ce fut au mois d'octobre 1665, que Josse Van Robais, habile manufacturier de Middelbourg, vint à Abbeville avec cinquante ouvriers hollandais pour y établir une fabrique de draps fins qui répandit bientôt son nom dans toute l'Europe. Louis XIV lui accorda douze mille livres pour le transport de ses meubles, métiers et ustensiles, lui avança des sommes considérables, défendit d'imiter ses draps et d'en établir aucune fabrique dans la ville et à dix lieues de distance, à peine de quinze cents livres d'amende au profit des hôpitaux d'Abbeville, de la confiscation des marchandises et des métiers. L'entrepreneur privilégié obtint, ainsi que ses ouvriers, des lettres de naturalisation, avec le droit de professer son culte sans pouvoir néanmoins établir aucun prêche; et on lui permit d'associer, s'il le jugeait convenable, des gentilshommes à ses travaux, sans que pour ce motif, ceux-ci fussent réputés *avoir dérogé à noblesse sous prétexte de marchandise.*

On sait quelle perfection Josse Van Robais [1] parvint à donner aux draps fins qu'on tirait au-

---

[1] Le portrait de ce célèbre étranger existe encore dans la manufacture qu'il a fondée. On y remarque aussi le lieu de sa sépulture et de celle de sa famille.

paravant de Hollande et d'Angleterre. Sa manufacture prit un accroissement considérable : de nombreux ateliers, disséminés dans différens quartiers de la ville, occupèrent bientôt cent métiers battans et douze cents ouvriers [1]; car les vastes bâtimens qu'on admire aujourd'hui, et dont la construction coûta plus de six cent mille francs, ne furent élevés par son fils que vers les premières années du dix-huitième siècle. Malgré les pertes considérables que firent les chefs de cet établissement lors du fatal système de Law, l'activité qu'ils déployaient, la beauté de leurs produits, la protection de l'état, le renouvellement de leurs priviléges, favorisaient tellement leurs entreprises, qu'ils ne tardèrent pas à prêter des fonds au gouvernement pour l'aider dans la guerre. Ils se chargèrent même de pourvoir à la subsistance d'une partie de l'armée, et parvinrent, pendant l'extrême disette de 1713 et 1714, à se procurer, par la puissance de leur crédit, sur les marchés d'Allemagne, d'Angleterre et de Hollande, jusqu'à cent mille setiers de froment, dont la distribution dans les halles de Paris y fit, en moins de quinze jours, baisser de moitié le prix des grains [2].

[1] Ils en occupaient quatre mille en 1726.
[2] Pièces communiquées par M. Léon Van Robais.

Mais la splendeur de cette manufacture royale a nui plus qu'on ne pense à la prospérité d'Abbeville. Presque toutes ses anciennes fabriques, qui employaient auparavant la laine ou le coton, furent écrasées sous le poids des plus injustes priviléges. On ne leur permit plus de filer au *grand rouet*, moyen d'exécution plus sûr et plus expéditif, et cette interdiction les ruina complétement. Les ouvriers qu'elles occupaient abandonnèrent la ville en si grand nombre qu'en 1727, on n'évaluait plus sa population qu'à dix-sept mille neuf cent quatre-vingt-deux âmes. Une telle atteinte portée à la prospérité publique éveilla la sollicitude des officiers municipaux, et ils s'opposèrent vivement à la prorogation des priviléges que Van Robais avait obtenus, et que ses successeurs, en 1767, réclamaient encore.

Débarrassés de toute concurrence, ces manufacturiers firent de grands bénéfices et menèrent train de princes [1]. Mais le partage de leur fortune entre diverses branches d'héritiers nécessita bientôt la vente de leur établissement.

---

[1] Ils firent construire non-seulement leur fabrique, mais encore le bel édifice nommé la *Maison Neuve*, dans la grande rue Notre-Dame, et *Bagatelle* dans le faubourg Saint-Gilles. Cette jolie maison de campagne, bâtie en 1754, et dans laquelle Sédaine fut gracieusement accueilli en 1770, a été chantée par ce poète en vers fort

MM. Lemaire et Randoing, qui le possèdent et le dirigent maintenant occupent six cent cinquante à sept cents ouvriers, et fabriquent, année commune, soixante mille aunes de drap [1]. Leur belle munufacture, si long-temps sans rivale, soutient encore avec éclat sa haute réputation. Elle n'a plus de priviléges et n'en prospère pas moins; et bien loin de nuire aux intérêts communs son existence est un bienfait.

MANUFACTURE ROYALE DE MOQUETTES. Ce bel établissement a été fondé en 1667 par un Hollandais appelé Philippe Leclerc, qui obtint le privilége de vendre exclusivement des moquettes et des mocades façon de Flandre dans toute l'étendue du royaume, *à la réserve de la ville de la Rochelle et de quinze lieues autour d'icelle*. Ce privilége, dont la durée était de vingt ans, lui permettait de teindre chez lui les fils de laine ou de lin qu'il employerait dans sa fabrication; défendait d'imiter pendant dix ans les dessins de ses tapis, sous peine de mille livres d'amende et

---

médiocres, et qui ont paru la même année sous ce titre : *Bagatelle, ou description anacréontique d'une maison de campagne dans un des faubourgs d'Abbeville*, avec cette épigraphe :

> Sous ces *paisibles* toits un mortel vertueux
> Fait le bien, suit les lois et respecte les dieux. (VOLTAIRE.)

[1] Voy. le *journal des Débats* du 28 octobre 1834.

de confiscation ; l'autorisait à les marquer d'un plomb aux armes de France, avec ces mots d'un côté : *Manufacture royale*, et son nom de l'autre ; l'exemptait ainsi que sa veuve, ses enfans et ses associés de logemens de guerre, et le dispensait en outre de guet et de garde, de tutelle, curatelle ou autres charges, soit publiques, soit privées.

Malgré ces faveurs, l'établissement languissait, lorsque M. *Jacques* Homassel en devint propriétaire et se fit céder les priviléges que le fondateur avait obtenus. M. *Jacques* Hecquet, son gendre, lui succéda vers l'an 1716, et fut remplacé par son fils, qui fabriqua de nouveaux tapis, dont les dessins étaient en laine, et le fond satiné, en fil ou en soie, ainsi qu'une autre espèce de mocade appelée *damas*, en fil et en laine. Cette fabrique passa ensuite à M. *Pierre* Hecquet d'Orval, que ses lumières, sa bienfaisance et son patriotisme recommandent au souvenir de ses concitoyens [1]. M. Hecquet d'Orval, en appliquant à l'art de la teinture ses connais-

---

[1] En 1777, M. Hecquet d'Orval partagea avec M. de Ribeaucourt, son compatriote, le grand prix que l'Académie des sciences avait offert pour le meilleur mémoire sur l'indigo.

(Voir les notices qui ont été publiées sur cet honorable manufacturier dans le Journal d'Abbeville du 27 janvier 1827.)

sances chimiques, produisit des couleurs plus vives et plus solides, une foule de nuances plus délicates ; et ajouta encore à la réputation de sa manufacture, l'une des plus anciennes et des plus considérables qui existent en France, en y introduisant la fabrication des velours façon de Hollande.

Le privilége accordé à Leclerc fut prorogé de vingt ans en vingt ans, jusqu'en 1770. A cette époque, le privilége exclusif de fabrication fut supprimé. Les lettres de prorogation de 1767 portent que *c'est entre les mains de J. Homassel et de son gendre que cette manufacture a été portée à ce haut point de perfection où elle est parvenue, et que sa renommée s'est étendue dans toute l'Europe*. Elle a été acquise, en 1824, par M. Vayson qui fait un usage heureux de plusieurs métiers à la *Jacquart* et qui vient d'y créer des genres nouveaux très-remarquables.

CHAPITRE XXXV.

1713 — 1765.

Une maladie, que les mémoires du temps désignent sous le nom de *suette*, se déclara à Abbeville le 7 août 1718, et dura quinze jours environ avec une violence extrême. Les boutiques se fermèrent, et pour ne pas augmenter l'effroi qui avait saisi toute la population, les cloches n'annoncèrent plus l'agonie des malades ni le moment de leurs funérailles, qui se faisaient sans aucun appareil, une heure après la mort ; car les cadavres se putréfiaient à l'instant même, et répandaient une si horrible odeur, que l'on fut obligé d'allumer de grands feux dans les églises pour en chasser la corruption. Quatre-vingts personnes moururent en trois jours, et plus de huit cents furent attaquées. Un manuscrit contemporain dit que la plupart des prêtres se sauvèrent après avoir inutilement tenté de conjurer le mal par des cérémonies religieuses et des pélérinages ; mais les autres mémoires du temps, que nous avons sous les yeux, ne parlent point de cette circonstance. Cependant la frayeur fut si grande que le tiers des habitans chercha son salut dans la fuite, et que les campagnards armés contre ceux qui s'échappaient leur refusaient l'entrée de leurs villages. Les confrères de la charité, dont le fléau meurtrier ne put ébranler le courage, se rassemblaient chaque jour sur le parvis de Saint-Georges, y recevaient la bénédiction, et se divisaient ensuite en plusieurs escouades pour aller enterrer les morts ou soigner les malades.

La dévotion des Abbevillois s'accrut à tel point après cette catastrophe, que de nouvelles confréries se formèrent dans chaque paroisse. Ceux qui nous ont transmis les détails qu'on vient de lire se sont plus occupés de ces associations, et de leurs pieuses pratiques, que de décrire l'épidémie dont la fureur venait de faire tant de victimes, et qui nous paraît avoir la plus grande analogie avec la peste britannique ou fièvre sudatoire appelée *suette*, dont les Anglais furent attaqués pour la première fois sous le règne de Henri VII. On prétend qu'elle arriva des pays étrangers dans des balles de laine apportées de Saint-Valery. Il eut été curieux de savoir de quelle contrée venaient ces marchandises ; mais les mémoires ne le disent pas. Nous y voyons seulement qu'une assez grande mortalité régnait peu de temps auparavant dans les villages circonvoisins ; que la chaleur avait été excessive, et qu'aucune pluie n'avait rafraîchi l'air depuis deux mois.

Le 29 mars 1719, sur les neuf heures et demie du soir, un nuage épais s'étendit tout à coup sur le ciel, et il en jaillit un tourbillon de feu qui vint se briser avec l'éclat de la foudre sur le dortoir de l'abbaye de Saint-Riquier. Au même instant des flammes s'élevèrent, l'incendie se propagea, et bientôt cette magnifique abbaye ne fut plus qu'un amas de ruines. Les bâtimens en pierres de taille et à trois étages, non compris le grenier, avaient près de sept cents pieds de longueur [1]. La bibliothèque contenant un nombre considérable de livres, évalués quarante mille francs, ornée de tableaux rares et d'un revêtement en menuiserie très-riche, fut entièrement brûlée. Ce qu'il y a de plus fâcheux, c'est la destruction complète des titres de ce monastère et des documens manuscrits qui auraient pu jeter tant de lumières sur l'histoire du pays.

[1] Dom Michel Germain a fait graver une vue perspective de ces bâtimens dans son *Monasticon gallicanum*, dont on ne connaît que deux exemplaires. M. de Bommy possède une épreuve de cette gravure, ainsi que deux autres dessins, tirés du même ouvrage, et qui représentent les abbayes de Saint-Josse et de Saint-Valery.

L'ameublement et le linge des hôtes et des religieux, la pharmacie, une grande quantité de cierges, quinze cents setiers de blé, la chronique autographe d'Hariulfe, les beaux livres d'église dus à M. d'Aligre et qu'il avait payés plus de quatre mille francs, et de magnifiques tapis furent également réduits en cendres. On ne sauva que l'église, la sacristie et le trésor où se trouvait probablement le livre d'évangiles de Charlemagne qu'on voit maintenant à la bibliothèque d'Abbeville.

Les querelles du Jansénisme, si fécondes en scandaleux débats, eurent un grand retentissement à Abbeville ; car, dans cette cité comme ailleurs, pour plaire au Pape et aux Jésuites, on sévissait contre les antagonistes de la bulle *Unigenitus*, et les refus de sacremens ou de sépulture, les coups d'autorité de l'église et de la judicature, les actes de rigueur, ne leur furent point épargnés. Mais tandis qu'on les persécutait ainsi, les Jacobins de cette ville donnaient une preuve de leur douceur et de leur sagesse, en accordant la communion aux Jansénistes les plus zélés, ce qui les fit interdire par l'évêque à différentes reprises.

Pendant que ces misérables disputes théologiques échauffaient toutes les têtes, le bruit des prétendus miracles qui s'opéraient au tombeau du diacre Pâris vint encore ajouter à l'exaltation des Abbevillois. Une dame Aliamet, qui était sourde, résolut de se rendre à Paris. On la vit s'étendre sur le tombeau du diacre, branler la tête, secouer les oreilles, et revenir aussi sourde qu'auparavant. Mais persuadée qu'elle obtiendrait enfin sa guérison, et celle de son mari, le sieur Lévêque, presque perclus de ses membres, elle revint avec une ample provision de terre prise sur la tombe du bienheureux Pâris, raconta ce qu'elle avait vu, et propagea dans sa patrie la contagion des convulsions. Ceux qui voudraient connaître ces curieuses folies les trouveront décrites dans le traité des convulsions de notre célèbre compatriote Philippe Hecquet.

En 1740, le froid fut si vif que la Somme fut glacée, que des voyageurs moururent dans les chemins, et que les blés périrent. On fit le dénombrement des pauvres de la ville et des faubourgs ; on en trouva quatre mille neuf cent soixante, auxquels on se vit dans la nécessité de distribuer du pain jusqu'au mois d'août de l'année suivante.

En 1764, une cause célèbre par le nombre et la nature des crimes, l'âge et la condition de l'accusé, préoccupait vivement tous les esprits.

Charles-François-Joseph Le Roi, écuyer, seigneur de Valines, était l'unique objet de l'amour de ses parens; mais le caractère cruel que décelaient ses jeux et ses espiègleries, et les inclinations les plus vicieuses, annoncèrent de bonne heure ce qu'il serait un jour. Il étudiait au collége d'Aire, lorsqu'il commit un vol chez un ami de son père, qui le recevait chez lui. Ce honteux délit l'ayant fait expulser du collége, il revint à Valines, où son père, subitement attaqué de maux de tête et d'estomac, de tranchées et de vomissemens, expira le 2 juillet 1763. Peu de jours après, madame de Valines, en proie aux mêmes souffrances, le suivit dans la tombe. Aucun bruit accusateur ne se répandit d'abord sur ces événemens. Et comment en effet soupçonner le parricide? Mettant en usage tous les ressorts de la plus profonde hypocrisie, Valines était allé chercher lui-même un prêtre pour administrer son père. Il l'avait en outre exhorté à mourir, en lui présentant un crucifix à baiser, et le scélérat se montrait inconsolable.

Six semaines étaient à peine écoulées que M. de Vieulaine, son oncle maternel, dont il était l'unique héritier, l'invita à dîner avec plusieurs personnes. Inaccessible à tous les sentimens d'humanité, après avoir étouffé ceux de la nature, Valines entra dans la cuisine, éloigna la servante sous un vain prétexte, jeta furtivement de l'arsenic dans la soupe, et partit après avoir refusé de dîner. Mais le ciel ne permit pas que son criminel projet s'accomplît entièrement. Monsieur et madame de Vieulaine échappèrent à la mort. On informa ; on découvrit que Valines avait acheté du poison en différens temps : on acquit la certitude qu'il y en avait au château avant et lors de la mort de son père et de sa mère ; on se rappela le genre de leur mort, et tout parut prouver la culpabilité du fils, qu'on décréta de prise de corps. Le procès ne tarda pas à s'instruire ; et, bien que l'empoisonneur se renfermât dans un système complet de dénégation, il fut condamné à mort par un arrêt du Présidial. Transféré à Paris, il reçut la question sans faire aucun aveu. Le Parlement n'en confirma pas moins la sentence, et le déclara « duement atteint et convaincu d'avoir empoisonné, le 12 septembre 1763, au château de Vieulaine, avec de l'arsenic, le sieur de Riencourt, décédé ledit jour, et d'avoir en même temps, par ledit poison, attenté aux vies des sieur et dame de Vieulaine, de la demoiselle de May de Bonnelle ses oncles et tantes, du sieur Darras, curé de Vieulaine, de la dame de Riencourt ; de la demoiselle Lucet ; de Catherine Routier, cuisinière ; des nommés Desmarets, cocher dudit sieur de Vieulaine, et Desvignes, serrurier. »

Valines fut ramené dans un carrosse à six chevaux à Abbeville, où deux exempts le gardaient à vue jour et nuit. Nous ferons remarquer que l'arrêt qui condamna ce grand coupable à mort ne l'accuse pas d'avoir empoisonné son père ; il n'y est même que *véhémentement soupçonné d'avoir causé avec de l'arsenic la mort de la feue dame de Valines, sa mère :* mais peu d'instans avant l'exécution de cet arrêt (le 6 septembre 1764), on l'appliqua de nouveau à la question, et il avoua tous ses forfaits [1]. Il alla au supplice entouré de cinq bourreaux : l'un tenait des cordes, l'autre un cierge, un troisième un pot rempli de feu, un autre une barre de fer. Après un long détour, on arriva sur le mar-

---

[1] « Interrogé au premier coin s'il n'est pas vrai qu'il ait empoisonné son père.... est convenu de l'avoir fait périr par le poison arsenical qu'il a mis de sa propre main dans un bouillon..... il est également convenu d'avoir empoisonné sa mère avec le même poison, qui avait été mandé par sa dite mère au nommé Turle, coquetier, pour empoisonner des rats.... convient aussi que sa dite mère se trouvant incommodée des effets du poison qu'il lui avait fait prendre, elle lui reprocha dans ses douleurs (en présence de Fanchon Duchesne) qu'il était l'auteur de sa mort.... relâché de la question, interrogé de nouveau si ses déclarations sont véritables, il a persisté. » (*Procès verbal de torture.*)

ché. Là, tandis qu'un huissier lit la sentence, Valines s'agenouille, la face tournée vers l'échafaud et le bûcher dressé pour le réduire en cendres. On entonne le *Salve Regina*, on lui voile la tête, on l'attache sur la roue, et le bourreau, qui tenait la barre de fer, lui brise les membres. Le malheureux, pendant une heure entière, demeura ainsi exposé sur l'horrible instrument. En proie aux plus affreuses douleurs, il demanda un verre d'eau, et il vivait encore lorsqu'on le plaça sur le bûcher. Le feu [1] fut entretenu toute la nuit; et le lendemain le peuple d'Abbeville cherchait ses os, comme ailleurs on a vu chercher ceux de la Brinvillers et de Desrues, pour en faire de prétendues reliques, parce que de même que ces illustres scélérats, il était mort dévotieusement. L'arrêt portait que ses cendres seraient jetées au vent; mais le gardien des Capucins les fit recueillir et déposer avec tous les débris du feu dans le cimetière de son couvent, selon les désirs du condamné, qui n'avait pas encore atteint la dix-huitième année de son âge.

Pendant qu'on instruisait ce procès célèbre, un accident cruel avait plongé la ville dans la consternation. Le 5 février 1764, une gribanne

---

[1] On avait fait amener sur le marché cinquante gerbes de paille, cent fagots et quatre cordes de bois.

chargée de blé s'engagea sous le Pont-Rouge et y fut submergée par la marée montante. Une foule de curieux que le bruit de cet événement avait attirés sur les lieux, couvraient entièrement le pont et les bords de la Somme. Ceux qui s'étaient placés sur les tabliers du pont-levis les surchargèrent au point que les bascules cédèrent, et que les tabliers, en s'affaissant, entraînèrent dans leur chute plus de quatre-vingts personnes. Au milieu du désordre et de la confusion que répand cette scène affreuse, une femme, connue sous le nom de *Raine*, et qui pouvait défier les plus habiles nageurs, s'élance dans l'eau la première et revient plusieurs fois déposer sur la rive des hommes, des femmes et des enfans. Le tambour-major du régiment de Flandre, un brave marin nommé *Beurrier*, et le batelier *Céleste*, dont le nom mérite aussi d'être conservé, se montrèrent les dignes et généreux émules de cette femme courageuse, en sauvant comme elle un grand nombre de personnes. MM. Van Robais s'empressèrent de distribuer les secours les plus efficaces aux malheureuses victimes de cette journée, qu'on ramenait à terre glacées et presque mourantes. On porte à vingt-six le nombre de celles qu'on ne put retirer de l'eau ou qui furent tuées par la chute des bascules.

CHAPITRE XXXVI.

Mœurs. — État physique.

Le procès de Valines a dévoilé la barbarie de la jurisprudence criminelle ; nous allons faire connaître au lecteur quelques-uns de ses nombreux abus.

En 1724, trois soldats du régiment de Saxe sont pendus à la même potence, sur la place Saint-Pierre, pour avoir volé quarante-sept livres de chandelles, évaluées dix-huit livres seize sous.

L'année suivante, la femme d'un portefaix, surnommée la *Commandante*, fut arrêtée comme mendiante, et conduite dans le clocher de l'Hôtel-de-Ville où se trouvait une cage de bois pour renfermer les fous. On la mit dans cette cage, et la malheureuse s'y pendit presqu'au même instant avec son tablier. Les officiers municipaux se transportèrent dans la prison pour constater sa mort, ainsi que la cause qui l'avait produite, et déclarer procès à son cadavre. Ils virent qu'elle avait été reprise de justice, et qu'elle était marquée sur l'épaule. Ils firent porter le cadavre dans un cachot de la *Cour Pon-*

thieu où on le laissa tout-à-fait nu. Lorsque la procédure fut terminée, le bourreau vint le revêtir d'une chemise, le plaça dans une espèce de boîte d'osier, qui n'en dérobait point la vue, et dans laquelle la tête n'était point renfermée, l'attacha à la queue d'un cheval, et le traîna, la face contre terre, jusqu'au marché, où il fut accroché par les pieds à une potence; puis détaché et traîné de la même manière, au milieu d'un immense concours, jusqu'à *la Justice*, où on l'enterra *dans une ornière*.

Pendant la nuit du 15 au 16 juillet 1730, un jeune homme d'Abbeville, qui venait de chômer la fête du Saint-Sépulcre avec quelques-uns de ses camarades, essaya d'abattre, en passant dans la chaussée du Bois, une de ces couronnes que l'on suspend encore au milieu des rues pendant l'octave de chaque fête patronale. Il était armé d'un bâton qu'il lançait contre cette couronne, décorée d'un groupe de petites figures représentant la résurrection du Christ, lorsqu'un armurier, nommé Leduc, qui l'avait aperçu de sa chambre, menaça de le tuer s'il ne cessait à l'instant même une telle profanation. Le malheureux jeune homme méprisa cet avis, et le fanatique qui venait de le lui donner s'empara d'un fusil, le visa et l'atteignit d'une balle qui lui perça la tête, et l'étendit raide mort. L'assassin joignait à sa profession celle de huissier au Présidial. Il sortit de sa maison, vint déposer son épée sur le corps de sa victime; et le lendemain les huissiers de la ville, ses confrères, transportèrent le cadavre à la *Cour Ponthieu*. Il paraît que le but de cette cérémonie était de soustraire le coupable à l'action de la justice, qui ne pouvait plus dès lors, dit le manuscrit que nous avons sous les yeux, s'emparer de lui qu'après un délai de vingt-quatre heures. Leduc profita du délai et se rendit à Paris. La justice informa et cessa bientôt ses poursuites, malgré les sollicitations de la mère du jeune homme que Leduc avait assassiné. Lasse d'invoquer en vain l'autorité des lois, cette malheureuse mère chargea un de ses parens, domestique à la cour, de faire intimer l'ordre aux magistrats d'Abbeville de suivre le procès. L'ordre survint, et le meurtrier fut condamné à mort. Mais chaque fois qu'on sacrait un évêque d'Orléans, le nouveau prélat pouvait grâcier un criminel, et Leduc parvint à se soustraire à l'échafaud en profitant de ce privilége.

En 1749, un jeune homme d'Airaines, accusé de vol, fut condamné à la potence. Plusieurs moines le conduisirent au supplice, et le pressèrent vivement de demander à Dieu le pardon de ses fautes ; mais le coupable refusa, et ne voulut pas même embrasser le crucifix. L'exécuteur, jaloux d'assurer son salut, lui passe la corde autour du cou, l'enlève et le retient suspendu; puis le relâche un instant après *pour tâcher de le convertir* [1]; mais ce moyen ne réussit pas mieux, et le bourreau se hâta de l'étrangler. Son corps fut attaché au gibet, et quelques jours après enterré dessous par des manœuvres; mais comme la fosse avait peu de profondeur, des chiens l'en arrachèrent, se disputèrent ses membres; et le narrateur nous apprend qu'on *retrouva une partie de ses os dans le marais de Menchecourt.*

Les faits suivans fournissent une autre occasion de censurer une jurisprudence qui conservait encore de si horribles traces des temps barbares. En 1753, un cavalier de la maréchaussée et un maître d'armes vont à l'extrémité de la rue Padot se battre en duel à coups de fusil. Le maître d'armes, mortellement blessé, expire après avoir fait appeler un prêtre et refusé généreusement de nommer celui qui lui avait donné la mort. La justice n'en fait pas moins déposer son cadavre à la *Cour Ponthieu,* juge ce cadavre et le con-

---

[1] M. S. communiqué par M. Siffait.

damné à recevoir la sépulture hors de la porte Saint-Gilles, *à l'endroit où l'on écorche les chevaux.*

S'agissait-il d'un délit grave, mais qui cependant ne comportait pas la peine de mort? on promenait le coupable nu jusqu'à la ceinture dans les divers quartiers de la ville, et on le frappait à grands coups de verges. Les filles publiques qui contrevenaient aux réglemens de police, étaient aussi fouettées et quelquefois assises sur un cheval de bois, dont le dos était assez tranchant pour rendre douloureuse la position de celle qu'on plaçait dessus. Cet instrument de correction, nommé *chevalet,* existait sur la place Saint-Pierre.

Les mœurs comme la jurisprudence conservaient encore à cette époque si rapprochée de nous plus d'une tradition du moyen âge, plus d'un usage empreint d'une lugubre mysticité.

Durant la nuit, un homme vêtu d'une dalmatique, parcourait la ville en agitant une sonnette et criait d'une voix lugubre: réveillez-vous, gens qui dormez; priez Dieu pour les trépassés! Quelqu'un était-il à l'agonie? les cloches tintaient. Était-ce un riche seigneur qui rendait l'âme? on l'exposait sur un lit de parade dans une chambre entièrement couverte de draperies noires et illuminée d'une grande quantité de cierges. Les parens, les amis, les religieux des différentes communautés et le clergé de la paroisse venaient y réciter des prières, et jeter de l'eau bénite sur le défunt. Les funérailles avaient lieu le soir à la lueur des torches et des bougies qu'on distribuait aux assistans. On y voyait toujours les Cordeliers avec une croix de bois noir, les enfans de l'hospice, et le clergé de toutes les paroisses ; puis les religieux de Saint-Pierre, les Carmes, les Minimes, les Jacobins, les confréries avec leurs croix et leurs bannières, leurs clocheteurs, leurs bedeaux, une foule de pauvres, affublés d'un coupon d'étoffe pour en faire des habits, etc. Chaque membre du cortége portait un cierge blasonné. L'église était aussi tendue en noir et décorée de blasons ; car on tenait beaucoup à ces emblêmes, quoiqu'un grand nombre de marchands eussent, en 1696, obtenu le droit de s'en parer pour une douzaine d'écus. Une fosse, creusée dans l'église même, attendait le mort, et cet ancien et dangereux usage d'inhumer ainsi dans les églises n'a cessé d'exister qu'en 1776.

L'aspect de la ville répondait bien à la tristesse de ces coutumes. On y voyait encore une multitude de ces maisons de bois, sombres et surplombées, dont nous avons déjà parlé plus haut. Les rues, pendant la nuit, n'étaient point éclairées. On n'y plaça des lanternes qu'en 1751, pour parvenir à reconnaître les auteurs des attaques qui se renouvelaient chaque soir contre différentes personnes, et faire cesser le tapage nocturne que ces attaques occasionnaient. Mais cette mesure ne fut que momentanée. L'établissement des réverbères ne date que de 1785; encore faut-il remarquer que beaucoup de rues n'étaient pas éclairées, et que le service cessa bientôt. L'éclairage fixe de la ville, à peu près tel qu'il est aujourd'hui, ne remonte pas au-delà de 1804.

On rencontrait à chaque pas des croix, des figures de saints, des madones, des *ecce homo*. On en voyait dans tous les cimetières, dans toutes les rues, sur les places et sur les remparts, sur tous les ponts, contre le portail de chaque église et contre les murs de chaque couvent. En 1390, il y avait une croix connue sous le nom de *croix aux ribauds;* nous ignorons son emplacement. Sur le Pont-aux-Brouettes, vis-à-vis la Poissonnerie, il en existait une autre appelée *croix aux varlets,* à cause de l'usage où étaient les domestiques des deux sexes, qui se trouvaient sans condition, de venir s'exposer au pied de cette croix, chacun avec les attributs de sa profession. La croix aux varlets, gênant le passage, fut, en 1750, transférée dans le *Guindal*. Elle avait été érigée, au treizième siècle, par les religieux de Saint-Pierre, à la mémoire de deux de leurs confrères qui avaient été assassinés en allant aux matines à Saint-Vulfran.

Abbeville comptait alors quatorze églises paroissiales, quinze monastères, trois hôpitaux, une commanderie, un prieuré. La reconstruction d'une foule d'édifices n'avait pas encore rajeuni sa physionomie sombre et dévote. La ceinture de murailles que Louis XI avait fait reconstruire en 1477, depuis le Pont des Prés jusqu'à la porte d'Hocquet, subsistait encore en partie. Cette muraille en l'air, fortifiée de tours rondes et défendue par des fossés, ne laissait apercevoir les dehors de la ville qu'à travers ses créneaux.

A cette époque, le grand chemin de Blangy passait sur les monts de Caubert. Ce ne fut qu'en 1773, qu'on fit la route des *Planches*, ainsi nommée à cause des petits ponts de bois recouverts de planches, sur lesquels on passait les trois bras de rivière qui traversent le faubourg.

La *Portelette*, flanquée de deux grosses tours rondes, était si basse et si étroite qu'un homme à cheval pénétrait à peine sous sa voûte.

Le *Pâtis* se composait alors de plusieurs allées d'arbres, et s'étendait sur tout le terrain compris entre la Somme et la grande route. Cette belle promenade fut labourée en 1788, pour y planter des pommes de terre, et réduite à une seule avenue. Le reste, transformé en jardins, a été vendu depuis.

La porte *d'Hocquet*, située sur l'emplacement actuel des bâtimens de l'arsenal, datait encore du treizième siècle, et se composait de trois arcades ogives qui traversaient des murs épais, crénelés et garnis de tours. Cette vieille porte, près de laquelle existait autrefois une petite chapelle gothique, avait un aspect imposant et ne fut entièrement détruite qu'en 1781.

La porte *Saint-Gilles*, sur laquelle on voit encore les restes de la *salamandre*, emblême de François Ier., qui l'avait fait en partie reconstruire, fut élargie, ainsi que la route d'Airaines, en 1786 [1]. Elle était surmontée d'un bâtiment qu'on traversait en passant sur le rempart, et près duquel était un corps de garde, orné des armoiries de la ville et du royaume, et des portraits de la Vierge et de saint Louis peints à fresque dans l'intérieur. C'est là que se trouvait

[1] On allait auparavant à Paris par Amiens.

la herse, une des dernières ressources des assiégés en cas de surprise. Près du manége, construit en 1786, on remarquait deux autres portes.

La porte *du Bois*, étroite et basse comme toutes les autres, fut élargie en 1768. A l'extrémité de son faubourg, sur la butte d'un moulin qui subsiste encore, s'élevait le calvaire de *Jean Garlon,* où le peuple allait prier le jour du vendredi saint, et où le clergé se rendait en procession à d'autres époques.

La porte *Marcadé*, construite en 1600, était ornée des armes de France et de Navarre, du chiffre de Henri IV, et de trophées d'armes rehaussés d'or, exécutés par un habile sculpteur d'Abbeville, nommé Bernard Lebel.

Un vaste bâtiment, nommé *les Écuries du roi,* existait alors dans la rue du *Haut Mesnil*, près de la porte du Bois. On y logeait les chevaux de la cavalerie, car les casernes n'existaient pas encore : on n'en posa la première pierre, sur la place du *Préer*, que le 4 septembre 1780.

CHAPITRE XXXVII.

Procès du chevalier de La Barre.

Pendant la nuit du 8 au 9 août 1765, un crucifix de bois, placé sur le Pont-Neuf, avait été mutilé avec un instrument tranchant. Cette même nuit, un autre crucifix, planté dans le cimetière de Sainte-Catherine, fut couvert d'immondices. Cet événement excita dans la ville une rumeur générale, et donna lieu aux informations les plus rigoureuses de la part du procureur du roi, que son exaltation mystique ne disposait que trop à la sévérité. L'évêque d'Amiens, de la Motte d'Orléans, prélat naturellement bon, mais excité par des coteries bigotes et affaibli par l'âge, publia un monitoire pour inviter à révéler les auteurs du délit, à peine d'encourir les censures et l'excommunication. Le 8 octobre, il vint lui-même à Abbeville, accompagné de douze missionnaires, et se rendit processionnellement, pieds nus, la corde au cou, devant les croix insultées, s'y prosterna, et sans prévoir les suites de sa fatale démarche, se hâta de prononcer sur le sort des coupables, en déclarant qu'ils méritaient le dernier supplice. Cette cérémonie expiatoire, à laquelle assistaient toutes les autorités civiles et judiciaires, fit sur le peuple une impression profonde. Plus de cent témoins, appelés pour déposer des faits relatifs à la mutilation, parlaient de discours impies, tenus dans l'ivresse de la débauche, par des jeunes gens de la ville, mais ne donnaient aucun indice sur l'aventure du crucifix.

L'instigateur secret de cette épouvantable affaire [1] éveilla tous les soupçons sur le chevalier de La Barre, petit-fils d'un lieutenant-général auquel on doit plusieurs ouvrages sur la Guianne, dont il avait été nommé gouverneur en 1663 [2]. Né dans les environs de Coutances, La Barre avait passé les premiers temps de sa vie chez un curé de campagne, et demeuré depuis chez un fermier. Il était doux, modeste, et possédait des qualités précieuses; mais son éducation avait été fort négligée, car il était resté orphelin dès l'enfance. Madame Feydeau, abbesse de Willancourt, dont il était le neveu à la mode de Bretagne, le fit venir auprès d'elle en 1764, lui

---

[1] On a mis sur le comte de Duval-Soicourt plusieurs faits graves dont il ne fut pas coupable; il est ici question d'un autre personnage; *cuique suum*.

[2] Voy. la *Biographie universelle*, tom. LVII, pag. 205.

donna des maîtres et lui fit obtenir un brevet de lieutenant. Le chevalier logeait dans les bâtimens extérieurs du couvent, et s'efforçait de répondre, autant qu'il le pouvait, aux soins et aux bontés de sa tante, qui recevait chez elle une société choisie, et qui le forma bientôt aux manières du monde. « Cette dame aimable, dit Voltaire, de mœurs très-régulières, d'une humeur douce, enjouée, bienfaisante et sage sans superstition », lui donnait souvent à souper, ainsi qu'à quelques jeunes gens de ses amis, dont les passions étaient ardentes et la foi peu vive. C'était un bruit généralement répandu que ces jeunes gens, dans leurs parties secrètes de plaisir, mêlaient l'irréligion à la débauche, et que le chevalier partageait leurs folies. On disait qu'il s'était un jour introduit dans le couvent habillé en fille, et on l'accusait, ainsi que d'Étallonde et Moisnel, d'avoir passé depuis peu à vingt-cinq pas du Saint-Sacrement sans ôter leurs chapeaux et sans se mettre à genoux. Le procureur du roi dénonça ce fait à la justice, et y trouva le motif d'une nouvelle plainte que l'on joignit à la première. Sur cette nouvelle plainte, les trois jeunes gens furent décrétés de prise de corps. Au premier bruit de l'enquête, d'Étallonde avait pris la fuite. Son propre père, le président de

Boencourt, siégeait parmi les juges, et le malheureux, qui redoutait l'arrêt de ce nouveau Brutus, parvint à s'y soustraire en allant se jeter dans les bras de l'abbé du *Lieu-Dieu*. Ce généreux prélat, dont la conduite forme un si noble et si touchant contraste avec l'intolérance des autres prêtres, cacha le fugitif au fond de son cloître, et lui facilita les moyens de s'évader avec le secours de l'abbé du Tréport, son digne et vertueux ami.

La Barre, comptant sur la protection et le crédit de ses parens, alliés aux d'Ormesson, qui occupaient les premières places dans le parlement et dans le conseil, refusa de quitter la France. Il fut arrêté le 1er. octobre dans l'abbaye de Longvilliers, près Montreuil, et amené le même jour à Abbeville. On saisit Moisnel le lendemain. Dumaisniel de Saveuse et Douville de Maillefeu, impliqués dans la même affaire, avaient eu soin de se soustraire à l'action de la justice.

On continua d'entendre des témoins, la plupart d'une classe obscure, et qui avaient servi ces jeunes gens dans leurs parties de plaisir. L'acte d'accusation, dressé par Duval de Soicourt, lieutenant-particulier et assesseur criminel, porte que les prévenus ont récité une ode célèbre de

Piron, chanté quelques-unes de ces chansons libertines qui plaisaient tant alors à la jeunesse; qu'ils ont parlé contre le dogme de l'eucharistie et profané les cérémonies de l'église en s'agenouillant devant des ouvrages impurs : mais dans la ville entière nul n'avait vu commettre la mutilation. La Barre n'était que *véhémentement suspecté* d'y avoir pris part. Cependant c'est un principe de toutes les législations qu'un délit doit être constaté. Mais quand bien même des voix accusatrices eussent convaincu les Busiris d'Abbeville que le chevalier de La Barre avait brisé le crucifix, aucune loi ne prononçait, en France, la peine de mort ni pour le bris d'images ni pour les blasphèmes de ce genre. L'édit de 1666 porte seulement que les blasphémateurs, après un certain nombre de récidives, auront la langue coupée, et laisse à la théologie le soin de définir les sacriléges qui mériteraient la mort. Il fallait donc une décision de la Sorbonne pour prononcer selon la théologie [1]. A défaut de loi, il paraît que l'on exhuma un édit de pacification, donné par le chancelier de l'Hopital sous Charles IX, et révoqué bientôt après. Quoi qu'il en soit, La Barre et d'Étal-

---

[1] Voy. *OEuvres de Voltaire*, tom. XXVII, pag. 310. Édition de Renouard.

londe furent condamnés à un supplice atroce. Ce dernier, réfugié en Prusse, ne craignait plus le fer des bourreaux; mais le jeune et infortuné Moisnel, transféré de cachot en cachot, accompagnant partout le chevalier, fut sur le point de partager son sort. Intimidé par les menaces des juges, il tombait à leurs pieds, et confessait publiquement des fautes qui ne sont pas du ressort de la justice humaine. La Barre, doué d'une âme énergique, se disculpait avec adresse des peccadilles qu'on lui reprochait, et repoussait les charges les plus graves en protestant de son innocence. Nous pouvons affirmer que le noble et malheureux enfant connaissait bien le coupable et qu'il ne voulut pas le nommer. Nous tenons d'un honorable magistrat, le confident intime, le plus ancien et le plus tendre ami d'un des co-accusés, que le véritable auteur de la mutilation fut un jeune étourdi, X....., qui fréquentait La Barre et ses autres camarades. Loin de quitter la France et d'avouer à l'Europe sa culpabilité, le lâche se garda bien de révéler son secret, tandis que son héroïque ami, fermement résolu de ne pas l'accuser, dévouait, par un silence sublime, sa propre tête à l'échafaud. Mais bien qu'aucune preuve de l'attentat commis sur les deux crucifix n'existât contre La Barre dans le procès, le Présidial d'Abbeville, par une sentence rendue le 28 février 1766, le condamna à un supplice qui fait frémir, et dont le souvenir pèsera toujours comme un grand crime, et sur le tribunal qui l'ordonna, et sur la ville où la victime fut sacrifiée.

Quels étaient donc les juges qui prononcèrent une aussi horrible sentence? Duval-Soicourt, qui aurait dû se récuser, et surtout ne pas instruire la procédure, parce que des cinq accusés, il y en avait quatre dont les familles avaient eu avec lui de fâcheux démêlés.

S'il faut en croire Voltaire, Duval serait devenu, quoiqu'âgé de soixante ans, amoureux de l'abbesse de Willancourt qui ne répondit à ses importunités que par une profonde aversion et finit par l'exclure de sa société. Duval se vengea en lui suscitant des querelles d'intérêt. La Barre prit vivement le parti de sa tante et parla au vieil assesseur avec une âpreté qui l'irrita.

Le second juge nommé Broustelles, dont le principal métier était de vendre des bœufs et des cochons [1], était absolument incompétent, parce qu'il y avait contre lui des sentences des

---

[1] Voy. à la bibliothèque de la ville, le *mémoire pour les officiers de l'Élection d'Abbeville, contre le sieur de Broustelles*, par MM. Boula de Mareuil et Gillet de la Marlière, in-4°.

consuls de la ville; qu'il avait été déclaré par la cour des aides incapable d'exercer aucune charge municipale dans le royaume, et que les avocats d'Abbeville, par acte juridique, avaient refusé de l'admettre parmi eux.

Le troisième juge, intimidé, dit-on, par les deux autres, eut la faiblesse de signer, et en eut ensuite des remords aussi poignans qu'inutiles. Cette faiblesse étonne d'autant plus qu'il avait dit un jour pendant le procès : *Il ne faut pas tant tourmenter ces pauvres innocens.*

Le Présidial d'Abbeville ressortissait du Parlement de Paris. La Barre y fut transféré et on l'enferma dans la tour de Montgommery. Huit des plus célèbres avocats de Paris signèrent une consultation par laquelle ils démontraient l'illégalité de la procédure, l'absurde barbarie des trois juges d'Abbeville, « qui méritaient, dit Voltaire, qu'on les écorchât sur leurs bancs semés de fleurs de lys, et qu'on appliquât leur peau sur ces fleurs. » Le procureur-général conclut en vain à réformer leur exécrable arrêt. Il fut confirmé le 5 juin 1766, à la majorité de deux voix et non pas de cinq, comme Voltaire le déclare dans une lettre, afin de rectifier ce qu'il en avait dit d'abord. On a remarqué que le Parlement se trouvait présidé par Maupeou, et que la délibération fut rédigée par lui. Maupeou combattait alors les Jésuites pour plaire tout à la fois à la majorité de ses collégues et au ministre tout puissant, le duc de Choiseuil ; mais voulant ménager des ennemis dangereux qui pouvaient l'accuser de ne les persécuter que par esprit d'irréligion, il se persuada que le meilleur moyen de se mettre à l'abri d'un reproche aussi grave, était de sévir contre La Barre que défendaient les philosophes. L'infortuné fut donc sacrifié à cette lâche et infâme politique. Ainsi sans la bulle *Unigenitus*, sans les misérables querelles que les Jésuites suscitaient à cette époque, le Parlement de Paris n'aurait peut-être pas confirmé la sentence.

On raconte que l'évêque d'Amiens, en proie à de cruels remords, et déplorant les suites de son zèle imprudent, sollicita l'assistance du clergé pour obtenir des lettres de grâce. On dit même que le Parlement différa de six jours à signer l'arrêt dans l'espoir que Louis XV ne serait pas inflexible ; mais le sultan du parc aux cerfs sanctionna l'infamie de la condamnation.

La Barre fut ramené à Abbeville par une route détournée, celle de Rouen, comme si l'on eût craint que des mains généreuses dussent tenter de l'arracher aux bourreaux[1]. Il entra par la porte d'Hocquet dans une chaise de poste au milieu de deux exempts, et escorté par des archers déguisés en courriers. Le 1er. août, à six heures du matin, il reçut la question en présence d'un médecin, justement estimé, M. Gatte, dont nous sommes heureux de rappeler le nom. Cet homme de bien lui épargna une grande partie des horreurs de la torture en disant aux bourreaux que des souffrances plus aiguës entraîneraient sa mort. On assure que pendant cette cruelle épreuve le chevalier s'avoua coupable du délit commis dans le cimetière de Sainte-Catherine. Quelques instans après, il reçut dans sa prison un dominicain, le P. Bosquier, qu'il avait plusieurs fois rencontré chez sa tante, l'abbesse de Willancourt. Il l'invita à partager son dernier repas ; mais ce bon religieux ne pouvait manger. — Pourquoi ne dînez-vous pas, lui disait La Barre? vous avez besoin de force pour soutenir le spectacle que je vais donner. Pre-

---

[1] Ce projet fut formé et sur le point d'être exécuté par un homme de cœur et de résolution, M. de Fournival d'Abbeville, qui s'était déjà ménagé des intelligences avec un brave capitaine portugais, dont le navire était en charge à Saint-Valery. On devait faire évader le chevalier, le conduire à bord, et lever l'ancre à l'instant même ; mais l'entreprise échoua, nous ignorons par quel motif.

nons du café, ajouta-t-il après le repas le plus paisible, il ne m'empêchera pas de dormir.

Sur les cinq heures de l'après midi, on le fit monter dans un tombereau, en chemise, la corde au cou, tête et pieds nus, avec *écriteaux devant-derrière*, portant ces mots : *impie, blasphémateur, sacrilége exécrable et abominable*. Le P. Bosquier tenait un crucifix devant lui. Un bourreau, placé dans la voiture, tenait un cierge allumé. Quatre autres bourreaux suivaient à pied. Plusieurs huissiers à cheval et dix brigades d'archers dont quelques-unes étaient venues de dix-sept lieues loin, entouraient la victime. Le lugubre cortége parcourut la rue Saint-Gilles, celles des Minimes, de la Hucherie, de Saint-André, etc., etc. Une foule prodigieuse, accourue de toutes les campagnes voisines, malgré la pluie, encombrait toutes ces rues, garnissait les fenêtres et surmontait les toits. Ce qui me fait le plus de peine en ce jour, dit le chevalier pendant cet affreux trajet, c'est de voir aux croisées tant de gens que je croyais mes amis. Mais son émotion fut bien plus vive encore lorsqu'il aperçut une jeune femme qu'il ne s'attendait pas à rencontrer ainsi sur son passage. Elle est là !.... dit-il avec indignation, et ses yeux se fixèrent douloureusement sur elle.

On a écrit que La Barre refusa de faire amende honorable devant le portail de Saint-Vulfran; mais un anonyme qui a recueilli tous les détails de son supplice et qui fut témoin de l'horrible tragédie, nous apprend que le chevalier s'agenouilla sur la première marche du parvis, et prononça d'une voix ferme les paroles exigées [1]. Les bourreaux ne lui coupèrent point la langue; ils en simulèrent seulement l'action. Parvenu sur le Marché, La Barre, après avoir entendu lire sa sentence, monta sur un vaste échafaud sans aide et sans effort, tandis que l'exécuteur accrochait à une potence plantée à quelques pas plus loin un tableau où d'Étallonde, chargé de chaînes et le poing coupé, brûlait en effigie. — Ah! le pauvre enfant, s'écria le chevalier, en jetant les yeux sur cette odieuse peinture; puis il se détourna et aperçut un énorme tas de bûches entremêlées de fagots et de paille.—C'est donc là ma sépulture, ajouta-t-il avec un calme héroïque? et se tournant vers les bourreaux : — Qui de vous me tranchera la tête? — Moi, dit le bourreau de Paris. — Tes armes sont-elles bonnes? Voyons-les.—Cela ne se montre pas, monsieur.—Est-ce toi qui as exé-

[1] M. S. communiqué par M. Siffait.

cuté le comte de Lally? — Oui, monsieur. — Tu l'as fait souffrir. — C'est sa faute, il était toujours en mouvement ; placez-vous bien, et je ne vous manquerai pas. — Ne crains rien ; je ne ferai pas l'enfant, répondit l'intrépide jeune homme. Son confesseur, qui ne l'avait pas quitté, l'exhorta au repentir et lui promit le ciel. Un léger sourire parut alors sur les lèvres du condamné. Le prêtre lui présenta un crucifix à baiser et lui donna l'absolution. La Barre, après avoir différentes fois embrassé le Christ, s'agenouilla la face tournée vers la Boucherie. Le bourreau lui ôta la corde qu'il avait au cou, ainsi que la chemise qui couvrait son habit ; coupa une partie de ses cheveux, lui lia les mains par-derrière et lui banda les yeux. Ce même bourreau, prêt à frapper, lui fit, avec la main, lever un peu le menton, balança plusieurs fois son arme et lui enleva la tête d'un seul coup. Cette tête bondit d'un pied ; le tronc retomba lourdement sur le plancher de l'échafaud, et des flots de sang jaillirent de toutes ses veines. Au moment où le terrible coutelas tomba sur la victime, la foule battit des mains[1] : elle applau-

---

[1] *Tous ceux qui ont vu cette exécution n'en ont pas été touchés, car il a montré trop de hardiesse*, dit l'anonyme que nous avons déjà cité.

dit encore lorsque le bourreau saisit la tête sanglante, qui sautait affreusement agitée de mouvemens convulsifs. Il retira le bandeau qui couvrait ses yeux éteints, la fit voir au peuple et la replaça près du tronc. Quelques instans après, il la remua du bout des pieds pour s'assurer que la vie l'avait entièrement quittée, tandis qu'un autre bourreau s'assurait également que le pouls avait cessé de battre. Alors on descendit avec des cordes les restes du malheureux jeune homme sacrifié à de si misérables passions, et on les plaça sur le bûcher avec le *Dictionnaire philosophique* et quelques autres ouvrages. On couvrit de paille et de bois le cadavre et les livres, et on alluma le feu. Pendant la nuit, les bourreaux écrasèrent les ossemens, et le lendemain les cendres furent enlevées dans un tombereau. Le bois qui n'avait pas été consumé et toutes les pièces de l'échafaud, abandonnés à la populace par les moines, qui avaient le droit de s'en emparer, furent vendus à l'enchère, et le prix de cette vente dépensé *pour boire à la santé du défunt.*

Un avocat célèbre, mais encore inconnu, Linguet, avait alors fixé sa résidence à Abbeville. Il résolut de défendre Moisnel, qui gémissait encore dans les prisons, et gagna glorieusement sa cause, ainsi que celle de Dumaisniel et de Douville. Dans cette épouvantable cause, Voltaire éleva aussi sa voix puissante. Il y était lui-même impliqué, puisque le *Dictionnaire philosophique* avait été brûlé avec le corps du chevalier de La Barre. Voltaire fut révolté et en même temps effrayé de cette accusation; mais le danger ne l'empêcha pas de dénoncer à l'Europe entière la barbarie des juges d'Abbeville. Instruit par un jurisconsulte d'Abbeville, M. D........, de tous les faits relatifs à cette affaire, il exhala son indignation dans une foule d'écrits; et s'il ne put obtenir justice pour la mémoire du chevalier de La Barre; s'il ne put rendre d'Étallonde à sa patrie, il eut du moins le bonheur de lui procurer de l'avancement dans l'armée prussienne, et de lui prodiguer de généreux secours. Par un singulier jeu du sort, c'est à l'un de ses compatriotes, qui devait tomber aussi sous le fer du fanatisme, c'est à Bassville que d'Étallonde dut la réformation de sa sentence de mort et le terme de sa proscription. « Combien je suis reconnaissant des peines que vous daignez prendre pour moi, dit le protégé de Voltaire à son jeune compatriote, dans une lettre[1] datée de Wesel, le 1er.

[1] On voit par un passage de la même lettre que M. de Lafayette, à la prière du jeune proscrit, devait seconder les efforts de Bassville.

mars 1788, et que possède l'auteur de cette histoire ; pourrai-je jamais être digne d'un ami tel que vous? Cher et noble ami, dit-il en terminant, et après avoir exprimé les plus vifs sentimens de gratitude et de tendresse pour sa sœur, qui pourvoyait, dans son exil, à presque tous ses besoins ; cher et noble ami, mettez-moi surtout aux pieds de mon aimable et respectable mère, etc. C'est ainsi que d'Étallonde, dans le secret de l'amitié, révélait sa belle âme [1].

La mémorable procédure du chevalier de La Barre fut trouvée long-temps après la mort de Soicourt, parmi ses autres papiers, et brûlée par un homme d'affaires qui se glorifia de son vandalisme.

CHAPITRE XXXVIII.

1765 — 1789.

Le magasin à poudre d'Abbeville, construit en grès, revêtu de madriers de chêne à l'intérieur et muni de voûtes surchargées de terre,

---

[1] Voy., sur d'Étallonde, la *Biographie d'Abbeville*.

était situé au centre du bastion Marcadé, près de la porte de ce nom. Le 2 novembre 1773, à quatre heures du soir, le garde d'artillerie *Lebègue*, se rendit dans ce magasin dont l'approvisionnement, d'après le dernier état de situation, consistait en quarante-six mille cinq cent soixante-cinq livres de poudre, et, peu d'instans après, une explosion terrible se fit entendre. Cette explosion qui ébranla la terre fut suivie d'une pluie de cendre, de pierres, de tuiles, de soliveaux fumans, de membres mutilés et de milliers de débris. Une partie des habitans quitta la ville, car le bruit courut que la flamme allait se communiquer à d'autres portions de poudre, et qu'un plus grand danger menaçait encore la ville.

Il serait difficile de peindre la scène d'horreur que présentait la chaussée Marcadé. Neuf cent soixante-sept maisons situées dans la partie de la ville et du faubourg la plus rapprochée du magasin se trouvaient plus ou moins endommagées, et soixante-sept autres entièrement détruites. La plupart de ces maisons étaient habitées par des ouvriers des manufactures des *Rames* et des *Moquettes* etc. qui heureusement étaient presque tous dans leurs ateliers au moment de l'explosion. Cent maisons de la chaussée d'Hocquet et les bâtimens de la manufacture des

Rames éprouvèrent aussi de grands dommages. Les figures des saints tombèrent dans les églises, et pendant long-temps on n'osa plus sonner les cloches. Près de cinquante personnes périrent ; cent trente autres furent blessées. Au nombre des premières on compte une sœur de providence qui, peu de minutes auparavant, venait de congédier de son école, située tout près du magasin, une cinquantaine de petites filles.

On ne connaît pas précisément la cause de cette affreuse catastrophe. Les uns disent qu'il y avait un déficit dans l'approvisionnement du magasin, et que le garde résolut de le faire sauter pour voiler ses malversations ; d'autres prétendent que ce fut l'effet d'une imprudence, et que la lumière dont il s'était muni mit le feu aux poudres. On a lieu de croire qu'il n'y avait aucune préméditation de sa part, puisqu'il avait demandé un quart-d'heure auparavant un ouvrier pour l'aider à ranger quelques barils de poudre. Cet ouvrier n'était pas encore arrivé, lorsque le magasin sauta.

La secousse fut si violente qu'on la ressentit sur divers points d'un cercle de soixante-dix lieues de diamètre, depuis Dieppe jusqu'à Noyon, Villers-Cotterets, La Fère et Laon [1]. Douze hom-

---

[1] Voy. la *Gazette de Bouillon*, novembre 1773, 2ᵐᵉ. quinzaine.

mes furent écrasés à l'instant même dans une carrière aux environs d'Amiens.

« Ce cruel événement, disaient les officiers municipaux, dans un mémoire qu'ils présentèrent au comte d'Artois, en 1776, ce cruel événement a achevé de mettre la désolation dans la ville. Il a porté les derniers coups à la fortune des habitans que les impôts de toute espèce et des emprunts ruineux avaient déjà beaucoup altérée..... Nous ne saurions dissimuler que la somme modique accordée par le gouvernement aux plus malheureuses victimes d'une aussi terrible catastrophe, n'apporte qu'un soulagement bien peu sensible, car la perte pécuniaire monte à plus d'un million. »

Dans un intervalle de seize années, depuis 1773 jusqu'en 1789, l'histoire d'Abbeville n'offre aucun fait remarquable. Il faut en excepter cependant une mission qui peut donner une idée de la dévotion qui régnait à cette époque dans le pays.

C'était au mois de juillet 1776. Cinq semaines se passèrent en sermons, en conférences, en retraites, en processions, véritables réminiscences de la Ligue, où douze cents filles voilées, vêtues en blanc, et portant un cierge garni de fleurs, précédaient deux par deux le Saint-Sacrement, soutenu sur un brancard d'écarlate, que les dames de la ville avaient orné de diamans. Le jour de l'Assomption le nombre des vierges s'éleva de dix-sept à dix-huit cents. Il fut alors question d'établir une congrégation sous le nom de *l'Immaculée conception*. Les dix-huit cents vierges qui avaient paru à la procession devaient en faire partie, et les statuts leur imposaient l'obligation de fuir la compagnie des jeunes gens, et de ne jamais aller dans les guinguettes de la Portelette. Les magistrats crurent devoir opposer à ce zèle les ordonnances du royaume qui défendaient les associations, sous aucun prétexte de confrérie, sans une autorisation du gouvernement. On proposa aussi, dit-on, de faire porter une vraie tête de mort à une fille pénitente, vêtue en *Madelène;* la police crut devoir défendre la tête de mort [2].

Un christ destiné à être mis sur le Pont-Neuf à la place de celui qui avait été mutilé en 1765, y fut porté sur un brancard par trente-six hommes du peuple, la plupart vêtus de noir, ayant une serviette blanche mise en forme d'écharpe sur l'épaule, les cheveux épars, les jambes et

---

[1] Une semblable mission avait encore eu lieu en 1747.
[2] Ces détails sont extraits d'une lettre insérée dans le *recueil sur l'affaire de la mutilation du crucifix d'Abbeville*, 1776, in-12.

les pieds nus, avec une couronne d'épines sur la tête. Ils marchaient escortés de soldats et de bourgeois sous les armes et précédés de tambours, de violons et de trompettes. Un des valets de l'évêque d'Amiens brûla les œuvres de Jean-Jacques, celles de Voltaire et de Raynal, pendant que son maître bénissait les croix dont tous les assistans s'étaient munis.

Cette mission avait tellement échauffé les têtes que quinze jours après le départ des missionnaires [1] le peuple s'assemblait encore le soir par paroisses et marchait en processions. Des bourgeois prenaient les armes d'eux-mêmes pour accompagner ces processions sans clergé, qui se prolongeaient fort avant dans la nuit, se croisaient de crucifix en crucifix, et faisaient retentir la ville de leurs chants lamentables, *Parce Domine, parce populo tuo*, et de cantiques lugubres répétés par une foule de femmes [2]. Le peuple passe si aisément de la paix au tumulte,

[1] Ces missionnaires, au nombre de douze, la plupart ex-Jésuites, montaient sur des tables pour haranguer le peuple au milieu des rues.

[2] Une autre relation nous apprend que la foule se prosternait en s'écriant par intervalle : *Jésus est mort ! nos crimes l'ont tué !* Dès quatre heures du matin, les églises étaient pleines. *Voulez-vous être damnés ?* demandaient les Missionnaires.—*Non !* répondaient les assistans. — *Vous voulez donc aller en paradis ? — Oui !* répétaient alors des milliers de voix.

ajoute l'auteur à qui nous empruntons le récit qu'on vient de lire [1], que la police d'Abbeville, après avoir interposé doucement son autorité auprès du clergé des paroisses, se vit obligée enfin de faire défendre à cri public ces attroupemens et ces processions.

CHAPITRE XXXIX.

Organisation politique.

Loi municipale. Le mayeur d'Abbeville était chargé de la construction et de la garde des fortifications. Son autorité s'étendait sur la ville, les faubourgs et la banlieue, et il faisait battre monnaie, ayant cours dans le Ponthieu, au coin et aux armes de la commune. Bien que plusieurs de nos rois aient établi à Abbeville des gouverneurs pendant la guerre, il n'en faut pas inférer que le mayeur ait été entièrement dépouillé de son pouvoir militaire; car il conserva toujours le droit de commander les troupes en

[1] Nous croyons que cet auteur est l'avocat Linguet, qui demeurait alors à Abbeville.

l'absence du gouverneur qui devait jurer devant lui *de respecter les droits, franchises et libertés de la ville*, et de n'introduire dans son enceinte aucune garnison *plus forte que les habitans* [1].

Henri IV, par son édit du mois d'avril 1594, exempta *perpétuellement et à toujours* la ville d'Abbeville de tout capitaine et commandeur, et conféra l'autorité militaire de cette cité au gouverneur et aux lieutenans généraux de la province de Picardie, ainsi qu'au maire et aux échevins.

A une époque récente encore, le maire gardait les clefs de la ville, commandait le guet, ordonnait les patrouilles, donnait le mot d'ordre à la milice bourgeoise ainsi qu'aux troupes royales [2], et prenait le titre de *mayeur-commandant*.

Un réglement de 1465 porte que les officiers royaux ne pourront entrer dans le corps de ville sans se démettre de leurs charges. Les nobles ne pouvaient pas y entrer non plus sans renoncer à leurs prérogatives, sans se faire inscrire dans un corps de métier, sans se résoudre à payer l'impôt, monter la garde et faire le guet [3].

Pour jouir du droit de bourgeoisie on devait

---

[1] *Registre aux délibérations de la ville*, année 1537.
[2] *Histoire des mayeurs d'Abbeville*, p. 18.
[3] *Registre aux délibérations de la ville*, année 1459.

être *sain et légitime,* et payer, selon sa fortune, vingt ou trente sous, et quelquefois moins. Pour être maire, échevin, mayeur de bannière et même sergent, la loi voulait qu'on fût *sans reproche et né en loyal mariage.*

Les officiers municipaux allaient à cheval dans les cérémonies publiques, et huit sergens, marchant devant eux armés de massues, rappelaient et les licteurs et les faisceaux de l'ancienne Rome. Ces hommes, nommés *massiers,* étaient, dans les derniers temps, vêtus de robes bleues, et portaient des bâtons à tête d'argent, aux armes de la ville. On croit qu'ils s'en servaient anciennement pour écarter la foule.

Les chanoines de Saint-Vulfran et les moines de Saint-Pierre jouissaient du singulier privilége d'élire parmi eux un maire qui, sous le nom de *prevôt,* s'emparait de l'autorité la veille de la *Saint-Pierre* et le surlendemain des fêtes de la Pentecôte. Le prevôt des chanoines exerçait tous les actes de cette magistrature pendant cinq jours et celui des bénédictins de Saint-Pierre pendant trois jours seulement. En 1328, ces moines vendirent leur prevôté à la commune, et cette charge éphémère passa alors à l'un des officiers municipaux, élu par ses collégues. Les deux prevôtés, que l'on appelait aussi *franches fêtes,* devaient être annoncées par les maire et échevins au son de leurs cloches; mais ces cloches, un instant après, devaient cesser de se faire entendre. Les sergens de ville se dépouillaient de leurs marques distinctives, et le gouvernement civil disparaissait devant celui des prêtres. Il paraît cependant que les officiers municipaux conservaient encore leur pouvoir dans la vicomté du pont *aux Cardons*, puisqu'ils s'y rendaient chaque année avec une escorte *pour garder les droits, justice et priviléges de la ville,* durant la prevôté de Saint-Vulfran.

Une foire exempte de droits fiscaux, et qui durait quatre jours, s'ouvrait au moyen âge, pendant le cours de cette même prevôté. Celle des religieux de Saint-Pierre commençait le 28 juin et se continuait pendant huit jours. Mais comme ces foires étaient souvent troublées par les plus graves désordres, les magistrats ordonnaient aux habitans de veiller pendant toute leur durée.

Les maires d'Abbeville joignaient à leurs attributions guerrières et administratives la connaissance des causes civiles et criminelles, et condamnaient à mort sans appel; mais à dater du quinzième siècle, les juges qui tenaient immédiatement leurs pouvoirs du roi, remplacèrent progressivement les juges municipaux. Cependant ceux d'Abbeville conservaient encore au dix-septième siècle une partie de leur ancienne autorité judiciaire, puisqu'un religieux espagnol, qui avait assassiné un de ses compatriotes dans l'auberge du *Géant*, fut condamné à mort par l'Échevinage, et pendu le 7 octobre 1616.

Charles V anoblit les maires et les échevins d'Abbeville; mais Louis XIV, en 1667, anéantit ce privilége, « parce que, dit l'ordonnance, la plupart de ceux qui parviennent aux dites charges, ne pouvant satisfaire à la dépense qu'il convient de faire pour soutenir cette dignité, étant de médiocre condition et n'ayant que peu de biens, sont obligés d'abandonner leur commerce et profession ordinaires, et de quitter les villes pour résider à la campagne, qu'ils peuplent de quantité de pauvres nobles à la surcharge de nos sujets taillables. »

Les maires ont été électifs jusqu'à l'édit de 1692, par lequel Louis XIV créa des maires à titre d'office dans chaque ville et communauté du royaume. L'antique constitution du régime municipal eût été dès lors entièrement détruite, si, quelque temps après, plusieurs ministres probes ne l'avaient rétablie.

Voici le mode d'élection que l'on suivait encore dans le dernier siècle.

Toutes les corporations des arts et métiers représentant la commune, convoquées chaque année le 24 août, à cinq heures du matin; se rendaient à l'Hôtel-de-Ville, où elles entraient séparément, pour y jurer devant les magistrats municipaux de procéder, avec fidélité, à la nomination de leurs chefs ou mayeurs de bannière, que chaque corps élisait à haute voix, et qui devaient former le collége électoral de la commune. Ces mayeurs de bannière, après avoir été proclamés, étaient conduits dans un appartement voisin dont on gardait l'issue, pour éviter l'effet des séductions et des cabales.

Quand la commune avait ainsi délégué ses pouvoirs, le quart des électeurs, pris tour à tour dans les différens corps, nommait, à la pluralité des voix, un secrétaire et deux scrutateurs. On assistait ensuite à un sermon et à la messe du Saint-Esprit, dans la chapelle de l'Hôtel-de-Ville; et comme il était expressément défendu de sortir, et que la grande porte était fermée, les électeurs de la commune et tous les officiers municipaux dînaient ensemble à la même table.

A deux heures après midi, le collége électoral des mayeurs de bannière se retirait dans la salle, où quelques heures auparavant des factionnaires l'avaient tenu sous clef; on en fermait de nouveau toutes les issues, et au même instant, les anciens maires que l'on avait convoqués le matin, arrivaient à l'Hôtel-de-Ville *pour faire le port*. On appelait ainsi la liste des trois candidats à la mairie, que les officiers municipaux en charge devaient soumettre à l'acceptation de ces anciens magistrats, avant de la porter aux chefs des soixante-quatre corporations de la ville, qui choisissaient, parmi les noms offerts à leurs suffrages, celui qui leur semblait le plus digne, et procédaient ensuite à la nomination de deux échevins, dont on leur laissait le choix.

Les scrutateurs et le secrétaire venaient informer le corps municipal du résultat de l'élection. Le premier échevin et le procureur fiscal, accompagnés de quatre sergens, se rendaient chez le nouveau maire, et l'amenaient à l'Hôtel-de-Ville. La grande porte s'ouvrait; on allait chercher les nouveaux échevins. Le citoyen élu maire prêtait serment entre les mains du mayeur sortant, qui, du haut d'une galerie, proclamait le nom de son successeur, lui remettait son épée, et attachait à sa ceinture une *tasse*, espèce de bourse de velours violet, aux armes de la ville et à fermoir d'argent, dans laquelle ces magistrats déposaient le sceau de la ville, les dépêches du gouvernement ou les placets qui leur étaient présentés. Dans la suite ils portèrent sur la poitrine une médaille d'or, suspendue à un ruban violet.

Le nouveau maire haranguait le peuple, dont les acclamations se mêlaient au bruit des cloches et des trompettes, et le corps de ville le reconduisait chez lui. Le lendemain, 25 août, les magistrats municipaux se rendaient au prieuré de Saint-Pierre. Les religieux venaient au devant d'eux dans la cour, où le cortége s'arrêtait sur un point désigné. Là, le mayeur complimentait les moines, et promettait d'effectuer les conventions signées entre la ville et le monastère ; car c'est au prix d'un tel hommage et de cet engagement public et solennel, nommé le *renouvellement des lois,* que les Bénédictins de Saint-Pierre avaient vendu à la commune leur prevôté et quelques autres priviléges.

Le dimanche suivant, les échevins, qu'on renouvelait annuellement par moitié, et dont le nombre a varié depuis quatre jusqu'à douze et plus, s'adjoignaient deux nouveaux collégues.

Quatre *maîtres* ou députés de toutes les corporations, élus le même jour par le collége électoral des mayeurs de bannière, entraient dans le conseil de la commune, qui se composait des officiers du présidial, de l'élection et du grenier à sel ; des mandataires des moines du prieuré de

Saint-Pierre, et des chanoines de Saint-Vulfran; des juges-consuls, des anciens maires, et de tout le corps municipal en charge.

On a vu que les citoyens n'avaient plus à choisir qu'entre des candidats nommés par d'autres que par eux. Le collége des mayeurs de bannière, contrarié dans ses vœux, protestait encore, peu de temps avant la mémorable révolution de 1789, contre les abus qui détruisaient le système municipal, et faisait souvent renouveler *le port* en refusant de nommer des mandataires qui ne lui inspiraient aucune confiance.

ADMINISTRATIONS FINANCIÈRES.—TRIBUNAUX. Il y avait à Abbeville un *subdélégué* de l'intendance d'Amiens qui remplissait des fonctions à peu près semblables à celles des sous-préfets actuels. Il veillait spécialement à la perception des impôts appelés alors tailles, subsides, aides, gabelles, etc. Toutes les contestations relatives à ces matières étaient déférées à l'*élection,* sorte de tribunal pour les finances, dont les officiers étaient autrefois élus par le peuple, mais qui, depuis le règne de Charles VII, recevaient leur mission du roi et n'agissaient qu'en son nom. Ce tribunal connaissait aussi des matières criminelles quand il y avait rebellion contre les fermiers des aides ou leurs commis.

La Sénéchaussée de Ponthieu, dont le chef administrait autrefois la justice au nom du comte, jugeait les autres procès. Dans l'origine, l'autorité de ce chef, appelé Sénéchal, ne s'étendait pas seulement sur les lois ; elle embrassait encore les armes et les finances. Gouverneur du Ponthieu, premier ministre du comte et surintendant de sa maison, le sénéchal jugeait souverainement en matière criminelle ; mais en matière civile, les justiciables pouvaient appeler de ses décisions devant le bailliage d'Amiens. La Sénéchaussée de Ponthieu, érigée en justice royale, en 1369, ressortissait, depuis cette époque, du Parlement de Paris.

La Vicomté d'Abbeville, autre tribunal où la justice était rendue par un juge appelé Vicomte, avait dans ses attributions la connaissance de toutes les causes relatives aux meubles et aux immeubles. C'était devant ce juge que les parties se battaient quand l'affaire devait être décidée par le duel. Le vicomte, avant d'entrer en exercice, prêtait serment entre les mains du maire et des échevins de garder les droits du comte et de la ville, et de n'y introduire aucune nouvelle coutume.

Le Présidial, créé par Henri II, connaissait de toutes matières criminelles, et jugeait en dernier ressort toutes les matières civiles de quelque qualité qu'elles fussent, lorsqu'elles n'excédaient pas la somme de deux mille livres. Ce tribunal et la Sénéchaussée ne formaient qu'un seul et même siége.

Il y avait en outre un *Bailliage* qui fut réuni au Présidial, une *Maîtrise des Eaux et Forêts*, une juridiction du *Grenier à Sel et de l'Amirauté*. Ces différentes institutions siégeaient à la Grutuze.

La Justice Consulaire fut d'abord composée de cinq marchands, dont le doyen portait le nom de juge et les quatre autres celui de consuls. Élus, le 13 janvier de chaque année, par les autres marchands, ils devaient, avant d'entrer en exercice, prêter serment de fidélité entre les mains du sénéchal, et le jour de leur installation donner un repas pendant lequel on jouait des contre-danses, et distribuer à chacun de leurs huissiers une bouteille de vin, une paire de gants blancs, un pain et un écu de six livres. Avant et après la messe, qu'on célébrait toujours en pareille occasion, ils envoyaient au couvent des Minimes douze pains, six francs et douze bouteilles de vin[1]. Cette juridiction, qui subsiste en-

[1] Lors de leur réception, les avocats devaient aussi donner un repas splendide pendant lequel les ménétriers venaient jouer du

core aujourd'hui sous le nom de tribunal *de commerce*, fut créée en 1567.

Outre ces diverses justices, il faut citer les prevôtés de Saint-Riquier et du Vimeu.

Corporations des Arts et Métiers. Les marchands et les artisans, divisés en différens corps, formaient des confréries liées par des réglemens, que les officiers municipaux, au moyen âge, faisaient publier annuellement au son de leurs cloches dans la ville et banlieue, *pour le bien et profit commun de la chose publique,* dit le préambule des ordonnances ; mais presque toutes les mesures de police qu'elles renferment étaient contraires au but que l'on voulait atteindre.

Chaque corps portait dans les grandes processions la bannière et l'image du saint qu'il avait pris pour patron, décorait sa chapelle et célébrait sa fête. Toutes ces sociétés pieuses, gouvernées par des gardes ou jurés (anciennement Eswards), des mayeurs de bannières, élus, comme on l'a vu précédemment, à la pluralité des voix, assistaient aux noces et aux obsèques de leurs membres, et s'imposaient le devoir de

---

violon pour égayer tous les convives. Le récipiendaire donnait ensuite trente livres à la communauté des procureurs et aux huissiers douze livres. Ces usages subsistaient encore dans le dernier siècle.

les porter en terre. Elles avaient leurs registres, leurs caisses particulières, où l'on versait le produit des taxes ou des amendes, leurs emblêmes ou armoiries, leurs commémorations funèbres, leurs festins et leurs divertissemens. La bannière des matelots du rivage flottait encore à leur tête, il y a peu d'années, lorsque l'un d'eux se mariait.

Un article du réglement des barbiers, qui, comme on le sait, exerçaient autrefois les fonctions de chirurgiens, leur enjoint *d'enfouir en terre aux champs avant midi* le sang qu'ils auront tiré dans la matinée aux malades, au lieu de le jeter dans la rivière comme ils le faisaient ordinairement. Le même réglement ajoute que celui d'entr'eux qui sera convaincu de prêter la main à la débauche ou de tenir maison de prostitution n'aura plus le droit d'exercer son état [1]. Celui qui rasait un lépreux s'exposait au même châtiment.

Les statuts des brouetteurs-porteurs disent qu'ils *sont assujetis au feu de malheur* qui arrivera dans la ville, et qu'ils y apporteront *les*

[1] Il y avait à Abbeville une foule de bains chauds qui portaient le nom *d'étuves* et qui étaient administrés par des barbiers. C'étaient des lieux de débauche où l'on se rendait principalement avant le repas et chaque fois qu'on donnait une fête. Les étuves, que le défaut de linge avaient rendues nécessaires, se maintinrent jusqu'au siècle de Louis XIV.

échelles, hocs et seaux. Les compagnons brasseurs étaient aussi tenus d'y venir avec leurs *tines* pleines d'eau.

La nuit de la Saint-Firmin, les garçons tonneliers devaient aller à Saint-Vulfran sonner la cloche de *l'Ave Maria,* à peine de six deniers d'amende.

Les statuts des joueurs d'instrumens prescrivent aux membres de cette confrérie de se réunir une fois tous les mois, chez le plus ancien maître, pour y donner concert, et de chanter chaque année, la veille de sainte Cécile, un motet en l'honneur de la Vierge.

Les anciens réglemens des cordiers portent qu'ils ne pourront filer en temps de pluie, de neige ou de brouillard, et que ceux de leurs produits qu'on trouverait frauduleux seront brûlés.

Tout drap mal teint, mal fait, mal apprêté ou trop léger, occasionnait cinq sous d'amende. On jetait même au feu chaque pièce que les syndics trouvaient mauvaise.

Votre pourpoint était-il trop court, ou votre houppelande trop large? vous pouviez faire payer dix sous d'amende à votre tailleur.

Il était expressément défendu aux bouchers de vendre aucune viande gâtée, et les traiteurs et les marchands de poissons étaient comme eux soumis à des visites sévères.

Une ordonnance municipale du 31 décembre 1394, relative à la vente des harengs, porte qu'il doit être pourvu, *par tous boins juges justichiers au nourrissement de toute humaine créature*, et défend, sous des peines graves, de débiter *aulcuns harengs* qui seraient trouvés *malvais, condempnables ou contrefaits*. Ceux que l'on jugeait tels devaient être apportés au milieu du Marché où on les jetait au feu.

« *Que nul mangnier* (meunier) *qui maine ferine*, dit une autre ordonnance, *ne monte sus ne meche* (mette) *sen cul sur le sac.* »

Nous ne suivrons pas plus loin l'énumération des dispositions bizarres et diversifiées à l'infini de ces codes obscurs. Nous nous bornerons à dire qu'il était expressément défendu d'exercer plusieurs professions à la fois, d'ouvrir plus d'une boutique, de travailler et de trafiquer les dimanches et les jours de fêtes, et d'admettre aucun apprenti non catholique ou étranger.

Les chefs des corporations se transportaient, chaque fois qu'ils le jugeaient convenable, chez tous les individus de leur profession, pour faire exécuter les réglemens. Ces commissaires, accompagnés d'un officier municipal, si le cas l'exigeait, ou simplement d'un sergent de ville, examinaient la qualité des marchandises, les poids, les mesures, les outils, les métiers; confisquaient les objets prohibés, et pour les découvrir, fouillaient les coffres et les armoires, et jusqu'aux coins les plus cachés.

Les gardes et mayeurs de bannière toisaient aussi tous les jeunes gens appelés au service militaire, en faisaient le recensement, et présentaient ensuite au maire la liste de leurs noms.

Chaque genre d'industrie avait ses priviléges qui, disputés par les autres corps dont ils froissaient les intérêts ou l'amour-propre, devenaient une source fréquente de contestations ou de procès.

En 1749, le sieur Meurice, marchand mercier et marguillier de Saint-Georges, vint se placer dans l'œuvre de cette paroisse avant le sieur Ribeaucourt, orfèvre, qui réclamait la préséance. Une affaire aussi grave devint bientôt l'objet d'un débat judiciaire. Ribeaucourt gagna sa cause ; mais un arrêt du Parlement réforma le jugement de la Sénéchaussée de Ponthieu, et déclara que Meurice, en qualité de mercier, aurait le pas sur son adversaire, dans le banc d'œuvre, ainsi qu'aux processions et aux cérémonies publiques; défendit à celui-ci de l'y troubler, à peine de cinq cents livres d'amende et de tous dommages et intérêts.

A chaque communauté des arts et métiers était attaché un sergent de ville portant habit bleu, avec une hallebarde et l'épée au côté. Ce sergent de ville convoquait les assemblées de la corporation qui le rétribuait, accompagnait les chefs dans leurs visites, leur présentait les aspirans, invitait à l'office patronal, aux funérailles des maîtres et de leurs veuves, y conduisait tous les confrères, et venait déposer leur bannière à la porte du mort.

MILICE BOURGEOISE. On ignore le nombre de troupes municipales que possédait Abbeville lors de l'établissement de la commune et pendant le cours du moyen âge ; mais nous savons que ces troupes furent réorganisées sous le règne de Philippe-le-Hardi, et qu'elles se composèrent successivement de *connestables de pié, de disiniers de cheval, de pavaisiers* [1], de soldats de jour et de nuit, d'archers et d'arbalétriers. Il y avait en outre des agens de police qu'on désignait sous le nom de sergens à verges, à masses et de la vingtaine. Nous savons aussi que chaque année, au commencement d'août, les officiers

[1] Soldats armés d'un pavois, sorte de bouclier.

municipaux dressaient le contrôle des habitans qui devaient faire le guet l'année suivante. Les compagnies d'archers et d'arbalétriers, qui se formaient de l'élite des citoyens, s'exerçaient à tirer adroitement, et furent d'une grande ressource pour la défense de la ville et de son territoire. Elles se distinguèrent en une infinité d'occasions, et particulièrement en 1406, où elles repoussèrent une attaque des Anglais contre la porte d'Hocquet; en 1410, à Paris, où elles volèrent au secours de Charles VI; en 1412, à Waben, contre les Anglais; dans les années 1416 et 1421, à Saint-Riquier et au Crotoy; en 1424, à Picquigny. Elles se distinguèrent encore près de Rambures, à Saint-Valery, au Pont-Remi, en 1433; et l'année suivante, à Abbeville, en chassant les différens partis qui s'avançaient jusqu'à la porte Marcadé; en 1436, à Gamaches dont elles assiégèrent le château; en 1441, à l'attaque du Crotoy; en 1447, à la défense de Saint-Valery; en 1476 du côté de Saint-Riquier et d'Auxi, etc.

Les compagnies d'arbalétriers ne défendaient pas seulement les villes; elles offraient encore à leurs habitans des fêtes auxquelles on invitait les compagnies les plus renommées des autres provinces. Le jeu de l'arbalète jouissait de la plus grande vogue, et chacun brûlait d'y mesurer son adresse en abattant l'oiseau appelé *gai*, et d'obtenir le glorieux titre de roi qu'on donnait aux vainqueurs. En 1432, le maire et le gouverneur d'Abbeville s'y disputèrent chaudement la préséance; en 1608, un autre maire et le président du Présidial furent près de se battre pour la même cause.

La dextérité des arbalétriers Abbevillois était si connue qu'on les appelait de toutes parts. En 1398, ils allèrent tirer le geai à Bapaume et à Douai; en 1401, à Avesnes; en 1406, à Oudenarde; en 1409, à Provins; en 1410, à Montreuil, où ils passèrent douze jours; en 1413, à Arras; et successivement dans plusieurs autres villes de France.

Depuis l'invention des armes à feu, cette milice fut remplacée par les arquebusiers et les couleuvriniers. Cependant sa suppression n'est pas fort ancienne. L'arc et l'arbalète étaient encore en usage sous François Ier. Ces compagnies, cessant d'être employées au service de la ville, se maintinrent en société jusqu'en 1745, et continuèrent à s'exercer, les arquebusiers sous l'invocation de sainte Barbe, et les archers sous l'invocation de saint Barthélémy, dans leurs jardins situés sur le vaste emplacement qu'occupe l'hospice

des enfans trouvés et sur une partie du collége.
Les arbalétriers, sous l'invocation de la Vierge,
se rassemblaient au bout de la rue Millevoye.

La garde bourgeoise, parmi laquelle on distinguait deux compagnies privilégiées de cinquante hommes chacune, connues sous le nom de cinquanteniers, se composait de huit compagnies de jeunesse et de plusieurs autres compagnies, que l'on pourrait appeler du centre, et dont le nombre a varié depuis seize jusqu'à vingt-quatre. Ces compagnies formaient quatre sections militaires correspondant aux portes de la ville. Les possesseurs de fiefs et d'arrières-fiefs, exempts du service du ban et de l'arrière-ban, depuis le règne de Charles VI, et confirmés dans ce privilége par plusieurs autres rois, faisaient aussi partie de la milice bourgeoise, ainsi que les gens d'église, les officiers royaux et autres.

L'uniforme des cinquanteniers se composait d'un habit bleu avec parement, collet et veste rouges; culotte bleue, boutons jaunes et chapeau bordé. Chaque année, le jour de saint Sébastien, le corps se présentait en armes devant les officiers municipaux, assemblés à l'Hôtel-de-Ville, et leur faisait hommage d'un grand gâteau, accompagné d'un cochon de lait *de bonne taille et bien rôti,* que l'on appelait le *rôt à couenne,* et qu'on donnait aux sergens de ville, ou que l'on envoyait à quelque maison de moines.

La garde bourgeoise nommait annuellement ses officiers et faisait un service actif et continuel pendant la guerre. Les citoyens qui remplissaient ce devoir patriotique, n'y voyaient point une charge, un assujettissement : ils étaient tellement fiers de se garder eux-mêmes qu'il fallut souvent recourir à l'autorité souveraine pour qu'ils cédassent les postes aux troupes de ligne. Pleins du même dévouement, ils demandaient encore, en 1789, dans les cahiers de leurs députés, la continuation de cet honorable privilége, dont beaucoup de villes avaient rejeté le fardeau depuis le règne de Charles IX.

CHAPITRE XL.

1789 — 1801.

Les Abbevillois, en 1789, étaient bien éloignés de désirer le renversement complet de l'ordre établi ; mais ils sentaient l'indispensable nécessité de le modifier, d'y introduire des lois plus équitables; et lorsque les trois ordres s'assemblèrent à Abbeville, ils se prononcèrent unanimement contre la plupart des abus de l'ancien régime.

Le clergé demanda dans ses cahiers la suppression des corvées, des aides, gabelles, tailles, loteries et autres impôts qui ne pesaient que sur le peuple, et leur conversion en une contribution générale qui porterait sur tous les Français indistinctement, et proportionnellement à leurs facultés, sans aucune exemption. Il demanda aussi la réforme du code civil et criminel, et principalement de la coutume de Ponthieu; la suppression des justices seigneuriales et l'abolition de la vénalité des charges de la magistrature. Il voulait empêcher la mendicité, vivifier les études publiques, établir des écoles; mais il se déclarait contre la liberté illimitée de la presse.

La noblesse ne parut pas moins favorable aux réformes reconnues dès long-temps nécessaires. Elle consentait à ce que ses biens fussent imposés, et ses cahiers portaient que la liberté individuelle des citoyens serait toujours et dans tous les temps respectée; qu'aucune visite domiciliaire, aucun emprisonnement n'aurait lieu que de l'autorité des juges légalement établis; que toutes lettres closes d'exil ou autres ordres arbitraires seraient à jamais abolis; que l'institution salutaire du jury serait appliquée à toutes les parties de la justice criminelle ; que les citoyens pourraient faire imprimer toutes leurs pensées, tous leurs ouvrages, sans être astreints à aucune formalité, à la charge néanmoins d'être responsables de ce qui blesserait l'ordre public ; que le secret des lettres, confiées à la poste, serait à jamais établi ; que les soldats ne pourraient être ni injuriés ni maltraités ; qu'en conséquence la loi qui autorisait les coups de plat de sabre serait supprimée, les coups de bâton sévèrement défendus, ce châtiment, chez les Francs nos ancêtres, ayant été la punition des esclaves.

Le tiers-état s'associait à ces vœux généreux, et prescrivait à ses députés de demander en outre l'abolition du monopole du sel et du tabac ; la suppression des fêtes ; l'extinction graduelle des maisons religieuses ; l'uniformité des poids et mesures ; la réforme du code des chasses ; l'extinction des servitudes féodales ; la refonte et la réforme des lois civiles et criminelles ; l'abolition de la confiscation ; la publicité des procédures ; un code moins sanglant et plus conforme à la raison et à l'humanité ; l'abrogation de l'ordonnance qui excluait le tiers-état des emplois militaires, *ordonnance avilissante pour l'ordre du tiers,* dit le cahier des remontrances, *et tendante à anéantir le patriotisme et l'amour de la gloire.*

La réunion des états généraux ayant été fixée à Versailles le 27 avril 1789, la Sénéchaussée de Ponthieu y envoya quatre députés pour y soutenir ses intérêts et exprimer ses vœux. Le choix du clergé tomba sur M. Dupuis, curé d'Ailly-le-Haut-Clocher; la noblesse nomma M. le comte de Crécy, et le tiers-état MM. Delattre et Duval de Grand-Pré.

Pendant les jours de secousses terribles dont nous allons retracer l'histoire, les annales d'un grand nombre de villes sont fécondes en catastrophes déplorables, en scènes tragiques et d'une importance à trouver place dans les archives des peuples; telle est au contraire l'heureuse stérilité de celles d'Abbeville, qu'elles offrent à peine quelques faits dignes d'attention.

La cherté des grains fut dans cette ville la cause des premiers troubles. Il y eut de la rumeur, des menaces, des attroupemens, quelques excès; mais nul acte sanglant. Les ateliers de charité que l'on ouvrit bientôt pour procurer du travail aux ouvriers, et l'organisation de deux bataillons de garde nationale, rétablirent l'ordre et dissipèrent les inquiétudes.

En 1790, l'Assemblée constituante s'étant occupée de la division des provinces en départemens, l'ancien comté de Ponthieu, à l'exception du territoire de Montreuil, fit partie du département de la Somme, et Abbeville devint chef-lieu de district.

Le 14 juillet de la même année on célébra dans cette ville la fête de la fédération. Après la bénédiction des drapeaux de la garde nationale, le corps de ville, précédé et suivi de pièces de canon, se rendit au Champ de Mars où l'on avait élevé un autel de la patrie et de la liberté. Il se rangea à droite de cet autel; le clergé séculier et régulier prit la gauche. Les vingt compagnies de la garde nationale, les invalides, le corps des marins, la maréchaussée et le régiment d'Orléans-cavalerie, formèrent deux colonnes parallèles, qui se prolongeaient jusqu'aux fossés de la ville, tandis qu'une foule immense couvrait les talus qui bordent cette vaste enceinte. M. Le Boucher de Richemont, premier officier municipal, prononça un discours analogue à la circonstance; on déposa ensuite sur l'autel le registre aux transcriptions des décrets de l'assemblée nationale, et M. de Richemont, posant la main sur ce livre, prêta, pour la municipalité, le serment de fidélité à la nation, à la loi et au roi. Le même serment fut ensuite prêté par tous les fonctionnaires, les gardes nationaux, les habitans notables et les troupes de la garnison. Les écoliers du collége, conduits par leurs maîtres, et tous les membres du clergé demandèrent aussi à émettre l'expression de leur civisme et à jurer obéissance à la constitution. Cette fête mémorable fut terminée par un banquet où les soldats, les officiers municipaux, le clergé, les moines et les habitans se trouvèrent mêlés sans distinction.

La même année, les ordres religieux furent supprimés. Les couvens ne tardèrent pas à être vendus et les églises démolies pour la plupart ou affectées à un service public ; à l'exception des églises de Saint-Vulfran, Saint-Gilles, Saint-Sépulcre et Saint-Jacques, qui furent conservées pour le culte. Dès ce moment la majorité des prêtres se déclara contre la révolution : quelques-uns prêtèrent serment à la constitution civile du clergé; mais la plus grande partie refusa de prononcer ce serment, et il y eut bientôt deux clergés dans le pays ; l'un désigné sous le nom d'assermenté ou constitutionnel, l'autre sous le nom de réfractaire. Le premier disait la messe dans les églises conservées ; le second la célébrait avec mystère dans les couvens qui continuaient encore d'être habités par des religieuses, et chez les partisans de l'ancien régime, quand les portes de ces couvens se fermèrent.

L'opposition des prêtres réfractaires, et la cherté des subsistances occasionnèrent, en 1791, une assez vive fermentation. Il y eut même à ce sujet quelques troubles; mais les agitateurs cédèrent aux remontrances des magistrats et la tranquillité fut presqu'aussitôt rétablie. Vers le mois de février 1792, de nouveaux attroupemens essayèrent de piller quelques voitures de blé, sous prétexte que le prix des grains était trop élevé; mais la garde nationale, dont le zèle ne se ralentit jamais dans ces momens de crise, parvint à empêcher le désordre. L'autorité municipale prenait d'ailleurs toutes les mesures propres à conserver la paix publique. Elle occupait les ouvriers à différens travaux, et s'efforçait chaque jour d'atténuer leur misère.

Cependant les rois de l'Europe avaient formé contre la nation française une ligue formidable: des armées nombreuses menaçaient nos frontières, et le 12 août 1792, on proclama à Abbeville, aux accords de la *Marseillaise*, l'acte législatif qui déclarait la patrie en danger. On établit ensuite sur la place d'Armes et sur le Marché, près de l'arbre consacré à la Liberté, des bureaux où les membres de la commune enregistraient les citoyens qui se vouaient à la défense de leur pays. Le 5 septembre suivant, les officiers municipaux firent battre la générale, et se rendirent, accompagnés de deux commissaires du pouvoir exécutif, sur la Place d'Armes, où la garde nationale venait de se réunir. Les commissaires envoyés pour presser les levées d'hommes, firent une allocution patriotique aux citoyens, et ceux-ci ne restèrent pas étrangers au mouvement belliqueux qui se manifestait de toutes parts. Peu de jours après, un bataillon de garde nationale d'Abbeville, fort de plus de six cents hommes, marchait volontairement au secours de Lille, assiégé par les Autrichiens.

La mort de Louis XVI et les crimes des bourreaux qui désolaient et dégradaient la France, quand ses armées la couvraient de gloire, excitèrent à Abbeville des cris presqu'unanimes d'indignation. A ce mécontentement des classes aisées se joignit une vive agitation causée, dans les rangs du peuple, par la disette dont les progrès devenaient chaque jour plus effrayans. Il y eut plusieurs émeutes, mais cependant sans caractère grave. Ajoutez à ces circonstances des passages continuels de troupes, des fêtes pour les premiers succès de nos armes et des offrandes patriotiques, et vous aurez une juste idée de l'état des choses jusqu'au mois d'août 1793.

Ce fut alors qu'André Dumont et son collègue Joseph Lebon, vinrent à Abbeville en qualité de représentans du peuple, et y firent arrêter plusieurs personnes suspectes. Le 22 août, à dix heures du soir, une partie de la garde nationale se présenta devant le conseil de la commune, et réclama la liberté des citoyens détenus. Le maire répondit que les représentans seuls avaient donné les ordres d'arrestation, et que c'était à eux qu'il fallait s'adresser ; mais comme ces représentans étaient partis en mission à Boulogne, les gardes nationaux se réunirent le lendemain pour leur adresser une pétition à l'effet d'obtenir l'élargissement des suspects. Le dimanche 25, les habitans furent invités au son des cloches et de la trompette à se rassembler en l'église Saint-Georges pour y entendre la lecture d'une adresse datée de Boulogne-sur-Mer le 24 août 1793, et dans laquelle on remarque les passages suivans :

« Quel est donc, braves Abbevillois, cet esprit de vertige que *l'on dit* s'être emparé de vous ? Les représentans du peuple vous rendent justice ; ils déclarent d'avance que vous n'êtes point tels que la malveillance et l'intrigue se plaisent à vous dépeindre.....

» Frères et amis, défiez-vous de ces hommes qui ne reconnaissent point ou ne veulent point reconnaître d'individus suspects dans votre cité. Ces hommes sont eux-mêmes dignes des plus grands soupçons, puisqu'ils travaillent à vous plonger dans une sécurité funeste.

» La défiance fut toujours le partage de hommes libres, et jamais elle n'a été plus nécessaire que dans les circonstances actuelles.

» Dussent quelques patriotes être victimes des mesures de sûreté générale commandées par le salut du peuple, il ne faudrait pas moins les adopter, puisqu'il vaut mieux sauver le tout aux dépens de la partie, que de conserver la partie en risquant le tout. D'ailleurs, quel est le vrai républicain qui pourrait se refuser au sacrifice momentané de sa liberté particulière, lorsque ce léger sacrifice doit consolider la liberté de la France et de l'univers?

» Abbevillois, vous n'en comptez aucun de ces vrais républicains parmi les individus que nous avons fait arrêter. Leur plus grand mérite serait de ne s'être point ouvertement prononcés pour la contre-révolution, et certes, s'ils eussent osé se montrer ouvertement contre-révolutionnaires, on ne les détiendrait pas aujourd'hui : la guillotine en aurait fait justice.....

» La patrie, Abbevillois, voilà quelle doit être notre idole! Laissons une bonne fois les passions particulières pour ne nous occuper que d'elle, et quand le feu est à la maison, ne perdons pas un temps précieux en vaines disputes.

» Pour nous, honorés de la confiance du peuple, nous ne verrons jamais que lui. Une ville, un département disparaissent devant l'intérêt de la nation entière, et quand nous avons juré de *vivre libres ou de mourir*, nous n'avons point fait un vain serment[1] ».

[1] Bien que le nom d'André Dumont se trouve accolé au bas de cette pièce à celui de Joseph Lebon, on se tromperait étrangement si l'on supposait qu'il y ait eu la moindre affinité entre le caractère de ces deux représentans. Dumont, malgré son effervescence républicaine et ses déclamations, ne souilla le cours de son proconsulat par aucun acte de cruauté; bien au contraire, il arracha constamment à la mort les personnes qu'il faisait mettre en arrestation. M. Dusevel, dans son *Histoire d'Amiens*, lui rend cette justice qu'il ne fit périr aucun citoyen de cette ville, et que, loin de là, il s'efforça toujours de la préserver des proscriptions de Lebon et des atrocités de Robespierre. Nous citerons encore, à l'appui de cette assertion, le témoignage d'un écrivain célèbre. « Que l'histoire ne confonde pas, dit M. Lacretelle, ce qu'un aveugle ressentiment a trop souvent confondu. Les commissaires de la Convention n'étaient pas tous des émules de la cruauté des Carrier, des Joseph Lebon, des Collot d'Herbois. La mission d'André Dumont, dans le département de la Somme, est une sorte de phénomène historique. Personne ne parla avec plus de dureté que lui le langage révolutionnaire. Il fit de nombreuses et continuelles arrestations; mais j'ose le dire, parce que j'en ai acquis la conviction sur les lieux-mêmes, il sauva la vie de ceux envers lesquels il se montrait si redoutable; et le comité de salut public, et le tribunal révolutionnaire, et l'échafaud les réclamèrent en vain. » (*Précis historique de la révolution française*, tom. II, pag. 233. Édit. de 1810.)

La loi des suspects, promulguée peu de temps après l'arrivée de Dumont et de son collègue, causait à Abbeville un sentiment d'autant plus pénible qu'elle y fut rigoureusement mise à exécution, et qu'on y vit arriver de Boulogne et de Montreuil quarante-quatre charrettes de prisonniers politiques que l'on incarcéra dans les maisons religieuses. Peu de temps après, on donna ordre de les transférer, avec les détenus Abbevillois, nobles ou prêtres, dans la citadelle de Doullens ; mais au moment de leur départ, des misérables que leur présence et celle de leur escorte avaient attroupés, les poursuivirent, en les accablant d'injures et d'une grêle de pierres, jusqu'au dehors de la porte du Bois.

A cette époque, une société populaire s'était organisée à Abbeville comme dans le reste de la France. Elle tenait ses séances dans l'église des Carmélites, et l'on voyait sur son étendard un pistolet et un poignard en sautoir : mais bien qu'elle eût fait choix de cet emblème menaçant, aucun événement tragique ne souilla nos murs pendant le régime de la terreur.

Le culte, encore public en 1793, paraît avoir été surtout l'objet de ses plus chaudes déclamations. Voici le texte de la pétition qu'elle adressa le 8 frimaire an II, à la Convention nationale, et qui fut approuvée à l'unanimité par le conseil de la commune.

« Citoyens représentans ! Les Français sont mûrs à la philosophie ; ils ne veulent plus d'autre culte que celui de la raison. Ce culte n'a pas besoin de prêtres ; ils n'ont fait que troubler le repos des nations. Le flambeau de la vérité a éclairé la terre, et le règne de l'imposture est passé. Ces frelons consommaient le travail précieux des abeilles ; ils dévoraient tout et ne produisaient rien ; ils parlaient de charité et ils étaient intolérans ; ils prêchaient les vertus et consommaient tous les crimes.

» Hâtez-vous, augustes représentans ; extirpez jusqu'aux racines l'arbre empoisonné qui, depuis tant de siècles, couvre l'univers de son ombre mortelle. Plus de prêtres, plus d'églises ; il ne faut à des républicains que des vertus, et votre exemple nous les inspire.

» Nous demandons, citoyens représentans, que dans l'une de nos églises il soit élevé un autel de la patrie, et que ce temple soit consacré à la raison. Nous irons dans ce temple auguste nous exciter à la pratique des vertus républicaines »[1].

L'abolition du culte catholique, la proscription

---

[1] *Registre aux délibérations de la ville*, an II de la République.

des prêtres et la profanation des églises excitèrent les murmures d'une grande partie de la population. Le 31 octobre, le commandant temporaire de la place, Gondran, colonel du 20me. régiment de dragons, alors en garnison à Abbeville, monta en chaire à Saint-Vulfran, pendant la messe, pour déclamer contre le catholicisme, et fut accueilli par des cris improbateurs. Une lutte fut sur le point d'éclater ; mais les têtes se calmèrent et la messe s'acheva sans trouble. Le lendemain, jour de la Toussaint, on donna ordre aux prêtres de ne plus célébrer d'offices, et l'on enleva toutes les croix qui s'élevaient encore au milieu des rues.

Dès ce moment le vandalisme se livra dans nos murs à ses plus déplorables excès. Une foule de manuscrits précieux et une partie des archives de la ville furent dispersés, perdus ou brûlés publiquement ; les cloches fondues et converties en canons ; les tombeaux violés et mutilés ; les cercueils de plomb vendus ; les monumens des arts dégradés, et pas une voix n'osa s'élever pour conjurer cette rage de destruction qui semblait avoir saisi la nation tout entière.

La coalition de l'Europe nous contraignit à employer les moyens les plus vigoureux pour résister efficacement à ses efforts ; on mit tout en œuvre pour équiper nos bataillons et armer nos vaisseaux. Ordre fut donné à tous les ouvriers de la ville et des environs de travailler pour le service de la République. Aujourd'hui les personnes aisées devaient fournir des bas, des souliers et des chemises ; le jour suivant on enlevait les chevaux de luxe, les chevaux de brasseurs, les brides, les mors, les pistolets, etc.; une autre fois, on exigeait de l'avoine ou du fourrage, du cuir, des toiles ou des étoffes, et ces diverses réquisitions s'effectuaient *sous la responsabilité individuelle et capitale* de chacun des membres de la municipalité.

Au milieu de tant de charges onéreuses, la disette continuait d'affliger la ville. On s'adressa à André Dumont qui, une première fois déjà, y avait envoyé des grains : « Obtiens-nous, lui disait-on dans cette demande, cinq mille quintaux de blé ; nous en avons grand besoin. Tu as déjà sauvé ce district, et nous ne l'oublierons jamais »[1]. Dumont envoya les cinq mille quintaux demandés, et ce précieux secours ramena passagèrement l'abondance dans Abbeville. Malgré la gravité des circonstances, le dévouement du peuple pour la patrie ne s'était point refroidi un seul instant. Le 6 septembre, un bataillon de garde nationale d'Abbeville, fort de huit cents

[1] Compte rendu par André Dumont à ses commettans, page 266.

hommes, se rendit volontairement à Dunkerque, et fut conduit musique en tête et drapeau déployé jusqu'au-delà des portes par les corps administratifs. Peu de jours après, trois bataillons ruraux, formant un effectif de trois mille quatre cents hommes, partirent aussi pour la frontière.

Au commencement de décembre 1793, on éleva sur la place Saint-Pierre une montagne en terre, haute de vingt pieds, sur laquelle on planta l'arbre de la liberté, surmonté d'un bonnet rouge. Le 10 du même mois les administrateurs du district, le conseil général de la commune, les autorités judiciaires, l'état-major, les administrations et la société populaire se réunirent à l'hôtel de la Grutuze, et se mirent en marche pour célébrer une fête républicaine. Le cortège, précédé de la musique et des tambours, offrait d'abord un peloton de garde nationale portant une bannière sur laquelle on lisait ces mots:

<blockquote>Le peuple est debout ; il écrase les tyrans et le fanatisme.</blockquote>

Venait ensuite un groupe de jeunes gens portant une autre bannière avec cette inscription :

<blockquote>Patience ! nous vengerons nos frères.</blockquote>

On remarquait ensuite André Dumont et Vidalin, représentans du peuple, accompagnés du général Durre et des autorités ; un groupe de vieillards[1]; les membres de la société populaire, au nombre de plus de deux cents ; puis une femme vêtue de blanc, le bonnet rouge sur la tête, tenant une pique d'une main, le livre de la loi de l'autre, et représentant ainsi la déesse de la liberté. Elle était assise sur un fauteuil, et portée par six jacobins sur un brancard orné de draperies.

Le cortége se rendit d'abord au Pont-neuf où l'on avait élevé un monument expiatoire aux mânes du chevalier de La Barre. Une urne où l'on brûlait de l'encens y avait été placée sur un socle. On fit halte, et André Dumont lut à haute voix le décret de la convention nationale qui réhabilite la mémoire du chevalier et de son ami d'Étallonde-Morival [2]. On se rendit ensuite sur la place Saint-Pierre, où la déesse de la liberté fut déposée sur la montagne et remit au ving-

---

[1] On devait y voir aussi des groupes de femmes et de jeunes filles vêtues de blanc, avec ces devises sur leurs bannières :

Nous éleverons nos enfans dans la haine des rois et des prêtres.

Nous ne nous marierons qu'à l'autel de la patrie, et nous n'épouserons que ceux qui auront contribué à sa défense.

Mais il paraît que les femmes s'abstinrent de se montrer à cette fête.

[2] *Registre aux délibérations de la ville*, an II de la République.

tième régiment de dragons de nouveaux étendards. Plusieurs discours furent prononcés, puis on brûla des confessionnaux, des statues de saints, des croix, un grand nombre de titres féodaux et de lettres de prêtrise.

Après cette cérémonie, on se rendit à l'église de Saint-Vulfran, qui avait été transformée en temple de la raison, et la déesse de la liberté fut placée sur le maître-autel à côté des bustes de Marat et de Lepelletier de Saint-Fargeau, tandis que les assistans répétaient en chœur des chants patriotiques. Un sieur *Leroi* présenta ensuite son fils, et pria les représentans de lui donner un autre nom, le sien étant devenu odieux à tous les républicains. On fit droit à sa demande, et il reçut le nom de *La Paix*. Le soir il y eut une représentation *gratis* de Guillaume Tell; la déesse de la liberté parut sur la scène entre deux actes et y chanta un hymne de circonstance.

Une autre fête eut lieu à Abbeville le 20 prairial an II (8 juin 1794), en l'honneur de l'Être suprême. *Les mères de famille portant dans leurs bras ou par la main leurs tendres nourrissons; les enfans des deux sexes parés des plus beaux ornemens de leur âge, l'innocence et la candeur; les jeunes filles, ornées de leurs char-*

mes et de leurs vertus; les membres de cette société si redoutable aux tyrans et aux traîtres, qui réunissait dans son sein les défenseurs de la vérité, les soutiens de l'opinion publique, les propagateurs des principes républicains et les surveillans infatigables des ennemis du peuple, se rendirent dès le matin au pied de la montagne élevée sur la place Saint-Pierre. Plusieurs discours furent prononcés sur cette montagne. Dans l'un de ces discours entr'autres, on disait qu'il était réservé à Maximilien Robespierre et à ses dignes collègues de tracer au peuple français la véritable route des révolutions, *et de lui faire connaître les fondemens de la morale*.

Le peuple jura d'être fidèle *aux lois de la nature et de l'humanité*, et à l'instant un groupe, représentant le despotisme et l'imposture, devint la proie des flammes; la sagesse semblait sortir de sa cendre, et on lisait sur son égide : *je veille sur la République*, etc. (Voir à la Bibliothèque publique le programme emphatique de cette fête.)

Dans le cours des années 1794 et 1795 la rareté des subsistances se fit vivement sentir à Abbeville. Les cultivateurs, pour se soustraire au *maximum* [1] et au papier monnaie, n'apportaient

---

[1] Loi qui fixait un prix aux marchandises et aux denrées.

plus leurs denrées au marché. Ce n'était pas seulement le blé, c'étaient toutes les choses nécessaires à la vie qu'on ne se procurait qu'avec des difficultés extrêmes parce qu'on avait caché tous les produits pour les soustraire aux réquisitions.

Au milieu de ces graves circonstances, le feu prit à l'hôtel de la Grutuze, où siégeaient alors les administrateurs du district, et dévora ce bel édifice, construit sous le règne de Charles VIII. Une grande quantité de livres, de meubles et de tableaux précieux, enlevés dans différentes églises et dans divers châteaux, furent entièrement détruits, ainsi qu'un magasin d'habillemens militaires, un dépôt d'armes et plus de trois mille paires de souliers.

Ce sinistre événement arriva la nuit du 4 au 5 janvier 1795, et fut suivi d'une famine dont les progrès, toujours croissans, plongèrent la ville dans les plus vives alarmes. Des rassemblemens nombreux assiégeaient sans cesse les portes des boulangers ou se portaient à l'Hôtel-de-Ville pour demander du pain. Une multitude de femmes éplorées s'y rendirent un jour avec leurs enfans, et dans leur désespoir, disent les actes administratifs de cette époque, elles se déchiraient le sein, et menaçaient de se donner la mort. Une autre fois, une nouvelle troupe de ces malheureuses femmes s'introduisit dans la salle de la maison commune, et accabla d'injures les magistrats. L'une d'elles leur lança même une pierre, quoiqu'ils fussent animés d'un zèle qu'on ne saurait trop louer, et qu'ils employassent chaque jour de nouveaux moyens pour faire cesser la pénurie ; mais ces moyens étaient insuffisans, et ils se virent dans la nécessité de recourir à un emprunt forcé d'un million en assignats sur les habitans au prorata de leurs revenus fonciers et industriels. Bien que les gens aisés ne reçussent alors que quatre onces de pain par jour et les ouvriers dix onces, on éprouvait la crainte d'être obligé de réduire encore une aussi faible distribution.

Pour remédier à ce fâcheux état de choses, des colonnes mobiles de gardes nationaux, munies d'artillerie et conduites par des commissaires, furent envoyées dans les campagnes où elles vivaient à discrétion jusqu'à ce que chaque commune eût transporté à Abbeville les sacs de grains que l'on exigeait d'elle. Mais malgré ces mesures que l'on avait déjà prises en 1793, un grand nombre de familles n'en furent pas moins obligées de n'avoir sur leurs tables que des pommes de terre, et les pauvres réduits à ramasser, pour se nourrir, des débris de légumes épars sur la voie publique. Pendant le cours de cette année désastreuse, des attroupemens de plusieurs milliers de pauvres se formèrent différentes fois, et contraignirent des marchands, dont ils forcèrent les magasins, à leur livrer à moitié prix du sel, de l'huile et diverses denrées, tandis que d'autres bandes se répandaient dans les campagnes, pour les mettre à contribution, dévaster les champs et dérober des pommes de terre.

Aucun événement remarquable ne signala les années suivantes. Nous nous bornerons à mentionner l'hiver rigoureux de 1798 à 1799, et l'inondation qui en fut la suite. Le quartier Saint-Jacques, la chaussée d'Hocquet et les faubourgs des Planches et de Rouvroy, furent presqu'entièrement submergés ; ce qui était arrivé déjà maintes et maintes fois dans le cours des siècles antérieurs. Le souvenir de l'ouragan terrible du 9 novembre 1801 mérite aussi d'être conservé. Les dommages causés par cet ouragan dans l'arrondissement d'Abbeville furent évalués à un million trois cent soixante-six mille cent soixante-douze francs. On assure que vingt-quatre mille arbres furent déracinés dans la forêt de Crécy.

CHAPITRE XLI.

1801 — 1814.

La révolution du 18 brumaire avait placé Bonaparte au faîte du pouvoir. La bataille de Marengo et le traité d'Amiens pacifièrent l'Europe ; mais les Anglais, jaloux de notre puissance, ne tardèrent point à éluder le traité, et mirent un embargo général sur les vaisseaux français qui se trouvaient dans leurs ports. Bonaparte, alors premier consul, résolut de les punir, et vint visiter les côtes du nord de la France pour préparer l'expédition formidable qu'il méditait contre eux. Le 18 juin 1803 (9 messidor an XI) le premier consul, accompagné de son épouse et de plusieurs officiers généraux, entra à Abbeville par la porte du Bois, vers onze heures du matin [1], et fut reçu par les autorités sous

---

[1] Voici ce qu'on lit dans les *Mémoires de Constant*, premier valet de chambre de l'empereur, relativement au passage du premier consul à Abbeville: « Lorsque le premier consul quitta Boulogne, il devait passer par Abbeville et y rester vingt-quatre heures. Le maire de cette ville n'avait rien négligé pour l'y recevoir dignement. Abbeville était superbe ce jour-là. On était allé enlever avec leurs racines les plus beaux arbres d'un bois voisin pour for-

un arc de triomphe que l'on avait dressé vis-à-vis le chemin de Saint-Riquier, on y lisait cette inscription :

> Les fidèles habitans de cette cité
> Jurent au chef suprême de l'état, au vainqueur de Marengo,
> Attachement et reconnaissance.

Le maire après avoir complimenté le premier consul lui présenta les clefs de la ville, en argent, sur un plat du même métal, couvert de lauriers : « Je les touche, citoyen maire, et je vous les remets, » répondit Bonaparte.

La garde nationale sédentaire et une garde d'honneur à pied et à cheval, composée de l'é-

mer des avenues dans toutes les rues où le premier consul devait passer. Quelques habitans propriétaires de magnifiques jardins, en avaient retiré leurs arbustes les plus rares pour les ranger sur son passage; des tapis de la manufacture de MM. Hecquet d'Orval étaient tendus par terre pour être foulés par ses chevaux. Une circonstance imprévue troubla tout à coup la fête. Un courrier, que le ministre de la police avait expédié, arriva au moment où nous approchions de la ville. Le ministre avertissait le premier consul qu'on voulait l'assassiner à deux lieues de là ; le jour et l'heure étaient indiqués. Pour déjouer l'attentat qu'on méditait contre sa personne, le premier consul traversa la ville au galop, et suivi de quelques lanciers, il se rendit sur le terrain où il devait être attaqué; là, il fit une halte d'environ une demi-heure, y mangea quelques biscuits d'Abbeville, et repartit. Les assassins furent trompés ; ils ne s'étaient préparés que pour le lendemain. » (*Mémoires de Constant*, tom. Ier. pag. 178). Il y a dans ce récit erreur de la part de Constant; la conspiration qu'il signale se rattache au second passage de Bonaparte, en 1810, comme on le verra plus loin.

lite des jeunes gens de la ville, formaient la haie sur son passage, et une foule immense se pressait de toutes parts, avide de contempler le grand homme qui avait élevé si haut la gloire du peuple français. Les femmes *de la halle* se présentèrent en grand nombre pour lui offrir un laurier ; il leur dit : « Je serai ce soir à huit heures au milieu de vous » ; et il continua sa route pour Saint-Valery. On n'entendait que ces cris : Vive Bonaparte ! vive le premier consul ! mille fois répétés avec enthousiasme.

La porte d'Hocquet, par laquelle il devait sortir pour se rendre à Saint-Valery-sur-Somme, portait cette inscription (intrà muros): *Il voyage pour nous* [1]. A peine arrivé dans ce port, Bonaparte monta à cheval, parcourut toute la côte, inspecta les batteries, examina le canal, s'entretint avec les ingénieurs qui l'accompagnaient, et revint à Abbeville à dix heures du soir. Il coucha chez le maire, M. Lefebure de Cerisy [2],

[1] A son retour de Saint-Valery, on lisait sur cette même porte (extrà muros): *Nous recueillerons les fruits de son voyage.*

[2] Le fils de ce magistrat, M. Charles de Cerisy, chevalier de l'ordre de la légion d'honneur et ingénieur en chef des constructions navales du vice-roi d'Egypte, est né à Abbeville, en 1789. Il y commença ses études sous un professeur habile, M. Delétoille, et fut ensuite reçu à l'école Polytechnique. Après avoir été promu au grade d'ingénieur de la marine royale, M. Ch. de Cerisy, l'un des sujets

qu'il admit à sa table ainsi que plusieurs autres fonctionnaires. La journée se termina par une illumination générale, et un bal très-brillant à la salle de spectacle, auquel Bonaparte, trop fatigué, ne put se rendre. Le lendemain, avant de partir, le premier consul visita la manufacture des Rames et celle des Moquettes, et y fit distribuer le prix d'une journée de travail à chacun des ouvriers [1].

Sur la porte Marcadé, par laquelle il devait sortir pour se rendre à Boulogne, on lisait ces mots écrits en gros caractères :

La victoire guide ses pas ; qu'il commande à notre courage, et bientôt le gouvernement orgueilleux et perfide qui viole les traités n'existera plus que dans l'histoire des révolutions.

Pichegru et Georges Cadoudal, qui méditaient depuis long-temps le renversement de Bonaparte,

les plus distingués de ce corps, exerça son art en France et en Italie, et venait de parcourir l'Angleterre pour en rapporter des observations précieuses, lorsque Méhémet Ali le fit appeler dans ses états. Le premier vaisseau de ligne construit à Alexandrie lui mérita le titre de bey. Il a été élevé, en 1833, à la dignité de général.

[1] On prit ce jour-là même un arrêté qui n'a point reçu d'exécution, mais que nous croyons devoir rapporter ici parce qu'il consacre un fait que nos descendans seront curieux de connaître. « Le maire voulant perpétuer le souvenir du séjour du premier consul Bonaparte en cette commune, et faire connaître à la postérité le

résolurent de tenter contre lui un coup décisif et de l'attaquer au sein même de la capitale. Le 21 août 1803, Georges débarqua au pied de la falaise de Béville, près du bourg d'Ault, et se rendit à Paris, laissant à Abbeville deux de ses complices les plus dévoués, l'abbé Leclerc et Durrieu. Ces conspirateurs entretenaient avec l'Angleterre une correspondance active, lorsque la saisie de quelques papiers révéla leurs démarches à la police. Un officier supérieur fut envoyé à Abbeville avec ordre de les arrêter [1], et dans la nuit du 15 au 16 février 1804, il fit cerner leur domicile par des gendarmes qu'il avait amenés de Paris. L'abbé Leclerc, à qui les nombreuses arrestations qui avaient été faites depuis quelques jours avaient donné l'éveil, se tenait constamment sur ses gardes. Il aperçut les soldats qu'on avait placés dans la rue, réveilla Durrieu et la dame Denys, propriétaire de la

lieu qu'il a habité, arrête : La rue du Béguinage, dite *des Sœurs Grises*, où est située la maison qu'a occupé le premier cousul à son passage en cette ville sera désormais appelée *rue Bonaparte*, et la place, dite *Placette*, qui est située en face de ladite maison portera le nom de *place Bonaparte*. »

Signé : LEFEBURE [2].

[1] La *Biographie des hommes vivans* dit que ce fut le général Savary ; mais il n'est point parlé de ce fait dans les mémoires du général.

[2] *Registre aux délibérations de la ville*, an XI, n°. 18, f°. 34.

maison qu'il habitait; lui traça la marche qu'elle devait suivre après son évasion, et s'échappa avec son complice par une petite ruelle de la rue Saint-Vulfran, après avoir franchi plusieurs murailles très-élevées. A peine était-il parti que les gendarmes pénétrèrent dans la maison [1]. La dame Denys, malgré les recommandations des conspirateurs, se troubla et conduisit le chef des gendarmes à la cachette qui recélait tous les papiers de l'abbé Leclerc; papiers qui furent publiés par ordre de la police dans le *Moniteur* du 23 février et du 13 avril 1804. L'abbé Leclerc et Durieu parvinrent à gagner Londres, après mille dangers, et furent condamnés à mort par contumace [2]. La dame Denys fut exilée; divers individus d'Abbeville et des environs, impliqués dans la même affaire, subirent des peines plus ou moins graves.

Pendant les préparatifs de l'expédition d'Angleterre, Bonaparte partait souvent de Saint-Cloud, soupait d'ordinaire à Abbeville, et arrivait le lendemain de très-bonne heure à Boulogne. Dans un de ces voyages, il s'arrêta pour prendre du café au lait dans une chétive chau-

[1] Cette maison est située Petite rue Notre-Dame numéro 10.
[2] Voy. *Leclerc* et *Durrieu*, dans la *Biographie des hommes vivans*.

mière située sur la route près de Buigny-Saint-Maclou, et fit distribuer plusieurs pièces d'or à ses hôtes, ravis de sa munificence et tout saisis de surprise.

Peu de temps après son mariage avec Marie-Louise, Napoléon, accompagné de l'impératrice, du roi et de la reine de Westphalie, et d'une foule de grands personnages, entreprit un voyage dans la Belgique et dans les départemens du nord. Les Abbevillois, informés que Napoléon devait, au retour de ce voyage, passer par leur ville, se préparèrent à le recevoir dignement. Une garde d'honneur à pied et à cheval fut organisée. On éleva à la porte Marcadé un arc de triomphe sur lequel on lisait :

Augusto Napoleoni, Augustæ quæ Mariæ-Ludovicæ,
Abbavilla semper fidelis 1.

Les vers suivans avaient été placés au-dessus de la porte de la ville :

Quæ quondam Henrici fueras decorata tropheis
Sortem ne doleas, inclita porta, tuam!
Nunc majus tibi dant alter Mars, altera Pallas,
Noster Napoleo, nostra Maria, decus 2.

1 A l'Empereur Napoléon et à l'Impératrice Marie-Louise, Abbeville toujours fidèle.

2 « N'accuse point tes destinées, porte fameuse, qu'ont décorée autrefois les trophées de Henri. Un autre Mars, une autre Pallas, notre Napoléon et notre Marie, te donnent aujourd'hui une gloire plus grande. »

Les rues par lesquelles le cortége devait passer présentaient l'aspect le plus brillant. La rue des Lingers surtout, ornée dans toute sa longueur de draperies rouges et blanches et de guirlandes de verdure, offrait un coup-d'œil magnifique. Mais ces préparatifs qui avaient coûté tant de frais à la ville se trouvèrent pour ainsi dire avoir été faits en pure perte. Le 26 mai, à quatre heures du matin, un officier arriva chez le maire, et l'informa que l'Empereur irait de Boulogne à Dieppe sans s'arrêter à Abbeville. Cette nouvelle produisit sur les habitans l'effet le plus fâcheux. Cependant, malgré le mécontentement général, les habitans s'empressèrent de tendre et de décorer leurs maisons depuis la porte Marcadé jusqu'à la porte d'Hocquet. La garde nationale prit les armes et forma la haie le long des rues que l'empereur devait traverser. La garde d'honneur à pied se rendit auprès de l'arc de triomphe de la porte Marcadé, où se réunirent aussi les différentes députations de la ville d'Amiens, les corps civils et militaires, l'état-major des gardes nationales du département, quarante jeunes demoiselles qui devaient former le cortége de l'impératrice, et les marchandes fruitières portant des présens qu'elles désiraient offrir à cette princesse.

A deux heures après midi, Napoléon et Marie-

Louise arrivèrent escortés par un escadron de grenadiers de la garde, la gendarmerie, et la garde d'honneur à cheval. Le maire témoigna à l'empereur le regret que la ville entière éprouvait de ne pouvoir jouir plus long-temps de sa présence. Les jeunes demoiselles, accompagnées d'un des adjoints, s'approchèrent ensuite de la voiture, et mademoiselle Lefebure de Cerisy, fille du maire, présenta à l'impératrice une corbeille dans laquelle étaient renfermés des biscuits d'Abbeville, hommage qu'une de ses aïeules avait déjà offert en 1646, à la reine Anne d'Autriche et à son fils Louis XIV. Les voitures se remirent aussitôt en route aux cris de Vive l'Empereur! Vive l'Impératrice! traversèrent rapidement la ville, et se dirigèrent vers Saint-Valery. Napoléon resta quelques instans dans ce port pour examiner les travaux du canal, se fit rendre compte de ceux qu'on allait entreprendre, et repartit immédiatement pour la ville d'Eu. Un aussi brusque passage donna lieu à diverses conjectures. On prétendit qu'ayant découvert une conspiration contre ses jours, l'empereur voulut déjouer les assassins, qui avaient compté pour l'exécution de leur complot sur un séjour de vingt-quatre heures à Abbeville. Le récit que nous avons rapporté plus haut vient à l'appui de cette assertion ; mais nous ne savons rien de plus positif à cet égard.

Après quatorze années d'étonnans triomphes l'astre de Napoléon commençait à pâlir. La France, épuisée de sang et de trésors, blessée au cœur par la désastreuse campagne de Russie, avait vu ses vieilles bandes ensevelies dans les neiges du nord. Les ressources de l'état ne pouvant suffire à l'organisation d'une cavalerie nouvelle, les magistrats de la capitale firent un appel au patriotisme de la nation. L'arrondissement d'Abbeville répondit à cet appel ; et, au mois de février 1813, il offrit au gouvernement quarante-trois hommes montés et équipés. Cependant l'invasion devenait chaque jour plus imminente ; la garde nationale urbaine fut réorganisée à Abbeville, ainsi que dans les autres places de l'empire. Trente pièces de canon furent placées sur les remparts ; et, pour compléter le système de défense de la place, le ministre de la guerre donna ordre d'abattre dans les bois des environs les arbres nécessaires à la confection de trente mille palissades et de quatorze mille blindages.

Tandis que les armées russe, autrichienne et prussienne, envahissaient la France par la Champagne et la Bourgogne, d'autres armées s'avançaient par la Belgique. De nombreux convois de prisonniers anglais et espagnols, que l'on dirigeait de la Flandre sur la Normandie, passèrent à Abbeville. Les plus vives préoccupations agitaient tous les esprits; car des symptômes de guerre civile commençaient à se manifester dans les campagnes. Des placards dans lesquels on provoquait le retour des Bourbons avaient été affichés dans plusieurs communes. On y invitait les conscrits à ne point partir et à opposer la force à la force. Ces placards produisirent leur effet. Une bande de réfractaires dont le chef fut désigné sous le nom de Louis XVIII, se réfugia dans la forêt de Sainte-Anne, se répandit ensuite dans les campagnes voisines, et y exerça quelques pillages ; mais elle fut bientôt dispersée. Tandis que la résistance au gouvernement impérial s'organisait ainsi sur plusieurs points, une association dévote de la paroisse du Sépulcre faisait des prières publiques pour la *destruction de Ninive*.

Tel était l'état des choses dans les premiers jours de 1814, lorsque le 20 février, on apprit que Doullens avait été surpris par une colonne de cavalerie ennemie, et que cette colonne, commandée par le baron de Geismar, se disait l'avant garde du troisième corps de l'armée d'Allemagne. Le lendemain matin, la garde nationale urbaine, convoquée par les magistrats, se rendit sur le Marché où le sous-préfet, M. André Dumont [1], échauffa les courages par cette allocution énergique :

« Braves Abbevillois,

» Il y a vingt et un ans, vous avez signalé votre courage et votre amour de la patrie en volant au secours de Lille. Depuis cette époque mémorable l'univers a appris ce que peut notre patrie, justement nommée la grande nation. L'ennemi, battu partout, aurait dû respecter la terre des braves, ou n'y mettre le pied qu'en tremblant ; il ose cependant souiller de sa présence cette terre sacrée ; il ose même, avec une poignée de brigands, menacer cette cité toujours *fidèle*.

Les corps civils et militaires réunis ont fait hier le serment de défendre cette ville jusqu'à la dernière extrémité ; ils ont jugé nécessaire de faire de suite assembler la garde nationale, et d'arrêter qu'à compter de ce jour, le service serait fait en personne avec les braves qui compo-

---

[1] M. André Dumont était sous-préfet d'Abbeville depuis l'établissement des préfectures. Il fut destitué en 1814, réintégré dans ses fonctions pendant les cent jours, appelé peu de temps après à la préfecture du Pas-de-Calais, et banni à la seconde restauration. Il est rentré en France à la révolution de juillet.

sent la garnison. La conservation des propriétés, l'honneur, la vie des femmes et des enfans, tout nous fait un devoir de prendre les armes. Aux armes, Abbevillois! aux armes! Si l'ennemi se présente sous nos murs, qu'il y trouve la honte et la mort. C'est au moment où Sa Majesté a écrasé les armées ennemies, où elle les poursuit de sa personne, l'épée dans les reins, que des brigands, qui viennent de piller à Saint-Pol, osent nous menacer. Jurons, jurons tous de ne déposer les armes que quand le sol français ne sera plus souillé par la présence de l'ennemi. »

On répondit à ce discours par des cris de *Vive l'Empereur!* et par ces cris plus multipliés encore : *Des armes! Donnez-nous des armes!* Huit cents fusils furent mis à la disposition des citoyens, et l'on préparait une vigoureuse résistance lorsque l'on apprit que cette soi-disant avant-garde de l'armée d'Allemagne comptait au plus dans ses rangs quinze cents hommes, tant Cosaques que lanciers Saxons.

Le 26, un courrier expédié par le ministre de la guerre donna ordre à la garnison de partir à l'heure même pour Doullens. Elle prit aussitôt les armes et se mit en marche, avec deux pièces de canon, sur les sept heures et demie du soir. La compagnie de remplaçans soldés, commandée par des officiers de la garde nationale, et une vingtaine d'ouvriers de la manufacture des Rames, conduits par les chefs de cette manufacture, partirent volontairement avec elle. Mais ces braves n'eurent point la satisfaction de joindre l'ennemi, et de le punir des déprédations qu'il avait commises jusque dans les campagnes voisines d'Abbeville. Le 24 au soir, le baron de Geismar avait quitté Doullens avec sa troupe, afin de se rapprocher des armées alliées, et il ne restait dans cette place que cent vingt prisonniers anglais et espagnols, à qui l'ennemi avait ouvert les portes de la citadelle.

Malgré le départ des Cosaques, on n'en continua pas moins à armer la place, et les bourgeois reçurent l'ordre de s'approvisionner pour quarante-cinq jours. On touchait alors à la fin de mars 1814. Une moitié de la France avait subi l'invasion, et chacun suivait avec anxiété les sanglantes péripéties de cette lutte, où le génie de Napoléon et les derniers débris de nos héroïques armées tenaient en échec toutes les masses de l'Europe. On n'en prévoyait point encore l'issue, lorsque le courrier de Paris vint à manquer. Après six jours d'anxiété, on apprit enfin officiellement l'entrée des alliés à Paris, la déchéance de Napoléon, et les actes du gouvernement provisoire. Le lendemain 7 avril, plusieurs personnes arborèrent la cocarde blanche, et cet emblême faillit occasionner des scènes de désordres, car au milieu des menées du parti royaliste, les troupes impériales gardaient une attitude menaçante; mais l'impulsion donnée par ce parti devenait irrésistible.

A trois heures de l'après midi, les magistrats, réunis à l'Hôtel-de-Ville, appelèrent les habitans au son des cloches. Le maire parut au balcon de la grande salle, et y proclama les actes qui déclaraient l'empereur déchu du trône, et l'adhésion de la ville au rappel des Bourbons. Les assistans, animés de l'espoir de se voir dédommager des folies de la gloire par un gouvernement libéral et paternel, accueillirent cette lecture par les cris mille fois répétés de *Vive le Roi! Vive Louis XVIII!* et prirent tous la cocarde blanche.

Quelques jours après, deux mille lanciers et cuirassiers prussiens, commandés par le général de Rœder, arrivèrent de Paris, et furent cantonnés à Abbeville et dans les campagnes voisines. Le séjour de ces troupes, logées, nourries et entretenues aux frais des habitans, et les excès auxquels elles se livrèrent, refroidirent un peu l'enthousiasme : mais cet enthousiasme se ralluma bientôt lorsqu'on apprit que Louis XVIII était débarqué à Calais, et qu'il devait passer par Abbeville. On organisa une garde d'honneur à cheval, et une députation fut envoyée à Boulogne pour complimenter le nouveau roi, et le supplier de s'arrêter au moins un jour à son passage à Abbeville. Le 27, à cinq heures et demie du soir, Louis XVIII entra dans cette ville, escorté par la garde d'honneur à cheval, les cuirassiers prussiens et les lanciers rouges français qui avaient été l'attendre à Nampont. Arrivé à l'arc de triomphe qui avait été dressé en avant de la porte Marcadé [1], le roi fut reçu par le clergé de toutes les paroisses et les autorités civiles et militaires. Le maire s'approcha pour le complimenter, et lui présenter les clefs de la place dans un bassin d'argent couronné de fleurs de lis. Le roi lui répondit : « M. le maire, je prends les fleurs, et je vous remets les clefs. » En ce moment les matelots et les porte-faix dételèrent les chevaux de la voiture, et ils entrèrent en ville en la traînant aux cris de *Vive le Roi!* que la foule répétait avec enthousiasme. Les femmes surtout, que l'empereur avait irri-

---

[1] On y lisait cette inscription : *Regibus usque suis urbs Abbavilla fidelis.* (La ville d'Abbeville toujours fidèle à ses rois.)

tées par les levées d'hommes, manifestaient une exaltation difficile à décrire. Elles battaient des mains, tendaient les bras à Louis XVIII, et pleuraient de joie. Toutes les maisons étaient tendues, ornées de guirlandes, de devises et de drapeaux blancs fleurdelisés.

Le roi assista à un *Te Deum* qui fut chanté à Saint-Vulfran et se rendit ensuite, toujours traîné par les matelots, à l'abbaye de Saint-Pierre, où on lui avait préparé un logement. Il reçut dans la soirée le corps municipal, l'état-major, les administrations, et le lendemain, à dix heures du matin, il partit pour Amiens au bruit du canon et de toutes les cloches. La duchesse d'Angoulême, le vieux prince de Condé, le duc de Bourbon, et différens seigneurs de l'ancienne cour, accompagnaient le roi pendant ce voyage.

A dater du passage de Louis XVIII jusqu'en l'année 1815, les annales de notre ville n'offrent aucun événement remarquable. Tout se borne à un service commémoratif du 21 janvier 1793, qui fut célébré à Saint-Vulfran, le 27 mai, avec une pompe inconnue jusqu'alors ; à quelques autres cérémonies religieuses ; au passage incognito de l'empereur Alexandre, du roi de Prusse, de l'hetman des cosaques Platoff; et d'une foule d'autres personnages de marque qui se rendaient en Angleterre; à l'arrivée d'une trentaine de cosaques de la garde russe, et au passage de dix mille hommes environ de cavalerie et d'artillerie anglaises. Ces troupes, qui revenaient d'Espagne et se rendaient à Boulogne pour s'embarquer, traversèrent la ville par colonnes de mille deux cents hommes environ, du 1er. au 15 juillet. L'arrivée du duc de Berry termine cette série d'événemens. Il fit sa première entrée dans nos murs, à son retour d'Angleterre, le 17 août, vers neuf heures du soir; se rendit peu après à la salle de spectacle, transformée en salle de bal, passa en revue, le lendemain, à quatre heures du matin, le 10e. régiment de cuirassiers et le 108e. régiment de ligne, réunis sur la place Saint-Pierre; reçut plusieurs chevaliers de Saint-Louis; accorda aux deux régimens plusieurs décorations de la légion d'honneur, et partit pour Amiens.

CHAPITRE XLII.

1815 — 1830.

Un an s'était écoulé depuis la première restauration, lorsque le 8 mars à midi, on apprit à Abbeville l'évasion de Napoléon et son débarquement dans le département du Var. Cette nouvelle transporta de joie les militaires, car tous regrettaient le grand capitaine qui les avait tant de fois conduits à la victoire. Le gouvernement, informé de leurs dispositions hostiles, essaya de recruter des volontaires royaux dans les rangs du peuple; on ouvrit dans chaque mairie des registres destinés à inscrire les noms de ceux qui se vouaient à la défense du trône; mais cette mesure n'eut aucun résultat à Abbeville. Malgré l'attachement que la plupart des habitans portaient aux Bourbons, ils restèrent tranquillement chez eux à attendre les événemens qui marchaient alors avec une incroyable rapidité. Tout faisait présager le triomphe de Bonaparte. En peu d'heures, plus de cent cinquante voitures de familles anglaises qui se dirigeaient de Paris sur Calais, traversèrent la ville.

Le 20 mars, l'arrivée du courrier fut retardée : la cause de ce retard ne tarda pas à être connue. Vers les cinq heures du soir, une estafette arriva à la sous-préfecture et annonça l'arrivée prochaine du roi. Quelques instans après, on vit entrer par la porte Saint-Gilles trois voitures magnifiques, escortées par quelques gardes du corps. La première de ces voitures offrit aux regards stupéfaits des branches de lis peintes sur les panneaux, et au milieu l'écusson de France ! Voilà le Roi, s'écria-t-on de toutes parts, plus de doute, Napoléon est à Paris ! Et chacun de courir, de s'agiter, de poursuivre ces voitures qui se dirigèrent précipitamment vers la sous-préfecture (ancienne abbaye de Saint-Pierre).

La foule ne s'était pas trompée. Cette voiture, à l'écusson de France, c'était bien celle de Louis XVIII. Le monarque, qui conservait dans ses traits beaucoup de calme et de sérénité, en descendit au milieu des plus vives acclamations, et entra dans ses appartemens après avoir adressé quelques paroles grâcieuses à ceux qui l'entouraient.

Le corps municipal ayant été admis au palais, M. Lefebure de Cerisy, maire, harangua le monarque, qui lui répondit en ces termes : « Je n'ai jamais douté des sentimens de ma bonne ville d'Abbeville ni de ceux de mes enfans. Quelques-uns se sont égarés, en effet, mais j'en suis bien dédommagé par l'amour des autres. » Le roi passa à Abbeville la nuit du 20 mars, et une partie de la journée du lendemain, pour y attendre les troupes de sa maison, sous les ordres des princes et du maréchal duc de Raguse; mais le duc de Tarente, major-général de l'armée rassemblée en avant de Paris, arriva à Abbeville le 21 après midi, et lui démontra la nécessité de s'éloigner davantage. Aussitôt, le départ du Roi fut décidé, et il se mit en route pour Lille. Il était alors cinq heures du soir. Une foule immense se précipita sur son passage, afin de lui témoigner ses regrets et sa douleur. Adieu, notre père, lui criait-on: Adieu, mes enfans, répétait Louis XVIII; mais je reviendrai bientôt. Des hommes, des femmes en pleurs se jetaient à la portière: Restez, restez, s'écriaient-ils; et comme on ne les écoutait pas, ils s'efforcèrent de le retenir en fermant la barrière de la porte Marcadé.

Le 22 mars, à cinq heures du soir, la maison du roi, forte de quatre à cinq mille hommes, entra à Abbeville en ordre de bataille, avec vingt pièces de canon mêches allumées. On fut d'abord grandement surpris de ces belliqueuses dispositions; mais on apprit que les princes, en arrivant au Pont-Remi, avaient été faussement informés qu'un régiment de cavalerie se disposait à défendre le passage de la Somme. Bientôt après des avis plus certains leur annoncèrent que les portes de la ville étaient ouvertes, et qu'elle ne renfermait qu'un faible dépôt du 7e. de cuirassiers. Les grenadiers à cheval du marquis de la Roche Jacquelein marchaient en tête de la colonne; puis venaient l'artillerie, les compagnies rouges (mousquetaires, gendarmes et chevau-légers), les gardes du corps, les gardes de Monsieur, les cent-suisses, etc. Le comte d'Artois et le duc de Berry marchaient à la tête des gardes du corps, avec une grande quantité d'officiers supérieurs, parmi lesquels on remarquait les maréchaux ducs de Raguse et de Bellune; les ducs de Feltre et de Richelieu, le comte Lauriston, et beaucoup d'autres personnages. Les princes étaient à cheval. Une foule empressée se portait sur leurs pas, répétant sans cesse devant eux les cris de *Vive le Roi! Vivent les Bourbons!* Les uns baisaient leurs mains, les autres les pans de leurs habits. « Mes enfans, répéta plusieurs fois le comte d'Artois, la cause du roi est trop bonne pour être perdue; nous reviendrons bientôt vous remercier de votre attachement pour nous. »

La maison du roi repartit d'Abbeville le lendemain matin.

Aussitôt après son départ, les communications se rétablirent avec Paris. Le 24 mars, à deux heures après midi, les maire et adjoints, escortés par un détachement d'infanterie, se rendirent, sans aucune suite, à la place Saint-Pierre, où les attendaient quelques compagnies du 108e. de ligne et du 7e. régiment de cuirassiers, avec leur aigle que le colonel de ce régiment avait soigneusement conservée. Le retour de Napoléon fut proclamé, et les sentimens des soldats éclatèrent avec une inexprimable énergie; mais le peuple resta silencieux.

Le mois d'avril s'écoula dans de continuelles agitations. Les écrits contre l'Empereur, les nouvelles alarmantes, les proclamations apocryphes circulèrent avec profusion. Chaque jour on annonçait l'entrée des alliés sur le territoire; la défection de quelque corps d'armée; la perte d'une bataille, et tout cela long-temps avant la reprise des hostilités. Le collège électoral fut convoqué pour procéder aux élections du champ de mai; mais la plupart des membres refusèrent de prendre part à ses opérations, et les registres ouverts pour recueillir les votes sur la constitution furent presqu'entièrement clos en blanc.

Quatre cents habitans avaient été désignés pour faire partie des gardes nationaux appelés à la défense des places fortes; mais personne ne répondit à cet appel. Trois sommations restèrent sans résultat, et le gouvernement fut obligé d'envoyer un général pour presser le départ. Il se manifesta d'abord beaucoup d'opposition ; on craignait même du désordre ; mais avec des menaces et quelques pelotons de force armée tout finit par s'arranger. Le 20 mai, trois cents hommes environ, formant le principal contingent des deux cantons de la ville, se mirent en route pour Maubeuge, et les contingens des campagnes partirent quelques jours après.

Plusieurs bataillons de gardes nationales de la Normandie, ayant reçu l'ordre de se rendre à la frontière, les suivirent de près, et traversèrent nos murs sur des chariots, en chantant des airs patriotiques. Prévenus qu'un régiment devait arriver ensuite, les officiers, sous-officiers et quantité de soldats du 108e. de ligne, se portèrent à sa rencontre, fraternisèrent avec lui, et le régiment fit son entrée aux cris répétés de *Vive l'Empereur! A bas la calotte! A bas les Royalistes!* poussés sur toute la ligne après cet autre cri : *Allume!* qui en était le signal, et qu'on interpréta comme une excitation à l'incendie. Le même jour, le buste de l'empereur, couronné de lauriers, fut porté en triomphe par les soldats dans toutes les rues de la ville. Peu de jours après, le 108e. partit aussi pour la frontière, en témoignant par des cris belliqueux, par des danses et des trépignemens, son impatiente ardeur et tout le plaisir qu'il éprouvait en marchant à l'ennemi.

Depuis quelque temps déjà, on travaillait activement à réarmer la place. Quarante pièces de canon et plusieurs obusiers de huit à dix pouces avaient été placés sur les remparts. Le général du génie Rogniat, célèbre par les siéges de Sarragosse et de Tortose, était venu pour inspecter les fortifications. Il avait ordonné plusieurs travaux, entre autres une redoute à l'extrémité de Rouvroy pour protéger l'inondation. Cinq cents ouvriers avaient été mis en réquisition, et commençaient à travailler aux ouvrages désignés. Trois cents autres abattaient, dans les bois de Saint-Riquier, du Titre et d'Hallencourt, les arbres nécessaires à la confection des palissades, blindages, fascines, etc. Une compagnie de canonniers bourgeois fut organisée et exercée par des officiers de la ligne. Les dépôts des 17e. 19e. 51e. de ligne, du 13e. léger, du 7e. de hussards, des 1er., 7e., 12e. cuirassiers, et plusieurs bataillons de gardes nationaux du Calvados furent envoyés en garnison à Abbeville. Un décret du 27 mai mit la place en état de siége ; ses habitans reçurent l'ordre de s'approvisionner pour six mois, et l'on menaça de chasser de la place tous les individus hostiles au gouvernement impérial, ce qui soit dit en passant, eût rendu la ville presque déserte en cas d'exécution.

Cependant la malveillance n'en continuait pas moins ses intrigues. Pour paralyser les efforts du gouvernement, on engageait les conscrits à la désertion : on ébranlait leur courage en leur montrant de fausses déclarations des puissances étrangères ; déclarations fabriquées par les comités royalistes. Ces coupables moyens produisirent leur effet, et les recrues se mirent à déserter par bandes. Les habitans favorisaient leur fuite, et firent si bien que la garnison, forte de trois mille hommes au commencement de mai, se trouva bientôt réduite à moins de quatre cents.

Tel était l'état des choses vers le milieu de juin 1815, lorsque le dimanche 18 de ce mois, jour à jamais déplorable dans les fastes de la nation française, un grand nombre d'habitans, qui se promenaient sur les remparts, furent frappés par un bruit sourd, semblable aux roulemens d'un tonnerre lointain. Des groupes nombreux se formèrent de distance en distance, et l'on reconnut bientôt que ce bruit provenait d'une effroyable canonnade, et cette canonnade c'était celle de Waterloo ! Le 16, jour de la bataille de Ligny, on avait entendu un bruit semblable; et, comme on ne pouvait supposer qu'on fût si loin du champ de bataille, on pensa généralement que Napoléon avait été forcé de reculer, que l'ennemi s'avançait à grands pas sur le sol français, et qu'il n'était même plus qu'à une faible distance. Nous l'avouons à regret, mais nous devons ce pénible témoignage à la vérité ; cette idée fut accueillie avec un vif sentiment de joie par une partie de la population, tant l'exaltation politique de cette époque avait étouffé tout sentiment de patriotisme et de pitié ! On appelait à grands cris l'étranger ; on faisait des vœux pour le succès de ses armes, et ces vœux ne furent que trop bien exaucés, car l'on apprit bientôt le glorieux revers du Mont-Saint-Jean par l'arrivée de quelques fuyards et d'un grand nombre de blessés que l'on dirigeait sur la Normandie.

Cependant les armées anglaise et prussienne poursuivaient leurs succès; Cambrai venait d'ouvrir ses portes à Louis XVIII ; Péronne s'était rendue après un siége de vingt-quatre heures, et le monarque français était à Roye, à quelques lieues du quartier-général de Wellington. Trois magistrats de la ville se rendirent près de lui, pour lui exprimer les sentimens de fidélité de leurs compatriotes; mais cette démarche fut en quelque sorte tenue secrète; car les derniers débris des armées nationales se concentraient autour de Paris et semblaient vouloir résister encore. Les chambres avaient proclamé Napoléon II, et les militaires se ralliaient à ce nom qui leur rappelait de si grands souvenirs. Les gardes nationaux du Calvados, qui formaient la plus grande force de la garnison d'Abbeville, contribuèrent surtout à comprimer l'élan des royalistes, et des rixes furent plus d'une fois sur le point d'éclater entre eux. Mais on apprit bientôt que Louis XVIII était rentré à Paris. Les gardes nationaux du Calvados furent désarmés et licenciés; et, le 11 juillet, le corps municipal et tous les fonctionnaires publics se rendirent à l'Hôtel-de-Ville, et y proclamèrent le rétablissement du pouvoir royal. Les sentimens de la plus grande partie de la population éclatèrent alors avec un véritable délire. Des groupes nombreux, armés de fusils, parcouraient les rues avec des drapeaux blancs, et faisaient de continuelles décharges de mousqueterie auxquelles on répondait des maisons par des décharges nouvelles. On n'entendait que ces cris poussés sans relâche, même pendant la durée des nuits : *Vive le Roi! Vivent les Bourbons! A bas les Bonapartistes!* A ces cris se mêlaient des chansons populaires composées dans les ateliers des manufactures, et une multitude d'hommes et de femmes vociféraient sans cesse ces dégoûtans essais de leur verve poétique où Napoléon était qualifié d'*Empereur des fripons et des canailles.* Des drapeaux blancs fleurdelisés et d'une élégance remarquable flottaient de toutes parts au milieu des transparens et des illuminations les plus brillantes. Ces transparens étaient chargés d'inscriptions à la plus grande gloire des Bourbons et des alliés. Dans divers quartiers on alluma des feux autour desquels on formait des danses ; on dressa même quelques tables au milieu des rues ; et, dans ce premier élan de joie populaire, deux mannequins, représentant l'un Napoléon, l'autre l'ancien sous-préfet d'Abbeville, M. André Dumont, furent brûlés en grande pompe, sur la place Sainte-Catherine, au milieu des imprécations et des chants d'allégresse.

Ces réjouissances, qui durèrent plus de huit jours, commençaient à peine, lorsqu'un corps de volontaires royaux, commandé par le prince de Croï-Solre, s'avança jusqu'aux portes d'Abbeville. Ce corps, d'un effectif de quatre à cinq cents hommes, s'était organisé dans les environs d'Amiens et recruté d'un assez grand nombre de déserteurs des cantons d'Ailly et d'Hallencourt. Le 13 juillet, deux officiers, détachés en parlementaires, se présentèrent à la porte du Bois pour sommer la place. Mais le commandant leur déclara que la ville avait reconnu l'autorité du roi, qu'il ne laisserait entrer les troupes qu'autant qu'il en recevrait l'ordre légal; et il se mit en mesure de les repousser si l'occasion s'en présentait. Après avoir couru le danger d'être tués par deux soldats de la garnison, les parlementaires allèrent rendre compte de leur mission au prince de Croï, qui se présenta lui-même, vers les six heures du soir, à la barrière de la porte du Bois. Il y conféra avec le commandant de la place, et peu d'instans après les ponts-levis furent baissés, les portes ouvertes, et le prince entra aussitôt dans la ville. Les volontaires qui le suivaient, armés de fusils de chasse et de munition, de sabres, de carabines et de pistolets, défilèrent aux cris de Vive le Roi! et en faisant de nombreuses décharges.

Vers le milieu du mois d'août, quinze cents cavaliers anglais, brunswickois et hanovriens, arrivèrent en cantonnement à Abbeville et dans les campagnes environnantes; mais ce n'était là qu'une avant-garde. Au mois de décembre suivant, l'autorité municipale prévint les habitans que trente-sept mille hommes de troupes anglaises et hanovriennes allaient traverser la ville. Le passage de ces troupes fut une charge onéreuse, car elles se retiraient lentement, et chaque corps stationnait à Abbeville six à sept jours au moins. La garde nationale, chargée du maintien de l'ordre, accomplit parfaitement sa mission; mais malgré son zèle et la discipline si vantée des soldats anglais, ces soldats ne quittèrent point nos murs sans se porter à différens excès envers les habitans. Le paiement d'une somme de onze cent soixante-trois mille francs, imposée sur la ville et son arrondissement par les puissances alliées, pour premiers frais de la guerre, acheva de refroidir leurs partisans. On ne cria plus: Vivent les alliés! On n'illumina plus en leur honneur.

Depuis 1815 jusqu'en 1830, les annales de notre ville tarissent, et c'est à peine si deux ou trois faits font diversion dans cette longue série de journées qui, pendant les quinze années de la Restauration, se ressemblèrent toutes dans nos murs.

Le 16 octobre 1817 fut marqué par le passage du duc d'Angoulême qui visitait les côtes en sa qualité de grand-amiral. Ce prince descendit à l'hôtel de l'*Europe*, parcourut la ville à cheval, alla dans les hôpitaux et les manufactures, passa le lendemain la revue de la garde nationale et de la garnison, et se rendit à Saint-Valery pour examiner ce port et le canal auquel on s'empressa de donner son nom.

Le 1er. mai 1821, un banquet de cinq cents couverts eut lieu pour le régiment des chasseurs de l'Isère, dans le bastion de Longueville, à l'occasion du baptême du duc de Bordeaux ; et on distribua le même jour au peuple dix-huit cents demi-bouteilles de vin et autant de gâteaux.

Le 23 août 1825, madame la duchesse de Berry s'arrêta dans nos murs en se rendant à Boulogne. Elle fit son entrée par la porte d'Hocquet, sous l'escorte d'une garde d'honneur à cheval, commandée par M. le comte de Fléchin. Un arc de triomphe portant cette inscription :

A son altesse royale MADAME, duchesse de Berry,
La bonne ville d'Abbeville,

avait été élevé un peu en deçà de Rouvroy, et l'autorité municipale avait fait sabler les rues que le cortége devait traverser. Madame la duchesse de Berry visita la manufacture des Rames et celle des Moquettes, et alla loger chez M. de Buissy, où se trouvaient réunis l'évêque d'Amiens, le général Ducasse, commandant du département ; le préfet, M. le comte de Tocqueville, et plusieurs autres fonctionnaires. Mlle. de Buissy, accompagnée de seize demoiselles, lui présenta des fleurs. La princesse lui remit une paire de brasselets et à Mlle. de Roquemont, qui la complimenta, une boîte en or. Le soir, l'administration municipale offrit à la duchesse un bal à la salle de spectacle que l'on avait, à cet effet, élégamment ornée de tentures et de guirlandes.

Le 24 à huit heures du matin, la duchesse monta dans une calèche découverte, et se rendit à Saint-Vulfran avec M. le comte de Menars, son premier écuyer, la duchesse de Reggio et la comtesse de Bouillé, ses dames d'honneur. Elle visita les tours, monta jusqu'au sommet, examina la ville et ses environs, et partit peu après.

CHAPITRE XLIII.

Industrie et commerce aux dix-huitième et dix-neuvième siècles.

Le commerce d'exportation d'Abbeville consistait, au dix-huitième siècle, en draps fins de sa belle fabrique, expédiés pour l'Espagne, le Portugal, toute l'Italie, la Russie, les États-Unis d'Amérique et même l'Angleterre;

En baracans, serges de Rome, serges de Minorque, turquoises, camelots, tiretaines, pluches ordinaires, serges drapées, pour l'Espagne, le Portugal, tous les états d'Italie et l'Allemagne;

En moquettes, tripes rayées, pour les mêmes contrées et pour la côte d'Afrique, où les tapis de cette espèce étaient un objet d'échange pour la traite; enfin pour l'Autriche et la Russie, où les Anglais obtinrent ensuite la préférence;

En toiles et fils à voiles, en toiles à matelas et autres pour l'Espagne et le Portugal;

En verres à vitres et bouteilles, particulièrement pour la Hollande;

Enfin en cordages, ficelles, chanvres, lins, savons verts pour divers pays.

A cette époque Abbeville expédiait aussi pour Lyon, Bordeaux, Marseille et autres villes de l'intérieur et pour les grandes foires, telles que celle de Beaucaire.

Son commerce d'importation consistait en laines, en épiceries, en bois et drogues de teinture, en huiles de toute espèce, en eaux-de-vie, vins, cuirs d'Espagne et de Portugal, en fer et acier de Suède; en brai, goudron, potasses et védasses du Nord; en faïences et charbons de terre; en étoffes de laine et de coton d'Angleterre, etc., etc.

Les guerres de la révolution, les troubles intérieurs et la loi du *maximum* portèrent au commerce abbevillois un coup funeste. La plupart des ouvriers restèrent sans travail, et le conseil de la commune se vit souvent dans la nécessité de voter des fonds pour assurer leur existence et prévenir de graves désordres. On ouvrit des ateliers de charité, on fit d'abondantes distributions de pain; mais on reconnut bientôt que le meilleur moyen de remédier à la détresse publique, c'était de ranimer, à l'aide d'une contribution prélevée sur toute la ville, la fabrication des étoffes de laine connues sous le nom de *calmouks*. Après quelques années de souffrances, l'industrie du pays reprit de l'activité, et devint même très-florissante sous le Consulat et pendant les premières années de l'Empire. La proximité du camp de Boulogne lui donna encore un nouvel essor.

En 1806, Abbeville et Saint-Valery furent désignés comme lieux d'entrepôts pour les sels; mais comme à cette époque les ports étaient étroitement bloqués, l'entrepôt d'Abbeville qui, jusqu'alors, avait toujours été presque vide, ne commença à être alimenté réellement qu'en 1815. Cette année, six navires, chargés de sel, arrivèrent par la Somme [1]. Ce fut une grande nouveauté, car la navigation de cette rivière que MM. Plantard et Delattre avaient tâché de ranimer en 1788, avait été interrompue; elle était même regardée comme impraticable. Mais l'arrivée de ces navires détermina bientôt d'autres capitaines à remonter jusqu'à Abbeville. Des bâtimens chargés de liquides, de bois de teinture, de savon blanc, de sucre, de café, de bois du Nord, etc., ne tardèrent point à suivre les bâtimens chargés de sel, et le commerce maritime fut rétabli.

L'entrepôt est situé grande rue Notre-Dame, et contient avec l'ancien grenier à sel, qui y est

---

[1] C'est à un négociant d'Amiens, M. Delimal-Sury, qu'on dut le rétablissement de la navigation de la Somme.

attenant, quinze magasins suffisans pour la consommation annuelle. Le produit de la taxe à Abbeville est de près d'un million chaque année.

En 1805, M. Louis Say, frère du célèbre économiste de ce nom, introduisit à Abbeville la fabrication du calicot. Ce fut une circonstance heureuse pour la classe ouvrière, car la manufacture des Rames n'occupait alors qu'un petit nombre de bras, et la guerre avec l'Espagne et le Portugal avait arrêté l'exportation des baracans. Encouragés par les succès de M. Say, dont la fabrique compta bientôt quatre cents métiers, tant en ville que dans les villages voisins, plusieurs Abbevillois ne tardèrent point à exploiter la même branche d'industrie. La paix de 1814, en rétablissant entre tous les peuples des relations long-temps interrompues, influa de la manière la plus heureuse sur les destinées commerciales de la France, et l'arrondissement d'Abbeville se ressentit de ce mouvement de prospérité. Nous n'indiquerons pas ici toutes les vicissitudes que le commerce a éprouvées depuis cette époque. Il nous suffira de dire qu'Abbeville et son arrondissement ne sont pas restés étrangers aux progrès industriels qui se manifestent sur tous les points de la France.

La belle fabrique de serrurerie d'Escarbotin,

qui compte un nombre considérable d'ouvriers disséminés dans les cantons d'Ault, de Moyenneville et de Gamaches, soutient avec avantage la concurrence des fabriques étrangères. Ses prix sont inférieurs à ceux d'Allemagne et ses produits plus parfaits.

M. Fruictier a formé à Sery, un établissement de filature de coton qui le place au premier rang dans son art.

Depuis peu d'années, une importante fabrique de sucre de betteraves a été établie, par MM. Lesueur, près de la ferme de Saint-Nicolas-des-Essarts.

MM. Delattre frères dirigent à Ramburelles une manufacture de Rouennerie dont les produits annoncent des fabricans distingués, et qui promet des résultats importans.

Les fabricans d'Hallencourt méritent d'être cités pour les soins qu'ils apportent dans la fabrication des toiles à matelas et de plusieurs autres tissus en fil et en coton. Ces fabricans intelligens soutiennent et vivifient le commerce des toiles dans notre arrondissement.

L'ébénisterie, la sellerie, la carrosserie, ont pris depuis quelque temps à Abbeville une assez grande extension, et produisent des objets remarquables.

CHAPITRE XLIV.

1830 — 1832.

Pendant les quinze années de la Restauration, le parti constitutionnel avait été constamment vaincu dans les luttes électorales. Ce ne fut que le 23 juin 1830 qu'il obtint sa première victoire, en portant à la députation, à une majorité de quarante voix, M. Boullon-Aliamet que ses lumières et ses vertus privées recommandaient aux suffrages de ses concitoyens. On était loin de s'attendre alors que, quelques jours plus tard, la nouvelle chambre serait brutalement dissoute, et les lois fondamentales du royaume violées par un gouvernement aveugle. Les fameuses ordonnances furent connues à Abbeville le mardi 27 juillet; le lendemain on apprit l'exaspération causée dans la capitale par ces ordonnances; le jeudi, les journaux manquèrent; mais des lettres et quelques voyageurs arrivant de Paris annoncèrent que le drapeau tricolore avait été arboré sur les tours de Notre-Dame; que le canon grondait sur plusieurs points et que la lutte restait indécise. Ces nouvelles causèrent un mouvement général de stupeur; l'anxiété était à son comble, lorsqu'on apprit enfin que les combats avaient cessé, et que l'héroïque population de la capitale était restée maîtresse de tous les postes. Les journaux du samedi confirmèrent la victoire des Parisiens; et l'on sut le même jour que le duc d'Orléans avait été nommé lieutenant-général du royaume. Le dimanche matin, cinq mille neuf cents hommes d'infanterie, qui avaient reçu l'ordre de quitter le camp de Saint-Omer pour se rendre dans la capitale, arrivèrent à Saint-Riquier, et furent logés dans ce bourg et les villages voisins. Quelques jeunes gens portèrent à ce petit corps d'armée les journaux qui annonçaient le renversement du trône de Charles X. Cette division, composée du 13e. léger, des 1er., 25e., 38e. et 44e. de ligne, séjourna jusqu'au mardi matin dans les campagnes environnantes, et se remit en route pour Paris; mais à Camp-l'Amiénois, elle reçut l'ordre de rétrograder, et elle retourna à Saint-Omer en passant par Amiens.

Le résultat des trois journées excita chez les uns de vifs regrets; chez les autres un sentiment de joie que tempérait l'inquiétude; de l'enthousiasme chez quelques-uns, mais ce fut le bien petit nombre. Du reste, aucun événement ne signala dans nos murs la chute du trône qui s'écroulait avec tant de fracas ; tout se borna à quelques changemens administratifs[1], tout se passa sans désordre, sans résistance de la part du parti vaincu, sans réaction de la part des vainqueurs, et tous deux firent preuve d'une égale modération.

Peu de jours s'étaient écoulés depuis la révolution de juillet, et déjà un grand nombre d'habitans avaient pris le nouvel uniforme de la garde nationale, pour assurer le maintien de l'ordre. Une compagnie de cavalerie, une compagnie d'artillerie, une compagnie de sapeurs pompiers, quatre compagnies de chasseurs et une superbe compagnie de grenadiers[2] formant un effectif de treize cents hommes, sous le commandement de M. Delegorgue d'Orval, furent bientôt organisées, armées et habillées. Le gouvernement mit deux pièces de canon à la disposition de la milice citoyenne, et pour la récompenser de son zèle et de sa bonne tenue, le roi lui accorda un drapeau qui lui fut remis, le 8 mai 1831, par le préfet de la Somme. Le 2e. bataillon du 19e. léger, les

---

[1] M. du Liège-d'Aunis, maire d'Abbeville depuis 1815, donna sa démission, et fut remplacé par M. Hibon. Le sous-préfet, M. de Kermellec, imita son exemple, et eut pour successeur M. Marchand-Dubreuil ; dont le caractère a laissé parmi nous de si honorables souvenirs, et la fin déplorable une impression si douloureuse.

[2] Une belle compagnie de voltigeurs s'est orgarnisée depuis.

gardes rurales des diverses communes de l'arrondissement et la garde nationale d'Abbeville, passèrent une grande revue, et se rendirent au champ de foire où des tables immenses, chargées de vivres et de rafraîchissemens, avaient été dressées. Les autorités civiles et militaires se placèrent sous la rotonde que l'on avait pavoisée d'un grand nombre de drapeaux ; au centre, s'élevait le buste du roi, et un élégant trophée d'armes, non loin duquel la musique de la garde nationale exécutait des airs patriotiques. Des toasts nombreux furent portés au Roi des Français, aux libertés publiques, à l'union de la ligne et de la garde nationale, etc. Cette journée fut en quelque sorte une fête de famille où régna constamment la plus franche cordialité.

Une nouvelle occasion s'offrit bientôt à la garde nationale de manifester ses sentimens. Louis-Philippe, accompagné des ducs d'Orléans et de Nemours, des maréchaux Soult et Gérard, et de quelques autres officiers généraux, arriva à Abbeville le 24 mai 1831, vers une heure et demie après dînée, et fit son entrée par la Portelette, où il fut reçu sous un arc de triomphe, par le maire M. Hibon, le corps municipal et tous les fonctionnaires publics de la ville et des environs. Une foule immense se pressait sur son passage, et faisait retentir l'air de ses acclamations. Toutes les maisons étaient pavoisées de drapeaux aux trois couleurs. Les gardes nationaux de la ville et des communes de Rue, de Crécy, Nouvion, Hallencourt, Saint-Valery, le bourg d'Ault, Ailly, Saint-Riquier, etc., formaient la haie, depuis l'entrée du Pâtis jusqu'à la manufacture des Rames, où Louis-Philippe se rendit à pied. Il visita ce magnifique établissement, y reçut toutes les autorités locales, et répondit avec affabilité aux divers discours qui lui furent adressés. On lui offrit ensuite, au nom de la ville, un somptueux déjeûner, pendant lequel le public fut admis à circuler librement autour de la table. Ce déjeûner terminé, le roi monta à cheval et se rendit au Champ de Mars, où l'attendaient deux mille cinq cents hommes de garde nationale et plusieurs compagnies de douaniers. Les divers corps de la garde urbaine dans la meilleure tenue, l'étrangeté des gardes rurales dans les rangs de laquelle figuraient un grand nombre de soldats des armées de Napoléon avec leurs anciens uniformes; les intrépides marins de Cayeux portant comme en triomphe dix vieux drapeaux tricolores de primes de pêche; les matelots des pataches, la carabine en bandoulière, et le sabre à la main, formaient, en manœuvrant sur la vaste pelouse du Champ de Mars, le tableau le plus animé. Ajoutez encore les cris d'enthousiasme, les schakos agités au bout des bayonnettes, les armes étincelantes sous un beau soleil de mai; les salves d'artillerie se mêlant aux acclamations de la foule, et un peuple immense garnissant les remparts et les talus, et vous n'aurez encore qu'une faible idée de cette fête pittoresque qui frappa vivement le roi et les officiers de son état-major.

La revue terminée, Louis-Philippe se rendit à sa voiture, qui l'attendait près d'un arc de triomphe élevé en avant des glacis de la porte du Bois, et partit pour Amiens, après avoir remercié le maire et le corps municipal de l'accueil qu'il avait reçu à Abbeville.

Du passage de Louis-Philippe aux premiers jours de 1832, nous arrivons sans avoir rien à mentionner autre chose que la célébration du premier anniversaire des mémorables journées de juillet; célébration remarquable par sa pompe.

Mais l'année 1832 doit être inscrite dans nos annales comme une année de deuil et d'angoisses. Un fléau terrible et inconnu jusqu'alors décimait la population de la capitale. On suivait avec anxiété ses progrès si rapides ; on s'attendait à le voir de jour en jour s'abattre sur nos murs, et cette douloureuse attente ne fut que trop tôt remplie. Le choléra tomba d'Amiens dans le bourg du Pont-Remi, où il causa les plus grands ravages. Quelques jours après (le 18 avril) il éclata rue de la Pointe (impasse Jérémie) et se répandit ensuite dans plusieurs communes de l'arrondissement, situées le long de la vallée de Somme. La terreur fut grande à Abbeville; mais au milieu de l'effroi général, chacun fit son devoir sans hésitation et sans forfanterie. On divisa la ville en sections sanitaires; des commissaires furent chargés, dans chaque quartier, de veiller à la propreté des maisons ; l'autorité fit placarder des avis dans lesquels elle indiquait aux habitans diverses mesures hygiéniques. Ces sages précautions produisirent le meilleur effet, et contribuèrent, sans aucun doute, à diminuer l'intensité du mal. Les personnes faibles et atteintes d'affections chroniques furent principalement attaquées. Les pauvres, mal nourris et entassés dans des maisons obscures et humides, eurent le plus à souffrir. La mortalité porta généralement sur la classe ouvrière, et les femmes furent le plus maltraitées. Le mal parut se concentrer dans la chaussée d'Hocquet, la rue de l'Ile, les rues voisines de l'église Saint-Jacques, et les rues de la paroisse du Sépulcre parallèles au cours de la petite rivière qui coule dans cette paroisse. La maladie dura jusqu'au 15 octobre environ, et le nombre total des malades, y compris les faubourgs, fut de sept cent quarante-huit, et celui des morts de quatre cent un.

Il n'en fut point de cette peste comme de celles du moyen âge où les hommes, paralysés par la terreur et l'égoïsme, laissaient lâchement mourir leurs frères sans leur porter des secours ou des consolations. Disons-le à la gloire de nos concitoyens, disons-le surtout à ceux qui vantent constamment le passé aux dépens du présent, chacun resta à son poste ; aucun fils n'abandonna son père, aucune femme n'abandonna son mari, aucun prêtre ne quitta le chevet des mourans. Les hommes de la science n'épargnèrent ni les fatigues ni les veilles ; et le peuple, au milieu de ses douleurs et de sa misère, fut admirable de courage et de résignation. Mais par un déplorable contraste, qu'il faut sans doute attribuer au défaut de civilisation, tandis que les habitans de la ville donnaient un si noble exemple, ceux des campagnes se montraient généralement d'une coupable pusillanimité. A part quelques hommes généreux, qui bravèrent le danger pour donner des soins aux malades, le plus grand nombre évita tout contact avec les personnes infectées. Dans certaines communes, des familles entières périrent sans secours ; on ne trouvait personne pour ensevelir les cadavres et les enterrer ; et plus d'un maire, aidé du garde champêtre, fut obligé de remplir personnellement ces tristes devoirs.

Ici se borne la tâche que nous nous étions imposée. Tous les souvenirs que le cours des siècles a laissé arriver jusqu'à nous, nous les avons consciencieusement évoqués ; nous avons dit la vérité sans passion comme sans réticence ; nous nous sommes efforcés surtout de montrer les temps qui ne sont plus tels que nous les ont révélés les monumens contemporains. Puissent les générations qui vont nous suivre dans la vie, éviter les fautes de leurs devanciers, tout en recueillant les leçons de modération, de courage et de patriotisme dont ils ont tant de fois donné l'exemple ! Puissent aussi ces générations plus éclairées, et par cela même meilleures et plus heureuses, marcher d'un pas ferme dans la voie du bien !

NOTICES.

NOTICES.

Église Notre-Dame-du-Chatel, située près du quai du Pont-Neuf, à l'angle que forment les Grande et Petite rues Notre-Dame. Cette église était la plus ancienne d'Abbeville. Le P. Ignace fait remonter sa fondation au commencement du quatrième siècle; d'autres la reportent au règne de Clotaire II; mais ces assertions ne sont appuyées d'aucun monument authentique. On sait seulement qu'elle fut construite près ou dans l'enceinte même du vieux château de *refuge* dont nous avons déjà parlé (pag. 37).

L'église de Notre-Dame-du-Châtel, rebâtie en 1574 sur un plan moins spacieux, a été démolie pendant la révolution. Tous les ans, vers la mi-septembre, une troupe d'artisans, faisant partie d'une confrérie de Saint-Michel établie dans cette paroisse, partait en pélerinage pour le Mont-Saint-Michel. On a tout lieu de penser que ces pélerins, qui mendiaient en route, et revenaient avec leurs bourdons, pannetières et le collet de leurs robes chargé de coquilles, étaient autrefois de nouveaux mariés qui se faisaient scrupule d'habiter avec leurs femmes avant d'avoir été visiter le rocher du saint Archange. On sait que ce rocher célèbre fut habité par des prêtresses gauloises auxquelles les jeunes gens s'empressaient d'apporter en tribut les prémices de l'amour. Certaines pratiques, dans le quatorzième siècle, y décelaient encore plus d'un usage profane; et comme une ancienne tradition rapporte que l'église de Notre-Dame-du-Châtel fut élevée sur le lieu même où le Paganisme avait placé l'un de ses autels, n'est-il pas permis de croire que le pélerinage dont nous venons de parler se rattachait au culte de la fausse divinité qu'on y adorait avant la Vierge?

L'église de Notre-Dame possédait une foire, appelée franche-fête de la Sainte Croix, qui commençait le 13 septembre, à midi, et finissait deux jours après. En 1295, le curé de cette paroisse vendit cette foire et tous les droits qui y étaient attachés, au maire et aux échevins d'Abbeville, parce que sa charge l'obligeait de se mettre, dit-il, dans le contrat de vente, *entre les jets des espées et des corps des larrons et des ribauds;* qu'il y avait pour lui *péril du corps et de l'âme*, et qu'une semblable mission est tout-à-fait incompatible avec son ministère [1]. Dès lors, la foire fut transférée près du pont de Talance, autour et dans l'enceinte de l'hôpital de la Madeleine. Elle s'ouvrit dès-lors le 22 juillet et se prolongea jusqu'au 10 août. Elle se tint ensuite sur la Placette, puis au Pont-Neuf, près de la place Notre-Dame, où elle avait eu lieu d'abord, et subsiste encore aujourd'hui dans le vaste et beau local, entouré de murs et garni de plantations, qu'on lui a consacré depuis 1828.

Les marchands étrangers qui s'y rendaient dans l'origine étaient accompagnés d'une foule de jongleurs appelés *Ribauds*, dont les tours de passe-passe, les bouffonneries et le charlatanisme attiraient les acheteurs et les oisifs. Pendant la durée de la foire, le curé de Notre-

[1] Archives de l'Hôtel-de-Ville, *Livre blanc*, f°. 27.

Dame s'intitulait *roi des Ribauds*, parce que ces jongleurs et ces baladins étaient sous sa juridiction immédiate, et qu'il leur prêtait souvent son église pour les représentations de leurs farces.

On sait que le roi des Ribauds avait l'inspection et la police des jeux de hasard et des maisons de prostitution, dont il tirait deux sous de rétribution par semaine; qu'il prenait les habits des suppliciés, que chaque femme convaincue d'adultère devait lui payer un droit de cinq sous, et que parmi les profits de sa charge on place l'obligation imposée aux filles publiques de faire sa chambre pendant le mois de mai [1]. Il est vraisemblable que telles étaient aussi à Abbeville les principales attributions de cette ignoble royauté, que revendiqua le gardien des Cordeliers quand le théâtre des Ribauds fut transporté, de la *Fosse aux Ballades* [2], à l'hôpital de la Madeleine.

Église Collégiale de Saint-Vulfran. Cette église, telle qu'on la voit aujourd'hui, fut commencée en 1488, sur les débris d'un autre édifice, consacré au même saint, et qui avait été érigé au onzième siècle sur l'emplacement d'un temple, dédié à saint Firmin. Le portail, surchargé de sculptures, est le plus beau monument de la ville. Il a près de quatre-vingts pieds de largeur, et se compose de deux grosses tours quadrangulaires d'un aspect imposant, hautes chacune de quatre-vingt-

---

[1] Voy. *le Roi des Ribauds*, par le bibliophile Jacob, tom. 1er. On sait qu'Abbeville est le lieu de la scène de ce roman curieux.

[2] Il existait encore dans le dernier siècle, près de la petite chapelle de Saint-Milford, un bois nommé *bos de Saint-Ribaud*, qui servait de rendez-vous à toutes les femmes de mauvaise vie.

dix-huit pieds. Ces tours sont unies entre elles par la façade de la nef. Le bas est divisé en trois portiques décorés de statues colossales représentant les patrons des communautés d'arts et métiers de la ville qui les ont fait exécuter à leurs dépens [1].

Au dessus des trois frontons qui surmontent les portiques, règne une galerie bordée d'une balustrade à jour. Une autre galerie, placée à la hauteur du grand comble, sert à circuler dans le pourtour de l'édifice.

Le portique latéral à gauche du spectateur a été construit aux frais du cardinal d'Amboise; le portique à droite par la ville et le grand portique par Louis XII, ce que témoignaient les armoiries placées au sommet de chaque fronton, et dont les emblêmes ont été grattés en 1793.

La porte centrale battante, ornée de figures et de sujets saints en relief, a été fournie par un riche marchand, N. Amourette, devenu maître de la confrérie de Notre-Dame du Puy. On y lit ces mots : *Vierge aux humains la porte d'amour estes*, refrain de son palinod ou chant en l'honneur de la Vierge.

Les deux portes latérales à un seul ventail ont été données, l'une par M. Tillette qui y a fait graver ce verset : *Ædificavit portam domus Domini;* l'autre, par M. Vincent qui y a fait inscrire ces mots : *Dilexi deco-*

---

[1] Nous renvoyons pour plus amples détails à la Notice historique et descriptive de cette église, par M. Gilbert. Cet écrivain, profondément versé dans l'histoire de l'art au moyen âge, est connu du monde savant par ses belles descriptions des cathédrales de Paris, de Rouen, de Chartres et d'Amiens. La description de cette dernière église lui a mérité une médaille d'or de l'Institut.

rem domus tuæ. Ces deux portes sont de beaucoup postérieures à la grande et richement sculptées.

La tour de Saint-Firmin [1], qui flanque le mur transversal de la croisée, menace ruine. On attribue le peu de solidité de cette tour et du bel édifice dont elle fait partie, 1°. au voisinage de la rivière qui a dû détremper le sol; 2°. à l'imprudence des chanoines qui firent, un jour de fête publique, tirer le canon sur la plate forme des tours; 3°. aux ancres de fer qui lièrent pendant quelque temps le chariot des cloches aux quatre murs; 4°. à l'explosion du magasin à poudre. Cet événement, et après lui le vandalisme de 1793, ont réduit en poussière les anciens vitraux. On n'en voit plus que quelques fragmens.

La nef, les deux bas-côtés, les six chapelles et le portail étaient seuls achevés en 1534. Le fond de l'église restait encore à construire lorsque les guerres de religion, qui paralysèrent toutes les entreprises de ce genre, vinrent interrompre les travaux. Les choses restèrent en cet état jusqu'en 1620. Alors M. Briet, mayeur d'Abbeville, fit construire à ses frais le bas-côté du chœur à gauche. En 1622, la communauté des merciers fit édifier l'autre bas-côté. En 1661, les chanoines firent une quête dans la ville, et commencèrent les travaux du chœur qui furent achevés deux ans après. Mais ce chœur, en voûte de placage, produit un effet disgrâcieux. Son peu d'élévation et sa mesquinerie forment un contraste frappant avec l'aspect majestueux du reste de l'édifice.

[1] La hauteur des tours du portail est de cent soixante pieds, et non de quatre-vingt-dix-huit seulement comme on l'a imprimé par erreur à la page précédente.

La nef a quatre-vingt-quinze pieds environ de hauteur sous clef et quatre-vingt-douze de longueur. Sa largeur est de vingt-quatre pieds six pouces seulement. Sa voûte en ogive, comme celles des bas-côtés, est sillonnée de nervures qui se réunissent et forment des nœuds au bas desquels on a placé des écussons.

Au dessous des fenêtres de la nef, règne une galerie bordée d'une balustrade à jour où l'on voyait flotter autrefois les anciennes bannières de plusieurs corporations d'arts et métiers de la ville.

Les deux statues de marbre, placées à l'entrée du sanctuaire, représentent, l'une, M. de la Motte-Dorléans, évêque d'Amiens, l'autre, saint Bernard, sous les traits de dom Comeau, prieur de Valloires. Elles proviennent de ce monastère et ont été exécutées par un noble étranger, M. Phaffenhofen, qui, forcé de quitter sa patrie à la suite d'un duel, vint se fixer à Abbeville, où son amour pour les beaux-arts et ses talens lui assurèrent des ressources et charmèrent son exil.

On croit que ce fut vers 1053, que les reliques de saint Vulfran furent transportées de l'abbaye de Fontenelle à Abbeville. La première église qu'on lui consacra était desservie par douze chapelains, dont la fondation était déjà ancienne lors de l'institution du chapitre, en 1151, par Jean, comte de Ponthieu[1]. Ce chapitre de vingt prébendes, augmenté de six autres, en 1178, subsista jusqu'en 1790. Les titulaires des vingt premières prébendes, qu'on appelait prevôtaux, mieux dotés que

[1] En 1121, suivant les cartulaires de Saint-Vulfran que le Père Ignace a copiés. Mais il y a erreur de date, car Jean de Ponthieu n'existait pas encore. Nous suivons la version de Formentin.

ceux de la seconde institution, qui se nommaient *quotidiens*, refusèrent constamment le partage égal des bénéfices, ce qui devint entr'eux un éternel sujet de discorde et de fâcheux débats. Ces chanoines tenaient sous leur puissance féodale une grande partie de la ville. Ils avaient la dîme des arbres fruitiers et des légumes dans les jardins des *Planches* et de Rouvroy, celle des foins sur les terroirs d'Epagnette, de Caux, de Vauchelles et de Lheure, et celle des grains dans une partie de la banlieue. Ils recevaient annuellement de leurs tenanciers, du vin, de la bière, des oiseaux de mer et de rivière, etc. Ils jouissaient des droits de champart, cens, surcens, etc., et de plusieurs droits honorifiques, parmi lesquels nous citerons au premier rang celui de s'emparer de l'autorité municipale pendant l'octave de la Pentecôte [1].

Le mayeur chanoine, élu par ses collégues, sous le nom de prévôt, sortait accompagné des officiers de son corps, des bedeaux, des sergens, des huissiers du chapitre, pour annoncer son élection au corps de ville dont les fonctions cessaient à l'instant même. Le nouveau maire, au bruit des instrumens de musique, et revêtu des marques distinctives de sa magistrature, se rendait au Bourdois pour y tenir audience, et faire subir les diverses peines qu'il infligeait pour les délits de police municipale. Lorsque le fait comportait la prison, les condamnés étaient conduits dans une grange, près de l'hôtel de la Grutuse, où les chanoines plaçaient les vingt mille gerbes de blé que leur valait la dîme ; et comme leur juridiction temporelle leur donnait le droit

[1] Voir ci-devant, pag. 430.

de justice, ce bâtiment, nommé *Grange du chapitre*, leur tenait lieu de prison. Lorsqu'il s'agissait de peines plus graves, les instrumens de supplice des mayeurs étaient à leur disposition, comme on le voit par un acte de 1391.

Le texte de l'arrêt suivant, rendu par un de leurs officiers, fera connaître leur pouvoir suprême pendant l'octave de la Pentecôte.

« Le 17 juin 1387, par-devant Hue de Sarton, bailly de l'église de monsieur Saint-Ouffran, en présence des hommes-liges de ledite église et de ledite Franquefête, fut mandé Pierre Ballet, né de le ville de Cambray, alors borel (bourreau) d'Abbeville, prisonnié es prisons de messeigneurs doyen et capitle, liquel de se pure volonté, deslié de tous liens et sans aucune forche, nous confessa que depuis qu'il vint à Abbeville, il a fait les pillages et larrechins es lieux et maisons et des biens chi après déclarés.... (suit la nombreuse énumération des vols, consistant la plupart en écuelles, plats et pots d'étain, nappes, etc. commis, en grande partie, dans des tavernes qu'il fréquentait avec *se mesquine* (servante).

» Veue lequelle confession dessus dite par ledit Ballet, nous en advis ensemble, délibération de conseil, nous conjurâmes lesdits hommes-liges par serment qu'ils doivent à l'église et à messeigneurs, qu'ils nous deissent et par leur jugement que considéré les choses dessus dites, confessées par devant aux se ledit Ballet estoit disne de mort ou non, liquels hommes-liges de l'église Saint-Ouffran jugeans en ledite église en le Franque fête présentement séante [1]..... ont dit, jugié et déterminé

[1] Quelques passages du protocole d'une autre sentence rendue par les mêmes juges, en 1369, et que nous intercallons ici, donnent

que veue le confession de ledit Ballet, considéré le coustume du pays en ce introduite que ichelui Ballet est disne de rechevoir mort, si comme de estre pendu par le col et estraullés tant qu'il soit mort..... à che l'ont condampné et condampnons par jugement, et nous Hue de Sarton, bailly de ledite église etc. en tesmoins de che avons mis à cette sentence nos sceaux etc. [1]. »

La juridiction temporelle et la juridiction spirituelle des chanoines de Saint-Vulfran s'étendait dans la campagne sur trente paroisses et sur dix dans la ville. Ces églises devenaient pour eux comme autant de domaines, car ils y percevaient moitié des oblations, des cires et autres produits. Les draps mortuaires, plus ou moins riches, fournis par les familles, leur étaient dus. Ces draps, objets de la convoitise des autres prêtres, furent souvent enlevés de force par les chanoines sur le cercueil des morts. Leur humeur tracassière et jalouse est attestée par une foule d'actes qui rempliraient plusieurs volumes. Toujours en guerre, en querelles d'intérêt avec les curés de leur patronage, ils ne cessaient de leur susciter de nombreux procès. Aussi s'étaient-ils empressés de solliciter auprès du Saint-Siége le droit de s'opposer à tout établissement religieux qu'à l'avenir on aurait pu fonder sur l'étendue de leur territoire, privilége qu'ils obtinrent par le crédit du cardinal Alegrin, leur ancien collégue, et qu'ils ont toujours fait valoir. Leurs revenus se grossissaient encore du produit des écoles sur lesquelles ils avaient un pouvoir absolu. La licence

une idée plus claire et plus précise des formes de ces procédures, et nous dispensent de donner le texte d'un autre jugement.

[1] Communiqué par M. de Bommy.

de leurs mœurs égalait alors leur avarice ; mais quelques-uns d'entr'eux se distinguèrent plus tard par d'édifiantes vertus.

Le droit de mairie, nommé *franche fête de la Pentecôte*, dont ils étaient en possession, les obligeait à donner, lorsqu'ils entraient en exercice, un repas splendide aux corps civils et militaires. Cet usage subsistait encore au moment de la révolution.

A cette époque, l'église de Saint-Vulfran fut transformée en temple de la Raison, et l'on plaça cette inscription sur le portail :

Le peuple français
Reconnaît l'Être suprême et l'immortalité de l'âme.

SAINT-NICOLAS. Cette paroisse fut érigée dans l'église même de Saint-Vulfran, à une époque très-reculée.

C'est sur les marches de l'autel consacré à Saint-Nicolas que les prêtres de cette paroisse prêchaient et faisaient le prône, les chanoines s'opposant à ce qu'ils établissent une chaire.

Une décision capitulaire, prise en 1598, interdit aux ecclésiastiques vassaux de Saint-Nicolas l'usage de la grande porte de l'église pour le passage des pompes funèbres. « Ni moins s'afficheront les draps de représentation au dit portail, dit l'acte que nous venons de citer, ni blasons de quelque personne que ce soit, *sine licentia nostra petita et obtenta ;* ce que nous avons défei du au dit curé, clerc et clocquemant, et ce qui leur sera signifié par le premier de nos huissiers, afin qu'ils n'en prétendent cause d'ignorance. »

La circonscription de cette paroisse sujette ne s'étendait qu'à quelques pas de la collégiale, dans les différentes rues qui l'avoisinent.

Saint-Vulfran de la Chaussée, église située rue Saint-Vulfran, à l'angle de la petite rue de ce nom. Aucun monument ne constate l'établissement de cette église, démolie pendant la première révolution, et dont le portail était, dit-on, très-remarquable; mais il y a lieu de croire qu'elle existait à une époque très-reculée, puisqu'on y déposa les reliques de saint Vulfran vers 1060, pendant qu'on bâtissait la Collégiale.

En 1203, on détacha de cette paroisse les rues de *Kenil*, de *Maillefeu* et de *Caubert*, jusqu'au marais *Malicorne*, pour en former une autre circonscription religieuse, celle de l'église Saint-Jean-des-Prés, dont l'origine paraît remonter à cette époque.

Voici ce que nous lisons dans un manuscrit : « Le 9 octobre 1519, fut posée en cette église de Saint-Vulfran, l'image de Notre-Dame de Lorette, et y fut fait plusieurs grands et beaux miracles. Plus de trente enfans morts-nés et ressuscités, puis baptisés devant ladite image; et tous les jours des processions générales en actions de grâces où l'Hôtel-de-Ville fournissait cires et torches. »

L'église de Saint-Vulfran de la Chaussée avait été rebâtie dans le cours du seizième siècle. On retira du cimetière de cette paroisse une innombrable quantité d'ossemens dont la plus grande partie fut enfouie sous le rempart entre la Portelette et le Pont-des-Prés, et le reste transporté quelques années après dans le cimetière de la porte du Bois.

Saint-Georges, église paroissiale, fut érigée d'abord au milieu du Marché au Blé, où elle resta plus de trois cents ans. Les habitans de cette paroisse, dont le nombre s'augmentait progressivement, demandèrent la permission de faire construire un édifice plus vaste à côté du Bourdois. Cette permission leur fut accordée, en 1367, à condition que la place qu'avait occupée la première église serait indiquée par des bornes, qu'on y éleverait une croix de pierre [1]; qu'on n'y dresserait aucun instrument de supplice, et que les tombeaux qu'elle renfermait seraient transportés dans le nouveau bâtiment.

En 1368, Édouard III, roi d'Angleterre et comte de Ponthieu, signa l'acte qui autorisait les mayeur et échevins à percevoir un denier parisis sur chaque pot de vin vendu en détail dans la ville et sa banlieue, pour subvenir aux frais de construction de cette église, qui fut achevée en douze ans.

En 1536, on sentit la nécessité de l'agrandir encore, et on y fit un nouveau chœur et des chapelles.

Ses vitraux, que la peinture avait ornés de ses couleurs les plus vives, représentaient divers objets curieux, entre autres les bannières et les emblêmes de toutes les corporations de la ville, pour indiquer que ces corporations avaient contribué aux frais de l'édifice.

Le clocher, couvert en plomb, contenait vingt-quatre cloches. En 1691, un jour de fête publique, des artifices lancés par un feu de joie allumé dans le Marché, le consumèrent entièrement, ainsi que les combles, l'orgue, et les boiseries de deux chapelles.

La confrérie de la charité, formée et établie dans cette paroisse, pendant la peste de 1596, rappelle un

[1] En 1558, on construisit autour de cette croix de petites boutiques appelées *maisonnettes* qui furent, ainsi que la croix, détruites en 1794.

dévouement dont on doit consacrer le souvenir, puisque chaque membre de cette confrérie s'engageait, au pied de l'autel, à soigner pendant leur maladie, et à porter au tombeau, après leur mort, des malheureux dont les parens fuyaient l'approche. — Chaque année, le 23 avril, la statue équestre de saint Georges, en argent massif, était solennellement tirée de l'église et promenée dans la ville. Les matelots seuls avaient l'honneur de la porter. En 1752, le prévôt de la maréchaussée réclama cet honneur pour ses archers. Une querelle éclata; et pour la terminer le clergé sortit portant lui-même la sainte image; mais les matelots furieux se précipitèrent sur les archers, qui se défendirent avec leurs bayonnettes et blessèrent trois des assaillans. En 1719, des cavaliers de la garnison et des milices du Boulonnais en vinrent aux mains pour la même cause.

La statue de saint Georges passait pour un chef-d'œuvre d'orfévrerie, et un Anglais en avait offert quarante mille francs. Elle fut envoyée à Paris en 1793, et fondue peu après.

Saint-André, l'une des plus anciennes églises d'Abbeville, située près du grand échevinage, avait été reconstruite, en 1516, sur un plan plus vaste.

Une charitable institution, connue sous le nom de *confrérie de la miséricorde*, s'établit en cette église, en 1619. Elle était desservie par des hommes qui faisaient vœu de secourir les malades, d'adoucir le sort des prisonniers, de soutenir les veuves, de ramener à la vertu de jeunes filles égarées, de pourvoir des orphelins dans le monde, en leur faisant apprendre un métier, et en leur fournissant les outils nécessaires; de visiter les pauvres, et de leur donner des consolations morales.

L'église Saint-André, démolie en 1811, était ornée d'un joli portail dont la sculpture ne fut achevée qu'en 1537. Depuis l'an 1410, on y conservait un cierge vraiment rare, puisqu'au lieu de se raccourcir en brûlant, on le voyait chaque année s'allonger.

SAINTE-CATHERINE. Église paroissiale, située sur la place de ce nom. Tous les documens se taisent sur cet établissement religieux, dont l'origine remonte à une époque inconnue et qui fut détruit en 1793.

La place Sainte-Catherine, anciennement entourée d'arbres, servait de cimetière à cette paroisse.

SAINT-ÉLOY. Église paroissiale, située dans la place Saint-Pierre, en face de la chaussée Marcadé, fut fondée à une époque inconnue.

Autrefois, le jour de Saint-Éloy, on conduisait les chevaux de la ville et de la campagne devant le portail de cette église : un prêtre, portant une relique du saint, enchâssée dans un marteau d'argent, s'approchait de ces animaux, faisait sur eux le signe de la croix avec sa relique, et leur jetait de l'eau bénite. Cette superstitieuse coutume fut supprimée pendant l'épiscopat de M. Lefebvre de Caumartin.

L'intérieur de cette église renfermait un tableau que Dom Claude de Vert a mentionné dans son ouvrage sur les cérémonies de l'église. On y voyait un prêtre vêtu d'une soutane rouge, avec l'aumusse sur les épaules et une tonsure de cordelier [1] ; on lisait au bas :

---

[1] Cette figure a été gravée dans l'ouvrage de de Vert, tom. II p. 340.

« Chy devant gist sire Jehan Galiot, prestre, jadis curé de Chyens, qui trespassa le 25 jour d'octobre, en l'an de grâce mil CCCC et six ; priez Dieu pour s'ame. »

De l'examen de ce tableau le savant bénédictin tire la preuve que les clercs, au commencement du quinzième siècle, portaient encore la soutane rouge, l'aumusse sur les épaules comme les chanoines, et comme les cordeliers un cercle de cheveux fort large et fort épais. Le même auteur fait à ce sujet une autre remarque : c'est que l'aumusse était commune aux gens du monde comme au clergé, et que cette coiffure couvrait la tête et les épaules ; puis il ajoute : « à Abbeville, Saint-Valery-sur-Somme, Bourg-d'Ault, en plein hiver, les femmes se couvrent la tête d'une mante ou cape qu'elles rabattent sur le cou lorsqu'il commence à faire chaud, et qu'enfin pendant l'été elles ramènent sur le bras [1] ou qu'elles quittent tout-à-fait. Ces mantes sont d'une étoffe violette et viennent sur les reins en manière de petit manteau ou camail avec des houppes ou flocons de laine écrue aussi violette [2]. » Cette mode s'est conservée parmi les jardinières des Planches et de Rouvroy jusqu'à la fin du dix-huitième siècle. (Voy. *explication simple et littérale des cérémonies de l'église*, tom. II, p. 264, fig. 6 et 9.

L'église de Saint-Éloy était assujettie au prieuré de Saint-Pierre. Elle a été démolie en 1792 ; ses bâtimens n'avaient rien de remarquable.

[1] Ces femmes, à la même époque, attachaient leurs mouchoirs au bras gauche.
[2] Les prêtres, à Abbeville, portaient encore alors des soutanes violettes. DE VERT, *lieu cité*.

Église Saint-Étienne, située place Saint-Pierre sur l'emplacement du pavillon du génie. C'est ainsi qu'était nommée une chapelle dont on ignore l'origine, et qui fut démolie en 1780.

Saint-Gilles. Il serait difficile d'assigner une date à la fondation de cette église ; on sait seulement qu'elle existait en 1205, et qu'elle fut reconstruite en 1485. Le clocher qui surmonte la tour, où l'on comptait autrefois dix cloches, a été bâti en 1720.

Voici ce qu'on lit dans un ancien registre de cette église :

« Le jour de la grand Pâques (1562) et toutes les fêtes, a esté reçu par le comptable, sur toutes les tablettes, compris le don pour le vin bu, et qui a esté usé par les personnes qui ont fait leurs pâques, xvii liv. xviii s. 1 d. »

Nous avons dû signaler ce fait, parce qu'il atteste qu'on n'a pas toujours suivi l'usage établi par l'Église romaine, depuis la fin du treizième siècle, de ne donner la communion aux fidèles que sous la seule espèce du pain pour remédier à mille abus.

L'église Saint-Gilles, convertie en magasin de fourrages pendant la révolution, est composée de trois nefs; elle n'offre rien de remarquable.

Saint-Jacques, église paroissiale, existait suivant les manuscrits dès l'an 1136, et fut reconstruite en 1482, telle qu'on la voit aujourd'hui. Elle contient trois nefs voûtées de bois, et ne présente rien qui soit digne de fixer l'attention. Le clocher, entièrement séparé de l'église, suivant un usage rare en France, mais très-commun en Italie, est dépourvu d'ornemens, carré, gros, court et couvert d'un toît. Il est en surplomb, de même qu'une partie de l'église, et a été construit en 1542. Il contenait anciennement dix cloches.

Cette paroisse était celle des marins. Ils y possédaient une chapelle ornée d'un autel de bronze et d'une grille de ce métal, pesant ensemble quatre mille cinq cents livres. Cette grille fut vendue, ainsi que l'autel, au profit des pauvres lorsque les matelots s'établirent dans le Rivage.

L'Église du Saint-Sépulcre doit son origine aux Croisades. Comme la plupart des autres églises d'Abbeville, avant le règne de Philippe-Auguste, elle fut d'abord construite en charpente. Il y affluait, à certaines époques, un si grand nombre de malades pour y faire des neuvaines, qu'on était obligé de bâtir dans le cimetière une foule de petites barraques qui leur servaient d'abris et d'oratoires; car on ne savait où les loger.

L'église actuelle présente tous les caractères de l'architecture du quinzième siècle, mais n'a rien de remarquable: Une flèche, percée à jour et couverte de lames de plomb, surmontait autrefois la tour, où l'on comptait onze cloches.

On voit dans l'intérieur une *Résurrection* peinte par Hallé père, et deux tableaux de Nicolas de Poilly, qui méritent d'être mentionnés.

C'est dans cet édifice que six cents électeurs abbevillois nommèrent, en 1792, les députés conventionnels. L'année suivante on y établit des ateliers de salpêtre ; les matières propres à le produire étaient enlevées dans les maisons particulières.

Saint-Jean-des-Prés. Cette église, desservie depuis 1223 par un collége de sept chapelains, était située primitivement hors de la ville, du côté de la Portelette.

Elle fut rebâtie au bout de la rue Saint-Jean-des-Prés, sur l'emplacement du canal de transit, pendant le cours du quatorzième siècle, et se trouva dès lors renfermée dans l'enceinte de la ville.

En 1343, un arrêt du Parlement condamna les maire et échevins d'Abbeville à payer à l'église de Saint-Jean-des-Prés une rente annuelle de cent sous parisis, en expiation de la faute qu'ils avaient commise en arrachant du pied du crucifix de ladite église, un criminel qui s'y était réfugié, et qui mourut le lendemain après avoir été *traité très-durement* dans les cachots de l'Hôtel-de-Ville et condamné ensuite au bannissement.

Le nom de Saint-Jean-des-Prés provenait des prairies qui existaient à l'entour de cette église, démolie en 1793.

Chaque année, le jour de Saint-Marc (25 avril), il y avait dans cette paroisse une foire où l'on vendait des sucreries et des joujoux.

Saint-Paul. On ne sait rien sur l'origine de cette ancienne paroisse du *bourg du Vimeu*. « Je la trouve, dit le Père Ignace, dans toutes les vieilles chartes qui traitent d'Abbeville ; » mais il n'en dit pas davantage.

L'église actuelle de Saint-Paul fut réédifiée sous le règne de François Ier. A la même époque on y établit un cimetière avec la permission de l'évêque ; mais les chanoines de Saint-Vulfran, qui s'étaient attribué le monopole des sépultures dans l'étendue de leur juridiction, firent condamner le curé de Saint-Paul à déterrer *per signum* les morts que renfermait le cimetière, et à leur payer en outre des dommages et intérêts.

Notre-Dame de la Chapelle, dans le faubourg de

Thuyson, fut élevée sur les débris d'un temple consacré au paganisme[1]. Ce n'était d'abord, comme son nom l'indique, qu'une simple chapelle que l'accroissement de la population fit ériger en paroisse, et qui, vers la fin du quatorzième siècle, fut remplacée par une église qui méritait de fixer les regards La partie supérieure du clocher, que l'on voit encore aujourd'hui, a été bâtie en 1620, à la place d'une flèche, renversée par la foudre. L'église fut démolie pendant la révolution. On y a reconstruit une chapelle en 1804.

SAINT-JEAN DE ROUVROY. Église paroissiale, située dans le faubourg de ce nom. L'auteur de l'Histoire Ecclésiastique d'Abbeville fait remonter la fondation de cette église à l'époque où Wallo de Sarton, chanoine de Picquigny, enrichit la cathédrale d'Amiens du chef de saint Jean (1206). C'est un point qu'il faut bien adopter puisqu'aucun autre monument ne constate son origine.

L'église actuelle de Rouvroy, dans laquelle on conservait des os de saint Jean et une parcelle de la coquille avec laquelle ce saint baptisa Jésus-Christ, n'offre rien de remarquable. Elle a été construite en 1528, et dépendait de la cathédrale d'Amiens.

PRIEURÉ DE SAINT-PIERRE, de l'ordre de Cluni, situé sur la place d'armes, fut fondé l'an 1100, par Gui Ier comte de Ponthieu, hors de l'enceinte d'Abbeville. (*In castri loco juxta Abbatis villam.*) La charte de fondation de ce monastère commence ainsi :

« Au nom de la Sainte et Indivisible Trinité, Gui,

---

[1] Voy. *Histoire Ecclés. d'Abbeville*, pag. 140, et les *Souvenirs et Paysages* de mon fils, p. 37.

consul de disposition (*dispositionis consul*), par la providence de cet être très-puissant sans la volonté duquel il ne tombe jamais une feuille d'arbre, à tous les fidèles bon courage et joie perpétuelle.

» Comme je sais que je dois mourir comme les autres princes, et que je dois être jugé selon mes mérites par celui à qui rien n'est caché, j'ai résolu de prévenir par quelque satisfaction l'enquête si terrible de ce juge, de peur que lui-même ne me prévenant, ne me trouvât semblable au figuier stérile: que me trouvant tel, il ne me jugeât; qu'en me jugeant il ne me condamnât, et que m'ayant condamné il ne me livrât aux flammes.

» En conséquence, qu'il soit notoire à tous les fils de la sainte église tant futurs que présens, que moi, Gui, averti par une inspiration divine, et persuadé par l'avertissement d'Ade, ma femme et de mes fidèles, du consentement et de la volonté de Gervin, évêque d'Amiens et de ses clercs, j'ai construit en l'honneur de Dieu et de ses saints Apôtres Pierre et Paul, une église dans l'emplacement d'un château auprès d'Abbeville[1], que le roi Philippe a extrait de son domaine (*mancipabat*), et par le consentement duquel le tout a été fait: que j'ai, pour le salut de mon âme, donné cette même église à Saint-Pierre de Cluni, comme une habitation qu'il doit posséder à jamais; et qu'afin que les frères demeurant dans le même monastère puissent servir Dieu avec plus de soin, ayant toutes les choses nécessaires à la

---

[1] Ce château, que le comte avait obtenu de Philippe Ier. l'an 1075, aurait été bâti, suivant le P. Ignace, par Hugues-le-Grand, père de Hugues Capet, vers l'an 940. (Voy. *Hist. des Mayeurs d'Abbeville*, p. 300.)

vie, j'ai, par le conseil de ma femme Ade et de mes hommes, abandonné auxdits frères l'usage des choses ci-dessous transcrites. »

Suit l'énumération des legs parmi lesquels on remarque d'abord un four [1] qu'il possédait à Abbeville, et il leur donne, pour chauffer ce four, du bois pris en tout temps dans la forêt de Gaden [2] autant que deux ânes en peuvent apporter de ce lieu. Il leur accorde la même faveur dans la forêt de Cantâtre; et y ajoute les peaux de tous les cerfs qui seront pris dans cette forêt. Il leur donne encore de quoi se chauffer dans le bois de Bruille, près d'Abbeville, autant qu'un âne peut apporter de bois de ce lieu en toute saison. Il leur accorde ensuite deux mille deux cents anguilles de la pêcherie de la Somme à Abbeville ; la moitié de celles qui se pêchent à Rue, dans la Maie ; cinquante-deux sous de la monnaie d'Abbeville pour les cierges de leur église ; deux muids (*modios*) de vin à Noël et à Pâques ; six paires de chaussures aux mêmes époques ; le moulin de Baboth, tous ses prés sur les rives du Scardon; la pêche de cette rivière, la moitié de celle qu'il possède sur l'Authie ; la ferme et le moulin de Nouvion, situés près de la porte Marcadé ; soixante boisseaux de sel à Rue ; dix-huit setiers de grains pour faire de la bière, sur les brasseries de Saint-Riquier; un grand nombre de terres cultivées

---

[1] On a déjà vu que les vassaux ne pouvaient faire cuire que dans les fours appartenant au seigneur, qui les obligeait à payer une rétribution.

[2] *Gaden silva*. Cette forêt couronnait les hauteurs de la porte Marcadé et s'étendait au-delà de la ferme de Saint-Nicolas-des-Essarts.

et *incultes*; des bois, des moulins, des droits fiscaux, des contributions en nature en divers lieux, maintenant inconnus. Gui permet en outre à ses hommes de donner au couvent une part de ce qu'ils tiennent de lui. Les noms de ceux qui suivirent son exemple sont inscrits dans la charte.

« Et afin que ce bienfait demeure ratifié et inébranlable, dit le fondateur, j'ai eu soin de faire mettre mon sceau à cette charte, en présence de mes filles et de mes princes (*filiabus principibusque meis*), dont les noms et les signatures, souscrits dans la présente cédule, témoignent la vérité.

» Or cette charte a été faite l'an de l'Incarnation de notre Seigneur 1100... Le pape Pascal siégeant à Rome, Manassé étant archevêque de Reims, Gervin, évêque d'Amiens; Philippe gouvernant dans le royaume de France, et Gui dans le Ponthieu, sous le règne de Notre-Seigneur Jésus-Christ, à qui l'honneur et la gloire appartiennent... Ainsi soit-il.

» Que ceux qui observeront les choses ci-contenues jouissent de la paix, de la joie, et qu'ils participent aux biens de Cluni; que ceux qui ne les observeront pas et qui useront de quelque supercherie, soient dévoués à la mort éternelle avec Dathan, Abiron et le traître Juda, à moins qu'ils ne soient parvenus à faire une satisfaction digne et méritoire ! » (*Gallia christiana*, tom. X, *Instrumenta Ecclesiæ Ambianensis*, p. 295.)

Les bénédictins de Saint-Pierre exerçaient le droit de haute, moyenne et basse justice. Ils avaient un bailli, un procureur fiscal, un greffier, des sergens, des massiers. Leur juridiction féodale s'étendait sur la chaussée

Marcadé et la plupart des rues adjacentes, sur la chaussée du Bois, la paroisse du Saint-Sépulcre, la rue des Carmes, celle des Pots, etc., et comprenait ainsi près de huit cents maisons sur lesquelles les religieux percevaient des cens, rentes et autres redevances. C'est ce qu'on appelait la *vicomté de Saint-Pierre* [1]. Ceux qui demeuraient dans ses limites [2] étaient exempts de droit de *palette* [3], faveur dont ne jouissaient pas les habitans mouvans de la *vicomté du roi*; mais on ne s'étonnait pas alors que les vassaux d'un simple prieuré

[1] Voici les noms des vicomtés de la ville et de sa banlieue: La *vicomté du roi*, dite anciennement *de la ville* ou du *Pont-aux-Poissons*; celles de *Saint-Pierre* ou du *Pont-aux-Cardons*; du *bourg du Vimeu*, autrefois dite du *Pont de Talance*, appelée aussi *l'acquit de Bailleul*; du *Pont de Sotine*, à l'entrée de la Pointe; de *Caubert*, de *Menchecourt*, de *Rouvroy*, des *Nonains d'Épagne* et de *Mautort*. La recette de ces vicomtés se faisait sur les différens ponts de la ville dont elles avaient pris le nom. C'était un droit de *travers* ou de passage, perçu par un *vicomte fermier*, ainsi nommé parce qu'il tenait à ferme le produit de la recette. Il est parlé des *vicomtes-fermiers* d'Abbeville dans des lettres de Charles V, du 9 mai 1376. (Voy. Recueil des ordonnances de la troisième race.)

[2] Ces limites étaient indiquées par des bornes de grés qui subsistent encore en plusieurs endroits, et sur lesquelles sont deux clefs en sautoir.

[3] Chaque setier de grains de seize boisseaux devait au seigneur titulaire de la vicomté, une *palette*, c'est-à-dire le tiers d'un boisseau, les jours francs exceptés. Cet impôt onéreux, supprimé par Turgot, frappait tous les propriétaires des autres vicomtés de la ville, qui recevaient leurs revenus en grains et que l'on contraignait de vendre ces grains dans le marché; mais les chanoines de Saint-Vulfran n'y étaient pas assujettis pour le produit des vingt mille gerbes qu'ils retiraient de leurs dîmes.

de moines fussent plus favorisés que ceux du souverain.

Ce n'était pas une des bizarreries les moins remarquables du temps dont nous traçons l'histoire, que de voir les religieux de Saint-Pierre élire l'un d'eux pour gouverner la ville pendant trois jours, et former l'un des corps constitués de la commune. Chaque année, le 28 juin, veille de la Saint-Pierre, ils sortaient de leur église, à huit heures du soir, et se rendaient au milieu de la place d'Armes où ils avaient fait planter un arbre, entouré de fagots, que le prieur bénissait. Il y mettait ensuite le feu avec une torche, entonnait le *Te Deum*, et les religieux continuaient de chanter l'hymne jusqu'à ce qu'ils fussent rentrés dans leur couvent. Les pauvres enlevaient aussitôt, et emportaient dans leurs maisons, les cendres et les débris de ce feu, persuadés qu'ils portaient bonheur. Cet usage, qui rappelle la fête solsticiale du soleil, s'est continué jusqu'en 1778 : il existait depuis un temps immémorial. Les bénédictins de Saint-Pierre, pendant leurs processions, tenaient à la main de longues baguettes d'osier. Lorsque l'un d'eux mourait, on le revêtait de sa robe, on lui mettait des gants et des escarpins blancs, on l'enterrait la face découverte, on servait sa portion au réfectoire pendant un mois, et on la distribuait chaque jour aux pauvres, qui recevaient encore du monastère du pain tous les dimanches, et toute la semaine la desserte de la table. Ces moines faisaient un singulier hommage au chapitre de Saint-Vulfran. Il fallait qu'ils se présentassent annuellement devant les chanoines pour leur offrir deux liards dans un grand sac de toile de la contenance d'un setier.

Le prieuré de Saint-Pierre percevait des dîmes et autres droits féodaux dans plus de vingt villages, la plupart du Vimeu. Les paroisses du Saint-Sépulcre, de Saint-Éloi, de Saint-Étienne, de la Chapelle et plusieurs autres cures du diocèse lui étaient entièrement assujetties.

L'église primitive de ce monastère se faisait remarquer par la beauté de sa voûte et de ses vitraux, la légèreté et la délicatesse de son architecture. Elle renfermait plusieurs objets intéressans: le tombeau du comte Gui, son fondateur, représenté dans son costume antique sur une grande table de marbre noir [1]; beaucoup d'autres tombeaux parmi lesquels on remarquait celui du savant Claude de Vert, orné de deux inscriptions latines; des stalles et des sculptures curieuses; un obélisque surmonté de la statue de saint Pierre à genoux, et les reliques de saint Foillan, objet d'un culte particulier dans ce monastère. Les maîtres teinturiers avaient seuls le droit de porter sa châsse en forme de petite église, surmontée de son clocher, tout en argent massif, dans le style sarrasin. On prétendait que l'un deux l'avait trouvée dans la rivière près du pont aux Cardons. Depuis ce temps, chaque année, le jour de la fête de saint Foillan, les chefs de la corporation usaient de leur privilége et faisaient sonner par leurs garçons la grosse cloche du couvent. Ceux-

---

[1] Agnès, sa fille, fut inhumée dans le même tombeau à trois ou quatre pouces de terre au-dessus de lui. Ce tombeau en maçonnerie de pierres blanches, ayant été détruit en 1770, on enveloppa les os dans une tapisserie et on les enterra près de l'église actuelle.

ci recevaient des moines en récompense un muid de bière forte.

Le maître autel de Saint-Pierre était, selon l'ancien usage, contenu dans une armoire fermée par des volets où l'on avait représenté les principales actions de plusieurs comtes de Ponthieu dans le costume du temps. Ces monumens précieux, sous le rapport de l'art et de l'histoire, étaient enrichis d'or et ont été presque tous détruits dans la révolution. On voyait dans l'église divers tableaux non moins précieux, dont la vie de saint Foillan avait fourni le sujet. L'un d'eux représente une partie de la ville dévorée par le feu [1]; les habitans, le clergé, un comte de Ponthieu marchant à leur tête avec ses officiers, reviennent de porter les reliques du saint sur le lieu du désastre, car on croyait que ses reliques avaient le pouvoir d'éteindre l'incendie [2]. On voit qu'à leur approche le feu s'est arrêté; mais le diable qui, pendant la procession, se tenait à l'écart dans un coin, est revenu pendant qu'elle retourne à Saint-Pierre, et, muni d'un soufflet, il excite les flammes qui se rallument et se propagent avec une nouvelle force.

L'église et le couvent de Saint-Pierre tombaient en ruines lorsqu'ils furent reconstruits en 1770 et dans les années suivantes. Ses vastes bâtimens, qui ne contenaient alors que six religieux, sont maintenant occupés par la communauté des ursulines, qui en a fait l'acquisition.

[1] Ce tableau, l'un des objets les plus curieux du cabinet de feu M. Traulé, est perdu pour la ville.

[2] A la fin du dix-septième siècle les laboureurs des environs d'Abbeville faisaient encore des processions autour de leurs villages et de leurs granges, afin de les préserver du feu.

Templiers. Ces religieux possédaient, dans le faubourg de Thuison, un couvent que Guillaume de Mâcon, évêque d'Amiens, acheta en 1300, au grand maître de l'Ordre, pour y placer des Chartreux. Les chevaliers du Temple avaient en outre, dans les murs d'Abbeville, deux vastes bâtimens, l'un, dont on voit encore quelques restes dans l'auberge de la *Fleur de Lys*, était situé à l'entrée de la Petite rue aux Pareurs; l'autre, nommé successivement *Maison du Temple*, *Hôpital de Saint-Jean de Jérusalem* et en dernier lieu *Commanderie*, existait près de la Porte-Comtesse. « Le premier, dit le P. Ignace, servait pour blanchir leurs habits et leur linge; le second pour recevoir leur revenu. »

Les Templiers, au nombre de douze, habitaient un de ces bâtimens lorsqu'ils y furent arrêtés en 1307, par ordre du roi de France. On ne connaît ni les noms, ni les aveux de ces douze chevaliers, ni la nature des crimes dont on les accusait. Tout ce que nous savons c'est que trois d'entre eux furent brûlés au milieu du Marché au Blé; et les autres conduits dans les cachots de Paris. (*M. S. de Formentin.*)

Cordeliers. Ces religieux établirent leur premier monastère à Abbeville dans la maison du *Roi Louis*, vis-à-vis l'Hôtel-Dieu, peu de temps après l'institution de leur ordre. En 1239, ils prirent possession de l'hôpital de la Madeleine, près du pont Talance, et leur église conserva le titre de cet hôpital.

En 1524, les chanoines de Saint-Vulfran, auxquels appartenait le droit de sépulture dans l'étendue de leur seigneurie, se présentèrent pour enlever le corps d'un habitant de la ville qui avait voulu être inhumé avec le froc de saint François dans le couvent des cordeliers ; car on sait qu'il arrivait souvent que des laïcs de l'un ou l'autre sexe se faisaient enterrer sous le costume de l'ordre religieux qu'ils avaient affectionné particulièrement. Les cordeliers, pour obéir au vœu que le défunt avait exprimé, se rendirent en corps devant la maison mortuaire (l'hôtel du *Grand Hercule*), et y rencontrèrent les chanoines qui se disposaient à enlever le mort. L'opposition fut vive de la part des cordeliers, et plus vive encore du côté des chanoines. La querelle s'échauffa au point que les deux partis s'attaquèrent au milieu de la rue. Plus nombreux que leurs adversaires, les moines remportèrent la victoire et se saisirent du mort [1] ; mais les chanoines, violemment battus, portèrent leurs plaintes à la justice, et les vainqueurs furent condamnés [2].

Ce couvent possédait une école de théologie et près de cent religieux dans le dix-septième siècle. L'église a été presque entièrement démolie en 1805. On y voyait la pierre sépulcrale de Robert de Boubers [3], l'un de ses bienfaiteurs, représenté dans son costume de guerre,

[1] Les desservans de l'église Saint-Gilles et les chanoines de Saint-Vulfran renouvelèrent ce scandale en 1730. On les vit se disputer le prix des funérailles d'un enfant, s'arracher son cercueil au milieu des rues et s'y battre en présence d'une famille éplorée et de nombreux témoins attirés par le bruit. Ce combat fut suivi d'un procès que les chanoines gagnèrent au Parlement le 30 janvier 1731.

[2] *Registre de différens extraits et d'actes concernant la fabrique de Saint-Vulfran*, communiqué par M. de Bommy.

[3] Ce brave chevalier fut tué en combattant contre les Anglais, en 1451.

étendu sur le dos, les mains jointes et les pieds posés sur un levrier. Cette pierre, en marbre noir, a été recueillie, en 1790, par M. le comte de Boubers, qui la possède aujourd'hui à Long.

Les Chartreux, situés dans le faubourg de Thuison, furent fondés, en 1301, par Guillaume de Mâcon, évêque d'Amiens; cet évêque leur abandonna la terre de Port avec ses droits seigneuriaux et quelques autres biens. Les chartreux prélevaient la dîme sur les salines du Ponthieu[1] et cultivaient des vignes sur le côteau qui domine leur couvent. Une portion de cette partie de la banlieue se nomme encore *les Vignes*[2], et de vieux titres attestent que Menchecourt était peuplé de vignerons.

La maison des chartreux, sous le titre de Saint-Honoré, se distinguait par son architecture gothique, ses murailles garnies de tours, et le triste aspect de ses cloîtres et de son enclos. Son église fut le théâtre d'un événement qui peut suffire à faire connaître les mœurs des moines. Le 1er. septembre 1403, les chartreux célébraient le service funèbre d'un riche bourgeois nommé Lecaucheteur, lorsque les religieux de Saint-Pierre, dont la puissance féodale s'étendait sur leur communauté, s'y présentèrent pour enlever de vive force le drap mortuaire, tissu d'or ou d'argent, que la famille avait fourni selon l'usage, et que les bénédictins de Saint-Pierre, qui revendiquaient le principal produit

---

[1] Les ruines de leur *grenier à sel* existent encore près du village de Port.

[2] Voir le *Plan cadastré d'Abbeville*.

des sépultures, voulaient absolument s'approprier. Les chartreux et leurs serviteurs accourent pour s'opposer à leur dessein. Les bénédictins se précipitent sur le cénotaphe; une lutte violente s'engage. Le sénéchal, présent à ce tumulte, fait avancer les huissiers, et leur ordonne de protéger la représentation du mort. Mais son autorité est impuissante contre le mouvement de colère des combattans. Les deux partis s'assomment, s'estropient à coups de pieds, à coups de poings. Cette scène scandaleuse se prolonge et prend bientôt un nouveau caractère de gravité. Les moines de Saint-Pierre, furieux de la résistance qu'on leur oppose, saisissent des poignards qu'ils tenaient cachés sous leurs robes[1], et s'apprêtent à frapper leurs adversaires, malgré la foule qui les entoure et le lieu saint qu'ils profanent. Mais une troupe de sergens, appelée par le sénéchal, venait d'arriver en toute hâte et fit cesser le désordre en désarmant les moines. Le trésorier de Saint-Pierre, dont la violence avait animé cette lutte impie, fut conduit en prison. Dès lors un grand procès s'engagea entre les parties. Une sentence, rendue le 1er. octobre de l'année suivante, condamna les moines de Saint-Pierre à restituer le poêle déchiré et mis en pièces, à fournir aux chartreux un crucifix de vermeil du poids de cent marcs, une Vierge et un Saint-Jean; des cierges pour brûler à perpétuité devant ces deux images, deux chandeliers d'argent; soixante livres de rente pour fonder une chapelle, et à payer en outre quatorze mille livres d'amende, dont dix mille aux chartreux et le reste de

[1] *Pugiones sub frocsis absconderant.* Monumens de la Chartreuse d'Abbeville, communiqués par M. de Bommy.

la somme au roi. Le Parlement réforma cette sentence et prononça l'acquittement des religieux de Saint-Pierre.

Il ne reste de ce couvent, démoli en 1796, que les bâtimens de la ferme et la chapelle des femmes. Il venait d'être entièrement reconstruit lorsqu'il fut abattu. Une verrerie y est établie depuis 1812.

Minimes, couvent situé dans la rue de ce nom, fut fondé en 1500 par André de Rambures, sénéchal et gouverneur du Ponthieu. Il fallut des lettres de Louis XI pour obtenir le consentement des officiers municipaux, et l'autorisation spéciale des religieux de Saint-Pierre, seigneurs du territoire où la nouvelle communauté devait s'élever.

Le couvent des Minimes, l'un des plus anciens de l'ordre, s'agrandit par différentes acquisitions, et, en 1504, une église y fut construite et consacrée sous le titre de l'Assomption de la Vierge. Cette église contenait les monumens funèbres, ornés de figures en marbre, d'André de Rambures, de Jeanne de Halluin, son épouse, et de leurs enfans, exécutés par Blasset; une statue de saint François de Paule, par le même; un portrait du même saint, d'après nature; plusieurs autres tableaux remarquables; deux figures peintes en marbre, représentant l'Annonciation de la Vierge, par Cressent; divers tombeaux consacrés à la famille de Rambures, et décorés de fastueuses épitaphes. Ces différentes productions de la peinture et de la sculpture disparurent pendant la révolution. Il n'en reste qu'un seul débris, la statue de Charlemagne, qu'on voit à la bibliothèque publique.

C'est dans l'église des Minimes, le jour de l'Assomption, 1637, que Louis XIII mit sa personne, sa couronne et la France sous la protection spéciale de la Vierge. Après y avoir entendu la messe et communié, il y retourna l'après-dinée pour assister aux vêpres. Une magnifique procession parcourut ensuite une partie de la ville. Le monarque et toute sa cour, le cardinal de Richelieu, plusieurs autres prélats suivaient l'image de la Sainte-Vierge. Les musiciens de la chapelle du roi, une foule de peuple et de soldats accompagnaient le cortége. Rentré dans l'église des Minimes, Louis XIII y reçut à genoux la bénédiction des mains de son ministre-cardinal; et pour perpétuer le souvenir de cette consécration, il ordonna, par un édit, que tous les ans, le 15 août, on fît une procession semblable à Notre-Dame-de-Paris et dans toutes les autres villes du royaume. On a dit que c'était pour remercier Dieu de la grossesse d'Anne d'Autriche, mais les lettres patentes du roi ne font aucune mention de ce fait. Il faut attribuer la véritable cause du vœu de Louis XIII [1], soit à la reconnaissance que ce prince croyait devoir particulièrement à la Mère de Dieu, comme ayant conservé la France au milieu des troubles dont elle était agitée, soit à la crainte qu'il éprouvait de voir encore une fois les Espagnols aux portes de Compiègne et de Noyon [2].

CAPUCINS. Couvent situé rue Saint-Éloy, près du pont aux Cardons (ou du Scardon), fut fondé par les soins de

[1] L'évêque de Nismes fit un sermon dans lequel il exposa le *principal motif* de ce vœu; mais le P. Ignace, à qui nous empruntons le détail de la cérémonie, ne s'explique pas sur ce motif.
[2] Voy. Levassor, *Hist. du règne de Louis XIII*, tom. 9, p. 639; et la *Biographie universelle*, tom. 25, pag. 457.

deux habitans d'Abbeville, les sieurs Belle et Foullon. Le premier établissement de ces pères eut lieu en 1601, dans une maison de la rue aux Pareurs, que leur céda le sieur Belle. Ils demeurèrent ensuite à l'hôtel de Ligny, près de l'église Notre-Dame, qu'ils tentèrent de s'approprier; mais leur projet ayant échoué, ils allèrent se fixer dans l'hôtel de Huppy, rue Saint-Éloy. La protection de François d'Orléans, comte de Saint-Pol, gouverneur de la Picardie, et des princesses de sa famille, les mit bientôt en possession du collége, qui touchait à l'hôtel de Huppy.

L'église des capucins avait été construite en 1606. La maison, embellie par différentes acquisitions, possédait un jardin que le cardinal de Richelieu augmenta encore pendant le séjour qu'il fit à Abbeville en 1636.

Lorsque les capucins allaient en procession, ils se faisaient accompagner par une vingtaine d'enfans vêtus de l'habit de leur ordre.

Carmes. Ce monastère, situé près de la place Saint-Pierre, doit son origine au P. Ignace, carme lui-même, auteur de deux ouvrages sur Abbeville, sa patrie, et qui, zélé pour la propagation de son ordre, vint, en 1640, solliciter, auprès des officiers municipaux, la permission de fonder ce nouvel établissement. « En arrivant dans cette ville, dit le naïf historien, le P. Louis et moi, nous allâmes loger chez maistre François Varlet, avocat, demeurant pour lors dans la Tannerie, qui nous reçut comme des anges, comme des hommes descendus du ciel... Nous allâmes le lendemain visiter les principaux de la ville. Les uns nous promettaient bonne issue, les autres y trouvaient bien de la difficulté, disant que c'estoit un temps fort fâcheux, qu'on estoit en temps de guerre, et qu'il n'estoit pas saison de fonder des couvens dans une ville frontière qui avoit l'ennemi proche. » Le P. Ignace ne négligea aucun moyen pour parvenir à son but. « Nons ne fûmes point découragés, dit-il, car c'est dans les tempêtes que se forment les plus belles perles. » Il se rendit à l'Hôtel-de-Ville: un de ses compagnons fit un discours baroque et ridicule que cet auteur a conservé, et que le conseil municipal trouva fort beau sans doute, puisque sa demande fut accueillie; mais on y mit cette restriction que le couvent ne contiendrait que six religieux en temps de guerre et quinze pendant la paix. Ces religieux continuèrent à demeurer chez le sieur Varlet qui, par excès de courtoisie, alla se loger ailleurs. Avec les ressources qu'ils trouvèrent dans les âmes dévotes, ils achetèrent bientôt l'hôtel de Gamaches, place Saint-Pierre, que les ursulines allaient quitter, et s'établirent dans cette nouvelle maison, le jour de la Toussaint 1642.

Ils y avaient fait construire une église assez jolie, qui fut démolie en 1811. Les bâtimens de ce couvent subsistent encore; ils sont devenus propriété particulière.

Jacobins. Le premier établissement de ces moines eut lieu en 1652, dans une maison de la chaussée d'Hocquet; mais s'y trouvant trop resserrés, ils allèrent occuper, l'année suivante, une autre maison, rue de la Tannerie, où ils avaient fait construire une chapelle. En 1664, le sieur Vaillant, mayeur, voulant leur procurer un logement plus vaste et plus commode, acquit de la collégiale de Saint-Vulfran un lieu nommé le

Nouvel âtre [1], et le 13 juin de la même année, on commença à y construire des bâtimens et une église. Les Jacobins se transportèrent dans ce nouveau local, situé rue du Vert-Soufflet, et y restèrent jusqu'à leur suppression en 1790. L'église et une partie des bâtimens furent démolis peu de temps après.

L'ABBAYE DE SAINT-VALERY fut fondée par un cénobite de ce nom, sur un rivage appelé *Leucone*. Ce cénobite, né en Auvergne, y vint de l'abbaye de Luxeuil avec un autre solitaire, et y répandit le culte de l'Évangile. En 611, Clotaire lui fit cession du territoire où il avait bâti son ermitage, et ses disciples y construisirent bientôt un monastère, sous la règle de saint Benoît, qu'ils furent contraints d'abandonner peu de temps après sa mort (12 décembre 622), pour se soustraire à la fureur des Scandinaves. Mais saint Blimont, qui s'était retiré avec eux en Italie, revint en 628, et releva l'abbaye de ses ruines. Illustrée par les miracles du saint, enrichie par les rois et par les grands barons du Ponthieu, l'abbaye de Saint-Valery, après avoir long-temps souffert des brigandages de ses avoués ou défenseurs [2], fut reconstruite par Hugues Capet. Aux chanoines qui s'y étaient introduits, ce prince substitua des religieux de Saint-Lucien, près de Beauvais, de l'ordre de saint Benoît, et rappela ainsi cette maison à son état primitif. Elle fut plusieurs fois ravagée par les Anglais et par les Bourguignons; et d'autres coups non moins terribles

---

[1] C'était un ancien cimetière établi lors de la peste noire qui désola l'Europe en 1348.

[2] Voir ci-devant pag. 22 et 58.

lui furent portés par les Calvinistes en 1568 et 1591. La règle, souvent relâchée au milieu de tant de revers et de vicissitudes, s'y rétablit enfin par l'introduction de la réforme de Saint-Maur, en 1644; mais elle ne tarda pas à se relâcher de nouveau, et s'il fallait en croire la chronique scandaleuse, les moines qui habitaient ce monastère en 1789, auraient laissé dans le pays une nombreuse et belle postérité.

L'abbaye de Saint-Valery est loin d'offrir à l'historiographe les mêmes souvenirs que celle de Saint-Riquier ; mais on rencontre dans ses annales les noms du cardinal de Guise, abbé, un neveu de Sixte-Quint, deux Bentivoglio et l'immortel auteur de Télémaque.

Il ne reste plus qu'une partie des bâtimens de ce monastère et quelques vestiges de sa belle église ; mais ces vestiges, qui sont un des plus anciens fragmens de l'architecture du moyen âge dans notre province, sont heureusement devenus la propriété du savant bibliographe, M. Ant. Aug. Renouard, qui les conserve avec un religieux respect.

L'église de l'abbaye de Saint-Valery se composait d'une nef et de deux bas-côtés, unis entre eux par le rond-point du chœur, comme le sont ceux de l'église de Saint-Riquier.

ABBAYE DE SAINT-RIQUIER. L'histoire de ce monastère, l'un des plus anciens et des plus riches de France, et la description de son église, admirable d'ensemble et de détails, exigerait presque un volume. Nous avons laissé à M. Gilbert le soin de la décrire, et, nous ne donnerons ici qu'une simple notice sur l'abbaye ; car on trouvera dans l'ouvrage de ce savant, si profondément versé dans l'archéologie monumentale du moyen âge, des détails complets sous le rapport de l'art et de l'histoire.

L'abbaye de Saint-Riquier fut appelée primitivement abbaye de Centule, nom du lieu où elle était bâtie. Dans la suite elle prit le nom de son fondateur saint Riquier, qui l'avait édifiée en 625. La première église, dédiée à la Mère de Dieu, fut construite sur l'emplacement même où reposaient les cendres de saint Riquier, et elle subsista jusqu'au règne de Charlemagne. A cette époque, Angilbert fit rebâtir le monastère auquel il donna la forme d'un triangle; et suivant l'usage du temps, il fit, en 809, élever à chaque angle une église dont la dédicace fut faite solennellement par douze évêques. L'une fut réédifiée sur l'emplacement de l'église primitive, sous l'invocation du Sauveur et de saint Riquier; la seconde, située en deçà du Scardon, fut dédiée à la Vierge; la troisième, placée sur les bords de cette petite rivière, fut consacrée à saint Benoît. Nous avons déjà fait connaître la splendeur de cette abbaye dans le cours du neuvième siècle et les revers qui l'accablèrent à différentes reprises [1]. Nous nous bornerons à dire que ses revenus s'élevaient à plus de cent cinquante mille francs, y compris ceux de sa mense abbatiale, et qu'elle fut l'une des premières où se fit sentir la nécessité d'introduire la réforme. Mais les abbés commendataires que la faveur royale mit à sa tête vers le même temps (1538), donnèrent eux-mêmes l'exemple du scandale, et il fallut recourir à une seconde réforme, celle de Saint-Maur, qui y fut établie en 1659.

[1] Voir ci-devant p. 23, 24, 27, 42, 43, 74, 389.

L'abbaye de Saint-Riquier a été presqu'entièrement démolie pendant la révolution. Les bâtimens qui subsistent encore, et ceux qu'on y a reconstruits depuis quelques années, sont occupés par un petit séminaire.

Abbaye de Forêt-Montier. Saint Riquier voulant consacrer le reste de ses jours à la méditation et se préparer à la vie future, se retira dans une cabane au fond de la forêt de Crécy. Gislemar, homme illustre et pieux, et Mauronte, grand forestier du roi, lui cédèrent un terrain où il éleva un monastère en l'honneur de la Vierge. Il y rendit l'âme le 6 des calendes de mai 645, et quelques mois après, les moines de Saint-Riquier vinrent en grande pompe chercher sa dépouille mortelle, et la transférèrent dans l'église de Centule. Sur la fin du huitième siècle, le monastère de Forêt-Montier ayant été soustrait à la juridiction des moines de Saint-Riquier, Charlemagne promulgua une ordonnance qui le replaçait sous l'autorité des abbés de Centule. En 831, il y existait trente chanoines et trois églises sous le vocable de sainte Marie, de saint Pierre et de saint Riquier. Nous ne nous arrêterons pas plus long-temps sur ce monastère dont les annales n'offrent rien de remarquable. Il suffira de dire qu'il tombait en ruines en 1646; que la ferveur des moines était alors bien refroidie, et qu'on n'y reconnaissait plus ni régularité ni discipline.

Chapelle du Saint-Esprit de Rue. Nous signalons à l'attention des amis des arts les restes éminemment remarquables de cette chapelle, illustrée au moyen âge par un si grand nombre de miracles, et qu'un concours immense de pélerins venait visiter de tous les points de l'Europe. Philippe-le-Bon, duc de Bourgogne, Isabeau de Portugal sa femme, la reine, épouse de Louis XI, cet astucieux et dévôt monarque lui-même, Louis XIII et beaucoup d'autres personnages célèbres, vinrent tour à tour s'agenouiller au pied de la miraculeuse image du Christ qu'on y révérait.

Ce Christ, dit la légende, trouvé à Jérusalem sous les ruines de la porte du Golgotha, fut exposé dans le port de Jaffa à la merci des flots, sur une nacelle sans voile, sans gouvernail et sans pilote. Cette nacelle, protégée dans sa traversée par une main divine, vint échouer, le 1er. dimanche d'août, l'an de grâce 1001, sur la plage de Rue. Les habitans de cette ville s'empressèrent de recueillir le trésor que le ciel leur envoyait, et depuis longues années déjà, la sainte image était dans la chapelle du Saint-Esprit, lorsqu'après bien des guerres, bien des ravages, les Abbevillois, craignant qu'elle ne tombât aux mains des ennemis de la France, sollicitèrent, auprès du Parlement de Paris, l'autorisation de la transporter dans leurs murs; *mais celui qui a préféré pour sa naissance la petite cité de Béthléem à la grande ville de Jérusalem*, dit le P. Ignace[1], *renversa les desseins des hommes.* Forts d'un arrêt du Parlement, les Abbevillois se présentèrent à Rue, et, au milieu des pleurs et des gémissemens de la population, ils placèrent le crucifix sur un char attelé de quatre chevaux. Mais à peine avaient-ils fait quelques pas, que les chevaux restèrent immobiles sans qu'aucune puissance

---

[1] *Histoire Ecclés. d'Abbeville*, pag. 429.

humaine pût les faire avancer. Étonnés et saisis de ce prodige, les Abbevillois renoncèrent à leur projet. Ils venaient de dételer trois chevaux, lorsque le quatrième, tournant bride, ramena rapidement son précieux fardeau jusqu'au portail de l'église de Rue. Les Abbevillois, qui n'avaient pas oublié le miracle, s'y rendirent longtemps en pélerinage pendant les fêtes de la Pentecôte et dans le cours du mois d'août. Mais à ces temps de ferveur et de vénération profonde succédèrent les jours de la révolution. La piété des fidèles, les miraculeuses traditions conservées d'âge en âge, furent impuissantes pour préserver le crucifix de Rue des atteintes du vandalisme; et, en l'an III de la République, un iconoclaste proconsul le fit enlever par des dragons qui dévastèrent en même temps l'église.

L'Abbaye de Valloires, de l'ordre de saint Bernard, fut, en 1137, fondée par Gui II, comte de Ponthieu, et non par Guillaume Talvas, son père, comme l'ont avancé Ducange et le P. Ignace, et comme nous l'avons dit nous-même, d'après eux, dans le cours de cet ouvrage. Ce monastère fut établi d'abord à Bonance, près de Laviers, *in loco qui dicitur Bonantia de super villam de Laveriis* (ex Cartario Valloriæ, 1137). Ce lieu paraît avoir été abandonné par les moines vers 1140, à la suite de quelques différends survenus entre eux et les religieux de Saint-Josse. Il passèrent alors à Balance, près d'Argoules; et en 1226, ils quittèrent encore ce lieu pour aller se fixer à Valloires, dans la vallée d'Authie. Ce monastère et son église, reconstruits vers le milieu du dernier siècle, ont échappé au vandalisme de 1793. On y voyait plusieurs objets intéressans, tels que le tombeau de Jeanne, reine de Castille et de Léon, et ceux de plusieurs comtes de Ponthieu.

Des ouvriers brabançons, soumis aux règles d'une communauté religieuse dont on ignore le titre, se sont établis dans cette maison en 1817.

ABBAYE DE NOTRE-DAME DU LIEU-DIEU, près de Gamaches. Bernard de Saint-Valery fonda ce monastère, de l'ordre de Citeaux, en 1191. Détruit par les Bourguignons en 1472, il fut rebâti dans le seizième siècle; ruiné de nouveau par les Calvinistes, et relevé vers l'an 1638. L'église et la plupart des bâtimens n'existent plus.

ABBAYE DE NOTRE-DAME DE SERY. Des prémontrés, appelés de Saint-Josse-au-Bois par Anseau de Cayeux, seigneur de Bouillancourt, de Friville et de Rambures, s'établirent au milieu des bois de Sery, en 1127, et se transportèrent ensuite dans la vallée de la Bresle, près de Blangy, où ils avaient fait construire des bâtimens plus vastes, et une église qui renfermait le tombeau de Catherine de Valois, sœur de Philippe VI, roi de France, et dans laquelle on remarquait aussi les monumens funèbres des seigneurs de Cayeux.

Cette communauté, supprimée en 1790, devint propriété particulière; elle est maintenant occupée par une filature de coton.

BÉGUINES et SŒURS-GRISES. Ce couvent était situé au fond de la Placette, autrefois place du Béguinage, et dans la rue de ce nom, sur l'emplacement des maisons numéros 47 et 49. Les religieuses de l'ordre de sainte Gertrude, qui l'habitaient primitivement, soignaient les malades, ensevelissaient les morts, avaient des secrets de médecine, et pratiquaient certaines opérations chirurgicales. Cette communauté fut fondée à une époque inconnue par les sires de Boubers. Lorsque la loi féodale obligeait les vassaux des comtes de Ponthieu à remplir envers ces princes les devoirs de *lige estage* [1], les nobles fondateurs du Béguinage venaient dresser leurs tentes et pavillons sur la Placette et s'établir, eux et leur suite, pendant quarante jours et quarante nuits, dans le monastère.

Les filles de Saint-François, dites vulgairement *Sœurs Grises*, succédèrent aux Béguines, à condition qu'elles garderaient les malades. Les Sœurs Grises portaient la besace et demandaient l'aumône. Après avoir acquis quelques rentes, elles prirent, en 1635, la résolution de garder la clôture. Ces religieuses étaient pauvres, contractèrent des dettes et ne purent satisfaire à leurs engagemens. Long-temps avant la suppression des ordres monastiques, on leur avait défendu de recevoir des novices, afin de laisser la communauté s'éteindre. Leur église, dédiée à saint François de Paule et à sainte Élizabeth de Hongrie, et la totalité des bâtimens du monastère, se faisaient remarquer par leur aspect sombre et gothique. Ils tombaient de vétusté lorsqu'ils furent démolis pendant la révolution.

Sœurs Blanches. Ces religieuses, de l'ordre de saint Dominique, chassées de Térouane par Charles-Quint, se réfugièrent à Abbeville, en 1553. Elles y vécurent d'abord dans une grande pauvreté; enfin, quelques personnes charitables vinrent à leur secours, et on leur

---

[1] Voy. de Laurière, *Glossaire du droit français*.

permit d'habiter l'hôpital Saint-Julien, situé chaussée d'Hocquet, à condition qu'elles garderaient les malades. Aidées par les libéralités d'une puissante famille, celle de Melun, elles achetèrent en 1597, un hôtel rue Saint-Jean-des-Prés, pour y bâtir un monastère. En 1603, on commença la construction de l'église, qui fut achevée et consacrée en 1608. La réforme introduite dans ce couvent, en 1622, ne permit plus aux religieuses d'en sortir; mais quelques-unes ne voulant pas se soumettre à la clôture, restèrent dans l'hôpital de Saint-Julien, pour y suivre leur ancienne règle et soigner les malades.

La communauté des Sœurs Blanches occupait l'emplacement sur lequel on a construit *l'hôtel du Cygne* et plusieurs autres maisons particulières.

MINIMESSES. Couvent situé chaussée Marcadé, près du pont Touvoyon. Gabrielle Foucquart, veuve Duval; née à Abbeville en 1560, ayant conçu le projet de fonder un nouvel ordre monastique en France, rassembla quelques novices en 1601, et leur fit adopter la règle de saint François de Paule, en dépit des minimes qui s'opposaient vivement à cette usurpation de leur institut, et qui lui suscitèrent une foule d'obstacles. Mais sa résolution n'en fut point ébranlée. Elle acheta dans la chaussée Marcadé une maison qu'elle convertit en monastère.

Malgré les magistrats qui vinrent lui signifier l'ordre de quitter le voile; malgré le vœu de sa famille qui murmurait de son opiniâtreté; malgré l'excommunication qu'on fulmina contre elle, et qui fut placardée sur les murs du couvent, elle persista pendant quatorze années à rester dans son cloître au milieu de ses compagnes. Une bulle du Pape Grégoire XV autorisa enfin cette fondation, dont nous avons déjà parlé ailleurs, et dont le P. Ignace a fait l'histoire.

Cette maison a été démolie pendant la révolution.

Ursulines. Couvent situé chaussée du Bois. Plusieurs dames, qui se réunissaient dans une maison de la rue Saint-André, pour donner des soins à l'instruction d'un certain nombre de jeunes filles pauvres de la ville, appelèrent plusieurs religieuses ursulines de Paris qui furent, en 1613, logées dans l'hôtel de Gamaches, place Saint-Pierre. Les ursulines, étant devenues plus riches et plus nombreuses, firent bâtir, dans la chaussée du Bois, un nouveau monastère, l'un des plus réguliers et des plus vastes de l'ordre, dont l'une d'elle avait tracé le plan et dirigé la construction. Elles s'y transportèrent au nombre de soixante, le 10 octobre 1642, emportant avec elles les dépouilles mortelles de sept de leurs compagnes.

Après avoir servi de dépôt aux équipages militaires et de caserne à la troupe, cette maison a été désignée par un décret de 1806 pour l'établissement d'un haras. Tous les bâtimens, ainsi que l'église, subsistent encore. Cette dernière a été convertie en magasin de fourrages.

Une nouvelle communauté d'ursulines, établie depuis 1818, dans l'ancienne abbaye de Saint-Pierre, qui lui appartient, s'y voue encore à l'instruction des jeunes personnes.

Carmélites, rue Saint-Gilles. Cet établissement fut fondé en 1636, par un bourgeois d'Abbeville, nommé Mallery. L'évêque d'Amiens, de Caumartin, fut aussi l'un de ses bienfaiteurs. Ce prélat envoya dix religieuses pour peupler la nouvelle communauté. Ces religieuses, accompagnées de quelques dames de distinction, de prêtres à cheval et d'une escorte d'officiers et de gardes du corps, arrivèrent dans trois carrosses hermétiquement fermés.

En 1808, on établit dans ce couvent les tribunaux et la caserne de la gendarmerie. En 1802, quelques anciennes carmélites se réunirent dans un petit bâtiment qui dépendait de l'abbaye de Saint-Pierre, et elles habitent maintenant le couvent des capucins, dont elles ont fait l'acquisition.

Le Paraclet. Les religieuses de ce couvent, qui habitaient précédemment le village d'Épagne, s'établirent, en 1642, rue de l'Hôtel-Dieu, dans le refuge de saint Valery. En 1645, elles vinrent occuper, dans la rue Saint-Gilles, des bâtimens et un jardin, à condition que les maisons qui se trouvaient autour de leur enclos, sur la place du *Préer* et sur la rue, ne seraient pas supprimées, « afin que la dite rue qui est l'une des principales de la ville, dit l'acte d'autorisation, et la dite place qui est publique et voisine du rempart, et de l'une des portes de la ville du costé de l'ennemi, ne soient désertes, mais habitées à l'advenir, par nombre d'habitans, comme elle a toujours esté, pour l'embellissement de la ville, sûreté de la place et commodité des habitans. »

Jean Labadie, fameux illuminé du dix-septième siècle, eut avec ces religieuses pendant la durée d'une mission qu'il fit à Abbeville plusieurs conférences qui excitèrent les soupçons de la supérieure du couvent. En effet, Labadie, après avoir séduit une jeune demoiselle de la ville, parvint à persuader aux bernardines qu'il n'y avait absolument aucune action qui ne pût être sanctifiée en la rapportant à Dieu. L'évêque d'Amiens, Caumartin, qui l'avait appelé dans son diocèse, allait le faire arrêter lorsqu'il s'enfuit à Paris.

Le 2 juin 1792, l'église du Paraclet, remplie de fourrages, fut détruite par un violent incendie. Une partie de la maison (l'abbatiale) est occupée par la poste aux chevaux.

LA VISITATION DE SAINTE MARIE. Couvent situé rue des Rapporteurs, fut fondé par les soins du mayeur Claude Becquin, qui sollicita, auprès d'Anne d'Autriche, la permission de l'établir. Six religieuses, tirées du couvent d'Amiens, arrivèrent à Abbeville sous escorte le 18 août 1650, et logèrent d'abord dans la grande rue Notre-Dame, à l'hôtel de Valines. Cette communauté, s'y trouvant trop resserrée, acquit, dans la rue des Wets, plusieurs maisons et des jardins, et y fit construire un monastère.

L'église, assez grande et soigneusement ornée, fut bâtie en 1712. Le couvent a été démoli, ainsi que cette église, en 1793. Plusieurs maisons particulières se sont élevées sur leur emplacement.

L'ABBAYE D'ÉPAGNE fut fondée, en 1178, par Enguerrand de Fontaine, sénéchal du Ponthieu, qui donna aux religieuses de ce monastère tout ce qu'il possédait à Épagne *tant en hommes qu'en terres labourables*, et qui leur donna encore, peu de temps après, ses moulins de Rouvroy, de Mautort, de Cambron, et tous les biens qui lui appartenaient dans ce dernier lieu.

Les religieuses d'Épagne appartenaient à l'ordre de Citeaux. La vétusté de leur couvent et les dangers de la guerre les contraignirent, en 1642, à se fixer à Abbeville, et elles occupèrent le Paraclet jusqu'en 1747, époque à laquelle cette maison fut supprimée et réunie à celle de Willancourt.

ABBAYE ROYALE DE WILLANCOURT, chaussée Marcadé. Dans un lieu nommé l'Ile de Senart, près de la rivière d'Authie, existait, depuis la fin du douzième siècle, un monastère de religieuses Bernardines, fondé par un abbé de Saint-Riquier et quelques nobles du Ponthieu. En 1220, ces religieuses transférèrent leur domicile à Willancourt, près d'Auxi-le-Château, où elles restèrent jusqu'en 1662. Elles vinrent alors se fixer à Abbeville, à cause de la guerre qui ravageait leur solitude, et y restèrent jusqu'à leur suppression en 1790.

Les austérités du cloître n'avaient point éteint, chez les dames de Willancourt, le goût des plaisirs du monde. Elles méconnurent plus d'une fois les sévères observances de la vie religieuse pour se livrer à des distractions toutes profanes, et poussèrent même l'oubli de la règle jusqu'à jouer, dans l'intérieur de leur couvent, des comédies de Florian où l'auteur, qui venait souvent alors à Abbeville, pour y visiter ses parens, MM. d'Hornoy, figurait lui-même avec l'élite de la société abbevilloise.

L'HÔTEL-DIEU, situé rue Frettelangue, fut, en 1158, bâti par Jean, comte de Ponthieu, qui, dans sa charte de fondation, prend le titre d'abbé de Saint-Vulfran. Cet hospice, uniquement destiné aux malades civils et militaires, était dans l'origine desservi par des frères, sous le titre de *Maison Saint-Nicolas*. En 1164, on leur adjoignit des religieuses. En 1617, on renvoya les frères, et les religieuses, sous la conduite d'un prêtre séculier, demeurèrent seules chargées de l'administration. En 1793, on les remplaça par des infirmiers qui firent le service des salles sous la surveillance de la commission administrative des hospices et de deux économes. Mais depuis 1803, les religieuses ont repris ce service. Vers l'année 1794, on fit de l'église une vaste salle pour les femmes; on éleva d'autres bâtimens, on y introduisit d'heureuses réformes.

L'administration actuelle de l'Hôtel-Dieu, à laquelle est réunie celle de l'hospice des enfans trouvés, est, d'après les lois existantes, formée du maire, président né, de cinq administrateurs et d'un secrétaire-trésorier.

L'Hôtel-Dieu renferme dans son enclos un très-beau jardin potager. Les bâtimens sont vastes; mais ces bâtimens, construits et ajoutés les uns aux autres en différens temps, ne présentent pas un ensemble régulier.

Le nombre ordinaire des malades est de quatre-vingts à cent vingt. Au besoin, et dans les cas extraordinaires, on en a admis jusqu'à deux cents. Chacun d'eux a son lit et les hommes sont séparés des femmes.

La Maladrerie du Val-aux-Lépreux, située près du village de Laviers, fut fondée peu de temps après le retour des premiers croisés qui avaient gagné la lèpre en Orient. Dès qu'un individu semblait atteint de cette maladie contagieuse, les magistrats le faisaient arrêter par leurs sergens et on l'amenait à l'Échevinage où les médecins le visitaient. Si leur rapport constatait le mal, les officiers municipaux le faisaient conduire à la Maladrerie. Si cet infortuné était un vagabond, on le sommait de quitter la ville et de n'y plus reparaître; mais on lui permettait d'errer sur les chemins d'alentour et de venir jusqu'aux portes pour y recevoir l'aumône [1].

L'administration de l'hospice du Val était confiée aux officiers municipaux d'Abbeville. Cet hospice était desservi par des frères, et contenait encore plusieurs lépreux au seizième siècle.—Rue, Saint-Riquier, Mareuil, Épagnette, et beaucoup d'autres lieux de l'arrondissement avaient aussi leurs léproseries.

HÔPITAL DE SAINTE-MADELEINE, situé près du pont de Talance, appartenait à l'ordre des religieuses pénitentes qui retiraient du vice de malheureuses filles réduites à la plus grande misère après avoir vécu dans le libertinage. Pour être admises dans ces sortes de couvens les pécheresses étaient tenues de fournir des preuves de leurs déréglemens, « de peur, dit M. de Chateaubriand, que l'innocence sous la forme du repentir n'usurpât une retraite qui n'était pas établie pour elle. » On mettait beaucoup de soin à prévenir la fraude, mais il arrivait souvent que des filles se prostituaient exprès pour obtenir le droit d'entrée.

La maison des sœurs de la Madeleine d'Abbeville est principalement ordonnée, disent les statuts de cette maison, *pour recœullir femmes qui auront esté publiques pécheresses de quelque pays que elles viengnent, se on voit en elles signes de vraie repentance.*

Au regart de leage, au dessus de quarante ans, nulle n'est digne d'estre recheute pour tant (parce) que la

---

[1] Ordonnance municipale du quatorzième siècle. — Voy. *Souvenirs et Paysages*, par mon fils, pag. 52 et 53.

fleur de leur jonesse est passée. Néanmains il sera en la discrétion des gouverneurs de diligentement enquerir et scavoir se elles viennent a repentance pour tant (parce) *que le monde les laisse ou pour tant que elles-mêmes laissent le monde.*

En 1239, cet hospice ayant été donné aux cordeliers, les filles de la Madeleine allèrent s'établir dans l'hôpital de Jean le Sellier, rue Saint-Éloy. En 1566, elles quittèrent cette maison pour aller habiter l'hôpital Saint-Quentin, auprès du pont Grenet, et y demeurèrent jusqu'au moment de leur suppression en 1610.

Hôpital de Saint-Julien-le-Pauvre, situé chaussée d'Hocquet, fut fondé l'an 1217, en faveur des *poures* (pauvres) *passans mendians*, par un bourgeois d'Abbeville, nommé Gauthier Coullars. Il était desservi par des frères, et fut cédé aux religieuses de Saint-Dominique vers 1553.

Hôpital du Saint-Esprit. En 1231, un prêtre, nommé Guillaume, fonda cet hôpital pour les pauvres; et, comme ces sortes d'établissemens se trouvaient souvent dépouillés par ceux qui les administraient, le fondateur plaça celui-ci sous la protection de l'évêque d'Amiens et de l'archidiacre du Ponthieu, auxquels il assigna une rente de quinze livres, ce qui était alors une grande somme, pour les intéresser plus particulièrement, ainsi que leurs successeurs, à la conservation de ce pieux asyle.

L'hôpital du Saint-Esprit était desservi par quatre ecclésiastiques à la nomination du prieur de Saint-Pierre. On ignore le lieu de son emplacement et l'époque à laquelle il cessa de subsister.

Hôpital de Saint-Jean-l'Évangéliste, situé petite rue Notre-Dame ; contre la rivière ; avait été fondé par un artisan de la ville. On ne connaît ni sa destination, ni la date de son établissement, ni l'époque de sa suppression.

Hôpital de Notre-Dame de Boulogne, situé chaussée Marcadé, près du pont Touvoyon, fut établi au commencement du quatorzième siècle pour y recevoir les étrangers malades ou nécessiteux qui allaient visiter l'église de Notre-Dame de Boulogne ; car le pélerinage de cette église était dans une telle vogue, qu'on y accourait de toutes les parties de l'Europe. On créa pour le service de cet hôpital une communauté de frères ; mais le zèle des pélerins s'étant refroidi, la maison cessa d'être utile, et fut abandonnée aux minimesses.

Hôpital Saint-Jacques, situé rue Entre-deux-Eaux, du côté de la rivière. Des bourgeois d'Abbeville ayant fait le pélerinage de Saint-Jacques de Compostelle, établirent cet hospice vers l'an 1340, pour les pauvres étrangers allant à Saint-Jacques. Trois prêtres faisaient le service de la chapelle et de la maison, qui fut, en 1645, cédée par l'échevinage aux filles de Saint-Joseph. Ces filles ayant été se fixer dans la rue des Teinturiers, l'hôpital Saint-Jacques fut vendu.

Les titres mentionnent en outre l'hôpital des Commandeurs ou de Saint-Jean de Jérusalem, rue Saint-Gilles ; l'hôpital de Saint-Nicolas, même rue (1483) ; l'hôpital de Notre-Dame, près de la porte Marcadé (1404) ; l'hôpital Saint-Laurent, près du pont de Talance (1480) ; et l'hôpital Saint-Étienne, place Saint-Pierre, où les pauvres recevaient l'hospitalité.

On ne connaît de ces établissemens ni leur fondation, ni leurs revenus, ni leur régime ; mais il est facile de voir qu'il y en avait de fort pauvres. On sait d'ailleurs qu'au moyen âge cinq ou six malheureux seulement vivaient dans de semblables hospices du produit d'un jardin, d'un petit clos et de quelques aumônes.

Le Bureau des Pauvres fut établi, en 1580, dans l'hôpital Saint-Étienne. Les guerres civiles du temps de la Ligue avaient considérablement accru la misère publique. Il fallut pourvoir à la nourriture et à l'entretien *d'un grand et effréné nombre de mendiants de la ville et des faubourgs*. Les désordres que causaient ces malheureux déterminèrent les magistrats à les emprisonner; mais on recourut bientôt à d'autres mesures. Les administrateurs du Bureau des Pauvres obtinrent de Henri III, en 1581, des lettres patentes qui les autorisèrent à percevoir sur toutes les classes de la société, les pauvres seuls exceptés, une taxe d'aumône; et pour que ces administrateurs ne se vissent pas obligés de *laisser souffrir les pauvres mendiants comme devant avec grand désordre, confusion, danger de peste et autres inconvénients qui s'en pourroient ensuivre*, disent les lettres patentes, on leur permit *de commettre collecteurs, huissiers, sergens*, etc., afin de contraindre les particuliers à payer la taxe.

Ce bureau, composé de treize membres, dont l'évêque d'Amiens était le surveillant immédiat, s'est maintenu jusqu'en 1728. Il fut alors réuni à l'hôpital général des pauvres.

Hôpital général des Pauvres et des Enfans trouvés rue Rotheleu. Louis XV, par lettres patentes du mois d'avril 1727, ordonna l'établissement de cet hospice sur l'emplacement des jardins de l'Arc et de l'Arquebuse, et prescrivit les règles qui devaient y être observées.

Le 22 février 1780, on commença à y déposer les enfans abandonnés qu'on recevait auparavant dans une maison particulière, et qu'on transférait ensuite au dépôt général à Paris.

Cet hôpital est vaste et salubre, d'une construction solide et régulière, et dans une position agréable entre cour et jardin. L'église a été construite, en 1833, avec les matériaux de celle des sœurs de Saint-Joseph.

L'hôpital général des pauvres est pourvu, en ce moment, de cent six lits de vieillards, dont cinquante-six pour les vieillards-hommes et cinquante pour les vieillards-femmes; le nombre des lits pour les garçons et pour les filles de la ville et de la banlieue varie de soixante-quinze à cent dix.

A cet établissement appartenait seul le droit de vendre de la viande pendant le carême *pour les malades et autres personnes légitimement dispensées*. Il est desservi par les religieuses de Saint-Vincent de Paul, recommandables par leur activité et par l'exactitude de leur service.

HÔPITAL DE SAINT-JOSEPH, autrement dit de *Sœur Claude*, situé rue des Teinturiers. Le but de cet établissement, fondé par une vertueuse fille d'Abbeville, nommée Claude Foullon, était de recevoir de pauvres orphelines de la ville et de sa banlieue, et de pourvoir non seulement à leur existence, mais encore de leur apprendre à travailler, à lire et à écrire.

Après avoir été placé en divers lieux, cet hospice, dont la fondation remonte à l'an 1641, fut définitivement fixé, en 1711, rue des Teinturiers. Il était dirigé par des sœurs de Saint-Joseph ou de la Providence, mais le corps de ville en avait seul l'administration; il fut supprimé à la suite de la révolution de 1789, et ses biens réunis à l'hospice général des pauvres.

Congrégation des Sœurs de Notre-Dame de Consolation. Cette confrérie fut instituée dans l'église Saint-Jacques, en 1643, à la suite d'une mission, et autorisée, en 1751, par lettres patentes, à recevoir les dons, legs et aumônes qui seraient faits aux pauvres. « L'office de toutes les dames et sœurs associées dans ladite compagnie, disent les statuts et réglemens de cette confrérie, sera d'aller visiter, chacune sa semaine, tous les pauvres malades qui ne peuvent être reçus à l'hôpital de cette ville, et leur porter à dîner, qui sera pour l'ordinaire du potage, un peu de viande, avec un petit pain blanc, en leur laissant les mêmes choses à souper.»

Les dames et sœurs de la consolation devaient en outre assurer aux malades les secours spirituels ; veiller à ce qu'ils soient promptement confessés, et qu'ils reçoivent la communion. La charité de ces dames devait être *patiente, bénigne et sans envie.* Elles devaient *tout entreprendre, tout espérer et soulager toutes les souffrances ; régler et former leur vie et leurs actions de charité sur le modèle de ces anciennes veuves de la primitive église, journellement occupées à servir les pauvres.*

Cette louable institution, débarrassée de ses pratiques mystiques, s'est conservée jusqu'à nos jours, et seconde le bureau de bienfaisance, qui perçoit ses anciens revenus. Les dames qui la composent, toutes femmes du

NOTICES. 573

monde, ne sont plus astreintes, comme leurs devancières, *à communier tous les huit jours; à se trouver après vespres tous les troisième dimanche du mois dans l'église Saint-Jacques, pour y entendre l'exhortation de M. le curé; dire quelque chose de dévotion ou lire quelque bon livre* [1] : mais elles n'en font pas moins de bien, et leur zèle et leur impartialité dans la distribution des secours leur attirent chaque jour les bénédictions des pauvres.

Le Bourdois. Le nom de cet édifice ne provient pas d'une maison qui avait autrefois pour enseigne le *Bourg d'or*, comme le dit le P. Ignace; mais d'un bâtiment nommé le *Bourdoire*, qui lui était contigu, et sur lequel existait une terrasse [2]. Il y a lieu de croire que c'est sur cette terrasse que se plaçaient les juges des combats simulés appelés tournois ou *bouhourdis*, qui se livraient alors sur le Marché ou dans l'intérieur même de ce bâtiment, car ce nom de *Bourdoire* signifie un lieu où l'on joutait [3]. C'est sur l'emplacement du Bourdois que la commune éleva son premier beffroi et tint d'abord ses assemblées. Ce local ayant cessé d'être assez vaste pour servir aux délibérations de l'Échevinage, on construisit, en 1209, un autre hôtel-de-ville, avec une nouvelle tour pour faire le guet [4]. Le Bourdois, que les

[1] *Statuts et réglemens de la Consolation*, imprimés à Abbeville, en 1708, par Guil. Artous. un vol. in-18.

[2] ......Pour le terrache du Bourdoire joignant du petit eschevinaire XVII de nœuf ploncq au pris de VIII deniers le livre. (*Compte des Arjentiers*, année 1466.)

[3] De Roquefort, *Glossaire de la langue romane*.

[4] Je Willaumes quens (comte) de Ponthieu et de Monstrœil fais savoir etc....: que come li maire et li eskevins d'Abbeville, de men

vieux titres désignent sous le nom de *Petit Echevinage,* devint dès lors un bâtiment public dans lequel les magistrats municipaux se rendaient avec les officiers du roi pour assister aux fêtes qu'on célébrait sur le Marché ou pour d'autres motifs. Le rez-de-chaussée continua d'être un corps de garde nécessaire à la police de ce même marché.

L'Hôtel-de-Ville. Guillaume III, comte de Ponthieu, permit, en 1209, aux mayeur et échevins de bâtir un autre hôtel-de-ville près de l'église Saint-André. La grosse tour quadrangulaire qui supporte le clocher, est la seule construction de cette époque qui ait subsisté jusqu'à nous Percée de lucarnes fermées avec des grilles de fer, elle donne à ce clocher l'aspect d'une forteresse, d'une prison ; et, en effet, telle fut sa principale destination dans l'origine.

La façade extérieure et la plupart des autres bâtimens de l'hôtel-de-ville, construits à différentes reprises depuis 1685, n'offrent rien de remarquable.

Le clocher qui surmonte la tour a été reconstruit en 1807. C'est là que se plaçait la sentinelle qui devait donner le signal de l'approche de l'ennemi. La plus grosse cloche qu'il contenait anciennement sonnait le tocsin pendant les incendies ou dans les temps d'alarmes, et de lugubres volées pendant l'exécution d'un criminel, ce qui la fit nommer *Hideuse.*

conseil et de me volonté aient ordené remouvoir (transporter) leur beffroy qui estoit en costé le moustier Saint-Jore (l'église Saint-Georges) en autre lieu..... je leur ai octroyé que jou (je) ne autres de me juridiction el lieu es quel li beffroy avoit esté amonchelé (élevé) riens dore en avant ne édifiera..... (*Livre blanc*, f°. vi.)

La cloche des portes appelait le matin les habitans et les soldats qui devaient assister à l'ouverture des portes de la ville et les garder jusqu'à l'entrée de la nuit.

La cloche de *Waite* (du guet) indiquait à la garde nocturne l'instant de se rendre à ses différens postes sur les remparts, et dans les corps de garde de chaque porte.

— La *retraite* ou *couvre-feu* sonnait une heure après.

Une autre cloche appelée *Maubeuge* réglait les heures des ouvriers.

Une sixième cloche, que les vieux titres désignent sous le nom de *Appelle Esquevins*, avertissait les officiers municipaux de se rendre à la mairie.

La statue équestre de Guillaume Talvas, comte de Ponthieu, surmontait le clocher. On la remplaça, en 1794, par une grande girouette tricolore, au-dessus de laquelle était un bonnet rouge.

Les maire et échevins avaient dans leur hôtel une chapelle sous l'invocation de la Vierge, dont il ne reste plus de vestiges. Elle existait encore au dix-septième siècle; mais on n'y célébrait plus la messe parce que ses revenus étaient alors insuffisans. En 1748, une autre chapelle, située près de la chambre actuelle du conseil, fut solennellement consacrée.

Fortifications. Nous avons déjà parlé des fortifications d'Abbeville au moyen âge; mais nous n'avons pas dit que ces fortifications, augmentées ou entretenues chaque année avec le plus grand soin, étaient garnies de nombreuses machines de guerre qu'on renfermait dans l'Échevinage lorsque le péril était passé. Au nombre de ces machines on trouve des arbalètes, des arcs, des engins pour lancer de grosses pierres, des canons de fer, des couleuvrines, des pierriers, des serpentines, etc. C'était principalement à Bruges et à l'Écluse que les échevins faisaient acheter ces armes, ainsi que du souffre et du salpêtre pour fabriquer de la poudre.

Les murs d'Abbeville étaient garnis de canons dès le commencement du quinzième siècle. Ces murs, déjà redoutables avant l'usage de l'artillerie, et que l'ennemi n'osa jamais escalader, reçurent encore une nouvelle force du temps de Louis XI et de François Ier. En 1550, Henri II étant venu à Abbeville pour veiller à la sûreté des frontières, s'occupa spécialement des fortifications de cette place. En 1585, le maréchal de Retz fit élever la courtine du Mail, ainsi que l'éperon placé en avant de cette courtine, auquel il a donné son nom. En 1636, Louis XIII, voulant compléter le système de défense, fit abattre, aux abords des portes Saint-Gilles et du Bois, une quantité de maisons sur l'emplacement desquelles on construisit des contrescarpes, des demi-lunes et des glacis, et on acheva en même temps les bastions de Saint-Paul, de Longueville et de Rambures élevés sous Henri IV, ainsi que ceux du Château et de Marcadé. La demi-lune des Noyers qui couvre la porte du Bois, et l'ouvrage à cornes désigné sous le nom de Champ de Mars, datent également du règne de Louis XIII. Cependant malgré ces différens travaux éxécutés lentement, les fortifications d'Abbeville étaient encore bien incomplètes, lorsque Vauban vint visiter cette place. « Abbeville, dit ce grand homme dans le mémoire que nous avons déjà cité (pag. 380), a une enceinte très-faible, très-basse et en si mauvais état que l'on peut dire sans se tromper qu'il y en a beaucoup plus en brêche et disposé à tomber qu'il n'y en a de solide et en état de soutenir un rempart. »

Les dehors ne valaient pas mieux. Pas de chemin couvert ; de mauvais fossés ; nulle écluse ni un seul batardeau ; les portes et les ponts menaçant ruine ; peu ou point de magasins. Cependant il y avait, à la même époque, cent trente mille setiers de blé, ce qui peut suffire à la subsistance de plus de quarante mille personnes un an durant.

Mais continuons de citer Vauban pour faire connaître Abbeville sous le rapport militaire. « 1°. Le premier de ses avantages, dit-il, est qu'étant fort grande et le peuple fort nombreux, et assez bien armé, si l'on y joignait trois ou quatre mille hommes de troupes réglées en cas de besoin, cela obligerait infailliblement l'ennemi, quelque puissant qu'il pût être, à une circonvallation et contrevallation considérable, et qui lui donnerait de l'ouvrage pour long-temps ;

» 2°. C'est la grande étendue de cette circonvallation, divisée en trois quartiers séparés, dont la communication lui serait très-difficile, et l'obligerait à trois ponts considérables et à bien des digues et fossés ;

» 3°. Que le pays étant très-fertile en fourrages de toute espèce, il serait aisé d'y faire subsister un grand corps de cavalerie, ce qui me paraît d'autant plus considérable que les ennemis, que l'on pourrait avoir à craindre ici, vraisemblablement en auraient peu ;

» 4°. C'est qu'on peut rendre la place inattaquable sur les deux tiers de son circuit ; et ce, par le moyen des eaux ; et que le surplus se peut aisément fortifier ;

» 5°. Qu'en approfondissant les fossés on pourrait y

faire entrer des courans considérables, soit de la Somme ou de la petite rivière de Saint-Riquier ;

« 6°. Qu'il se trouve assez de souterrains dans cette place, abandonnés et la plupart inconnus, pour loger quatre cent mille livres de poudre en toute sûreté ; que l'effet des bombes serait peu considérable à cause des marécages et des grands vides qui sont dans la place et qui font que les maisons sont séparées et la ville fort grande [1]. L'illustre maréchal conclut en disant qu'on pourrait la mettre à couvert et en sûreté contre toutes les attaques de l'ennemi, même contre un siége réglé et des plus opiniâtres, l'armée fut-elle de quarante mille hommes [2]. »

En 1793, on invita tous les citoyens de la ville et des diverses communes du district à venir travailler aux fortifications. Une souscription fut ouverte pour subvenir aux frais de ces travaux et à l'achat des pelles, pioches et brouettes. Cette souscription ayant été promptement remplie, on répara les brèches qui existaient aux abords de la porte Saint-Gilles; on construisit des vannes, des ponts-levis et des barrières, et l'on planta des palissades.

En 1794, on commença la contre-garde du bastion de Rambures ; mais cet ouvrage ne fut terminé qu'en 1812, époque à laquelle on entreprit à la porte Marcadé

---

[1] Abbeville a près de deux mille sept cents toises de circuit, à mesurer en droite ligne les fronts du corps de la place, sans y comprendre les replis et les coudes grands et petits de son rempart.

[2] *Mémoire sur Abbeville* par M. de Vauban, mai 1689.

de grands travaux de terrassemens qui furent interrompus par les événemens de 1814.

Il existait anciennement une muraille en l'air, crénelée et flanquée de tours depuis la porte Marcadé jusqu'à la rivière du Scardon. Aujourd'hui cette partie de la ville est défendue par un rempart de terre, construit depuis 1815. On a commencé, en 1831, un vaste bastion gazonné, près de la tour des Hauts Degrés.

Les Grandes Écoles et le Collége. — On ne connaît pas précisément l'époque de l'établissement des grandes écoles qui ont précédé le collége, mais quelques notes, trouvées dans de vieux manuscrits, font croire que ce fut en 1331; d'autres documens disent en 1371, sous le règne de Charles V; nous présumons cependant que leur origine est plus ancienne.

Il est certain que dès l'an 1384, les grandes écoles avaient des biens assez considérables, et que celui qui les dirigeait prenait le titre de *magnus magister scholarum*. Ceux qui avaient en main l'autorité, ecclésiastiques ou nobles, se faisaient adjuger cette charge pour les leurs ou pour leurs protégés, car elle était alors fort productive, et elle devint ainsi le partage de l'incapacité. Le mal s'aggrava au point que force fut d'y porter remède. Les chanoines de Saint-Vulfran, qui n'exerçaient d'abord aucune autorité sur le grand maître, devinrent jaloux de ses prérogatives. Ils résolurent de se les attribuer, et pour y parvenir, ils s'adressèrent à l'anti-pape Clément VII, contre lequel l'université s'était fortement déclarée. Clément, qui ne cherchait qu'à se faire des partisans pour soutenir ses droits, accueillit leur demande. C'est en vertu de sa bulle donnée à Avignon, l'an 1383, que les écoles furent entièrement soumises aux chanoines qui, dès lors instituèrent le grand maître, et lui firent payer la permission d'enseigner ; permission que celui-ci vendait à son tour aux maîtres des petites écoles, ce qui réduisait le nombre des enfans qui auraient pu les fréquenter, en augmentant le prix de l'instruction.

Les états d'Orléans, tenus sous Charles IX en 1560, firent cesser ce monopole. On décida que dans chaque ville pourvue d'une église collégiale, il y aurait un maître chargé d'enseigner gratuitement, et que, pour le dédommager de ses soins, le revenu d'une prébende lui serait affecté. Le nombre des étudians augmenta alors au point que les grandes écoles, qui étaient situées rue Saint-Gilles, sur l'emplacement de la halle, ne se trouvèrent plus assez vastes ; on les transféra rue Tayon.

Le chef de ce nouveau collége s'intitula *maître pédagogue des grandes écoles de la ville et banlieue*. Mais bientôt les chanoines s'opposèrent à l'exécution de l'ordonnance qui les obligeait de verser entre les mains du professeur le fruit de sa prébende préceptoriale. Ils appelèrent la chicane à leur aide, et prolongèrent leur résistance jusqu'à ce que le Parlement les eût contraints de payer.

En 1585, le collége fut transféré de la rue Tayon, que l'on nomme encore des Grandes Écoles, dans l'hôpital de Jean Le Sellier. On y comptait alors cinq chaires. En 1606, cette maison ayant été cédée aux capucins, on donna en échange au collége l'hôtel de

Neuilly-l'Hôpital, rue Millevoye, où il est encore [1]. En 1644, les Jésuites essayèrent de s'y introduire, ce qu'ils avaient déjà fait en 1578, en 1611 et 1615: mais les autorités civiles s'y opposèrent. En 1693, ils renouvelèrent leurs tentatives. Le chapitre de Saint-Vulfran qu'ils avaient eu l'adresse de mettre dans leurs intérêts, leur abandonnait ses droits sur l'église de Notre-Dame-du-Chastel, dont ils devaient prendre possession. Un grand personnage, Claude de Vendôme, leur offrait une part des seigneuries de Béhen et de Cambron; tout était arrêté, conclu : Louis XIV refusa son consentement, malgré les sollicitations pressantes du P. Lachaise que ses confrères avaient gagné. Cependant les révérends pères ne se rebutèrent point : ils revinrent à la charge en 1733 ; mais malgré leurs efforts, ils ne purent réussir.

Les grandes et petites écoles restèrent long-temps sous la juridiction des chanoines de Saint-Vulfran, qui avaient le droit de les inspecter, de nommer et de destituer les maîtres, et d'y maintenir la discipline.

Le grand maître des grandes écoles, ses régens et les écoliers se rendaient chaque année dans l'église de Sainte-Catherine pour y assister à l'office que les chanoines venaient y célébrer la veille de la fête patronale. chaque écolier leur présentait le même jour une petite pièce de vers. Le plus habile d'entre eux prononçait

---

[1] Le propriétaire de cette maison, voisine des jardins de l'arc et de l'arquebuse, en avait cédé une partie aux archers à condition qu'ils lui feraient annuellement hommage d'une flèche, et qu'il aurait le droit de tirer à l'oiseau. Il se réserva ce droit ainsi que l'hommage.

publiquement l'éloge de saint Grégoire à chaque anniversaire de ce patron du collége.

Dans le quatorzième siècle, les combats de coqs étaient le divertissement le plus goûté de la jeunesse des écoles. Ces combats avaient lieu dans le camp de Saint-Georges [1], pendant le carnaval. Chaque écolier s'y rendait avec son coq, et celui de ces oiseaux qui s'était comporté le plus vaillamment était proclamé roi. On décernait le même titre à son maître, qui faisait solennellement hommage au maire de l'oiseau vainqueur.

En 1768, les revenus du collége ne s'élevaient qu'à dix-sept cents francs, non compris la rétribution de vingt-quatre livres par écolier. A cette époque ses bâtimens tombaient en ruines, ses classes devenaient de plus en plus désertes. Ses revenus ne pouvant suffire à l'entretien des maîtres, on adressa des plaintes à l'administration, et on tira cet utile établissement de son indigence, en lui donnant la mense conventuelle de l'ancienne abbaye de Forêt-Monstier, dont le produit s'élevait alors à quatre mille livres. Reconstruit en 1772, le collége se trouva supprimé pendant la révolution, et ses revenus furent aliénés. Après l'incendie du palais de la Grutuze, en 1795, on plaça dans ses bâtimens les bureaux du district. En l'an XII, on le rétablit sous le nom d'*Ecole secondaire communale*, et on pourvut à la dépense en autorisant le prélèvement d'un droit d'exposition de dix centimes sur chaque sac de blé. Le con-

---

[1] Le camp de Saint-Georges était situé près ou sur l'emplacement du champ de Mars.

seil municipal ayant reconnu l'insuffisance de cette allocation, arrêta le 21 mai 1809, que la dépense du collége serait prise sur les revenus de la ville, dont la taxe des grains fait partie. L'établissement des chaires de philosophie, de mathématiques et de physique, élève aujourd'hui la dépense totale à sept mille neuf cent quatre-vingt-dix francs.

Écoles des Frères de la Doctrine Chrétienne. La première école chrétienne gratuite fut fondée en 1740 dans la rue de l'Hôtel-Dieu, par une demoiselle Vallon. Peu de temps après, le curé de Saint-Vulfran de la Chaussée, Mauchambert, en établit une autre dans une maison voisine de son église. En 1746, M. Lesueur, curé du Saint-Sépulcre, aidé par quelques personnes pieuses, fit construire dans la rue du Fossé une nouvelle maison, dirigée par deux frères, auxquels il fut permis d'établir un pensionnat.

Les écoles chrétiennes, supprimées pendant la révolution, ont été rétablies en 1821. Ces écoles, qui appartiennent à la ville, sont belles et vastes, et contiennent un grand nombre d'enfans. Elles sont au nombre de trois, subdivisées en plusieurs classes et dirigées par neuf frères, dont le traitement s'élève à cinq mille quatre cents francs.

École gratuite de Dessin, rue Charlet. Cette école, instituée pour l'instruction des jeunes artisans qui ont besoin de connaître les principes de l'ornement ou des autres branches du dessin, fut ouverte le 3 mai 1821. Le conseil municipal, après en avoir voté l'établissement, sur la proposition de M. Boucher, ancien directeur des douanes et correspondant de l'Institut, accorda les fonds nécessaires pour le traitement du professeur et pour l'acquisition de la maison où sont les salles d'études et le logement de ce professeur. M. Masquelier, graveur célèbre, dont le père s'est fait connaître par la publication de la galerie de Florence, y dirige l'enseignement depuis sa fondation.

L'École gratuite de Musique fut fondée, en 1823, sur la demande de M. Éloy de Vicq, amateur doué d'un rare talent, à qui l'on doit la création de l'excellente musique de la garde nationale, et l'organisation de brillans concerts qui, depuis vingt-cinq ans, font les délices de la société abbevilloise, et ont souvent contribué au soulagement des pauvres. L'école de musique est entretenue par la ville, qui lui accorde chaque année une somme de mille francs.

École de Géométrie et de Mécanique appliquée aux Arts et Métiers. Cette école, à laquelle aucun bâtiment spécial n'a encore été affecté, fut ouverte le 1er. octobre 1828. Elle a déjà formé un grand nombre de bons ouvriers, et son influence devient de jour en jour plus sensible. La ville alloue au professeur un traitement de huit cents francs.

École modèle d'Enseignement Mutuel. Cette école, située rue des Poulies, à l'angle de cette rue et du cimetière Saint-Jacques, est gratuite comme celle des Frères. Elle a été construite en 1833.

La Bibliothèque publique fut fondée, en 1685, par M. Charles Sanson, curé de Saint-Georges, qui légua ses livres au clergé d'Abbeville ; plus, une somme de mille francs et le montant de la vente de ses meubles pour l'achat d'un local. Cette bibliothèque fut placée d'abord dans la Grande rue Notre-Dame, sous la direction des deux plus anciens curés et chanoines, et ne tarda point à s'accroître des dons que lui firent M. François Dargnies, en 1716; M. Dufresnel, curé du Saint-Sépulcre, en 1726; MM. Becquin, Deray-du-Tilleul, chanoines, et M. Formentin, avocat, qui l'enrichit, en 1774, d'un grand nombre de livres de droit. Au moment de la révolution, la bibliothèque publique fut considérablement augmentée par la réunion d'une partie des bibliothèques de quelques monastères de la ville et de l'arrondissement. Elle fut alors transférée dans les bâtimens du collége, et elle y resta jusqu'en 1816, époque à laquelle on déposa les livres dans la salle d'armes de l'Hôtel-de-Ville. Mais comme ce nouveau local était beaucoup trop resserré, on l'agrandit, en 1822, de tout le premier étage de la façade du même hôtel. On y plaça des tables et des pupitres pour les travailleurs, et des armoires vitrées pour recevoir les livres les plus précieux.

La bibliothèque publique, malheureusement trop peu fréquentée, renferme dix mille volumes environ. Au milieu de beaucoup de fatras, on trouve plusieurs éditions rares et recherchées des amateurs; l'ouvrage sur l'Égypte, l'expédition de Morée, une assez belle collection de Pères grecs et latins; un grand nombre de grammaires et de dictionnaires des langues mortes et vivantes; d'anciens voyages; quelques bonnes éditions de classiques; la superbe collection de Lemaire; des livres estimés d'histoire grecque, romaine et nationale; mais quant à la médecine, aux sciences physiques et mathématiques, à l'histoire naturelle, à la littérature, elle ne renferme, à peu d'exceptions près, que des ouvrages entièrement oubliés. Elle est également pauvre en manuscrits, et n'en possède qu'un seul vraiment remarquable : c'est un texte des évangiles, écrit en lettres d'or sur vélin pourpré, et qui fut donné par Charlemagne à l'abbé-comte de Saint-Riquier, saint Angilbert.

La bibliothèque communale d'Abbeville est ouverte au public les lundi, mardi, mercredi et vendredi.

Société royale d'Émulation. Cette société, dont les travaux ont pour objet l'étude et l'encouragement des lettres, des sciences et des arts, fut instituée le 11 octobre 1797. Après avoir tenu plusieurs séances publiques et publié divers *Bulletins*, la division se mit dans son sein, et ses travaux furent suspendus. Cependant quelques-uns de ses membres continuèrent de se réunir, et elle obtint, en 1814, le titre de Société royale. Elle était presqu'entièrement dissoute depuis 1820, lorsqu'elle se réorganisa au commencement de 1828, et fit d'autres réglemens. Cette société, qui a depuis publié un volume de ses *Mémoires*, et fondé un musée, tient ses séances le premier et le troisième vendredi de chaque mois, dans les bâtimens des ci-devant Carmélites.

Théatre. C'est dans la rue des *Poids-Pilés* que le premier théâtre d'Abbeville fut établi. Personne n'ignore que nos plus anciennes pièces, représentées par les confrères de la passion, offraient une suite de scènes tirées de la Bible ou de l'Évangile, entremêlées de farces et d'indécences, et que ces pièces bizarres s'appelaient *mystères*[1] ou jeux des *poids-pilés*, parce qu'à la maison où on les représentait à Paris pendait pour enseigne une *Pile de Poids* à peser. Il n'en était pas de même à Abbeville, car on voyait, au-dessus de la porte de notre théâtre, un singe tenant un écriteau, sur lequel on lisait ces mots :

Ichi on s'égaudit (se réjouit).

Avant l'établissement de ce théâtre, il n'y avait que des faiseurs de tours de force et d'adresse, des jongleurs qui promenaient de ville en ville des animaux dressés à toutes sortes d'exercices, chantaient dans les carrefours et débitaient des bouffonneries. Ces ménétriers-jongleurs formaient à Abbeville une corporation[2], et habitaient la même rue, celle qui porte leur nom dans la paroisse du Saint-Sépulcre. Ils avaient seuls le droit de jouer des instrumens aux fêtes et noces qui se célébraient dans la ville, de divertir ces assemblées par leurs propos et leurs parades, et se maintenaient encore, en 1788, sous le nom de *Confrérie des joueurs de violon*.

Nous n'avons rien recueilli de plus sur le théâtre des Poids-Pilés. Quant aux représentations modernes, nous dirons qu'avant 1770, époque à laquelle on construisit la salle de spectacle de la rue Millevoye, les comédiens jouaient tantôt dans la cour d'une auberge de la chaussée du Bois, tantôt dans un vieux bâtiment de la rue Entre-

---

[1] Voir ci-devant, pag. 236 et suiv.

[2] Cette corporation devait au curé de Saint-Georges, à la Chandeleur, une *quenne* de vin, et certains autres jours de fête, un nouveau lot de la même boisson. (Titre de 1502.)

deux-Eaux, et quelquefois sur la place Saint-Pierre où l'on établissait une vaste loge en planches. C'est là qu'une troupe d'acteurs représenta, en 1764, depuis le mois de mai jusqu'au mois d'août, plusieurs chefs-d'œuvre de la scène française, entre autres : *Mahomet*, *l'Avare*, *Mérope*, *Tartufe*, *Zaïre*, *Turcaret*, etc., etc.

CANAL DE LA SOMME. La conception des trois communications de la Somme supérieure avec l'Escaut, l'Oise et la mer remonte aux premières années du dix-huitième siècle. Les travaux de la haute Somme commencèrent en 1725; mais ce ne fut qu'en 1770 qu'on résolut de creuser le canal d'Abbeville à Saint-Valery. L'exécution de ce canal fit naître de nombreuses et graves contestations [1]. Les Abbevillois voulaient qu'il fut mis en rapport direct avec le Crotoy; les habitans d'Amiens et de Saint-Valery qu'il fut ouvert sur la rive gauche. Ces derniers l'emportèrent, et on chargea M. Delatouche, ingénieur en chef des ponts et chaussées de la généralité d'Amiens, de dresser les projets, de lever les plans, rédiger les devis et faire toutes les opérations pour le rétablissement du port de Saint-Valery et le creusement d'un nouveau lit depuis Petit-Port jusqu'à Pinchefalise. M. Delatouche, étendant ses instructions, jugea qu'il devait faire partir le canal de Sur-Somme, et porter toutes les eaux du fleuve jusqu'à Saint-Valery [2].

Les travaux de terrassement, commencés en 1786, et

[1] Voy. *Lettres sur les avantages et les inconvéniens de la navigation des ports d'Abbeville, Amiens, Saint-Valery et le Crotoy*, par Linguet, 1763.

[2] *Nouvelles observations sur le canal de la Basse-Somme*, par M. Estancelin, 1834.

prolongés à cette époque jusqu'à Pinchefalise, furent interrompus par la révolution. En 1803, Bonaparte, visitant Saint-Valery, voulut qu'on rendît ce port propre à recevoir des frégates, et prescrivit de mettre immédiatement la main à l'œuvre; mais ce vaste projet fut bientôt abandonné, et après de longues discussions, on décida que toutes les eaux de la Somme seraient reçues dans le canal d'Abbeville à Saint-Valery; qu'on établirait un déversoir à Sur-Somme pour rejeter au besoin une partie des eaux dans l'ancien lit, et qu'un barrage éclusé serait construit près de la Ferté, pour établir la communication du canal à la mer. Ce projet, adopté en 1811, ne commença à recevoir son exécution qu'en 1812. On s'occupa d'abord de la construction de l'écluse du contre-fossé, et, en 1813, commencèrent les travaux de fondation du barrage. Une loi du 5 août 1821 ayant concédé le canal à M. Urbain Sartoris, moyennant le prix de six millions six cent mille francs, les travaux furent poussés avec activité, et la partie de ce canal, dirigée d'Abbeville à Saint-Valery, s'ouvrit à la navigation au mois d'avril 1829. Les ouvrages pour la traversée d'Abbeville, dont l'exécution avait été différée dans l'intention de concilier, autant que possible, les intérêts de cette ville avec ceux du commerce en général, commencèrent à la même époque et s'achèvent en ce moment (janvier 1835). Le barrage éclusé de Sur-Somme est terminé depuis 1832.

FIN.

TABLE.

Avant-Propos.	Pages. v
Chapitre Ier. Coup d'œil géologique.	1
Chap. II. Époque romaine. — Antiquités.	6
Chap. III. De 428 à 814.	17
Chap. IV. De 814 à 860.	27
Chap. V. Origine d'Abbeville.	36
Chap. VI. De 860 à 981.	41
Chap. VII. De 990 à 1101.	57
Chap. VIII. De 1101 à 1184.	70
Chap. IX. Affranchissement de la commune d'Abbeville.	79
Chap. X. De 1190 à 1279.	87
Chap. XI. De 1279 à 1329.	98
Chap. XII. Limites d'Abbeville au treizième siècle.	105
Chap. XIII. Commerce et Industrie.	108
Chap. XIV. De 1329 à 1346.	114
Chap. XV. De 1346 à 1369.	157
Chap. XVI. De 1369 à 1417.	170
Chap. XVII. De 1417 à 1421.	179
Chap. XVIII. De 1421 à 1452.	190
Chap. XIX. Jurisprudence civile et criminelle.	205
Chap. XX. Droits féodaux.	219
Chap. XXI. Mœurs et Usages.	224
Chap. XXII. État physique.	239

TABLE.

Chap. XXIII. De 1452 à 1477. 244
Chap. XXIV. Passage de Charles VIII (1493). 263
Chap. XXV. De 1493 à 1544. 274
Chap. XXVI. De 1544 à 1559. 288
Chap. XXVII. De 1559 à 1588. 295
Chap. XXVIII. De 1588 à 1593. 313
Chap. XXIX. De 1593 à 1599. 330
Chap. XXX. État physique et commercial d'Abbeville au seizième siècle. 340
Chap. XXXI. De 1599 à 1639. 346
Chap. XXXII. De 1639 à 1713. 359
Chap. XXXIII. Mœurs et Usages aux seizième et dix-septième siècles. 370
Chap. XXXIV. Commerce, Population. 378
— Manufacture royale de draps fins. 384
— Manufacture royale de Moquettes. 384
Chap. XXXV. De 1713 à 1765. 387
Chap. XXXVI. Mœurs, État physique. 397
Chap. XXXVII. Procès du chevalier de La Barre. 407
Chap. XXXVIII. De 1765 à 1789. 422
Chap. XXXIX. Organisation politique. 428
— Loi municipale, 428. — Administrations financières, 436.—Sénéchaussée de Ponthieu, 437.—Vicomté d'Abbeville, *ibid*.—Présidial, *ibid*.—Justice consulaire, 438. —Corporations des arts et métiers, 439.—Milice bourgeoise, 444.
Chap. XL. De 1789 à 1801. 448
Chap. XLI. De 1801 à 1814. 470
Chap. XLII. De 1815 à 1830. 488

Chap. XLIII. Industrie et Commerce aux dix-huitième et dix-neuvième siècles.   503
Chap. XLIV. De 1830 à 1832.   508
Notices.   516

    Églises. Notre-Dame-du-Châtel, 519.—Collégiale de Saint-Vulfran, 521. — Saint-Nicolas, 528. — Saint-Vulfran de la Chaussée, 529. —Saint-Georges, *ibid.* — Saint-André, 531. — Sainte-Catherine, 532. — Saint-Éloy, *ibid.* — Saint-Étienne, 534. — Saint-Gilles, *ibid.* — Saint-Jacques, *ibid.* — Saint-Sépulcre, 535. — Saint-Jean-des-Prés, *ibid.* — Saint-Paul, 536. — Notre-Dame de la chapelle, *ibid.* — Saint-Jean-de-Rouvroy, 537. — Chapelle du Saint-Esprit de Rue, 556.

    Couvens d'Hommes. Prieuré de Saint-Pierre, 537. — Templiers, 545. — Cordeliers, *ibid.*— Chartreux, 547. — Minimes, 549. — Capucins, 550. — Carmes, 551. — Jacobins, 552. — Abbaye de Saint-Valery, 553. — Abbaye de Saint-Riquier, 554. — Abbaye de Forêt-Montier, 556. — Abbaye de Valloires, 558. — Abbaye du Lieu-Dieu, 559. — De Sery, *ibid.*

    Couvens de Femmes. Béguines et Sœurs Grises, 559.—Sœurs Blanches, 560.—Minimesses, 561.—Ursulines, 562.—Carmélites, *ibid.*— Le Paraclet, 563.—La Visitation de sainte Marie, 564.—Abbaye d'Épagne, *ibid.*—Abbaye de Willancourt, 565.

    Hôpitaux. Hôtel-Dieu, 565. — Maladrerie du Val-aux-Lépreux, 566. — Hôpital de Sainte-Madeleine, 567. — De Saint-Julien-le-Pauvre, 568; — Du Saint-Esprit, *ibid.*— De Notre-Dame-de-Boulogne, 569. — De Saint-Jean l'Évangéliste, *ibid.*—De Saint-Jacques, *ibid.*—Des pauvres et des enfans trouvés, 570. — De Saint-Joseph, 571.

    Bureau des Pauvres, 570. — Congrégation des Sœurs de Notre-Dame de consolation, 572.

    Le Bourdois, 573. — L'Hôtel-de-Ville, 574.
    Fortifications, 575.

    Les grandes Écoles et le Collége, 579.—Écoles des frères de la doctrine chrétienne, 583. — École de dessin, *ibid.*—De musique, 584. — De géométrie, *ibid.* — Modèle d'enseignement mutuel, *ibid.*

BIBLIOTHÈQUE PUBLIQUE 584.
SOCIÉTÉ ROYALE D'ÉMULATION, 586.
THÉATRE, 586.
CANAL DE LA SOMME, 588.

ERRATA.

Page 42, Ligne 6; les Saint-Riquier, *lisez* lez.
    81,   25; injures, *lisez* torts.
    69,   13; mes hommes les plus fidèles, *lisez* mes fidèles.
    94,   23; sa femme, *lisez* marie.
    165,   16; tounoyon, *lisez* Touvoyon.
    231,   à la note, supprimez l'alinéa.
    257,   27; Rohaut, *lisez* Rouault.
    259,   20; même correction.
    271,   16; doinet, *lisez* doinct.
    285,   21; ligne, *lisez* ligue.
    340,   7; dent, *lisez* dont.
    372,   18; pélérins, *lisez* pélerins.
    407,   12; d'Orléans, *lisez* Dorléans.
    408,   13; Guianne, *lisez* Guiane.
    415,   5; Choiseuil, *lisez* Choiseul.
    446,   26; Barthélémy, *lisez* Barthélemy.
    447,   12; correspondant, *lisez* correspondantes.
    539,   22; Nouvion, *lisez* Novion.
    562,   14; d'elle, *lisez* d'elles.

LISTE

DE MM. LES SOUSCRIPTEURS

A L'HISTOIRE D'ABBEVILLE.

La Bibliothèque d'Abbeville.

La Société royale d'Émulation.

MM.

Acloque, maire du Mesnil-Donqueur.
Acoulon, commerçant à Paris.
Aguy, ancien chef d'escadron, à Abbeville.
Aliamet (Germain), propriétaire à Abbeville.
Aliamet, juge de paix à Abbeville.
Aliamet fils, employé des douanes au Crotoy.
Allonville (le comte Louis d'), ancien préfet du département de la Somme, à Marolles, près Boissy-Saint-Leger.
Anquier, juge de paix à Acheux.
Arselin, employé au bureau des hypothèques à Abbeville.

Bachelier, avocat et membre du conseil municipal d'Abbeville.
Baillet fils, à Abbeville.
Baillon, correspondant du Muséum d'Histoire Naturelle, à Abbeville.

MM.

Barbieux Delignières, propriétaire à Abbeville.
Bazinghen (de), à Boulogne.
Bazin-Joli, négociant à Abbeville.
Beaucousin, membre du conseil municipal d'Abbeville.
Beaulieu (de), propriétaire à Abbeville.
Beauvarlet, avoué à Abbeville.
Bellart, brasseur à Abbeville.
Bellart-Homassel, membre du Conseil municipal d'Abbeville.
Bellettre fils, fabricant à Saint-Valery-sur-Somme.
Belleval (Louis de), homme de lettres, à Abbeville.
Berghes (madame la princesse de), à Abbeville.
Bertin Lefebvre, marchand à Abbeville.
Bertin-Noizeux, cordonnier à Abbeville.
Blaire, receveur des contributions indirectes à Abbeville.
Blaire, propriétaire à Saint-Valery.
Blancart, maire de Nibas.
Blavet, capitaine au long cours, à Saint-Valery.
Blavet (Valery), marchand à Saint-Valery.
Blondin, relieur à Abbeville.
Boilleaux (F.), commissionnaire à Saint-Valery.
Boinet, maître d'écriture à Abbeville.
Boivin, marchand épicier à Abbeville.
Boizard, épicier à Abbeville.
Boucher, avoué à Abbeville.
Boucher, ancien directeur des douanes, membre correspondant de l'Institut, à Abbeville.
Boucher de Perthes, directeur des douanes, président de la Société royale d'Émulation d'Abbeville.

MM.

Bouvaist (Charles), étudiant en médecine à Paris.
Bowles (de), à Boulogne.
Brailly, bedeau du Saint-Sépulcre, à Abbeville.
Brasseur-Tassus, marchand de bas, à Molliens (Oise).
Brégeaut, pharmacien à Abbeville.
Bridoux (François-Augustin), élève de l'école de Rome.
Brunet, pharmacien à Abbeville.
Buigny (madame de), à Abbeville.
Buissy (de), propriétaire à Warel.
Buteux, avocat, à Fransart près Montdidier.

Cacheleu, propriétaire à Nœux (Pas-de-Calais.)
Capet (Sévérin), percepteur à Crécy.
Caron, instituteur à Feuquières.
Caron-Acoulon, propriétaire à Abbeville.
Caron-Vitet, imprimeur-libraire à Amiens.
Caroule, propriétaire à Vron.
Carpentin (Jules de), membre du Conseil général du département, à Abbeville.
Chabouillé, inspecteur principal des douanes à Calais.
Chamont, propriétaire à Saint-Riquier.
Chausson, clerc de notaire à Abbeville.
Chérest, officier de l'Université, principal du collége d'Abbeville.
Chivot-Caron, marchand de draps à Abbeville.
Chivot-Josse, quincaillier à Abbeville.
Chivot-Mathurel, négociant à Abbeville.
Cordier (Félix), président honoraire du tribunal civil à Abbeville.
Cormette (de), membre du Conseil d'arrondissement, à Abbeville.

MM.

Cormont, fondeur à Abbeville.
Cossette (Eugène de), propriétaire à Épagnette.
Courtet, secrétaire de la mairie d'Abbeville.
Crépin, employé au bureau de l'enregistrement et des domaines, à Abbeville.

Dairaines, aumônier de l'hôpital général des pauvres, à Abbeville.
Damai, procureur du roi à Amiens.
D'Anvin de Hardenthun, propriétaire à Abbeville.
D'Ault Dumesnil (Édouard), ancien officier d'état-major, au Bunesnard.
Daverton, négociant et conseiller municipal à Abbeville.
De Caïeu (Auguste), négociant à Abbeville.
De Caïeu de Vadicourt, conseiller municipal à Abbeville.
Dejean (le comte), lieutenant général, pair de France, à Paris.
Delamotte, curé d'Ambreville.
De la Motte (Duchesne), propriétaire à Abbeville.
Delannoy, curé-doyen, chevalier de la légion d'honneur, à Gamaches.
Delaroque (Jules), substitut du procureur du roi à Amiens.
Delattre frères, négocians à Ramburelles.
Delegorgue d'Orval, commandant de la garde nationale d'Abbeville.
Delegorgue (Ernest), avocat à Abbeville.
Delegorgue de Rosny, propriétaire à Boulogne.
Delf, propriétaire à Abbeville.
Delignières de Bommy, propriétaire à Abbeville.
Delignières de Saint-Amand, propriétaire à Paris.

MM.

Depoilly, notaire à Abbeville.
Depoilly (Jules), procureur du roi à Louviers.
Dequen, chef de bureau à la mairie d'Abbeville.
Dequevauvillers (Jules), avocat à Abbeville.
Deroussen de Florival, procureur du roi à Abbeville.
Deschamps, propriétaire à Millancourt.
Des-Essarts (le comte), propriétaire à Abbeville.
Desrotours, propriétaire à Neuville près Saint-Valery.
Devillers (Mademoiselle), maîtresse de pension à Abbeville.
Devismes, pharmacien à Abbeville
Devismes-Flacourt, négociant à Abbeville.
Devismes, juge au tribunal civil, vice-président de la Société d'Émulation, à Abbeville.
Devisse, cultivateur à Bussu.
Dewailly (A.), vérificateur des douanes à Saint-Valery.
D'Hantecourt (Yvonet), propriétaire à Martainneville.
Doliger l'aîné, propriétaire à Abbeville.
Doliger-Cocu, chaudronnier à Abbeville.
Douville (Jules), propriétaire à Abbeville.
Dubellay (Alphonse), propriétaire à Abbeville.
Dubois (Amédée), meunier et brasseur à Long.
Dubromelle, instituteur à Buigny-Saint-Maclou.
Dufestel fils, étudiant à Abbeville.
Duflos, propriétaire à Abbeville.
Dufossé, propriétaire au Plessiel.
Dugrosriez aîné, propriétaire à Abbeville.
Dugrosriez (Henri), propriétaire à Abbeville.
Dugrosriez (Ferdinand), propriétaire à Abbeville.
Dumont (Alphonse), docteur en médecine à Abbeville.
Du Plouy (Madame), au Plouy.

MM.

Dusevel (Hyacinthe), avocat à la cour royale d'Amiens, membre-correspondant de la commission créée près le ministère de l'instruction publique pour la recherche des documens relatifs à l'Histoire de France; de la Société royale des Antiquaires de France, et de l'Académie de Rouen; de la Société d'Émulation d'Abbeville, etc.; auteur de l'Histoire de la ville d'Amiens.

Dutens (Albert), sous-préfet à Abbeville.
Duval-Varlet, marchand bonnetier à Abbeville.
Elluin, notaire à Abbeville.
Estancelin, député de la Somme, à Paris.

Faquet fils (Théophile), messager de Crécy.
Ferolles (de), propriétaire à Abbeville.
Fléchin (le comte Charles de), à Abbeville.
Flessel, curé à Tours.
Flouest (Mademoiselle), maîtresse de pension à Abbeville.
Foucques (Emmanuel), propriétaire à Abbeville.
Franquelin, instituteur à Saint-Maxent.
Frémont, greffier en chef du tribunal civil à Abbeville.
Freytag (Madame de), à Abbeville.
Freytag (de), propriétaire à Abbeville.
Froissart, maire de Saint-Riquier.
Froissart, curé de la Chapelle, à Abbeville.
Froissart, docteur en médecine à Abbeville.
Fuzelier, propriétaire à Vron.

Gaide, marchand à Abbeville.
Gaillon, receveur principal des douanes à Boulogne.
Gamain-Darras, négociant à Saint-Valery.
Gamart, instituteur à Francières.

MM.

GAVELLE (Henri), étudiant en droit à Paris.
GIVENCHY (Louis de), secrétaire perpétuel de la Société des Antiquaires de la Morinie, à Saint-Omer.
GIVENCHY (Romain de), propriétaire à Saint-Omer.
GODEFROY, notaire à Bouttencourt.
GORET, horloger à Abbeville.
GORET, docteur en médecine à Abbeville.
GORET (Alexandre), négociant à Abbeville.
GRIBEAUVAL (de), propriétaire à Abbeville.
GROGNET, instituteur à Abbeville.
GRONECHELD aîné, à Abbeville.
GUERLAIN, parfumeur à Paris.
GUEROULT (Amédée), propriétaire à Dieppe.
GUEROULT (Alexandre), propriétaire à Eu.
GULSTON (mademoiselle), à Boulogne.

HECQUET-D'ORVAL, propriétaire à Abbeville.
HECQUET, propriétaire à Buire-Halloy.
HIBON, maire de la ville d'Abbeville, chevalier de la légion d'honneur.
HINDE, officier supérieur anglais, à Abbeville.

JOURDAIN-LEBRUN, propriétaire à Bussu.
JOURDAIN-LECOCQ, secrétaire de la chambre de commerce du département de la Somme, à Amiens.
JOUY, charpentier à Mareuil.

LABITTE (Charles), étudiant en droit à Paris.
LABOURT, avocat à Doullens.
LAFOSSE, clerc de notaire à Abbeville.
LAMBERT (Madame veuve Benjamin), à Saint-Valery.
LANIER, notaire à Abbeville.

MM.

Laroche, marchand épicier à Saint-Riquier.
Lasgnier (J.-J.), greffier à Feuquières.
Lavocat (Simon), garde à cheval des forêts, à Crécy.
Le Bachelier de la Rivière, propriétaire à Abbeville.
Lebrun, maire à Ailly-le-haut-Clocher.
Lecadieu, négociant à Abbeville.
Ledien, membre du Conseil général du département, à Huppy.
Lefebure (Paul), propriétaire à Abbeville.
Lefebure (Fortuné), receveur des douanes au Quesnoy-sur-Deule (Nord).
Lefebure de Cerisy, ancien maire de la ville d'Abbeville.
Lefebure père, propriétaire à Saint-Valery.
Lefranc, professeur au collége d'Abbeville.
Lefrançois (Constant), cultivateur à Feuquières.
Legris, juge de paix à Saint-Riquier.
Lemaire (François), manufacturier et membre du Conseil municipal, à Abbeville.
Lemaire frères, propriétaires à Contres (Cher).
Lennel (Jules), à Abbeville.
Leroy d'Hantecourt, propriétaire à Ochancourt.
Leveau, receveur particulier des finances de l'arrondissement d'Abbeville.
Le Ver (le marquis), membre fondateur de la Société de l'Histoire de France et de la Société des Antiquaires de la Normandie, à Roquefort par Yvetot.
Levoir, propriétaire à Saint-Riquier.
Lobligeois, boulanger à Abbeville.
Loisel père, propriétaire à Rue.
Loisel fils, maire à Rue.

MM.

LOTTIN, banquier et conseiller municipal à Abbeville.
LOTTIN (Thimothée), propriétaire à Abbeville.
LUCINI, propriétaire à Abbeville.

MACHY (Auguste), étudiant en pharmacie, à Abbeville.
MACQUERON, avoué à Abbeville.
MACQUERON (Alexandre), négociant à Abbeville.
MAISNIEL DE LIERCOURT (le comte du), ancien député, à Abbeville.
MALOT fils, avocat à Abbeville.
MANESSIER-DEQUEVAUVILLERS, à Abbeville.
MANIER-BARRÉ, propriétaire à Abbeville.
MACQUET, chapelain de l'hospice de Saint-Riquier.
MARSAT (le comte de); à Abbeville.
MARTÉ, écrivain à Abbeville.
MARTIN, homme de lettres à Laon.
MAURIAL, professeur de philosophie au collége d'Abbeville.
MELLIER (Raoul), à Abbeville.
MICHEL, curé de Saint-Vulfran, à Abbeville.
MILLET (Madame), à Huppy.
MONCHY, curé à Acheux.
MONDELOT, docteur ès-lettres, officier de l'Université, censeur des études au collége royal de Bordeaux, membre-correspondant de quelques sociétés savantes, etc., etc.
MONNART, instituteur, membre du comité supérieur d'instrution primaire de l'arrondissement, à Gamaches.
MOREL DE CAMPENNELLE, officier de la légion d'honneur à Abbeville.
MONTOIS, propriétaire à Abbeville.

MM.

Mutinot, préposé au pont à bascule à Abbeville.

Nau, membre du Conseil municipal à Abbeville.
Noizeux, instituteur à Neuilly-l'Hôpital.

Padé, supérieur du petit séminaire de Saint-Riquier.
Paillart, vicaire de Saint-Vulfran, à Abbeville.
Pajot (Ferdinand), étudiant en droit à Paris.
Petit (Charles), docteur en médecine à Abbeville.
Poiret, vicaire de Saint-Vulfran, à Abbeville.
Poitoux, étudiant en droit à Paris.
Polenne, propriétaire à Tœuffles.
Ponticourt père, receveur des contributions directes à Abbeville.
Poulain, pharmacien à Abbeville.
Poultier-Peuvrel, ancien négociant, à Reims.
Poultier, docteur en médecine à Abbeville.
Prevost de Courmières, chevalier de Saint-Louis, à Hesdin.

Ravin, docteur en médecine et adjoint à la mairie de Saint-Valery.
Renouard (Ant.-Aug.), propriétaire à Saint-Valery.
Renouard (Charles), conseiller-d'état, secrétaire général au ministère de la justice et député de la Somme, à Paris.
Richner, agent de l'administration des vivres, à Abbeville.
Ricot (Madame veuve), propriétaire à Saint-Valery.
Ricot, directeur du dépôt royal d'étalons à Abbeville.
Ridoux (l'abbé), professeur à Saint-Riquier.
Riencourt (le comte Adrien de), officier supérieur

MM.

d'état-major, à Bellevue par Ferney.
Riencourt (Mademoiselle de), à Lignières.
Roinet, maître de pension à Abbeville.
Saint-Martin (de), à Boulogne.
Saint-Martin (Madame la comtesse de), à Nouvion.
Sallé, instituteur à Hautvillers.
Sauzay (le marquis du), à Abbeville.
Saveuse (Jules de), propriétaire à Coquerel.
Schemeltz, limonadier à Abbeville.
Sellier, lieutenant-colonel en retraite, à Abbeville.
Selves (le vicomte de), conseiller municipal à Abbeville.
Siffait, juge de paix à Abbeville.
Sombret fils, marchand à Crécy.
Sorel fils, négociant à Abbeville.
Surmont, instituteur à Villers.

Thélu, propriétaire à Abbeville.
Tillette (comte de Clermont-Tonnerre), maire à Cambron.
Tirmont, à Saint-Valery.
Traullé (François), négociant et conseiller municipal à Abbeville.
Tronnet (Henri), propriétaire à Abbeville.

Vacossin, huissier à Abbeville.
Valanglart (le comte Alfred de), à Abbeville.
Van Robais (madame), à Abbeville.
Vaquette, commissaire-priseur à Abbeville.
Vauchelles (le comte de), à Vauchelles.
Vésignié, docteur en médecine à Abbeville.
Vion, brasseur à Abbeville.

Walbin, juge au tribunal civil de Doullens.

MM.

Wallois, adjoint à la mairie d'Abbeville.
Wallois (Théophile), notaire à Saint-Valéry.
Watel, libraire à Boulogne.
Watel, propriétaire à Abbeville.
Wattebled (Alexandre), propriétaire à Abbeville.
Woodford, colonel anglais, à Calais.

HISTOIRE

ANCIENNE ET MODERNE

D'ABBEVILLE

ET DE SON ARRONDISSEMENT.

Histoire ancienne et moderne d'Abbeville et de son arrondissement. Un vol. in-8°, 1834-35. Abbeville, imprimerie de Boulanger; Paris, chez Techener, libraire, place du Louvre, n° 12. — *Biographie d'Abbeville et de ses environs.* Un vol. in-8°, 1829; Abbeville, imprimerie de Devérité. Par M. F.-C. LOUANDRE.

(Extrait du Bulletin de la Société de l'Histoire de France, numéro d'octobre 1835.)

Le nom et l'origine des peuples qui habitèrent primitivement le Ponthieu [1], dont Abbeville devint plus tard la capitale, sont enveloppés d'épaisses ténèbres; les opinions se sont partagées entre les *Britanni* les *Morini* et les *Ambiani*. N. Sanson, le célèbre géographe, notre compatriote, se prononce pour les premiers, et croit qu'Abbeville occupe le sol de l'antique *Britannia*; M. Louandre, au contraire, pense que cette ville et son territoire faisoient partie de la cité des *Ambiani*, représentée par l'ancien diocèse d'Amiens; à cet égard, comme à l'égard des autres points qu'il traite, l'historien d'Abbeville appuie son opinion d'autorités imposantes.

Il seroit vivement à désirer que les antiquités de l'arrondissement d'Abbeville, parmi lesquelles on remarque un assez grand nombre de monuments celtiques connus sous le nom de *tombelles*, des vestiges de camps retranchés, de voies romaines, négligés jusqu'à présent, fussent soigneu-

---

[1] Un savant Abbevillois, M. Morel de Campennelle, place le *Portus itius* entre la Canche et l'Authie, et croit reconnoître l'étymologie du nom de *Ponthieu*, que les manuscrits écrivent aussi *Pontieu*, dans *Pontus itius*.

sement explorées; elles offriroient sans doute de précieuses découvertes pour l'histoire et l'archéologie.

La ville la plus ancienne du Ponthieu, *Centule*, depuis nommée Saint-Riquier, a été fondée sous le règne de Clovis; la fondation de l'abbaye de Saint-Valery-sur-Somme, à laquelle la ville de ce nom doit son origine, date de 611 [1]; c'est dans la Chronique de Saint-Riquier écrite par le moine Hariulfe, et seulement à l'année 831, qu'Abbeville (*Abbatisvilla*) est citée pour la première fois. Cependant, on croit généralement qu'à l'apparition des Romains les habitants des contrées environnantes se retirèrent dans une île de la Somme, où ils construisirent une espèce d'*oppidum*, qui, sous le nom de *Refuge*, devint le berceau d'Abbeville; l'existence d'une ancienne forteresse dans l'île qui forma sa première enceinte, donne un grand poids à cette opinion.

Voisin de la Neustrie, le Ponthieu fut une des contrées les plus exposées aux invasions et aux ravages des Normands, et jusqu'à l'avénement de Hugues Capet au trône de France, l'histoire de cette province ne présente, pour ainsi dire, qu'un tissu d'envahissements, de guerres, de crimes, de malheurs publics et privés; le nouveau roi, appréciant la position d'Abbeville, enleva cette ville aux moines de Saint-Riquier, et la fit ceindre de murailles. Depuis ce temps, les comtes de Ponthieu, devenus héréditaires, abandonnèrent le séjour de Montreuil-sur-Mer, et vinrent s'établir à Abbeville; cette ville ne tarda pas à recevoir des accroissements considérables, et dès le xie siècle on la comptoit parmi les cités les plus importantes de la France.

Quelque intérêt que présente l'histoire des comtes de Ponthieu dans l'ouvrage de M. Louandre, nous devons ici nous borner à esquisser deux ou trois des faits les plus saillants qui les concernent. Gui Ier, l'un d'eux, à la tête de ses vassaux, combattit à Hastings, et contribua au succès de cette journée, qui plaça la couronne d'Angleterre sur

---

[1] Les ruines et l'emplacement de cette célèbre abbaye appartiennent aujourd'hui à la famille Renouard.

la tête de Guillaume-le-Conquérant. Les hauts faits des barons normands et de leurs alliés dans cette guerre ont été célébrés par le fils de ce même Gui Ier, Gui, évêque d'Amiens, dans un poëme latin qui, retrouvé dans la bibliothéque publique de Bruxelles, après huit siècles d'oubli, est sur le point d'être publié à Rouen et à Londres.

Par un caprice non moins singulier du sort, s'il en faut croire Malbranq, la fille de Gui II, qui suivit son père en Orient, tombée entre les mains des Sarrasins, donna le jour au grand Saladin, soudan d'Égypte et de Syrie. Une aventure plus tragique et beaucoup plus certaine, c'est celle d'Adèle petite-fille de ce même Gui II, et femme de Thomas de Saint-Valery : cette princesse, que des brigands avoient outragée, fut précipitée dans les flots par ordre de son père, qui croyoit effacer ainsi l'injure faite à son sang.

Un trouvère du commencement du XIIIe siècle nous a transmis les aventures de ces deux hautes et puissantes dames, dans un récit vraiment curieux, et qui toutefois s'accorde peu avec la version de Malbranq.[1]

Dès 1130, Guillaume Talvas avoit vendu quelques priviléges aux habitants d'Abbeville, mais leur charte de commune ne fut souscrite qu'en 1184 par Jean, petit-fils de ce même Talvas. Cet acte, qui leur assuroit l'exercice de plusieurs droits précieux, fit de leur cité une espèce de petite république, dont la puissance s'éleva en raison de l'affoiblissement de l'autorité des comtes de Ponthieu.

[1] *Le Voiage d'oultre-mer du comte de Pontieu*, inséré t. I, p. 437, du *Nouveau Recueil de Fabliaux et Contes*, publié par Méon. « L'Istoire de très vaillans princes monseigneur Jehan d'Avennes, du « conte de Ponthieu son fils, de monseigneur Thibault de Dommart, « et du souldan Salhadin.... quy d'eulz et de leur lignie descendy », très beau manuscrit, pet. in-fol., sur vélin, xve siècle, trois vignettes, conservé à la Bibliothéque de l'Arsenal, sous le n° 295, reproduit l'ancienne tradition du *Voiage d'oultre-mer*. Les malheurs d'Adèle de Ponthieu ont fourni également le sujet de plusieurs compositions littéraires modernes, parmi lesquelles nous citerons un récit de M. de Pongerville, de l'Académie Françoise, et un poëme de M. Mondelot; ces deux écrivains sont nés à Abbeville.

Peu satisfaits de la charte que leur avoient octroyée les moines leurs souverains, les bourgeois de Saint-Riquier ne tardèrent pas à l'éluder; les premiers eurent recours à l'intervention de Louis-le-Gros, et, en 1126, les bourgeois furent obligés de signer un accord tout à l'avantage de l'abbaye. Les petites communes du Ponthieu, à leur tour, obtinrent bientôt l'abolition légale de leur servitude.

Montreuil-sur-Mer, qui figure au premier rang parmi ces communes, a très probablement vu naître Gyrbert ou Gibert de Montreuil, auteur d'un poëme fort remarquable, qu'il dédia à Marie, comtesse de Ponthieu, vers 1226. [1]

L'organisation politique du Ponthieu n'admettoit pas le principe de la représentation, et la coutume locale d'Abbeville offroit une preuve singulière de la puissance du clergé au moyen âge. Les chanoines de l'église de Saint-Vulfran tenoient sous leur obéissance féodale une grande partie de la ville, et au nombre de leurs droits, si étendus et si multipliés, ils comptoient celui de s'emparer de l'autorité municipale pendant l'octave de la Pentecôte. Après avoir décrit le curieux cérémonial observé lors de l'élection du mayeur-chanoine, M. Louandre rapporte le texte d'un arrêt de mort prononcé par un des officiers du chapitre. Il paroît néanmoins, ajoute l'historien, que les officiers municipaux ne se dépouilloient pas de toute autorité; ils se retiroient dans un des quartiers de la ville, dans la vicomté du *Pont-aux-Cardons*, suivis d'une escorte, pour garder les droits, justice et priviléges de la ville durant la prévôté de Saint-Vulfran.

A l'ombre des garanties stipulées dans sa charte, Abbeville ne tarda pas à voir fleurir son industrie et son commerce; ses richesses et sa population s'accrurent au point que, dans les premières années du XIIIe siècle, on fut obligé

---

[1] *Roman de la Violette ou de Gerard de Nevers*, en vers du XIIIe siècle, publié, d'après deux manuscrits de la Bibliothèque Royale, par M. Francisque Michel; Paris, 1834, un vol. gr. in-8°, orné de six belles miniatures et trois *fac-simile*; chez Silvestre, libraire, rue des Bons-Enfants, n° 30.

de comprendre dans une nouvelle enceinte les bourgs qui s'étoient groupés autour de ses remparts. La situation de cette ville près de l'embouchure de la Somme, qui lui avoit attiré tant de malheurs lors des invasions des hordes du Nord, lui ouvroit alors une voie naturelle et facile pour l'exportation de ses nombreux produits; les Abbevillois en profitèrent pour établir les relations commerciales les plus étendues. Douze navires et quinze cents matelots qu'Abbeville fournit au combat de l'Ecluse en 1340, peuvent donner une idée de l'importance de sa marine au xive siècle; des navigateurs picards alloient très anciennement pêcher la morue à Terre-Neuve; Jean de Béthencourt, qui montra le premier le chemin des Indes orientales, étoit né dans le Ponthieu; en 1541, François de la Roque, sire de Roberval, que François Ier appeloit *le petit roi du Vimeu*, alla fonder le cap Breton au Canada; et en 1604, un Abbevillois, Jean de Biencourt, sieur de Pontricourt, après avoir formé un établissement au Port-Royal, jetoit les fondations de Quebec. L'histoire nous a transmis le nom de deux intrépides marins d'Abbeville, qui bravèrent tous les dangers pour ravitailler Calais assiégée par Edouard III peu après la funeste journée de Crécy. Le commerce d'Abbeville, à l'intérieur, n'étoit pas moins florissant que sa marine; ses draps surtout jouissoient d'une haute réputation, qu'ils ont conservée jusqu'aujourd'hui; on les trouve souvent cités dans nos anciens manuscrits; en voici deux exemples:

Le Concile d'Apostoile:

Escarlate de Gant,
Saie de Bruges,
Pers d'Ypres,
Bleu d'*Abeville*.[1]

Ce sont les moisons des dras qui viennent as foires:

Monstereul, xxv aunes;
Saint-Quentin, xxv aunes;

[1] Manuscrit 7218, xiiie siècle, fol. 226, ro, col. 2; Bibl. du Roi.

(8)
Blans et noirs de chaudière
et camelines, xxiiii aunes;
Aubevile, xxiiii aunes. [1]

Le nom d'Abbeville figure en tête de quelques unes des productions littéraires du moyen âge; M. Louandre cite le fabliau si original du *Bouchier d'Abbeville;* il en existe un autre non moins curieux, intitulé le *Marchand d'Abbeville;* celui-ci offre une leçon très ingénieuse de morale, et se fait remarquer en même temps par l'absence de toute obscénité. Tous deux ont été analysés par Legrand d'Aussy, et mis en vers françois modernes par Imbert. L'exclamation *par saint Richier*, répétée si fréquemment dans les ouvrages de nos anciens trouvères, nous porte à croire que plusieurs ont dû naître à Abbeville ou dans les environs.

Les longues guerres avec les Anglois et les calamités qui en furent la conséquence portèrent un coup funeste à l'industrie et à la prospérité du Ponthieu. Le récit de la bataille de Crécy, un des actes de cette longue et sanglante tragédie, occupe une place importante dans l'ouvrage de M. Louandre, qui l'a traité d'une manière fort remarquable. En vertu d'un article du traité de Bretigny, le Ponthieu passa sous la domination angloise. Voici un des traits de dévouement et de patriotisme qu'offrent les annales d'Abbeville à cette époque désastreuse. Un bourgeois de cette ville nommé Ringois, arrêté dans une émeute contre les Anglois, refusa d'employer son influence en leur faveur. Ne pouvant le contraindre à prêter serment d'obéissance et de fidélité au roi d'Angleterre, on le conduisit dans la forteresse de Douvres; là, placé debout sur le parapet d'une tour qui dominoit la mer : « Reconnoissez-vous pour maître Édouard III? lui cria-t-on. » Ringois répondit : « Non, je ne

---

[1] Manuscrit du commencement du xive siècle, fonds de Notre-Dame, n°. 274 *bis*, fol. 16, r°, col. 1, Bibl. du Roi. — M. Crapelet a publié le morceau entier, p. 127 des *Proverbes et Dictons populaires aux* xiiie *et* xive *siècles*. Paris, 1831, gr. in-8°.

reconnois pour maître que Jean de Valois; » et à l'instant il fut précipité dans les flots.[1]

Ses compatriotes, indignés, ne tardèrent pas à venger la mort de ce généreux citoyen par l'expulsion totale des Anglois. Charles V, dont les troupes avoient contribué à la délivrance d'Abbeville, accorda aux habitants les priviléges les plus étendus et les plus honorables, et entre autres celui de prendre pour devise le mot *Fidelis*, que leur conduite de tous les temps a si bien justifiée.

Lors des conférences pour la paix avec l'Angleterre tenues à Lelinghen, village situé sur les frontières du Ponthieu, Charles VI vint s'établir quelque temps à Abbeville, pour être plus à portée de suivre les négociations. L'historien Froissart, qui avoit suivi la cour « pour ouïr et savoir des nouvelles », nous apprend que « là le roi de France s'esbattoit et tenoit moult volontiers; car en Abbeville et environ Abbeville a tant d'esbattement et de plaisance qu'en ville ni en cité qui soit en France. » En effet nos ancêtres étoient avides de fêtes, de divertissements, de jeux de toute espèce, dont la musique et la poésie faisoient le plus bel ornement. Les registres de la commune, cités par M. Louandre, contiennent des détails curieux sur ces fêtes, et viennent jeter un nouveau jour sur une question littéraire vivement débattue dans ces derniers temps. On y lit, entre autres, sous l'année 1401 : « A Jehan Torne, chanteur en place, qui payés li ont esté de don à li fait des graces de le ville, par courtoisie à li faite pour se paine et travail qu'il eut de canter en son *roman des istoires des seigneurs anchiens*, le jour des quaresmiaux deesrain passé, au bos d'Abbeville, paravant le cholle[2] commenchié. » Il résulte évidemment de ce passage que les anciens romans de nos trouvères se chan-

---

[1] Il existe une tragédie intitulée *Ringois, ou le Citoyen d'Abbeville*, par Delacour. Cette pièce, jouée à Abbeville en 1778, y fut imprimée l'année suivante par Devérité.

[2] *Le cholle*, espèce de jeu de ballon, dont l'usage s'est conservé jusqu'aujourd'hui dans les environs d'Abbeville.

toient, et que c'est à juste titre qu'ils les nommoient *chansons de geste*.

On trouve dans l'*Histoire d'Abbeville* des détails non moins intéressants sur les mystères, qui attiroient un tel concours de spectateurs qu'on envoyoit des gardes pour faire le guet autour de la ville, et veiller à la sûreté des habitations demeurées désertes pendant toute la durée des représentations. La ferveur religieuse des Abbevillois produisoit la même affluence dans les églises aux jours de fête et nécessitoit les mêmes mesures.

De 1417 à 1452 nos contrées furent le théâtre des combats acharnés qu'Anglois, Bourguignons, François, se livroient presque chaque jour. C'est au milieu de ces calamités que l'héroïne de la France, Jeanne d'Arc, tombée au pouvoir des Anglois, fut amenée dans la forteresse du Crotoy, où les dames d'Abbeville, touchées de son malheur, s'empressèrent de la visiter et de lui porter des consolations.

Lorsqu'Abbeville, qui, par suite du traité d'Arras, avoit été cédée au duc de Bourgogne avec les autres villes sur la Somme, retourna enfin à la couronne de France, Louis XI, pour reconnoître la belle conduite de ses habitants, les exempta du ban et de l'arrière-ban, et les affranchit de plusieurs autres charges onéreuses.

Pendant la lutte entre François Ier et Charles-Quint, les Impériaux, après avoir brûlé Crécy, livrèrent la ville de Rue au pillage, et portèrent le fer et la flamme dans le Vimeu; n'osant point attaquer Abbeville, dont les milices avoient souvent battu leurs détachements, ils se portèrent sur Saint-Riquier, qui ne comptoit pour toute garnison qu'une centaine d'hommes armés. Mais les habitants combattirent avec tant de valeur que les assaillants furent vivement repoussés. Les femmes, dans cette circonstance, firent preuve du plus grand courage : deux d'entre elles arrachèrent chacune un étendard à l'ennemi. Malheureusement, des noms de ces dignes héroïnes, l'histoire n'a conservé que celui de *Becquétoille*, qu'on peut placer à côté des noms de

Marie Fourrée et de Jeanne Hachette, dont la Picardie se glorifioit déjà.

La ville de Saint-Riquier, tant de fois saccagée, et ruinée définitivement en 1544 par les Anglois, alliés de Charles-Quint, éprouva un dernier désastre en 1719 : la foudre tomba sur le dortoir de l'abbaye, et en peu d'heures ce magnifique couvent ne fut plus qu'un monceau de décombres. On doit surtout regretter la destruction de la riche bibliothéque, qui renfermoit des documents précieux pour l'histoire du pays, et entre autres la chronique autographe d'Hariulfe. On ne put sauver que l'église, la sacristie et le trésor, où étoit gardé le manuscrit si remarquable de l'Evangile dont Charlemagne fit présent à Angilbert, abbé-comte de Saint-Riquier ; ce manuscrit est conservé maintenant à la bibliothéque d'Abbeville.

Egarés par des fanatiques qui exploitèrent habilement leur zèle religieux, les Abbevillois prirent une part assez active aux troubles de la réforme et aux guerres de la ligue. Cependant la ville d'Abbeville fut la première de la province à reconnoître l'autorité de Henri IV; le 18 décembre 1594, ce monarque y fit son entrée solennelle. En réponse au discours que le maire lui adressa en cette occasion, ce bon roi dit que deux motifs surtout l'avoient déterminé à se rendre dans cette ville : sa qualité premièrement, et *pour ce qu'il avoit esté engendré à Abbeville.*

Le luxe extraordinaire déployé pour la réception de Henri IV donne une haute idée de l'industrie et des richesses d'Abbeville à cette époque de troubles et de guerres civiles; elle n'offrit jamais tant d'éclat et de magnificence.

Depuis Charles VI jusqu'à Louis-Philippe, il est peu de nos rois qui n'aient visité la capitale du Ponthieu; le séjour de quelques uns y fut même signalé par des événements intéressants pour l'histoire générale. Louis XII y fit célébrer son mariage avec Marie d'Angleterre; et ce fut dans l'église d'un couvent de cette ville que Louis XIII voua le royaume de France à la Vierge en 1637.

Au commencement du xviie siècle, la population d'Abbeville s'élevoit à quarante mille âmes; on y compte à peine aujourd'hui vingt mille habitants. Les ravages de la peste en 1636 et 1674, les troubles de la Fronde, les guerres du règne de Louis XIV, minèrent sa prospérité, malgré l'administration vraiment patriotique de Colbert; et plus tard la révocation de l'édit de Nantes et l'explosion d'un magasin à poudre, qui renversa presque entièrement plusieurs quartiers (2 novembre 1773), sont autant de causes qui ont accéléré et prolongé cette décadence. La révolution de 1789 et les guerres de l'empire n'ont pas permis à Abbeville de recouvrer son ancienne splendeur; mais depuis le rétablissement de la paix, l'industrie y a fait des progrès notables; la navigation de la Somme a été rouverte; la fabrication des anciens produits s'est ranimée et perfectionnée; d'autres branches de commerce, telles que la filature et le tissu de coton, l'ébénisterie, la sellerie, la carrosserie, le sucre de betteraves, etc., etc., y sont exploitées avec beaucoup d'activité et de succès.

M. Louandre cite plusieurs rencontres dans lesquelles les milices d'Abbeville ont fait preuve de sang-froid et de bravoure; il sait rendre également justice à la prudence et à la modération qui caractérisent les Abbevillois. Dans les moments de la plus vive effervescence, dans les crises les plus terribles de la révolution, Abbeville a su se garder des affligeants excès dont d'autres populations ont donné le triste spectacle : le sang d'aucune victime politique ne souilla ses remparts.

La terrible invasion du choléra en 1832, année à laquelle l'auteur s'est arrêté, a fourni aux Abbevillois une nouvelle occasion de se montrer sous le jour le plus favorable. « Disons-le à la gloire de nos concitoyens, ajoute M. Louandre en terminant, disons-le surtout à ceux qui vantent constamment le passé aux dépens du présent : chacun resta à son poste; aucun fils n'abandonna son père, aucune femme n'abandonna son mari, aucun prêtre n'abandonna le lit des mourants; les hommes de la science n'épargnèrent ni les veilles, ni les fatigues; et le peuple, au milieu de sa douleur et de sa misère, fut admirable de courage et de résignation. »

L'*Histoire d'Abbeville* a offert à l'auteur de fréquentes occasions de faire l'éloge de ses concitoyens; néanmoins son impartialité ne leur a pas toujours épargné le blâme, et, fidèle à sa mission, M. Louandre n'a point déposé la plume de l'historien pour prendre celle du panégyriste.

Dans de curieuses notices placées à la fin du volume, l'auteur passe en revue les principaux établissements, les édifices les plus remarquables de la ville : au nombre des premiers on distingue surtout la Société royale d'Émulation, à laquelle le pays doit, entre autres, l'institution d'une exposition des produits de l'industrie et la création d'un musée d'antiquités [1]. Cette seconde partie de l'ouvrage offre des faits et des détails non moins intéressants que la première.

Nous nous sommes attaché à faire connaître quelques uns des faits principaux dont se compose l'*Histoire d'Abbeville*; mais c'est dans l'ouvrage même qu'on devra chercher les détails et l'enchaînement de ces faits, toujours exposés avec clarté, avec précision, et souvent racontés d'une manière piquante, et dans les termes mêmes des documents originaux, sur l'autorité desquels l'auteur s'appuie constamment, et dont il fait un habile et judicieux emploi. [2]

[1] Voir *Mémoires de la Société royale d'Émulation d'Abbeville.* 1833, p. 433 et 589.

[2] Outre les titres si nombreux cités par M. Louandre, et conservés aux Archives d'Abbeville, les dépôts publics de Paris possèdent un grand nombre de documents sur cette ville; parmi ceux que nos études personnelles nous ont fait connaître, nous citerons les suivants :

An 1138. — Lettres de Jean, comte de Ponthieu et de Montreuil, datées d'Abbeville, par lesquelles, de concert avec Béatrix sa femme, du consentement des doyens et chanoines de Saint-Vulfran, il fonde six canonicats et prébendes outre les vingt que son père avoit déjà fondés.

Cette pièce vient à l'appui de l'opinion du P. Ignace, auteur de l'*Histoire ecclésiastique d'Abbeville*, sur l'époque de la fondation

La *Biographie d'Abbeville*[1], riche galerie où l'on voit figurer des poètes, des savants, des artistes, des hommes d'état, des guerriers renommés, a paru il y a cinq ou six ans ; cet

du chapitre de Saint-Vulfran, opinion que M. Louandre, d'après l'autorité de Formentin, ne croit pas devoir adopter.

Mai 1308. — Prisée et information faite de la valeur de la terre du comté de Ponthieu, par Pierre de Saint-Denis, archidiacre du Vexin-le-François, et Guillaume Thibout, bailli de Senlis, du commandement du roy d'Angleterre. — Appert par cette prisée que du comté de Ponthieu dépendent Abbeville, Rue, Vaben, Crotoy, Crécy, Airaines, Port, Arguel, Tranley, Martaigneville, Treste, Cambron et Montreuil.

— Mémoire pour la conservation des droits du comte de Ponthieu, compris en plusieurs articles.

— Accord entre le roy d'Angleterre, comte de Ponthieu, et les maire et échevins de la ville d'Abbeville, touchant le serment à faire par lesdits maire et échevins au comte de Ponthieu, et autres points.

Juillet 1320. — Accord entre le roy et la royne d'Angleterre, comte et comtesse de Ponthieu, et les maieur et échevins de la communauté d'Abbeville. Par cet accord, le comte de Ponthieu est reconnu seigneur d'Abbeville, et doit avoir le ressort et la souveraineté en tout cas, sy ce comte estoit encore contre les maire et échevins. Les maire et échevins doivent être élus par la commune.

Février 1350. — Confirmatio institutionis communitatis Abbatisvillæ.

Novembre 1360. — Traditio villæ Abbatisvillæ ad regem Angliæ.

Mai 1369. — Carta pro civibus et habitantibus Abbatisvillæ, videlicet quod de cætero non ponantur extra coronam seu dominium regium.

Mai 1369. — Carta per quam rex promittit confirmare omnia privilegia Abbatisvillæ.

Mai 1369. — Carta pro habitatoribus Abbatisvillæ, scilicet quod non possit fieri castrum infra clausuram illius villæ.

Juin 1369. — Comment ceux d'Abbeville en Ponthieu ont permission et congé de porter perpétuellement une partie des armes de France avec celles de Ponthieu.

Juillet 1399. — Confirmatio statutorum operarium pannorum de Abbeville en Ponthieu.

Mai 1411. — Licentia data habitatoribus Abbatisvillæ quod non possint de cætero alienari à corona Franciæ.

[1] La publication de cet ouvrage a répondu d'avance aux désirs du rédacteur d'une note insérée dans le *Journal des Savants*, n° d'avril 1835, p. 248-49, qui, après avoir fait l'éloge de l'*Histoire d'Abbeville*,

ouvrage est écrit avec le même talent, et se recommande aux mêmes titres que celui dont nous venons de rendre compte; on ne peut qu'applaudir à la pensée généreuse qui a présidé à sa composition, et que l'auteur expose ainsi : « Puisse l'hommage que nous allons offrir à la mémoire de nos concitoyens illustres entretenir parmi nous une louable émulation, le respect pour la vertu, le mérite et les talents, l'amour des arts et des travaux utiles et l'attachement à la patrie! »

Le talent et le patriotisme de M. Louandre ont trouvé une bien juste et bien douce récompense dans la faveur avec laquelle ses ouvrages ont été accueillis par ses concitoyens; et malgré leur spécialité, nous ne doutons pas que les études consciencieuses, les longues recherches et les soins constants dont ils sont le résultat, ne soient appréciés par les amis éclairés de notre histoire nationale.

P. CHABAILLE, *d'Abbeville*,
Editeur du supplément au *Roman du Renart*.

exprime le regret de n'y pas trouver quelques notices sur les hommes célèbres de cette ville : « L'on s'étonne d'autant plus d'une omission si grave, dit-il, que le nom de M. Louandre est destiné à continuer cette liste honorable. »

DE L'IMPRIMERIE DE CRAPELET,
Rue de Vaugirard, n° 9.

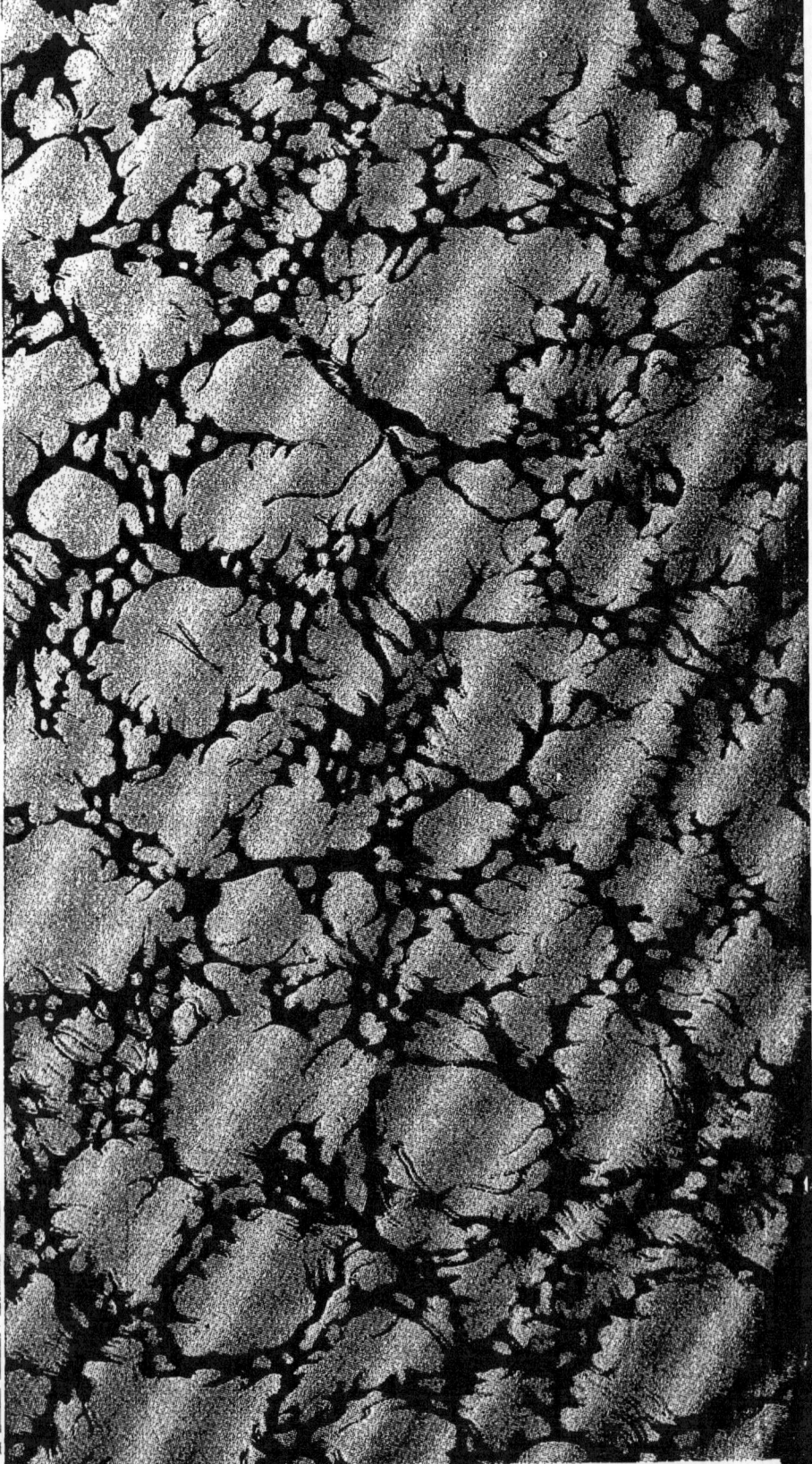

www.ingramcontent.com/pod-product-compliance
Lightning Source LLC
Chambersburg PA
CBHW050325240426
43673CB00042B/1535